跨域青年學者台灣與東亞近代史研究論集

第五輯

Volume
05

李為楨
李衣雲
林果顯
若林正丈
川島真
洪郁如　主編

國立政治大學
台灣史研究所
出版

序

　　2020 年對全世界的人類造成了難以形容的衝擊，對於「台灣與東亞近代史青年學者學術研討會」而言，同樣帶來諸多的挑戰。眼前的這本論文集，是突破各種困難後，在各方大力協助下才問世的成果。即便往來交通困難，仍有一群人為了國際學術交流而努力，這一年在本研討會的歷史中格具意義。

　　這本論文集源自青年學者研討會，歷史已達十二年，有所延續亦有所更張。2008 年第一屆「台灣史青年學者學術研討會」在台北舉行後，每年由日本東京大學、一橋大學與政治大學共同舉辦。其中 2010 年第三屆會議一橋大學大學院言語社會研究科科長佐野泰雄教授，第八屆會議 2015 年東京大學大學院總合文化研究科科長石井洋二郎教授來台交流。在第八屆會議時，東京大學川島真教授與本所薛化元教授討論後續合作事宜，決定擴大會議主題，於 2016 年改為「第一屆台灣與東亞近代史青年學者學術研討會」，至 2020 年已是第五屆，每年不輟。

　　本所並非規模宏大的學術組織，但諸位師友長年以來構築的人際網絡蔚然大觀，可謂佳話。若林正丈教授於東京大學退休後，轉任早稻田大學，仍持續支持此一研討會，而東京大學主辦的工作轉由川島真教授負責，兩位老師除了每年蒞臨外，亦引進兩校優秀的研究生來台發表。一橋大學松永正義教授退休後，改由星名宏修教授協助會議，2016 年之後，一橋大學洪郁如教授邀請該校大學院社會學研究科一起主辦。2017 年，在本所陳家豪博士的聯繫下，促成日本立命館大學山崎有恒教授帶領三名年輕研究者前來與會，並在 2018 年成為主辦單位，讓本會議內容更加多元豐富。此外，多年來愛知大學黃英哲教授大力支持，推薦日本中部地區青年學者發表，已故澳洲蒙納許大學（Monash University）家博（J. Bruce Jacobs）教授的健談笑語，都使大會更為增色。中央研究院臺灣史研究所歷任所長謝國興教授與許雪姬教授，一直在經費、智識與情意上多方鼓

勵，使得會議得以順利舉辦。以上師長除了親自蒞會，帶領同學到政大交流，同時也情商他們擔任主持及與談工作，每年的開幕致詞及閉幕前的圓桌論壇，懇切而充實，宛如跨國跨校的知識傳承與實作檢討。對於所有與會老師們的深情雅意，謹此特致謝忱。

　　本研討會慣例於每年春天舉辦，但受到疫情影響，2020 年延後至 11 月舉辦。期間本所所長李為楨撰寫計畫向教育部與中研院申請經費，並因應疫情決定暫緩與復辦，李衣雲教授於代理期間提供行政支援，並聯繫出版社協助後續論文集事宜，決定復辦後則由我負責最後的議程，並由謝宜甄接替林于庭同學，在助教惠婷及本所同學的協助下統籌會議庶務。上述簡短的敘述，除了為這段特殊而艱難的過程留下紀錄，也顯示這個會議是政大台史所師生協力接棒所共同完成。

　　本論文集的構成，也反映了 2020 年特殊的情境。因為疫情關係，許多外國學者不克前來，特別邀請他們以視訊方式進行，但規模仍較之前各屆稍微縮小。適逢公益信託雷震民主人權基金會舉辦獎學金論文發表會，與青年學者研討會的主題相合，在確認投稿意願及匿名審查後，總共甄選出十篇論文，讓論文集更具份量。參與青年學者研討會的作者有：王輝、石丸雅邦、伊蒙樂、王炘盛與橫山雄大，獲得雷震基金會獎學金的作者則有：李禎祥、陳致好、簡敬易、陳德銘與游欣璇。作者來自日本、香港與台灣，所涉時代從清代至戰後，空間有中國與台灣，議題有才媛理想婚姻、財經、文學、原住民政策，以及《自由中國》、雷震及台大哲學系事件等面向。這些文章反映了新生代的成果，也對於跨領域、台灣史與東亞近代史的開拓，展現了摸索的痕跡。

　　一場學術研討的舉辦，需要具有創造力的想望與專注細節的實踐，而連續十二年已辦十二場的國際學術研討會，更是需要跨域的一大群人，對台灣史與東亞史抱持著如同赤子般的好奇執著，才得以不斷堅持。曾在本會議發表的青年學者已在多國學界開枝散葉，期盼未來有更多人加入，繼續創造新的歷史。

國立政治大學台灣史研究所所長　**林果顯**

2021 年 5 月 4 日

目錄

CONTENTS

圖表目錄

圖

表

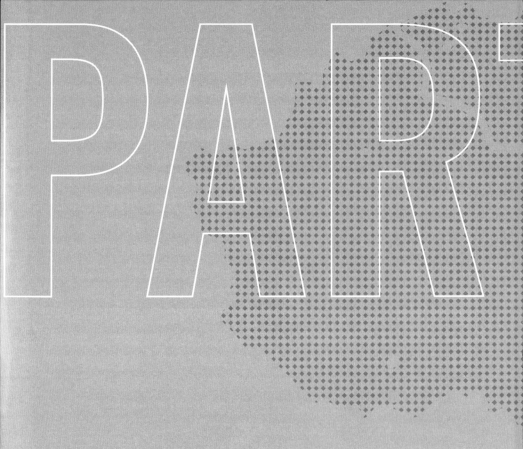

PART

台灣與東亞近代史
青年學者研討會

王輝

石丸雅邦

伊蒙樂

王炘盛

橫山雄大

01

清中葉江南才媛理想婚姻生活方式——以〈比屋聯吟圖〉為例

王輝[1]

一、前言

　　晚明至清，文人肖像行樂圖及其題詠頗為盛行，透過畫像及題詠活動，將原屬於個人生命印記的畫像，拓展為文人交遊傳情、表達志趣、廣結人緣、傳播聲譽的媒介。時風所至，嘉道時期文人行樂圖性質的才媛肖像畫大量出現，這類才媛肖像畫大多有特定的主題，是為了特定的像主做記錄，將女性畫主以文人文學形象構圖刻畫，表達才媛的文學修養、高妙才藝，彰顯家族女性的才華。圖中的才媛或執筆握管，或讀書覓句，背景多為高雅庭院甚至郊外山林，以高士圖的形式呈現閨閣才女形象。比較特殊的是，乾嘉道時間出現了一系列夫妻同框，以聯吟唱和為主題的夫妻肖像圖繪，圖中詩侶二人或者幾對詩侶，在高雅書齋內讀書觀畫，或於幽遠的山水造景中隱居，主題內容是眷侶聯吟、共讀書卷的家庭日常生活。如

1　香港浸會大學中國語言與文學系博士生。

汪詒成和王玉蘭的〈密齋讀書圖〉（圖1-1），張澹和陸蕙的〈鴻案聯吟圖〉（圖1-2）、李星沅和郭潤玉的〈竹笙館聯吟圖〉、黃文暘和張因的〈掃垢山房聯吟圖〉、任道鎔和吳蘭畹的〈退食聯吟圖〉、張氏一門聯吟的〈比屋聯吟圖〉等，因畫面上的主角都是夫妻，內容為夫婦唱和聯吟，本文稱此種圖繪為眷侶聯吟圖。乾嘉道時期，江南名士才媛生活中，文化氣息濃厚，伉儷甚篤，常共案而讀，互為詩友，如席佩蘭與孫原湘，孫原湘有「賴有閨房如學舍，一編橫放兩人看」[2]詩句，屈秉筠與趙字梁「閨房之內琴鳴瑟應，人比之明誠之與清照」[3]等等。這與傳統中的夫婦關係已有很大不同，它較多地反映了封建社會知識女性對生活文化的追求。丈夫能認可這種變化，也根植於家庭本身的文化性。這種文化型的家庭氛圍為夫妻二人提供了對話和交流的機會，豐富了夫婦的生活內容，增加了雙方的了解和感情，也一定程度上提高了女性在家族中和社會中的地位。眷侶聯吟圖從視覺上直觀反映了這種夥伴式互為師友的婚姻方式（companionate marriage），[4]學者高彥頤認為「夥伴式婚姻」是「有知識的、琴瑟和諧的夫妻組合，他們相互間充滿尊重和愛」。[5]夫婦二人為生活伴侶，有能力以文字知交，透過詩文的唱和聯吟，從而建立內心一份情感。因此亦能視為「社會性別平等的一種有限實踐」。[6]另外，也有學者用「寒士詩群與閨閣詩侶」、「伉儷文人」、「夫婦作家」等詞語形容有才學的友愛夫婦。

2　施淑儀，《清代閨閣詩人征略》（上海：上海書店，1987），卷6，頁349。

3　施淑儀，《清代閨閣詩人征略》（上海：上海書店，1987），卷6，頁257。

4　companionate marriage 一詞被社會學家和歷史學家廣泛應用，產生了不同詮釋和含義。西方社會學家最早在上世紀二十年代提出了 companionate marriage 概念，用以形容一種故意壓制生育和維護平等主義的婚姻結合。其後有社會學家亦採用以上定義，普遍認同 companionate marriage 是指夫妻間不需要受傳統婚姻在法律和道德上所附帶的束縛限制，不單男女平等，更可有獨立的社交，並可在雙方共識下節育和離婚。史學家把 companionate marriage 理解為夫妻間在情感和性愛上相互滿足，彼此共同作為對方最個人、最私密的生活伴侶，夫妻雙方的社會角色和社會性別可互為倒置和互為補充，而最主要的組成內涵是包含友愛、尊重、信任和承擔。詳見高彥頤著，李志生譯，《閨塾師：明末清初江南的才女文化》（南京：江蘇人民出版社，2005），頁191。

5　高彥頤著，李志生譯，《閨塾師：明末清初江南的才女文化》（南京：江蘇人民出版社，2005），頁191。

6　同上。

本章中探討的才媛理想的婚姻生活方式與高彥頤「夥伴式婚姻」涵義相近。

　　從流傳下來的圖繪實物或相關文獻記載來看，眷侶聯吟圖大多是對伉儷二人肖像面容的寫實描繪，《比屋聯吟圖》[7]是此類繪畫中比較特殊的一例，沒有出現三對夫妻的面容，僅以文人園林圖式繪製，表現張氏一門家族唱和的世家才學。2015 年北京保利十週年紀念拍賣展中國古代書畫場展品中一幅王昀《比屋聯吟圖》，最後以 184 萬人民幣被一位私人藏家拍走。王昀本《比屋聯吟圖》是繼 2010 年由美國私人藏家回流的湯嘉名《比屋聯吟圖》又一反映張氏一族三對夫妻聯吟，夥伴式婚姻生活的圖像證明。有趣的是，這兩本《比屋聯吟圖》都並非肖像寫真圖式，甚至圖中並沒有人物出現，通過三處房屋及房屋內的文房雅物佈置，告知讀者此處有三對文人夫婦生活，整幅繪畫是文人園林畫構圖。湯嘉名本有文字記載，金武祥《粟香隨筆》：「張仲遠觀察傳有比屋聯吟圖，錢塘沈湘佩女史善寶題壺中天詞有序云……其中湯碧痕女史嘉名為繪比屋聯吟圖。」[8] 湯嘉名本後有七首才媛題跋，可窺見嘉道時期才媛的交遊模式及彼此的情感。王昀本後 49 首名士跋中可觀看到當時江南名士對張氏一門夥伴式婚姻及才媛才學的態度，同時亦是研究張氏家族與江南名士交遊圈的重要資料。

7　關於《比屋聯吟圖》的研究還見於曼素恩著，羅曉翔譯《張門才女》一書，此書中羅列了三本《比屋聯吟圖》，因本文僅討論清中葉時期的眷侶聯吟圖繪問題，第三本張紅繪於 2005 年的圖繪不作本文的研究範圍。曼素恩著，羅曉翔，《張門才女》（北京：北京大學出版社，2015）。

8　雷瑨、雷瑊，《閨秀詩話》（上海：掃葉山房，民國五年［1916 年］，石印本），卷 2，頁 31。

圖 1-1　清 佚名《密齋讀書圖》，
左為全圖，右為局部，北京故宮
博物院藏

圖 1-2 a　清 費丹旭《鴻案聯吟
圖》局部，掛軸，絹本設色，南
京博物院藏

圖 1-2 b　清 翁雒《鴻案聯吟圖》局部，長卷，絹本設色，南京博物院藏

二、《比屋聯吟圖》緣起

　　張惠言、張琦合編《詞選》，開常州詞派之先河。受家學薰陶，母教影響，張琦四女才學出眾，為世人稱道。清徐珂《近詞叢話》中描述：「毗陵多閨秀，世家大族，彤管貽芬，若莊氏，若惲氏，若左氏，若張氏，若楊氏，固皆以工詩詞著稱於世者也。」[9] 其中，張氏即指以張琦四女為主體的女性創作群體，後人也稱為「宛鄰女詩人」。作為常州詞派家族文化創作群體的代表之一，宛鄰女詩人群體均有詩詞作品集存世。

　　雷瑨、雷瑊的《名媛詩話》載：「張翰風《詞選》，為倚聲家圭臬，其子仲遠曾刊其女兄詩詞，為《毗陵四女集》，一門風雅……仲遠大令暨德配孟儀、夫人令媞，性均孝友，與叔姊婉紃、季姊若綺兩夫人，伉儷同居，家政悉諉叔姊，遵尊甫翰風先生遺命。兩夫人善詩、古文、詞。婉紃夫人尤善作擘窠大字。孟緹夫人嗜文學，工漢隸。姑姊切磋，交相愛敬。姊婿孫叔獻、王季旭兩先生，皆飽經濟文章之士。大令才兼三絕。相與商榷古今，嘯歌風月，情義如昆弟焉。」[10]《湯貞湣公年譜》載：「道光二十一年，道士朱嶽雲集女甥張孟緹《淡菊軒詩集》諸詩。孟緹（紹英）為翰風先生女，暨妹婉紃（綸英）、若綺（紈英）並弟仲遠同居風雅，故仲遠嘗有《比屋聯吟圖》之作。」[11]《比屋聯吟圖》由張仲遠邀畫家繪畫，並請名士題跋，呈現張仲遠及妻子包孟儀，張綸英及丈夫孫劼，張紈英及丈夫王曦三對夫妻生活在同一屋簷下，閨房唱和及聯合家族群體唱和的情景，用圖繪形式彰顯家族女性才學。這種以女性為紐帶的聯合家族生活方式，主題又是夫妻詩詞聯吟，在中國繪畫史上比較獨特。

　　《比屋聯吟圖》有兩本，一本是湯貽汾之女湯嘉名為張曜孫所繪（圖1-3），有題識「仲遠表兄大人雅屬，表妹湯嘉名。」引首為：「比屋聯吟

9　徐珂，《近詞叢話》，唐圭璋編，《詞話叢編》（北京：中華書局，1986），頁4221。

10　雷瑨、雷瑊，《閨秀詩話》（上海：掃葉山房，民國五年［1916年］，石印本），卷2，頁7。

11　陳韜編，《湯貞湣公年譜》（台北：成文出版社，1968，據同治十二年刊本影印），頁108-109。

圖，包令媞書。」鈐印「包女令媞」，「字孟矓」。後有王采蘩、張綸英、張紈英、沈善寶、王采蘋、沈地安七位女性的題跋，據王采蘋圖後題跋「更寫聯吟第二圖」，應是在王昀本後繪製的。另一本是張仲遠邀請畫家王昀所繪（圖1-4），有題識：「己亥八月，為仲遠二弟作。子能王昀。」引首：「比屋聯吟圖。咸豐戊午季春，仲遠舅氏師大人命書，受業甥王臣弼。」後有包世臣、湯貽汾、曹楙堅、潘遵祁、馮桂芬、魏源、梅植之等49人題跋，49位題跋者皆為張曜孫家族男性族人或友人。兩幅聯吟圖由繪者到跋者，構成了男性視角與女性視角的圖文觀看。

圖1-3　清 湯嘉名《比屋聯吟圖》，圖源自北京保利國際拍賣有限公司，中國古代書畫第10期拍賣冊

圖1-4　清 王昀《比屋聯吟圖》，圖源自北京國際拍賣有限公司，北京保利十週年秋季拍賣會，中國古代書畫拍賣冊

湯本和王本兩幅圖繪相同之處頗多，構圖一致，從左下往右上延展，近景三處屋舍比鄰而居，遠景幽遠雲山草木。筆墨簡淡，淡雅青綠染就，一片平和沖淡風致。兩幅聯吟圖並非以人物為主的肖像寫真畫，而是用以庭院為主的文人園林圖，三對伉儷的人物形象並未出現在圖繪中，僅能從三處屋舍，及桌案上擺放的書墨筆硯等予以聯想。兩幅作品形製都是手卷，易於案頭把玩欣賞，這也是清代文士圈繪畫題跋的流行形製。湯嘉名本《比屋聯吟圖》顯然受到其父湯貽汾畫風影響，有簡淡、曠遠之風。湯貽汾畫風得傳於董其昌、董邦達等人，注重自然的觀察，風格簡遠，湯貽汾曾作《畫筌析覽》：「畫樹必宜顧石，寫石仍當樹，果能兩不相失，各得其宜」，「園林之屋幽敞，旅舍之屋駢闐。……山水樹石而外，凡物皆點綴也。是山水樹石其主，而點綴其餘也。然一圖有一圖之名，一幅有一幅之主，使名在人則人外非主，主在屋則屋外皆餘，顧有時以山水樹石為餘，而以點綴為主者，此點綴之不可不講也。」[12] 湯嘉名，字碧春，湯貽汾之女，母親董琬貞亦是常州著名才媛，善詩畫。其兄弟姊妹湯綬名、楙名、祿名、紫春均擅長繪畫，有一家合筆作品傳世，為藝壇佳話。湯本《比屋聯吟圖》中三處屋院並排在園林中，樹石相依，相互映帶，畫名雖是比屋唱和人物故事圖，卻是以庭院為主的文人園林畫。再觀王昀本《比屋聯吟圖》，筆者搜尋諸多資料，未查到王昀是何人，只知此人為張仲遠請的當地畫師。但從畫風判斷，亦是當時江南湯貽汾、戴熙一脈，一派元人山水景致。短線用筆多層次皴擦，淡墨烘托雲氣，幽潤空靈。兩者稍有不同之處，女性畫家湯嘉名用筆更加細膩，三排房屋比鄰而列，屋內書案陳設佈置清晰，遠景山林及氤氳雲氣更簡淡縹緲，屋舍與遠景山水融為一體，似是山中隱居仙家。王昀本用筆皴擦稍厚重一些，線條較豪放，構圖上三屋排列稍有變化，呈現 L 形錯落排列，畫面從左至右，近景屋舍、中景庭院外的小路、遠景山水田園，近中遠層次分明。男性筆下的庭院更有秩序感，三排屋舍以庭院外一條通往遠方的路為界限，將內外分割開來，

12　湯貽汾，《畫筌析覽》（收入《續修四庫全書》，第 1083 冊，上海：上海古籍出版社，1995），頁 4-17。

似乎制定著家族的秩序。

　　張曜孫，字仲遠，又字昇甫，晚號復生，江蘇陽湖人。張惠言之姪，張琦之子。道光二十三年中舉，曾任武昌知縣，漢陽同知等職。精醫術，著有《謹言慎好之居詩》、《產孕集》等，還有《續紅樓夢》未竟稿。張曜孫之父張琦，字翰風、玉可，號宛鄰、默成居士，張惠言胞弟，二人合輯《詞選》二卷。張琦一生奔波，至晚年得官館陶，方接妻女同住，其文集中涉及兒女環坐唱和的詩句很多。張琦一家雖清寒拮据，但家族子女間，中秋玩月，籌燈談古，有甚於樓台笙館之樂，十分強調家族關愛。張曜孫母親湯瑤卿，是名士湯貽汾堂姐，「幼知書能詩、工繡事，尤善剪綵，能於方寸地作山水樓閣人物魚鳥數十事，意態如畫」，[13] 有《蓬室偶吟》一卷，錄詩三十三首。其中大部分為「寄夫」、「送夫」、「懷夫」之作，可見張氏家族從父輩既是夫妻情深。張曜孫之妻包孟儀，字令媞，是涇縣名儒包世臣養女。包令媞通文墨，善繪畫、工分書。張曜孫四位，張紹英、紃英、綸英、紈英，皆能詩詞，往來唱和數十年之久。紃英早逝，有《緯青遺稿》一卷。紹英之夫吳廷鉁甚有文采，夫婦二人「伉儷相莊，酬唱自得，燕台邸族莫不望若神仙」。[14] 綸英之夫孫劼，字叔獻，初不喜綸英學詩，「乃至學成，君嗟呀，謂足繼先君，當出其詩書以示友朋，必大喜樂」。[15] 紈英之夫王曦，出身太倉畫學世家，為王原祁曾孫，亦能詞，同里章嶽鎮稱其夫妻敬和「相得如良友」。綸英夫婦和紈英夫婦皆貧困不能自養，因此依居張仲遠，形成以女性為紐帶的聯合型家族生活模式。張紹英雖隨夫赴任在京，然其集中與弟妹同作、唱和及表達相互思念之作達64首，加上與其夫唱和的 18 首，贈與弟媳、兒婦、從兄、從姊、外甥的23 首，共佔《澹菊軒詩稿》256 首中的 105 首，一門融融，唱答無數。張

13　張琦，《宛鄰集》（收入《續修四庫全書》，第 1468 冊，上海：上海古籍出版社，1995），卷 6，〈亡氏湯孺人行略〉，頁 105。

14　周儀暐，〈澹菊軒初稿跋〉，張紹英，《澹菊軒初稿》（收入李雷編，《清代閨閣詩集萃》，第 6 冊，北京：中華書局，2015），頁 3735。

15　王英志主編，《清代閨秀詩畫話叢刊》（南京：鳳凰出版社，2010），卷 1，頁 483。

仲遠於武昌官舍建「棣華館」，與兩姊教授諸外甥女及側室李紫畦，「讀一書，求一義，少者以問長者，長者不知，而後質之師。」[16] 張氏的第三代才女，張綸英的四個女兒得母舅之教，皆善詩詞，工書畫。王采蘋，字潤香，山水宗王氏家法，兼善花卉，工隸書，合肥李鴻章曾延請潤香為閨塾師，有《讀選樓詩稿》。王采蘩有《慕伏師班之室詩集》，王采藻有《儀宋齋詩存》。王采藍，字少婉，過繼為張綸英女，改名孫嗣徽，善隸書，有《春暉草堂詩》。張綍英之女吳蘭畹，字宛之，山東巡撫宜興任道鎔繼室，有《灌香草堂詩稿》，悱惻深摯，並有閨中唱和合刻詞稿《沅蘭詞》，曾繪《退食聯吟圖》。

張仲遠曾合刻《陽湖張氏四女集》，共五種：張綍英《澹菊軒詩稿》、張糸冊英《緯青遺稿》、張綸英《綠槐書屋詩稿》、張紈英《鄰雲友月之居詩稿》、《餐楓館文集》。張氏四女集漸次問世，時人譽為「一門風雅，家集積尺」。[17] 大江南北題詠甚多，就筆者搜尋所及，就有 160 餘篇，其中有李兆洛、莊受祺等陽湖名士，有孔憲彝、梅曾亮等當世大儒，還有朝鮮學人李尚迪、金正喜等。《比屋聯吟圖》早於《陽湖張氏四女集》之前已流傳於陽湖文化圈。畫作完成，張仲遠遍求名士親朋題詠，一時傳頌海內外，使得張門風雅以視覺形式直觀地為人所熟知。從《比屋聯吟圖》題跋可以看出張氏家族複雜的交遊圈，涉及人物之多，內容之廣，時間之長在此時是非常顯著的一例。《比屋聯吟圖》不僅是對家族才媛文學的張揚，更是對士人才媛夥伴式婚姻模式、女性為紐帶聯合家族生活方式的宣揚。

16　張紈英，《餐楓館文集》（收入胡曉明、彭國忠主編，《江南女性別集三編》，合肥：黃山書社，2012），卷 1，〈棣華館詩課書後〉，頁 1387。

17　馮桂芬，《綠槐書屋詩稿序》，張綸英，《綠槐書屋詩稿》（收入肖亞男主編，《清代閨秀集叢刊》，第 33 冊，北京：國家圖書館出版社，2013），頁 469。

三、兩幅《比屋聯吟圖》的文圖互動

(一)湯嘉名本《比屋聯吟圖》題詠社群——
宛鄰女詩人與京城女詩人交往

　　湯嘉名《比屋聯吟圖》畫成後，張綸英、張綸英、張紈英、王采蘩、沈善寶、顧春、王采蘋等才媛紛紛題跋，畫者、觀者、題者三者凝視的視角皆為女性，她們出身相同，境遇相同，皆為名士之女，才士之妻，湯本代表著女性才媛對此幅家族聯吟圖的觀看角度。題跋的內容大多集中在對張氏一門姊妹兄弟親情，三對伉儷聯吟的讚譽，亦有女性間姊妹情誼的描述。題跋才媛群體從關係上看，可分為家族成員：張綸英及妹妹張綸英、張紈英、表姐湯嘉名、姪女王采蘩、王采蘋，是宛鄰女詩人家族群體。張綸英閨友：顧春、沈善寶和沈地安。從地域上分可分為江南常州才媛和京城才媛。此幅聯吟圖的題跋是以張綸英為主導的才媛朋友圈。

　　張綸英，字孟緹，張琦長女，吳偉卿室，有《澹菊軒詩稿》。詩筆幽峭，工於感慨。其詩出於盛唐，所作皆「沖融大雅，夷猶渙汗」，[18] 為張氏諸女中「俊拔清深，音節嘹亮，無纖塵犯其筆端」[19] 者。倜儻風流，才清筆健，有放浪通脫的林下之風，如《題比屋聯吟圖》：「北來惟贈鯉，南返促啼鴂。安得揮雙槳，飄然泛五湖。清歡寧稍遜，舊約永無渝。薄願徒瞻望，羈懷付嘯呼。翔風飛雪後，梁月最模糊。」「羈懷付嘯呼」句悲歌長嘯，有大丈夫的豪情。另有《書家信後二首》其一：「索米年來氣浩然，不將離思入詩篇。輕狂慾繼青蓮後，也向長安枕石眠。」[20] 頗有詩仙

18　吳汝庚，〈澹菊軒初稿跋〉，張綸英，《澹菊軒詩稿》（收入李雷主編，《清代閨閣詩集萃編》，第6冊，北京：中華書局，2015），頁3737。

19　孔憲彝，〈澹菊軒初稿跋〉，張綸英，《澹菊軒詩稿》（收入李雷主編，《清代閨閣詩集萃編》，第6冊，北京：中華書局，2015），頁3735。

20　張綸英，《澹菊軒初稿》（收入李雷主編，《清代閨閣詩集萃編》，第6冊，北京：中華書局，2015），頁3745。

李太白的風流。張綢英因丈夫在京為官，居住在京城，遠離姊妹兄弟，通過書信與家人溝通，觀其《澹菊軒詩》中大部分內容都是與張氏家族成員的唱和之作，骨肉情深，誠摯婉切。

　　張綸英，字婉紃，少不喜詩，喜習大字，多識文字音韻，30歲之後開始學詩，有《綠槐書屋詩稿》。張琦覺得次女有凰願，因此教其習北朝書法，能做窠壁大字。綸英勤奮不輟，由北碑上溯西晉，歸於漢魏。當時著名金石書法家包世臣非常推舉張綸英的書法，書名漸盛，曾遠傳至朝鮮。趙之謙有評：「國朝書家無過陽湖女士張婉紃，鄭僖伯以後一人也。」[21]張綸英詩集《綠槐書屋詩稿》，藻麗雖不及姊妹，格調古質深沉，凝練而出，有自己的特色。如《題比屋聯吟圖》：「簞瓢愜素懷，閉戶窮典冊。得為太平民，薇蕚甘鼎食。豈無致身願，時命安可易。秋風入東籬，叢鞠有佳色。濁醪可斟酌，同室多嘉客。悠悠天地間，為歡亦無極。」[22]樸拙簡逸，高古渾厚，有陶淵明的高逸氣息。《讀史偶成》：「冬雷殷殷夏雪飛，錯逆陰陽變新律。長鯨拔浪海水渾，黃塵暗天激白日。古來征戰能幾時，百萬蒼生慨枯骨。殺伐原非上帝心，兇殘終藉王師滅。九州蕩蕩四海一，虞頌唐歌久洋溢。大地回春萬物昌，空山杜宇休啼血。」[23]悲憫民生，嚮往升平，有著沉重的歷史感。

　　張紈英，字若綺，幼敏慧，7歲能辨聲律，10歲詠海棠，傳誦一時，有《餐楓館文集》二卷，《鄰雲友月之居詩稿》。她是張琦最偏愛的小女兒，婚後歸王曦，同住張家，未嘗一日離家，丈夫如良友，四個女兒皆聰明絕倫，都有詩集傳世。紈英性情平和，生活順意，其詩和易沖澹，如《題仲遠比屋聯吟圖》其二：「式好皆兄弟，居然花蕚樓。酒中堪小隱，門內各千秋。影隔疏燈靜，簾垂紙閣幽。會心能避俗，休問五湖舟。」其三：

21　趙之謙跋張綸英書法，詳見《榮寶齋藏名家手劄精選·趙之謙》（北京：榮寶齋出版社，2012），頁11。

22　張綸英，《綠槐書屋詩稿》（收入胡曉明、彭國忠主編，《江南婦女別集三編》，下冊，合肥：黃山書社，2012），頁1097。

23　沈善寶，《名媛詩話》（收入王英志主編，《清代閨秀詩話叢刊》，第1冊，南京：鳳凰出版社，2010），頁484。

「遠客歸茅屋,幽懷托素琴。風塵偏悵別,骨肉況知音。一室欣重聚,頻年費苦吟。愁心猶北望,千里暮雲渾。」其四:「佳耦推吾弟,秦徐合併傳。文章驚海國,風味人林泉。玉汝宜貧賤,爭輝式後先。臨池有至樂,相對日探研。」[24] 語句平實,通篇閒逸,對親情的感恩溢於言辭之中。張紈英還有《和大女采蘋紅梅詩一首》,附有王采蘋原作、王曦的和作,夫妻兒女唱和,彼此關愛,其樂融融。

王采蘋為張紈英長女,善畫,工隸書,合肥李鴻章曾延請其為閨塾師,有《讀選樓詩稿》。她的《題仲遠舅氏師比屋聯吟圖》描繪了一門聯吟的盛況:「憶昔蘭陵比屋時,棣華荊樹喜駢枝。百篇鬥酒青蓮興,一卷憂時杜老詩。班左才華亦殊絕,玉台各擅生花筆。聯吟鎮日掩柴扉,身外浮雲忘得失。」[25] 詩中盡顯對曾經比屋聯吟家族唱和情景的思念,懷念曾經掩門讀書,身外得失皆為浮雲的日子。王采蘋詩風有評曰:「原本漢製,亦采唐音,樹骨典紃,托興莊摯……絮飛片語,便高林下之風。」[26] 王采繁為紈英次女,有《幕伏師班之室詩集》。王采蘋、王采繁及未在比屋聯吟圖上題詩的王采藍、王采藻年少都從父母舅父與棣華館學詩,母親嚴加督促,張紈英曾評四人語:「采蘋性柔和,詩之佳者深細熨帖而不能渾厚;采繁性樸素,詩沉著淳質不能精微;祥珍宅心厚重,詩多安閒之致而未臻警拔;嗣微當機英敏,詩有高朗之慨而未至平和;采藻寬闊而少骨力。」[27]

張紈英居住在京城,因此結識了當時在京城的杭州才媛沈善寶,兩人一見如故,曾合寫《念奴嬌》,一時成為閨秀才媛間的佳話。「壬寅(1842年)荷花生日,余過淡菊軒,時孟媞初病起,因論夷務未平,養疾

---

24 張紈英,《餐楓館文集》(收入胡曉明、彭國忠主編,《江南女性別集三編》,下冊,合肥:黃山書社,2012),頁 1328。

25 王采蘋,《讀選樓詩稿》(收入李雷主編,《清代閨閣詩集萃編》,第 8 冊,北京:中華書局,2015),頁 4778。

26 許振禕,〈讀選樓詩稿序〉,王采蘋,《讀選樓詩稿》(收入李雷主編,《清代閨閣詩集萃編》,第 8 冊,北京:中華書局,2015),頁 4653。

27 張紈英,《餐楓館文集》(收入胡曉明、彭國忠主編,《江南女性別集三編》,下冊,合肥:黃山書社,2012),〈棣華館詩課書後〉,頁 1388。

成患，相對扼腕，出其近作《念奴嬌》半闋雲『後半未成』，屬余足之，余即續就」。[28] 詞曰：「良辰易誤，儘風風雨雨，送將春去。蘭蕙忍教摧折盡，剩有漫空飛絮。塞雁驚弦，蜀鵑啼鳥，總是傷心處。已悲衰謝，那堪更聽鼉鼓。聞說照海妖氣，沿江毒霧，戰艦橫瓜步。銅炮鐵輪雖猛捷，豈少水犀強弩？壯士衝冠，書生投筆，談笑擒夷虜。妙高台畔，峨眉曾佐神武。」[29] 前半闋為張綯英作，後半闋為沈善寶做，雖兩人合作之詞，讀起來仍氣息貫通，風格上張氏更細膩一些，沈氏更雄壯一些。以詞寫鴉片戰爭本就不多，而此篇由兩位才媛合作，表達同仇敵愾，以禦外侮的豪情壯志，頗為難得，因此在當時廣為流傳。沈善寶《壺中天·題比屋聯吟圖》曰：「蘭姨瓊姊，喜仙鄉共住，團圓骨肉。阿弟多才夫婿雅，萬卷奇書同讀。秋月宵澄，春花晨豔，消受清閒福。劉、樊、趙、管，人間無此雍睦。更憐繞屋扶疏，樹皆交讓，玉筍抽叢竹。相約臨池邀覓句，無問雨風寒燠。花萼交輝，鴛鴦比翼，樂事天倫足。重逢官舍，傷心偏少徐淑。」[30] 此詞讚頌張氏才媛的智慧與才能，三對文學夫婦的和睦。沈善寶《名媛詩話》中記載道光二十三年七月既望，沈善寶因憶數月未見張綯英，作詩：「緲緲雲羅瑟瑟波，水精簾卷近秋河。昨宵風雨今宵月，料得吟窗秀句多。」[31] 尚未寄出，次日便收到張綯英《虞美人·月夜見懷》，同樣抒發了對月思人的情思，致使沈善寶寫下「駭異何心心相印一至如此」。[32] 足見二人感情深厚。綯英除與湘佩交好外，還在京城結交了顧春、潘素心等京城名媛，顧春亦有《醉梅花·題孟緹夫人比屋聯吟圖》：「樂無涯，聯

28　沈善寶，《名媛詩話》（收入王英志主編，《清代閨秀詩話叢刊》，南京：鳳凰出版社，2010），卷1，頁487。

29　沈善寶，《名媛詩話》（收入王英志主編，《清代閨秀詩話叢刊》，南京：鳳凰出版社，2010），卷1，頁487。

30　見湯本《比屋聯吟圖》後沈湘佩題跋。

31　沈善寶，《名媛詩話》（收入王英志主編，《清代閨秀詩話叢刊》，南京：鳳凰出版社，2010），卷1，頁481。

32　張綯英，《澹菊軒初稿》（收入李雷主編，《清代閨閣詩集萃編》，第6冊，北京：中華書局，2015），頁3758。

吟比屋醉煙霞。連枝玉樹人爭羨，林下家風最可誇？」[33] 張綘英通過在京居住將張氏一門聯吟的家族聲名傳播到了京城，也把宛鄰女詩人群體詩名傳播到了京城。雖然筆者沒有查到張綘英是否也是以沈善寶為首的「秋紅吟社」中的一員，但從綘英詩集中與沈、顧、潘等「秋紅吟社」主要成員的唱和詩，可見這兩個才媛群體有著千絲萬縷的聯繫。兩個女子詩社打破了嘉道之前地方性女子結社的一般特點，而形成了跨地域、跨民族的才媛結交，其中的意義值得我們進一步認識。

張綘英作為江南典型的知識才媛，不僅在家族中有著重要地位，而且因家族的名聲，在社會中有一定的地位。她和顧春、沈善寶、席佩蘭等知識才媛的生活圈子相對自由一些，女性之間交往較多，甚至相攜出遊，尤其是結社唱和之風的興盛，使得她們有可能在同性之間建立一種志同道合、惺惺相惜的友誼。翻開她們的集子，可發現大量的閨友唱和之作，多以「次韻」、「和詩」、「寄懷」、「聯句次韻」等為題。才媛間唱和雅聚，互為詩詞集題詠作序，欣賞讚美彼此的詩才，甚至為彼此出版刊刻。女性之間的情誼往往真摯純潔，超越了功利，結成了精神上的堅強同盟。才媛們雅聚之時，賞畫題畫是其結交的文士化方式，《比屋聯吟圖》的圖文題跋不僅體現了才媛們的姐妹情誼，更讓家族女性以傳播者的身分參與到圖像傳播過程中，積極為自己發聲，爭取家族文學甚至文壇的地位。

（二）王昀本的題詠社群──男性文人對才媛的聲援

張曜孫曾在胡林翼、曾國藩帳下為官，交遊廣泛。王昀本題詠社群主要是以張仲遠的交往延伸而來。畫上題跋從最早畫作完成之時的 1839 年至最後一題跋 1942 年，題詠時間跨度近一個世紀，而主要集中在 1843-1846 年間。這正是張仲遠道光二十三年（1843）中舉人，二十六年（1846）任湖北候補道，授武昌知縣時期。有一些題跋者的生平事蹟及其與張仲遠的

33　顧春，《天遊閣集》（收入李雷主編，《清代閨閣詩集萃編》，第 7 冊，北京：中華書局，
　　2015），頁 4315。

交往無可考，但通過搜輯，大致情況仍可了解。現僅將可查可考的題詠者身分略作分類：49 位題詠者中有改革派思想家魏源、馮桂芬；有當時有名的政治官員曹楙堅、唐樹義；桐城文派領袖梅曾亮、陳克家；碑學書法家包世臣、梅植之、鄧石如之子鄧傳密；金石收藏家莊縉度；畫家湯貽汾，劉淳等。題詠詩文皆圍繞張門才媛詩畫才藝，張氏伉儷唱和情深，家族才學與親情的讚頌展開。曹楙堅、包世臣、莊縉度、湯貽汾、李尚迪等多位名士也同時出現在《張門四女合集》的序跋及贊辭中。這些題跋詩文中，最集中的讚頌重點在張氏一門以女性為紐帶的聯合家族生活形式，如魏源、曹楙堅、梅曾亮等都對張氏家族的眷侶婚姻和家族和諧生活特別讚賞，可見當時文士對夥伴式婚姻形式持讚揚態度。

比較特殊的是與張仲遠交好的朝鮮學人李尚迪[34]的題跋，使得張氏才媛才名的傳播有了更廣泛的意味。考張仲遠與李尚迪交往，在《海客琴尊圖》、《海客琴尊第二圖》和《春明六客圖》三幅文士雅集圖題詠中有相當多的體現。道光十九年（1839 年）張仲遠《自題海客琴尊圖》：「忽然海客天外來，握手便覺忘形骸；漂流人海渺一葉子，眼底直已無群才。」[35]李尚迪的和作：「有酒如澠琴一曲，竹深荷淨無三伏。醉來握手貴知音，後會寧歡難再葍。青衫何事滯春明，書劍飄零誤半生。痛飲離騷為君讀，大海茫茫移我情。」[36]表達了二人的結交之喜和對彼此的敬意。後張仲遠與李尚迪頻繁通詩信，即使在鴉片戰爭軍事倥傯之際，書函阻斷，李尚迪仍寫詩：「故人消息杳難知，南國干戈滿地時。篋中眼青如見面，六舟金石越塵詩。」[37]表達深深的思念之情。張李二人多次於北京張紹英夫婿吳讚府中雅聚，吳讚成為李尚迪與張仲遠交往的中間人，經常有通過吳讚府

---

34 李尚迪（1803-1865 年），字惠吉，號藕船，出身於朝鮮世代譯官家庭，是朝鮮純祖至高宗時期，中國清代道光至同治期間的一位重要詩人，在朝鮮詩壇和清代詩壇有較高的評價。

35 張仲遠，《海鄰書屋收藏中州詩》（韓國：韓國奎章閣收藏，夢華齋抄本），第 7a 頁。

36 李尚迪，《恩誦堂集詩》（收入《影印標點韓國文集叢刊》，第 321 冊，韓國：韓國民族文化推進會編刊）卷 7，〈張仲遠囑題比屋聯吟海客琴樽二圖〉，頁 195。

37 李尚迪，《恩誦堂集續集》（收入《影印標點韓國文集叢刊》，第 321 冊，韓國：韓國民族文化推進會編刊），卷 2，頁 256。

清中葉江南才媛理想婚姻生活方式——以〈比屋聯吟圖〉為例　　025

邸互贈書籍畫冊等舉動。張仲遠還通過各種方式將家人介紹給李尚迪，李尚迪詩集中即有多首與張氏家族的交往詩，如：《為包孟儀題棣華館畫冊序》、《仲遠重刻伯姊孟緹夫人澹菊軒詩集，屬題一言》、《題仲遠三姊綠槐書屋肆書圖》、《棣華館畫冊序》、《種青藤歌示以堂》等。1862 年李尚迪六十大壽，張仲遠令其女儷之、姪女王采蘋作書畫，遠寄朝鮮以示慶賀。李尚迪誇讚仲遠女兒和姪女「有煒一支筆，寫生妙八神。誰知散花手，遊戲現前身」。[38] 李尚迪《題仲遠比屋聯吟圖》序云：「仲遠有《比屋聯吟圖》，即與諸令姊妹唱酬之作也，嘗屬余題句。」詩有七言絕句若干「步屧從容三兩家，唱妍酬麗寫煙霞。夢殘春草池塘後（君從兄彥惟歿已五年矣），無恙東風姊妹花。」「是處朱陳自一村，宦遊人有滯金門。大家消息三千里，欲寄郵筒更斷魂。」「金刀莫報四愁詩，話雨燕山未有期。我亦歸田多樂事，東西屋裡讀書時。」[39] 稱頌並羨慕張氏聯合家族的生活方式。張仲遠除將家族聯吟圖邀請李尚迪題詩，還將其族諸女輩繪畫編冊的《棣華館畫冊》，寄給李尚迪邀請作序，李欣然應允，序云：「吾友張大令仲遠，以名父之子，遂傳家之學，與四姊氏均工詩文，各有其集。而叔姊婉紃夫人受書法于館陶君，深得北朝正傳。妻包孟儀夫人筆意，亦有乃父慎伯之風。雖使班昭復作于九原，衛鑠並驅於一世，庶無媿焉。仲遠近自武昌，寄示其女儷之，女甥王潤香、笤香、錡香，孫少婉及侍姬李紫畦寫生共十二幅、各繫題款，不惟秀韻逸致，直造乎宋元以上，別有分勢草情，沈酣于漢魏之間，則豈無所本而能哉。……潤香、笤香、少婉、儷之詩篇諸作，余嘗讀寒柳唱和之卷，而詫為玉台嗣響，心竊欽儀者久矣，因牽連以書之。」[40] 李尚迪對於張氏一門才女每人的詩書畫才藝非常了解，極為讚頌。一般而言，在封建禮教的規範，家中女輩是不可以為外人所識，對於女子才學往往避諱，更何況對外國人，而張仲遠卻不僅

38　李尚迪，《恩誦堂集續集》（收入《影印標點韓國文集叢刊》，第 321 冊，韓國：韓國民族文化推進會編刊），卷 2，頁 34。

39　見王昀本《比屋聯吟圖》後李尚迪題詩。

40　李尚迪，《恩誦堂集續集》（收入《影印標點韓國文集叢刊》，第 301 冊，韓國：韓國民族文化推進會編刊），卷 1，〈棣華館畫冊序〉，頁 226。

不避諱，而且主動將家中女輩畫冊詩集不遠千里寄給海外友人題序，在當時應是非常特殊的。

值得一提的，張仲遠的四姊張綸英善書，能做北碑大字，筆力沉厚，格勢峭拔，端嚴遒勁。另一位朝鮮學人金尚喜曾有詩《題張曜孫四姊綠槐書屋圖》：「閨藻天然古北碑，更從隸法點波奇。綠槐影裡傳家學，龍虎雄強屬黛眉。」[41] 李尚迪亦有：「見說清風林下吹，薪傳家法北朝碑。琉璃硯畔槐蔭綠，停筆還思授字時……記否簪花傳墨妙，一時聲價重雞林。」[42] 張仲遠每到京城攜張綸英作品到其姊張紹英住處，李尚迪必會來挑選帶至朝鮮出售。更有趣的是，如李尚迪云：「中朝士大夫與我東人投贈翰墨，不以外交視者。自唐至元明，若杜工部之于王思禮，高騈之于崔致遠，姚燧之于李齊賢，李侍中之于李崇仁，皆能延譽無窮。近代則紀曉嵐敘耳溪之集，陳仲魚刊貞蕤之稿，風義之盛，由來尚矣。未聞有求其詩文之序於東人。」[43] 以往都是朝鮮人邀請中國文人作序，張仲遠卻邀請朝鮮文人為自己詩集和家族姊妹詩集作序跋。即使嘉道時期才媛受到社會的較多肯定，但是得到海外關注的並不多，通過這種新穎的類似國際交流方式，使得張氏一門才媛的影響和知名度擴大到了海外，反過來一定程度上也提高了張氏家族在國內的名聲。

不得不說的是，男性文人的讚美之詞，塑造了超於尋常的有著堅強毅力、慷慨、寬容和才華橫溢的才媛們，她們身兼父夫之職主持家政、教兒育女、理財甚至鬻詩畫養家，又能不忘婦功，御上奉下，與妯娌親戚相處和睦等等，這些被讚頌的閨秀幾乎為完人，似乎是一種超人的存在。流傳下的清代女性詩集、女性繪畫題跋、女性的畫集大都是男性文人刊刻編纂選集，大都是以男性文人的角度進行才媛形象的塑造，從這個角度講實際很難看到清代才媛們真實的生活狀態。

41　金正喜，《阮堂先生全集》（收入《影印標點韓國文集叢刊》，第 112 冊，韓國：韓國民族文化推進會編刊），卷 10，頁 182。

42　張仲遠，《海鄰書屋收藏中州詩》（韓國：韓國奎章閣收藏，夢華齋抄本），頁 49a-52a。

43　溫兆海，〈朝鮮詩人李尚迪與晚清文人交流的歷史價值〉，《延邊大學學報》，5（吉林，2012），頁 45。

四、從郎與多麗圖到眷侶聯吟圖

明清文人行樂圖中有男性文人與女性同在一幅繪畫作品中的圖式，構圖基本上是一位文人為核心，身旁一位或者多位美人為配角，書、酒、樂為點襯物品，身處清雅庭院或者幽遠山水背景中。此類繪畫被學者毛文芳稱為郎與多麗圖，[44] 用以展示畫中主人詩酒花茶的行樂生活，極易引發觀者的綺艷想像，如陳洪綬《何天章行樂圖》、禹之鼎《喬元之三好圖》、費丹旭《姚燮懺綺圖》等，還有諸多文人雅集圖中的郎與多麗圖式。此類圖中的女子身分一般都是妓妾，華服麗妝，與圖中樂器、花卉、亭台一樣，圍繞在像主人周圍，置於主人優雅的私人莊園中，美人僅僅是一種擺設的美物，與陳設傢俱相互映照，是男性文人對財產擁有之物世俗的炫耀，展示風韻逸樂的生活。

對於才媛而言，早期中國女性肖像畫大多是宮廷嬪妃正襟危坐的寫真，或是身後的壽像，為後世子孫所供奉，或是一些德才高尚女性的圖繪，目的是對女性德行教化。直至清代，才媛開始為自己的日常生活繪製肖像，出現了表現才媛生活意趣、學詩習畫、讀書吟誦等行樂圖意味的小像。名士才媛伉儷二人同在一幅繪畫作品中，一般是紀念性的先人遺像（如圖 1-5）或家族合像，包含家堂圖、家慶圖，以及喜神（祖宗遺像，喪事懸掛與供祭追悼的半身影、大影）。[45] 清中葉，尤其嘉道時期，出現才媛與夫君共置一圖，琴瑟酬唱，讀書作畫，彰顯伉儷情深夥伴式婚姻的主題。這類繪畫注重人物衣飾、傢俱擺設及環境的描繪，烘托畫中伉儷二人的才學身分、共同情趣和愛好，是行樂圖的一種，如《密齋讀書圖》、《鴻

44　詳見毛文芳，〈「郎與多麗」—清代文人畫像文本的抒情演繹與近世意涵〉，《中正漢學研究》，1（台北，2013），頁 279-326。

45　對像主寫生或者揭帛、追穿而繪製的半身影和大影，用於喪事時懸掛，以及日後逢年過節供祭的祖宗神像，均居正面肖像，神庇端莊，甚至流於木僵枯索。這兩種一般都在畫面背後或像軸的簽條、詩塘寫上像主的官職、諱字，而畫工一般不在畫上落款，可能是畫工卑微或喪事不祥之故。詳見華人德，〈中國歷代人物圖像概述〉，《中國歷代人物圖像集》（上海：上海古籍出版社，2004），頁 15-16。

案聯吟圖》、《竹笙館聯吟圖》、《掃垢山房聯吟圖》、張氏家族聯吟的《比屋聯吟圖》等，筆者本文中稱此系列圖繪為「眷侶聯吟圖」式。在「眷侶聯吟圖」中，才媛不再是以肅穆端莊的神態端坐於家族供養像之中，她們活潑地出現在表現夫婦閨中唱和的行樂圖中，才媛在畫中的位置也不再是文士的陪襯，而是具有姓名的女士，呈現出自身的美好才情，從視覺角度再現了清代中期江南地區對夥伴式眷侶婚姻方式的宣揚。

圖1-5　清 佚名，《李思誠夫婦像》局部，紙本設色，南京博物院藏

　　眷侶聯吟圖式中，有肖像寫真類型畫像，如《密齋讀書圖》、《鴻案聯吟圖》等。《密齋聯吟圖》再現了王玉燕與汪詒成書齋中，共坐讀書，如同學友的情景，人物面貌寫實精緻，意在描繪一幅感情深厚志趣相投的伉儷畫卷。此畫為紙本設色掛軸，上有王文治、鮑之鐘、伊秉綬題詩各一首。王玉燕，字玞梁，王文治孫女，能詩善畫，深受王文治的喜愛，從小受詩書畫教育，繪畫師從潘恭壽。成年後擁有美滿的婚姻生活，與丈夫一起過著閒雅的文人生活。王文治在《密齋讀書圖》中題跋寫道：「伊家屢世蓄圖繪，詒成性復眈書畫。」[46] 丈夫汪詒成出身書香門第，能書善畫，

46　見《密齋讀書圖》畫上王文治題跋。

善收藏，曾收藏沈周《東莊圖冊》，王文治對此非常喜愛，曾多次題跋。
從潘恭壽繪《王玉燕寫蘭圖》和《密齋讀書圖》看，兩幅繪畫中的王玉燕
形象面貌極為相近，應為其真實的面貌。還有一幅《鴻案聯吟圖》，描繪
了張澹和陸蕙夫婦二人聯吟的畫像，人物形象刻畫細緻。張澹，字耕雲，
一字新之，號春水，江蘇蘇州人。工詩善畫，兼精篆刻，尤善山水。初得
錢志偉指授，後入湯貽汾門下。晚客居上海，以畫自給。其妻陸蕙，字璞
卿，別署蘇香。工詩畫，善寫生，學惲壽平、蔣廷錫，人贊其畫「不落窠
臼，輒能抗手古人」。陸蕙還著有《玉燕巢雙聲合刻》、《陸璞卿遺稿》
等書稿。張澹、陸蕙夫婦二人舉案齊眉、談詩論藝、夫婦唱和。對於妻子
的才藝張澹不僅不避諱，還有意宣揚，其有印「文章知己患難夫妻張春水
陸璞卿」，還延請多位畫家為其夫婦繪製肖像，畫家費丹旭和翁雒皆繪有
《鴻案聯吟圖》。費丹旭《鴻案聯吟圖》表現的是夫妻二人相敬如賓的生
活場景。丈夫張澹為正面像，立於桌前，正雙手接過妻子遞來的一杯茶，
桌上擺有筆墨紙硯。妻子陸蕙則為側面像，勾勒身形輪廓，正雙手捧杯遞
茶，體現妻子對丈夫的關切之情。翁雒的《鴻案聯吟圖》則更多展示出夫
婦二人「疏雨茅簷底，聯吟極有情」[47]的藝文志趣。張澹、陸蕙二人並排
坐於屋內桌前，窗外春風漫捲，柳枝飄搖。二人鋪就筆墨，正在觀景遐
思、持筆聯詩。正如多位文士在觀畫後的感受一般，圖繪了「共讀寒燈一
盞青」，「此樂人間勝畫眉」[48]的仙侶生活。在畫中，妻子陸蕙不僅可與
丈夫張澹平起平坐，還可展示出其詩文才情。《密齋讀書圖》與翁本《鴻
案聯吟圖》繪畫作品形製相同，構圖類似，筆墨風格類似。視線都是通過
書齋門窗框式展示的空間，將觀看者的視線定格在夫婦二人的書桌前，凸
顯夫婦二人文人身分。夫婦面貌清晰，營造出詩侶平日聯吟論藝，互為師
友的友愛生活狀態。此類詩侶聯吟圖聚焦在二人的面貌身分、讀書聯吟的
寫實動作上，是對清代才媛理想中的志同道合夥伴式婚姻的頌揚，一定程
度上也反映了才媛在士人家族之中的地位。

47　見翁雒《鴻案聯吟圖》畫後題跋。

48　見翁雒《鴻案聯吟圖》畫後題跋。

另一類眷侶聯吟圖是文人園林圖式，如張氏一門伉儷聯吟的《比屋聯吟圖》，黃文暘、張因《掃垢山房聯吟圖》，李星沅、郭潤玉《竹笙館聯吟圖》等。黃文暘和張因亦有《掃垢山房唱隨集》，李星沅和郭潤玉有《梧笙館聯吟集》合刊。《比屋聯吟圖》有實物畫作傳世，上節中對其構圖及筆墨已有詳述，此處不再贅言。《掃垢山房聯吟圖》和《梧笙館聯吟圖》無實物畫作傳世，從其眾多的題跋中可見是文人園林圖式。如吳清鵬《掃垢山房聯吟圖》，有詩對其進行描寫：「掃垢為築山房新，山空無人杳四鄰。與居木石棲白雲，只有猿鶴同朝昏。」[49] 此類聯吟圖以文人園林畫構圖，從圖式上表達夫婦二人有著共同志趣追求，才媛的精神形象與家族男性處在同等的位置，與士人一樣追求「文士化」的隱逸園林生活方式。

清代乾嘉道年間很多伉儷之間，等級沒有那麼森嚴，地位也沒有那麼分明，夥伴式姻緣模式打破了長久的才子美人的固定模式。文士對女性修養品味的要求日益分明，將目光移向受到良好教育，有著典雅韻致、大家風範的閨閣才媛，視她們為閨中的良友和愛戀的對象。潘卯橋贈詩給才貌雙全的妻子所寫：「盈盈碧玉好年華，低首甘心列絳紗。但得一枝堪解語，河陽桃李盡閒花。」[50] 夫妻關係因才學、修養及愛好的相近變得和諧，女子不再僅僅是男性的附庸，他們相互依賴，如同師友，通過文化上的契合獲得理解和溝通。如江南地區的席佩蘭和孫原湘，屈秉筠和趙同鈺，金纖纖和陳基，吳江的吳瓊仙、徐達源等都是這類學友般夥伴式婚姻模式。此時還出現了三本描述伉儷情深，夥伴式婚姻的紀實小說《浮生六記》、《香畹樓憶語》、《秋燈瑣記》。從郎與多麗圖式中美物形象的美人，到眷侶聯吟有高雅生活情趣的眷侶聯吟圖，可以看出，此時的有識名士對才媛才藝的大力褒揚，對精神同趣的婚姻也有著共同追求。

49　吳清鵬，《笏庵詩》（北京：清咸豐五年刻吳氏一家高本），卷 16，頁 175。

50　雷瑨、雷瑊，《閨秀詩話》（上海：掃葉山房，民國五年［1916 年］，石印本），卷 14，頁 30。

五、清中葉江南地區詩侶聯吟唱和風氣

聯吟從廣義上分為唱和、聯句等形式。唱和詩是參與者每人可一首亦可多首，或各述己志、一贈一答，或各抒己懷、步韻相答。聯句詩則是每人一句或兩句、多句組合成一首詩，可押同一韻，也可換韻，可步原詩字數和句數，也可自定字數和句數。唱和詩可以在同一時空進行，也可在不同時空完成，這就有充足的寫作時間。而聯句詩則必須在同一時空即興完成，相聯成篇。

早在先秦時期，聯吟詩就已有記載。「《尚書‧夏書》中的〈五子之歌〉具聯句性質……先秦作品《詩經‧鄴風‧式微》一詩亦有人視為聯句。」[51]漢武帝的「柏梁體」是一次君臣大合唱，一人一句順接而下。唐宋時聯吟詩得到較大發展，明清時更甚。以上所言聯吟詩皆為男性之間的聯吟。中國歷史上最早的夫妻聯吟詩大概是西晉賈充、李婉夫妻的〈與妻李夫人聯句〉，又稱〈定情聯句〉：「室中是阿誰，歎息聲正悲（賈充）。歎息亦何為？但恐大義虧（李夫人）。大義同膠漆，匪石不可移（賈充）。人誰不慮終？日月有合離（李夫人）。我心事所達，子心我所知（賈充）。若能不食言，與君同所誼（李夫人）。」[52]據《晉書》載：賈充初娶李豐女李婉為妻，李豐犯罪被誅，婉受株連被流徙邊陲，這首聯句詩極有可能是李婉與賈充分別時互訴衷腸所作。

東漢詩人秦嘉與妻子徐淑相互贈答的文章詞句傳為佳話，[53] 南宋趙明誠與李清照文詞賡和，更是膾炙人口。宋元之際，書畫家管道昇送給丈夫趙孟頫「你儂我儂，忒煞情多」，[54] 充滿濃情蜜意。明代著名散曲家黃峨

51　顧友澤，〈先唐聯句詩考論〉，《古典文學研究》，1（江蘇，2005），頁 360-370。

52　徐陵，《玉台新詠》（上海：文學古籍刊行社，1955），卷 10，頁 138。

53　秦嘉和徐淑在《後漢書》中無傳，據後人考察，現存最早記載他們贈答詩的《玉台新詠》有題序曰：「秦嘉，字士會，隴西人，為郡上掾。其妻徐淑，寢疾還家，不獲面別，贈詩云爾。」詳見，溫虎林，〈秦嘉、徐淑生平著作考〉，《甘肅高師學報》，3（甘肅，2007），頁 56-58。

54　管道昇，〈我儂詞〉，載徐釚，《詞苑叢談》（上海：上海古籍出版社，1981），頁 244-45。

（也作娥）與丈夫唱和的詩作，盡顯二人分離的無限悲情。此外，明末葉紹袁在悼念妻子沈宜修的祭文中有「我之與君，倫則夫婦，契兼朋友」[55] 三句，概括了夥伴式友愛婚姻的精髓與神韻。清初江南，文人與才媛妻子相和之風漸長，由明入清的錢謙益晚年與伴侶柳如是有《東山唱和集》，詩人葉燮的父母葉紹袁與沈宜修更是「月社良朋、花期好友，賞心藝圃、娛志談藪」，皆可稱一時佳話。

　　清中葉閨閣吟詠之風大盛的江南，夫婦唱和更是不勝枚舉，閨門學伴，精神同向的夥伴式婚姻模式成為潮流。當然，這一時期「女子無才便是德」仍是社會主要的思想導向，但追求精神同向的夥伴式婚姻已在江南地區成為一種現象。施淑儀的《清代閨閣詩人征略》，記載了不少夫婦聯吟唱和之事，如黃文暘和張因，李寶函和印白蘭，沈復和陳芸，孫原湘和席佩蘭，曾詠和左嘉錫，趙同鈺和屈秉筠，陳基和金纖纖，徐達源和吳瓊仙，郝懿行和王照圓，張問陶和林韻徵等，均堪稱夫妻聯吟的典範。孫原湘《示內》詩中一句廣為傳頌的「賴有閨房如學舍，一編橫放兩人看」，[56]概括了夫婦相伴讀書聯句的生活景象。詩侶曾詠、左嘉錫有《吟雲仙館詩稿》、《冷吟仙館詩稿》，《吟雲仙館詩稿》是曾詠逝世後，左嘉錫為丈夫整理。觀二人詩集，十餘年間夫婦相與唱和吟詠，時而分題限韻，時而詠雪對酌，雖在塵世，仿如偕隱。金纖纖與名士陳基亦是一對琴瑟和諧的夫婦，「奩具旁煙墨鋪粉，不數日變閨房為學舍。」[57] 新婚伊始，二人便開始詩詞唱和。屈秉筠、趙同鈺夫婦均出自簪纓世家，屈秉筠詩詞翰墨無所不及，又工白描花鳥，屈趙夫婦情投意合，琴瑟和鳴。被時人傳為佳話的張船山夫婦兩情相悅，船山曾為妻子林韻徵寫照，林氏自題一絕：「愛君筆底有煙霞，自拔金釵付酒家。修到人間才子婦，不辭清瘦似梅花。」

55　葉紹袁，〈百日祭亡室沈安人文〉，載葉紹袁，《午夢堂集》（北京：中華書局，1998），頁211。

56　席佩蘭，《長真閣集》（收入胡曉明、彭國忠編，《江南女性別集初編》，下冊，合肥：黃山書社，2008），卷1，頁403。

57　雷瑨、雷瑊，《閨秀詩話》（上海：掃葉山房，民國五年［1916年］，石印本），卷12，頁14。

船山依韻和之：「妻梅許我癖煙霞，仿佛孤山處士家。畫意詩情兩清絕，夜窗同夢筆生花。」為伉儷酬唱，情韻協諧的著名一例。[58] 這種夥伴式的理想婚姻甚至感染了男性，無錫馬雲燦有詩：「我願來生做君婦，只愁清不到梅花。」[59] 看似荒誕無經，但表明了對志同道合，兩情相悅的嚮往是當時士人才媛追求婚姻幸福的共同標準。

毗陵張氏才女三對夫妻及他們的子女，就同一話題分別題詠，是典型的文學夫婦結合的夥伴式婚姻為基礎的家族聯吟。沈善寶為《比屋聯吟圖》所作的序有曰：「仲遠大令暨德配孟儀、夫人令媞，性均孝友。與叔姊婉紃、季姊若綺兩夫婦伉儷同居，家政悉諮叔姊，遵尊甫翰風先生遺命也。兩夫人善詩、古文、詞，婉紃夫人尤喜作擘窠大字。孟儀夫人嗜文學，工漢隸。姑娣切磋，交相愛敬。姊婿孫叔獻、王季旭兩先生，皆抱經濟文章之士。大令才兼三絕，相與商榷古今，嘯歌風月，情義如昆弟焉。」[60] 她詳細描述了張氏一門三對士人才媛生活情景，夫妻姊妹弟姪之間詩詞更迭唱和，精神的同調，使得整個家族充滿著和諧愉快的文雅氛圍。沈善寶曾於孟緹家壁上見婉紃、若綺唱和「秋柳」之《疏影》二闋，姊妹即景賦詩、拈韻相和，這般景象在比屋聯吟的故事裡可謂常見。金武祥《粟香五筆》評仲遠作《比屋聯吟圖》曰：「觀圖中姊婣題圖之作，其家門之孝友，閨闈之風雅，均有足傳者。」[61]

張氏一門三家合居，三家子女得以跟從諸長輩同習詩書。女甥王采蘋、王采繁、王采藻姊妹，侄女張祥珍皆從綸英學書學詩。張仲遠女祥珍在姑母張綸英的《綠槐書屋詩稿》前題詩云：「母氏當年拜女師，瑣窗親

58　嚴迪昌，《清詩史》（杭州：浙江古籍出版社，2002），頁952。

59　張問陶，《船山詩草》（北京：中華書局，1986），卷11，頁87。

60　沈善寶，《名媛詩話》（收入王英志主編，《清代閨秀詩話叢刊》，第1冊，南京：江蘇鳳凰出版社，2010），卷8，頁482。

61　雷瑨、雷瑊，《閨秀詩話》（上海：掃葉山房，民國五年［1916年］，石印本），卷2，頁30。

授少陵詩。」[62] 王采蘋在為《比屋聯吟圖》所作詩裡，充滿著對比屋聯吟往事的回憶與眷戀。雷瑨、雷瑊《閨秀詩話》載：「潤香姊妹凡四，均多才，皆母教也。」[63] 在這樣和睦的家教氛圍中耳濡目染，王采蘋及諸女弟得以傳其家風，有家庭聯吟合集《棣華館詩課》。此類以才媛為紐帶的夥伴婚姻而形成的聯合家族生活方式，可以說是嘉道時期女性家族式詩社的典型表現。才媛們從獨處內室長日習靜，到眷侶聯吟，到聯合家族唱和。家庭成員之間的唱和結社，可視為才媛與外界聯繫的變通和過渡，對許多才媛女性來說仍然是十分艱難的一步。「女子弄文誠可罪，那堪詠月更吟風」[64] 當時還是大多閨秀堅守的信條。正因如此，走出閨閣的才媛無論在當時還是現在，皆得到了文人學者乃至社會輿論更廣泛的關注。

　　清中期江南文士階層夫妻唱和家族一門聯吟現象的盛行，既與這一地區的文風、女學有關，也與這一時期文人特有的心態分不開。較充裕的社會物質，較發達的文化教育，尚文的社會風氣等外在條件造就了夫妻唱和這一現象在江南出現。而士人心態的內斂則是士人由對社會的關注轉向閨閣的內部原因。清政府此時期以文字獄威嚇鎮壓讀書人，同時在舉國修書之際，毀棄、篡改不利於統治的各種學說，並藉此籠絡文士，希望在思想上統一。大部分的士人必須小心謹慎，只做歌功頌德文章。他們在功名利祿與個人價值之間徘徊不決。在這種社會狀態下，文人的避世心理表現很明顯。張問陶[65]《船山詩草》就反映了清王朝的衰象。「平生醉後多讕言，明日常疑有酒失。」[66] 他生恐自己的不滿流露於官場遭來不測，辭官隱居於蘇州，與妻子林佩環詩酒唱和，聊度此生。對於江南寒士文人來說，他們功名無望，自然而然對當時的政權產生了一種疏離感。他們或埋首於故紙堆，或放浪形骸於江湖，或執著於名物考據，或隱跡於山水園林。張琦

62　張綸英，《綠槐書屋詩稿》（收入胡曉明、彭國忠主編，《江南女性別集初編》，合肥：黃山書社，2008），頁 1082。

63　胡文楷，張師宏生，《歷代婦女著作考（增訂版）》（上海：上海古籍出版社，2008），頁 233。

64　朱淑真，《朱淑真集》（上海：上海古籍出版社，1986），卷 10，〈雜題〉，頁 154。

65　張問陶（1764-1814 年），號船山。中進士後，曾任吏部郎中，後出知山東萊州府。

66　張問陶，《船山詩草》（北京：中華書局，1986），卷 11，頁 263。

常年在外奔波，一度與包世臣等人著迷與金石訪碑考據，家道貧困，全依靠湯瑤卿支持，他稱湯氏是一個合乎審美理想的「閨中良友」。張綸英、張紈英兩對夫妻也因各自不能自持，而結鄰相伴。清中期諸多寒士文人往往試圖在家庭中找到自己理想的生活，而閨閣才媛也成為他們慰藉孤寂心靈的一劑良藥。

另一方面，誠如孫康宜所云，清代的文學創作有男女雙性的文化理想。男性方面，文人在薄命才女身上看到自身懷才不遇的影子，故有時他們對女性的關注就進一步表現在自我女性化的傾向之上；女性方面，她們在詩文創作上有文人化、儒雅化的趨向。這兩種轉變合流，便把兩性在文字上的思想距離逐漸拉近。[67] 再加上寒士才媛的夥伴式聯姻形象在明清小說中極為流行，進一步替夥伴式友愛婚姻塑造了理想典範。寒士文人便以在家中得「文字好友之樂」為榮，成就了不少才學夫婦的佳話。

參考文獻

1. 雷瑨、雷瑊編，《閨秀詩話》，上海：掃葉山房，1916，石印本。
2. 胡文楷著，張宏生增訂，《歷代婦女著作考》，上海：上海古籍出版社，2008。
3. 胡曉明、彭國忠編，《江南女性別集》初編、二編、三編、四編、五編，合肥：黃山書社，2008-2019。
4. 王英志編，《清代閨秀詩話叢刊》，南京：鳳凰出版社，2010。
5. 李雷編，《清代閨閣詩集萃編》，北京：中華書局，2015。
6. 肖亞男編，《清代閨秀集叢刊》，北京：國家圖書館出版社，2014。
7. 曹虹、蔣寅、張宏生主編，《清代文學研究集刊》1-6 輯，北京：人民文學出版社，2008-2013。
8. 曼素恩著，羅曉翔譯，《張門才女》，北京：北京大學出版社，2015。
9. 〔英〕白馥蘭著，江湄、鄧京力譯，《技術與性別：晚期帝制中國的權力經緯》，南京：江蘇人民出版社，2006。

67　詳見孫康宜，〈走向「男女雙性」的理想——女性詩人在明清文人中的地位〉，《古典與現代的女性闡釋》（台北：聯合文學出版社，1998），頁 72-84。

10. 〔英〕白馥蘭著，吳秀潔、白嵐玲譯，《技術、性別、歷史：重新審視帝制中國的大轉型》，南京：江蘇人民出版社，2017。

11. 陳匯群，《閨閣與畫舫：清代嘉慶道光年間的江南文人和女性研究》，北京：中國傳媒大學出版社，2009。

12. 鍾慧玲，《清代女詩人研究》，台北：里仁書局，2000。

13. 衣若芬，《藝林探微——繪畫、文物、文學》，上海：華東師範大學出版社，2012。

14. 毛文芳，《卷中小立亦百年：明清女性畫像文本探析》，台北：學生書局，2013。

15. 巫鴻，《中國繪畫的「女性空間」》，上海：三聯書店，2019。

16. 李湜，《明清閨閣繪畫研究》，北京：紫禁城出版社，2008。

17. 高彥頤，〈「空間」與「家」——論明末清初婦女的生活空間〉，《近代中國婦女史研究》，3（台北，1995），頁21-50。

18. 王力堅，〈從〈名媛詩話〉看家庭對清代才媛的影響〉，《長江學術》，3（湖北，2006），頁109-116。

19. 方秀潔，〈女性之手——刺繡，明清至民初女子的日常學問〉，收入張國剛編，《家庭與社會》，北京：清華大學出版社，2010，頁246-265。

20. 張宏生，〈清代婦女詞的繁榮及其成就〉，《江蘇社會科學》，6（江蘇，1995），頁120-125。

21. 魏愛蓮，〈十九世紀中國女性的文學關係網絡〉，《清華大學學報（哲學社會科學版）》，3（北京，2008），頁108-118。

22. 胡曉真，〈才女徹夜未眠：清代婦女彈詞小說中的自我呈現〉，《近代中國婦女史研究》，8（台北，1995），頁67-89。

23. 毛文芳，〈圖中物色：明清"三好"/"郎與麗"類型畫像文本之隱喻觀看與抒情演繹〉，《人文中國學報》，25（香港，2017），頁10-56。

24. 方秀潔，〈性別與傳記：清代自我委任的女性傳記作者〉，《社會科學》，1（上海，2020），頁179-191。

02

從雜誌看理蕃政策（1930-1945）初步研究 《理蕃之友》和《台灣警察時報》[1]

一、前言

　　日本時代的台灣，山區和蘭嶼被稱為「蕃地」，該地實施的特別行政稱為「理蕃政策」。[3] 在官方文書中，以 1895 年至 1926 年的《理蕃誌稿》和 1930 年代後的《理蕃之友》（理蕃の友）為研究理蕃政策的主要史料。因為理蕃政策是由警察執行，因此台灣警察協會出版的《台灣警察協會雜誌》（之後名稱更改為《台灣警察時報》）也記載有關理蕃政策的文章。

1　本論文作為初步研究，其理由是因為史料分量相當大量，故很難完全包含它。本稿根據 2020 年 11 月 14 日發表於國立政治大學台灣史研究所舉辦的「2020 第五屆台灣與東亞近代史青年學者學術研討會」的〈雜誌から見た理蕃政策（1930-1945）〉，感謝台灣史研究所給我發表的機會，以及評論人鄭螢憶教授的教導。

2　慈濟科技大學全人教育中心約聘專案教師（助理教授級）。

3　「蕃」是在日本時代指台灣原住民使用的名稱，是繼承在清國時代，指台灣原住民族稱為「番」。當時漢族自稱「民」、「人」，指台灣原住民族稱為「番」。日本當局，指台灣原住民族稱「蕃人」，其中指從日本時代初次國家統治的區域稱為「蕃地」，而部落稱為「蕃社」。後來，「蕃」由於具有歧視意味而改稱為「高砂族」，「高砂」是日本指台灣的古稱。在本文中，除非由於參考文獻而不可避免，否則將其稱為「台灣原住民族」。

蔡蕙頻指出，作為台灣警察協會的機關報紙的《台灣警察協會雜誌》，從1917 年 6 月開始出版，並於 1929 年 11 月停刊，每月出刊一次，總共有149 期。1930 年 1 月，台灣警察協會發行《台灣警察時報》，至 1944 年2 月為止。[4] 筆者利用國立台灣圖書館日治時期期刊影像系統查詢，發現《台灣警察時報》於發刊日寫道，「本期刊名改為台灣警察時報」，並刊載〈重新命名這本雜誌的話－兼新年祝福賀辭我向諸位會員表示希望〉一文，[5]從此可知《台灣警察時報》是《台灣警察協會雜誌》改名而成。蔡蕙頻指出，當局從 1944 年 2 月到 4 月將《台灣警察時報》改名而出版《台灣警察》。[6] 筆者依國立台灣圖書館日治時期期刊影像系統得知，《台灣警察時報》最後發行時間是 1943 年 10 月 20 日。[7]

　　《理蕃之友》於 1932 年 1 月發刊，至 1943 年 12 月停刊，共發行 144期，是台灣總督府警務局理蕃課的期刊。近藤正己指出，本刊物出版是霧社事件（1930 年 10 月 27 日）[8] 後，所進行理蕃體制改革的一部分。當時的警務局局長井上英（1886-1975），則是《理蕃之友》的創刊人和命名者。[9] 近藤正己依照井上英的敘述：「用這本小冊子與離我們遙遠的山區、僻陬的地方從事工作的理蕃相關人士保持密切聯繫，再者理蕃相關人士藉此《理蕃之友》向我們報告蕃地工作情形、蕃人日常生活的情形」推測，

4　　蔡蕙頻指出，《台灣警察》從 1944 年 4 月之後的出版情形因為現存史料保存情形的緣故無法知道。蔡蕙頻，〈警界之木鐸《台灣警察協會雜誌》〉，https://www.ntl.edu.tw/public/Attachment/57141435248.pdf，擷取日期：2020 年 2 月 3 日，頁 10-11。筆者利用國立台灣圖書館日治時期期刊影像系統也查不到 1944 年以後的史料。

5　　木原圓次，〈本誌改題の辯－年頭の賀辭をかね會員諸君に希望す〉，《台灣警察時報》，（1930.1.1），第 1 版第 1 頁。

6　　蔡蕙頻，〈警界之木鐸《台灣警察協會雜誌》〉，頁 10。筆者利用國立台灣圖書館日治時期期刊影像系統查詢，查不到以《台灣警察》為名稱的雜誌。

7　　《國立台灣圖書館日治時期期刊影像系統》，https://hyerm.ntl.edu.tw:3340/cgi-bin/gs32/gsweb.cgi/login?o=dwebmge&cache=1610802764244。

8　　霧社事件是賽德克族於 1930 年 10 月 27 日殺害了 134 名日本內地人和兩名被誤認為日本人的漢族。台灣總督府動員警察和軍隊進行鎮壓。由於當時霧社被視為理蕃政策的模範地區，理蕃政策在方法論上因此被重新檢討。近藤正己，〈「理蕃の友」解題─「理蕃政策大綱」から皇民化政策へ〉，《理蕃の友別冊》（東京：綠蔭書房，1993），頁 3。

9　　近藤正己，〈「理蕃の友」解題─「理蕃政策大綱」から皇民化政策へ〉，頁 3-4。

本刊物發行的目的是為了避免警察對理蕃政策的懷疑和批評,以及使理蕃政策的執行更徹底,並與在蕃地工作的警察更密切的聯繫。他指出,《理蕃之友》的定期訂閱者是台灣島內人士。此外,分配數不合職員和警手的總數,而是與台北以外的地方與駐在所的職員人數一致,故主要訂閱者是警部、警部補及巡查等地方警察。[10]

　　近藤正己指出,警務局的機關報紙:《台灣警察時報》,每月發行兩次,但是由於《理蕃之友》的出版,《台灣警察時報》的出版次數因此減少。[11] 不過,筆者利用國立台灣圖書館日治時期期刊影像系統,發現 1930 年 1 月至 1931 年 11 月之間也有幾次僅一個月一次發行的情形。《台灣警察時報》從《理蕃之友》開始發行的一個月前的 1931 年 12 月起,就是一個月一次發行了。近藤正己認為,由於《理蕃之友》的出版,《台灣警察時報》成為針對平地工作的警察刊物,但是正如在本論文的提示,在《理蕃之友》出版後,在《台灣警察時報》有關理蕃以及針對執行理蕃政策相關人士的文章不少。近藤正己指出,《台灣警察時報》的發行量是《理蕃之友》的三到四倍,在 1939 年超過了 10,000 本,但其受眾多數在台灣島內,送到內地的數量是《台灣時報》的半數:大約 75 部左右。[12]《理蕃之友》和《台灣警察時報》都是理蕃政策的重要史料。但是,與 1993 年重新出版的《理蕃之友》比起,收藏《台灣警察時報》的地方有限,閱讀、取得不易。不過,自從國立台灣圖書館建立了日治時期期刊影像系統之後,瀏覽《台灣警察時報》變得更加容易了。相對於與以往被廣泛利用的《理蕃之友》,《台灣警察時報》具有何樣的史料價值?此為本文探討的問題之一。

　　關於《理蕃之友》的研究,除了近藤正己〈「理蕃の友」解題──「理蕃政策大綱」から皇民化政策へ〉一文之外,尚有大西友典〈日治後期理

10　原文:〈私共と遠く離れて山間僻陬の地に勤務してゐる理蕃関係者に此の小冊子に依て親しく密接なる連絡を取り、また理蕃関係者が此の《理蕃の友》に依って蕃地勤務の狀況、蕃人の日常生活の有様を私共に通じて貰ひ度〉,井上警務局長,《理蕃の友》,1(1932.1),頁 1。

11　近藤正己,〈「理蕃の友」解題─「理蕃政策大綱」から皇民化政策へ〉,頁 5。

12　近藤正己,〈「理蕃の友」解題─「理蕃政策大綱」から皇民化政策へ〉,頁 5。

蕃之友所載高砂族之教育政策〉（2014）。[13]《台灣警察時報》的部分，則有：中島利郎、林原文子編《「台灣警察協會雜誌」「台灣警察時報」目錄》（1998）、[14] 林育薇〈許丙丁之報刊漫畫研究：以台灣警察時報、三六九小報為中心〉（2013）、[15] 蔡蕙頻〈警界之木鐸《台灣警察協會雜誌》〉。[16] 溫席昕《日治時期在台日本警察的原住民書寫：以重要個案為分析對象》（2016）則探討日本內地人警察在書面史料中如何描述台灣原住民族，其探討對象包含《理蕃之友》及《台灣警察時報》等雜誌。[17] 但是他的分析方式以警察職員個人為主題，沒有對雜誌之間的性質差異進行比較。在本文中，我將探討此問題。[18]

二、「理蕃政策大綱」

近藤正己指出，直到 1939 年，《理蕃之友》的內容仍在「理蕃政策大綱」的框架內進行討論。[19] 據他推測，1931 年 12 月 28 日台灣總督太田政弘（1871-1951）[20] 將「理蕃政策大綱」發布給地方長官，理蕃警察稱其

13　大西友典，〈日治後期理蕃之友所載高砂族之教育政策〉（高雄：國立高雄第一科技大學應用日語系碩士論文，2014）。

14　中島利郎、林原文子編，《「台灣警察協會雜誌」「台灣警察時報」目錄》（東京：綠蔭書房，1998）。

15　林育薇，〈許丙丁之報刊漫画研究：以台灣警察時報、三六九小報為中心〉（台北：國立台灣師範大學台灣史研究所碩士論文，2013）。

16　蔡蕙頻，〈警界之木鐸《台灣警察協会雜誌》〉，頁 10-11。

17　溫席昕，《日治時期在台日本警察的原住民書寫：以重要個案為分析對象》（台北：秀威資訊，2016）。

18　在《台灣警察時報》有關阿美族的記載不少，又有平埔族的記載，是個值得深入探討的問題。但他們住在平地，不是「理蕃政策」的對象，有關平埔族的部分日後有機會再探討。

19　近藤正己，〈「理蕃の友」解題—「理蕃政策大綱」から皇民化政策へ〉，頁 12。

20　由於霧社事件，時任台灣總督石塚英藏（1866-1942）、總務長官、台中州知事和警務局長均辭職。其後，由太田政弘就任台灣總督，井上英就任警務局長，石川定俊（1895-?）就任理蕃課長，負責霧社事件後改革的任務。

為「理蕃的憲法」。[21]

「理蕃政策大綱」第一項規定：「理蕃的目的是教化蕃人，穩定他們的生活，浸透一視同仁的神聖美德（以下省略）」（理蕃は蕃人を教化し、其の生活の安定を圖り、一視同仁の聖德に浴せしむるを以て目的とす），[22] 是整個大綱內容的摘要。

第二項：「理蕃應基於對蕃人的準確理解和蕃人的實際生活，制定其政策（以下省略）」（理蕃は蕃人に對する正確な理解と蕃人の實際生活を基礎として、其の方策を樹立すべし）。

第三項：「對於蕃人，我們應該基於信任，懇切地指導他們（以下省略）」（蕃人に對しては、信を以て懇切に、之を導くべし）。

第四項：「蕃人的教化主要焦點，是糾正其不良習慣，養成良好的習慣，旨在培養國族思想，注重實踐教育，並提供基於日常生活的簡單知識（以下省略）」（蕃人の教化は、彼等の弊習を矯正し善良なる習慣を養ひ國民思想の涵養に意を致し實科教養に重きを置き、且つ日常生活に即したる簡單なる知識を授くるを以て主眼とすべし）。

第五項敘述了經濟、大規模遷移、授產和貿易。[23]

第六項：「選拔理蕃相關人士，特別是在現場的警察部分，我們該雇用沉著穩重精神良好的人，盡量給予他寬厚的待遇，不要頻繁地調動其任地，我們仍應以人為本的原則，努力永遠確保理蕃的效果。（以下省略）」（理蕃関係者、殊に現地に於ける警察官には、沈著重厚なる精神的人物を用ひ、努めて之を優遇し、漫りに其の任地を變更せしむるが如きなく、人物中心主義を以て、理蕃の効果を永遠に確保するに努むべし）。

21　近藤正己說：仍未確認「理蕃政策大綱」實物，規定向理蕃警察分配它。同上，頁6。

22　原文為〈理蕃は蕃人を教化し、其の生活の安定を図り、一視同仁の聖德に浴せしむるを以て目的とす〉。同上，頁6。近藤正己指出：在《理蕃之友》、警務局發行的理蕃相關書本均幾乎均沒記載「理蕃政策大綱」全文。因此以下「理蕃政策大綱」內容均引用自近藤正己〈「理蕃の友」解題─「理蕃政策大綱」から皇民化政策へ〉。另外因全文太長，不便全數引用它造成不便，因此相當表題的各項第1條文。同上，頁6-7。

23　由於第五項的第一句太長，因此本文不特別引用它。近藤正己，〈「理蕃の友」解題─「理蕃政策大綱」から皇民化政策へ〉，頁9-10。

第七項：「我們應修整蕃地的道路，來提高運輸的便利性，並努力確保教育教化的普及（以下省略）」（蕃地に於ける道路を修築して、交通の利便を圖り、教育教化の普及徹底を期するに努むべし）。

第八項：「應採取藥物救濟之方法，以減輕蕃人生活的痛苦，並幫助結出理蕃的成果（以下省略）」（醫藥救療の方法を講じ、蕃人生活の苦患を輕減すると共に、依て以て理蕃の實を擧くるの一助たらしむべし）。

以下將根據「理蕃政策大綱」對《理蕃之友》和《台灣警察時報》的記載，進行分類與比較。

三、《理蕃之友》的內容

表 2-1 是筆者整理部分《理蕃之友》與「理蕃政策大綱」各項目互相對應的文章示例。[24]

表 2-1 「理蕃政策大綱」與《理蕃之友》相關記載

理蕃政策大綱	《理蕃之友》篇目
第二項「理蕃應基於對蕃人的準確理解和蕃人的實際生活，制定其政策（以下省略）」	〈蕃人的習慣〉[25] 〈蕃人的迷信〉[26] 〈澤利先的祖先〉[27] 〈排灣族的五年祭〉[28] 〈傳說 shireiku 讓祖先出現的故事〉[29]

24　由於《理蕃の友》報導數量龐大，分類其全部報導予以分類、羅列是不可能的。

25　〈蕃人の慣習〉，《理蕃の友》，1（1932.1），頁 3-4；2（1932.2），頁 5-6。

26　〈蕃人の迷信〉，《理蕃の友》，1（1932.1），頁 4-5；2（1932.2），頁 6-7。

27　〈チヤリセンの祖先〉，《理蕃の友》，2（1932.2），頁 4-5。

28　〈パイワン族の五年祭〉，《理蕃の友》，3（1932.3），頁 8-9。

29　〈傳說 シレイクが祖先を出現せしめた話〉，6（1932.6），頁 2。

〈關於蕃人的綠肥〉[30]
〈排灣族芒仔社及墩仔社的由來〉[31]
〈高山蕃的暗號之一、二〉[32]
〈蕃族介紹〉[33]
〈排灣族的傳說〉[34]
〈創世紀的蕃人〉[35]
〈利用信仰成功操縱〉[36]
〈不可理解的迷信〉[37]
〈為何改正陋習〉[38]
〈留在太魯閣族的「苦力」的習慣和其救濟措施〉[39]
〈關於藤井先生的〈留在太魯閣族的「苦力」的習慣和其救濟措施〉〉[40]
〈高砂族的一系列研究〉[41]

30　松本確，〈蕃人の綠肥に就て〉，《理蕃の友》，7（1932.7），頁 7-8。

31　羽根田，〈パイワン族マガ社及トナ社の由來〉，《理蕃の友》，10（1932.10），頁 2。

32　K・I生，〈高山蕃の暗號の一、二〉，10（1932.10），頁 2。

33　〈蕃族紹介〉，《理蕃の友》，11（1932.11），頁 3-4；12（1932.12），頁 10-11；13（1933.1），頁 11；14（1933.2），頁 9-10；16（1933.4），頁 10；17（1933.5），頁 9-10。

34　羽根田盛，〈パイワン族の傳說〉，《理蕃の友》，11（1932.11），頁 4-5。

35　〈創世紀の蕃人〉，《理蕃の友》，12（1932.12），頁 12。

36　〈信仰を利用したる操縱の成功〉，《理蕃の友》，9（1932.9），頁 7-8。

37　〈不可解な迷信〉，《理蕃の友》，9（1932.9），頁 9-10。

38　瀨野尾寧，〈陋習何故に改むべきか〉，《理蕃の友》，10（1930.10），頁 1；11（1932.11），頁 1；14（1933.2），頁 2；15（1933.3），頁 1；16（1933.4），頁 1-2；17（1933.5），頁 2-3；21（1933.9），頁 1-2；22（1933.10），頁 1-2；23（1933.11），頁 2。

39　藤井芳吉，〈タロコ族に殘されたる「コーリ」の慣習と其の救濟策〉，《理蕃の友》，11（1932.11），頁 2-3。

40　中村勇，〈藤井氏の「タロコ族に殘されたるコーリの慣習と其の救濟策」に就いて〉，《理蕃の友》，13（1933.1），頁 10。

41　宮本延人，〈高砂族の一研究〉（一）～（十一），《理蕃の友》，62（1937.2），頁 1-2；63（1937.3），頁 1-3；64（1937.4），頁 1-2；66（1937.6），頁 2；67（1937.7），頁 2；68（1937.8），頁 2；69（1937.9），頁 2；70（1937.10），頁 2；71（1937.11），頁 3-4；72（1937.12），頁 2；73（1938.1），頁 4。

第三項「對於蕃人，我們應該基於信任，懇切地指導他們（以下省略）」	〈必須約束自己〉[42]
	〈希望理蕃人的自覺〉[43]
	〈必須愛你的鄉土〉[44]
	〈理蕃人・新開人〉[45]
	〈必須善處敵對關係的和解〉[46]
	〈修學旅行學生的感想〉[47]
	〈阿里山蕃的觀光〉[48]
	〈理蕃〉[49]
	〈蕃人惠贈的利害與該注意的要點〉[50]
	〈自律心的修養〉[51]
第四項「蕃人的教化主要焦點，是糾正其不良習慣，養成良好的習慣，旨在培養國族思想，注重實踐教育，並提供基於日常生活的簡單知識（以下省略）」	〈蕃童教育的二大重點〉[52]
	〈蕃人的服裝改良和住家的改良〉[53]
	〈新竹州的蕃人服裝改良計畫〉[54]
	〈國語和日本精神〉[55]
	〈雅美人的將來〉[56]
	〈學校的本質和教師的使命〉[57]
	〈善意的不合理〉[58]
	〈教育座談會感想記〉[59]
	〈教育所教育的著眼點〉[60]
	〈第一屆理蕃視學事務商量會〉[61]
	〈蕃人新年論〉[62]

42 桂長平，〈自己を檢束せよ〉，《理蕃の友》，1（1932.1），頁8。

43 石川定俊，〈理蕃人の自覺を望む〉，《理蕃の友》，2（1932.2），頁1。

44 尾崎秀真，〈汝の鄉土を愛せよ〉，《理蕃の友》，2（1932.2），頁1-2。

45 高橋正男，〈理蕃人・新開人〉，《理蕃の友》，2（1932.2），頁3-4。

46 都築孫藏，〈仇敵關係の和解に善處せよ〉，《理蕃の友》，4（1932.4），頁3。

47 〈修學旅行生徒の感想〉，《理蕃の友》，5（1932.5），頁7。

48 〈阿里山蕃の觀光〉，《理蕃の友》，5（1932.5），頁10。

49 下松仙次郎，〈理蕃〉，《理蕃の友》，7（1932.7），頁2。

50 瀨野尾寧，〈蕃人惠與の利害と注意すべき要點〉，《理蕃の友》，8（1932.8），頁2-6。

51 吉田德次，〈自律心の涵養〉，《理蕃の友》，12（1932.12），頁3。

52 鈴木質，〈蕃童教育の二大眼目〉，《理蕃の友》，1（1932.1），頁6-7。

53 〈蕃人の服裝改良と住家の改良〉，《理蕃の友》，3（1932.3），頁6-7。

54 〈新竹州の蕃人服裝改良計畫〉，《理蕃の友》，6（1932.6），頁6。

55 〈國語と日本精神〉，《理蕃の友》，8（1932.8），頁7。

56 〈ヤミ人の將來〉，《理蕃の友》，8（1932.8），頁7-8。

57 横尾廣輔，〈學校の本質と教師の使命〉，《理蕃の友》，9（1932.9），頁1-2。

58 瀨野尾寧，〈善意の無理〉，《理蕃の友》，9（1932.9），頁2-3。

59 横尾生，〈教育座談會感想記〉，《理蕃の友》，10（1932.10），頁3；11（1932.11），頁5。

60 古都真造，〈教育所教育の著眼點〉，《理蕃の友》，10（1932.10），頁7。

61 藤井芳吉，〈第一回理蕃視學事務打合會〉，《理蕃の友》，12（1932.12），頁5。

62 瀨野尾寧，〈蕃人正月論〉，《理蕃の友》，13（1933.1），頁1-3。

第五項：經濟、大規模遷移、授產、貿易 [63]	〈蕃地貿易的改善〉[64]
	〈關於蕃地開發調查方法的變更〉[65]
	〈在本島蕃地的水田預定地調查〉[66]
	〈蕃地農村該如何形成集團化〉[67]
	〈Busegan（富世岡）農業講習所〉[68]
	〈關於蔬菜的害蟲驅除劑〉[69]
	〈授產訓戒〉[70]
	〈新竹州的蕃人服裝改良計畫〉[71]
	〈我的主張〉[72]
	〈關於粟綴螟〉[73]
	〈武陵蕃社集團設施〉[74]
	〈解說適當蕃地農作物〉[75]
	〈處分霧社反抗蕃占有地和味方蕃的移住〉[76]
	〈在蕃地的水稻耕作上的新傾向〉[77]
第六項「選拔理蕃相關人士，特別是在現場的警察部分，我們該雇用沉著穩重精神良好的人，盡量給予他寬厚的待遇，並不要頻繁地調動其任地，我們仍應以人為本的原則，努力永遠確保理蕃的效果。（以下省略）」	〈關於台北州理蕃課發行的學術講習用蕃語資料〉[78]
	〈廢止「蕃人」的名稱〉[79]

63　由於第五項的第一句太長，因此本文不引用。近藤正己，〈「理蕃の友」解題―「理蕃政策大綱」から皇民化政策へ〉，頁 9-10。

64　〈蕃地交易の改善〉，《理蕃の友》，1（1932.1），頁 2-3。

65　岩城龜彥，〈蕃地開發調查方法の變更に就て〉，《理蕃の友》，3（1932.3），頁 1-2。

66　岩城龜彥，〈本島蕃地に於ける水田預定地調〉，《理蕃の友》，4（1932.4），頁 4。

67　竹澤誠一郎，〈蕃地農村は如何に集團形成せしむべきか〉，《理蕃の友》，5（1932.5），頁 1-2。

68　〈ブセガン農業講習所〉，《理蕃の友》，5（1932.5），頁 6。

69　松本確，〈蔬菜の害蟲驅除劑に就て〉，《理蕃の友》，5（1932.5），頁 7-8。

70　〈授產小言〉，《理蕃の友》，5（1932.5），頁 3-5；6（1932.6），頁 3-4；10（1932.10），頁 6；12（1932.12），頁 8-9；13（1933.1），頁 5-6；14（1933.2），頁 8-9。

71　〈新竹州の蕃人服裝改良計畫〉，《理蕃の友》，6（1932.6），頁 6。

72　平澤龜一郎，〈私の主張〉，《理蕃の友》，8（1932.8），頁 5。

73　平澤生，〈粟綴蛾に就て〉，《理蕃の友》，8（1932.8），頁 6。

74　〈ボクラブ蕃社集團施設〉，《理蕃の友》，9（1932.9），頁 5。

75　平澤龜一郎，〈蕃地適作物の解說〉，《理蕃の友》，9（1932.9），頁 4-5；10（1932.10），頁 9；11（1932.11），頁 6-7；12（1932.12），頁 7-8；13（1933.1），頁 9-10。

76　〈處分霧社反抗蕃占有地和味方蕃的移住〉，《理蕃の友》，10（1932.10），頁 5。

77　岩城龜彥，〈蕃地に於ける水稻耕作上の新傾向〉，《理蕃の友》，13（1933.1），頁 8-9。

78　台北州理蕃課，〈台北州理蕃課發行の學術講習用蕃語資料に就て〉，《理蕃の友》，4（1932.4），頁 9-10。

79　竹澤，〈「蕃人」と云ふ呼称の廢止〉，《理蕃の友》，9（1932.9），頁 10。

第七項「我們應修整蕃地的道路，來提高運輸的便利性，並努力確保教育教化的普及（以下省略）」	〈蕃地的主要道路〉[80]
第八項「應採取藥物救濟之方法，以減輕蕃人生活的痛苦，並幫助結出理蕃的成果（以下省略）」	〈蕃人的梅毒病人〉[81]〈從理蕃上來看蕃地防止瘧疾的立場〉[82]

資料來源：《理蕃之友》，1932-1933、1941。

在第二項〈澤利先的祖先〉「澤利先」指現在的魯凱族及北排灣族。不僅介紹祖先來歷，還有社會文化。如此符合第二項的文章是台灣原住民族文化社會的介紹，但〈總員必須了解蕃地事情〉（蕃地事情は總員が知るべきである）也該歸屬此項，其作者呼籲蕃地職員全員即使不會蕃語也應成為熟悉蕃地情況的「半蕃通」。[83]

第三項〈學生對學校旅行的印象〉（修學旅行生徒の感想）探討將教育所的 學生以學校旅行的方式參觀台北地區的活動，作者主張：這些台北地區的參觀若僅是讓學生驚訝而已的話沒有意思，有必要讓帶隊者回到教育所之後一邊談回憶一邊幫學生整理他們的記憶，引導他們想要接近日本文明。

第四項〈蕃人新年論〉（蕃人正月論）介紹了台灣原住民族的祭典，並主張要指導他們縮短祭典的時間。

第五項介紹了台灣原住民族的產業發展，鼓勵種水稻和「集團移住」（集體遷村）。

第六項有指示警察熟悉蕃語，[84] 故將討論蕃語講習會資料的〈關於台北州理蕃課發行的學術講習用蕃語資料〉（台北州理蕃課發行の學術講習用蕃語資料に就て）分類於第六項。

80　羽根田生，〈蕃地の主要道路〉，《理蕃の友》，49（1941.1），頁 10-11。

81　〈蕃人の黴毒患者〉，《理蕃の友》，2（1932.2），頁 7。

82　〈理蕃上より見たる蕃地マラリア防遏の立場〉，《理蕃の友》，9（1932.9），頁 5-7。

83　〈蕃地事情は總員が知るべきである〉，《理蕃の友》，5（1932.5），頁 10。

84　近藤正己，〈「理蕃の友」解題－「理蕃政策大綱」から皇民化政策へ〉，頁 11。

近藤正己指出：當局透過耕種水稻田來培養能自給自足的「蕃社中層領導者」（蕃社の指導的中堅人物），使其形成經濟上獨立的自耕農，並由青年團取代頭目及勢力者領導下一代的蕃社，青年團被改組為警察輔助組織，並且從 1937 年左右開始，每一期的《理蕃之友》中幾乎都刊登了穿著青年團服的成員照片。[85] 關於青年團的文字記錄，始於 1933 年 5 月〈理蕃新聞〉中的〈蕃人青年會的檢閱〉（蕃人青年會の檢閱），[86] 同年 7、8 月，則登載了理蕃視學的橫尾廣輔〈關於蕃人青年團的指導〉一文。[87]

至於「理蕃政策大綱」以外的理蕃內容，談到警察原本的警備工作，包括：〈關於蕃地警備〉、[88]〈關於蕃情監察〉、[89]〈未歸順蕃人的消息〉、[90]〈蕃人的戰術〉、[91]〈蕃地警備〉、[92]〈新竹州大溪郡的槍械彈藥沒收〉[93] 等。

有一系列的文章則是為了炫耀理蕃政策的結果：如〈拜訪寒溪〉、[94]〈蕃人觀光的感想奇問〉、[95]〈奧蕃地職員的緊張〉、[96]〈汶水教育所棒球隊史〉、[97]〈參觀力里〉、[98]〈至淺尾織松大人的信〉、[99]〈南澳蕃移住

85 近藤正己，〈「理蕃の友」解題―「理蕃政策大綱」から皇民化政策へ〉，頁 12。

86 〈理蕃ニュース〉，《理蕃の友》，17（1933.5），頁 11。

87 橫尾廣輔，〈蕃人青年團の指導について〉（一）、（二），《理蕃の友》，19（1933.7），頁 1-2；20（1933.8），頁 3-5。

88 都築孫藏，〈蕃地警備に就いて〉，《理蕃の友》，1（1932.1）（東京：綠蔭書房，1993），頁 5-6。

89 都築孫藏，〈蕃情查察に就て〉，《理蕃の友》，2（1932.2）（東京：綠蔭書房，1993），頁 2。

90 〈未歸順蕃人の動靜〉，《理蕃の友》，2（1932.2），頁 2-3。

91 〈蕃人の戰術〉，《理蕃の友》，4（1932.4），頁 5-6。

92 下松仙次郎，〈蕃地警備〉，《理蕃の友》，9（1932.9），頁 8-9。

93 〈新竹州大溪郡の銃器彈藥押收〉，《理蕃の友》，10（1932.10），頁 5。

94 〈寒溪を訪ねて〉，《理蕃の友》，3（1932.3），頁 4-5。

95 〈蕃人觀光の感想奇問〉，《理蕃の友》，3（1932.3），頁 7。

96 〈奧蕃地職員の緊張〉，《理蕃の友》，4（1932.4），頁 6-7。

97 杉崎英信，〈汶水教育所野球部史〉，《理蕃の友》，6（1932.6），頁 6-7。

98 羽根田盛，〈リキリキを見て〉，《理蕃の友》，6（1932.6），頁 8。

99 タレ，〈淺尾織松殿への手紙〉，《理蕃の友》，6（1932.6），頁 9。

計畫其後的情況〉、[100]〈布農族丹蕃飄然覺悟提出了藏匿槍支〉、[101]〈鄉土美談，教育所兒童的善行〉、[102]〈台北州蕃地收穫前的水稻品評會狀況〉、[103]〈理蕃視學的反響〉、[104]〈老頭目覺醒的一個實際歷程〉、[105]〈台東花蓮港之監察旅記〉、[106]〈太魯閣之旅〉[107] 等。最特別的是，有關台灣原住民本身稱讚理蕃政策的成果和日本的記載。事實上，在《理蕃之友》中的由台灣原住民所撰寫者，幾乎都是如此性質的文章。一個極端的例子是，霧社事件中起義部落的倖存者：中山清（高永清：台灣原住民族族名Piho Walis）的〈打破此陋習〉。[108] 值得注意的是，在《台灣警察時報》裡幾乎看不到台灣原住民族寫的文章。

《理蕃之友》除了舉例宣揚理蕃政策成果之外，仍記載理蕃政策正當化的文章，如〈國際勞工會議和台灣的理蕃〉是日本還簽署了《強制勞動條約》草案，並堅持主張保甲制度和蕃社出役不是該條約禁止的強制勞動。[109]

此外，慰勞理蕃職員勞苦的〈南總督對蕃地的感想〉、[110]〈噫呼，河野巡查的妻子〉[111] 等。還有稱讚理蕃職員的〈美麗的聽著動人故事〉[112]

100 〈南澳蕃移住計畫其の後の狀況〉，《理蕃の友》，10（1932.10），頁4。

101 〈ブヌン族丹蕃は飄然悟つて隱匿銃器を提出す〉，《理蕃の友》，10（1932.10），頁4。

102 〈鄉土美談　教育所兒童の善行〉，《理蕃の友》，10（1932.10），頁10。

103 松本確，〈台北州蕃地水稻立毛品評會狀況〉，《理蕃の友》，11（1932.11），頁7-8。

104 杉崎生，〈理蕃視學の反響〉，《理蕃の友》，13（1933.1），頁3-4。

105 吉田德次，〈老頭目が目を醒した一實歷〉，《理蕃の友》，13（1933.1），頁4-5。

106 橫尾生，〈台東花蓮港視察行腳の記〉，《理蕃の友》，13（1933.1），頁6-8。

107 齋藤生，〈タロコに旅して〉，《理蕃の友》，13（1933.1），頁12。

108 中山清（ピホワリス），〈斯の陋習を打破せよ〉，《理蕃の友》，30（1934.6），頁6。

109 〈國際勞働会議と台灣の理蕃〉，《理蕃の友》，11（1932.11），頁2。《強制勞動條約》是國際勞工組織於1930年總會決議的第29號條約，日本於1932年11月21日簽約。國際勞工組織，〈1930年の強制勞働條約（第29號）〉，https://www.ilo.org/tokyo/standards/list-of-conventions/WCMS_239150/lang--ja/index.htm，擷取日期：2021年1月16日。

110 〈南總督の蕃地に對する感想〉，《理蕃の友》，5（1932.5），頁3。

111 竹澤誠一郎，〈噫呼、河野巡査の妻〉，《理蕃の友》，1（1932.1），頁8-9。

112 kl生，〈聽くも美しい感激談〉，《理蕃の友》，4（1932.4），頁4-5。

等、宣揚所謂的台灣原住民族「先驅者」的〈回想雅佑子小姐〉[113] 等。〈熱愛蕃人的長官〉向理蕃職員宣揚高級管理階層非常重視理蕃政策。[114] 記載關於理蕃職員的研修訓練者，有：〈擔任教育者培訓課程〉、[115]〈培訓課程偶感〉[116] 等。

近藤正己說，《理蕃之友》的內容從1939年3月14日至15日舉行的「理蕃事務會議」迅速轉變為「皇民化政策」。[117] 在這一天，當局進行了重要的討論，例如〈高砂族自助協會〉、〈高砂族授產指導要點〉和〈高砂族姓名新決策變更〉等。這次會議後警務局於 1939 年 8 月以警務局長依命通牒發布〈高砂族社會教育通牒〉，近藤正己指出，這是依據「理蕃政策大綱」第四項發展而成的，又是當局將 1934 年針對漢族發布的〈台灣社會教化要綱〉[118] 為台灣原住民族修訂的版本。[119] 在此處顯示的「培育民族精神」（國民精神の涵養）中，解釋了天皇和國家形式的意識形態，在〈生活改善〉中，則涵蓋了從衣服、食物、住房到習俗的所有內容。因此，近藤正己認為，從《理蕃之友》的〈地方報告〉（當地報導），可見理蕃政策造成了台灣原住民在生活方式的重大變化。例如，米飯日常食物化、使用蚊帳、建立廁所和浴室，穿日式服裝、地下鞋袋和木履。[120] 近藤正己指出，台灣原住民族的姓氏被徹底改變，台灣總督府制定了與漢族不同的台灣原住民皇民化政策。[121]

實際上，理蕃政策並非在 1939 年突然轉變，在 1933 年 1 月的〈山地

113　竹澤誠一郎，〈ヤユツさんを憶ふ〉，《理蕃の友》，4（1932.4），頁 7。

114　〈蕃人を可愛がる長官〉，《理蕃の友》，6（1932.6），頁 2。

115　〈教育擔任者講習會〉，《理蕃の友》，8（1932.8），頁 9-10。

116　〈タイヤルの一日〉，《理蕃の友》，4（1932.4），頁 10。

117　近藤正己，〈「理蕃の友」解題—「理蕃政策大綱」から皇民化政策へ〉，頁 12。

118　〈台灣社會教化要綱〉（上）（下），《理蕃の友》，28（1934.4），頁 6；29（1934.5），頁 3-4。

119　近藤正己，〈「理蕃の友」解題—「理蕃政策大綱」から皇民化政策へ〉，頁 12。

120　近藤正己，〈「理蕃の友」解題—「理蕃政策大綱」から皇民化政策へ〉，頁 12。

121　近藤正己，〈「理蕃の友」解題—「理蕃政策大綱」から皇民化政策へ〉，頁 12。

人的稱呼〉[122] 中提議將台灣原住民姓氏改為日本內地式，這是皇民化的先驅。從 1937 年 1 月記載警務局局長二見直三（1888-1953）的「指示」（訓示）：〈緊急時期與理蕃〉、[123] 同年 8 月〈時局與理蕃人的覺悟〉，[124] 以及同年 9 月〈高砂族愛國心的表現〉[125] 等文章，可見《理蕃之友》記載內容與 1937 年 7 月 7 日盧溝橋事件引發的中日戰爭有著密切關係。之後，《理蕃之友》更增加了有關特別志願兵和高砂義勇隊的記載。近藤正己指出：[126] 1941 年 9 月《理蕃之友》記載〈蕃地的皇民奉公運動〉[127] 一文之後，有關志願兵制度的內容也開始出現。隔年 5 月，更設立〈高砂義勇隊通信〉欄，甚至發行「高砂義勇隊記念號」（1942 年 7 月）。[128] 實際上，關於特別志願兵的文章首次出現於 1941 年 7 月，比近藤正己所指出的還要早一點。[129] 在《台灣警察時報》中有關特別志願兵和高砂義勇隊的文章，僅有〈在南洋區域戰鬥的高砂族〉[130] 一文。

四、《台灣警察時報》的相關記載

蔡蕙頻指出，《台灣警察協會雜誌》發行規約是「期為本島警察界之木鐸」，宣揚教化。[131] 依〈發刊之言辭〉及〈本誌改題之話－兼年初的賀辭向會員諸位希望〉表達發行及改題的目的，是使警察界進步跟隨社會和

---

122 霜月，〈やま人のよび名〉，《理蕃の友》，13（1933.1），頁 5-6。

123 二見直三，〈非常時と理蕃〉，《理蕃の友》，61（1937.10），頁 1-2。

124 〈時局と理蕃人の覺悟〉，《理蕃の友》，68（1937.8），頁 1。

125 〈高砂族愛國心の發露〉，《理蕃の友》，69（1937.9），頁 9。

126 近藤正己，〈「理蕃の友」解題－「理蕃政策大綱」から皇民化政策へ〉，頁 13。

127 齋藤生，〈蕃地の皇民奉公運動〉，《理蕃の友》，117（1941.9），頁 1-2。

128 中村文治，〈高砂義勇隊〉，《理蕃の友》，127（1942.7），頁 2。

129 〈特別志願兵制度祝賀式〉，《理蕃の友》，115（1941.7），頁 8。

130 中村文治，〈南方に戰ふ高砂族〉，《台灣警察時報》，319（國立台灣圖書館台灣學數位圖書館日治時期期刊影像系統（以下略），1932.3.1），頁 40-47。

131 蔡蕙頻，〈警界之木鐸《台灣警察協會雜誌》〉，頁 10-11。

時代的變遷。撰寫〈發刊之言辭〉的台灣警察協會會長，則是時任台灣總督府民政長官下村宏（1875-1957）。[132]

依蔡蕙頻的分類，《台灣警察協會雜誌》和《台灣警察時報》的文章包含：「論說」、「研究資料」、「寄書」、「訓示」、「判例」、「雜錄」、文藝創作、以及「語學」。「論說」是敘述警察工作，「研究資料」是有關警察工作的建議及改良方策，「寄書」是個人心得及投稿，「訓示」是公布法令及長官的訓話，「判例」是介紹台灣、朝鮮及日本內地的判例，是判決台灣人民日常糾紛之案件，「雜錄」記載著其他警察相關的事物，[133]文藝創作有：散文、長詩、小說、廣播劇、還有台灣原住民族的歌及其翻譯等。《台灣警察時報》收錄理蕃相關文章，多達884篇以上。[134]

筆者比照表 2-1，將《台灣警察時報》的文章依照「理蕃政策大綱」各項目整理如表 2-2。

表 2-2 「理蕃政策大綱」與《台灣警察時報》相關記載

理蕃政策大綱	《台灣警察時報》篇目
第二項〈理蕃應基於對蕃人的準確理解和蕃人的實際生活，制定其政策（以下略過）〉	〈關於高砂族的「夢」〉[135] 〈高砂族身體裝飾研究〉[136]
第三項〈對於蕃人，我們應該基於信任，懇切地指導他們（以下略過）〉	〈甲種論題－台灣警察的任務［第二等］〉（第三名）〉[137]

---

132 下村宏，〈發刊ノ辭〉，《台灣警察協會雜誌》，1（國立台灣圖書館台灣學數位圖書館日治時期期刊影像系統（以下略），1917.6.20），頁 1-2。木原圓次，〈本誌改題の辯－一年頭の賀辭をかね會員諸君に希望す〉，《台灣警察時報》，150（國立台灣圖書館台灣學數位圖書館日治時期期刊影像系統（以下略），1930.1.1），頁 1。

133 蔡蕙頻，〈警界之木鐸《台灣警察協會雜誌》〉，頁 10。

134 筆者利用國立台灣圖書館日治時期期刊影像系統查詢。

135 鈴木讓，〈高砂族に於ける「夢」に就いて〉，《台灣警察時報》，247（1936.7.1），頁 35-39；249（1936.9.1），頁 55-62。

136 佐藤文一，〈高砂族身體裝飾研究〉，《台灣警察時報》，268（1938.3.5），頁 29-35；270（1938.5.5），頁 26-33；271（1938.6.1），頁 37-43；274（1938.9.1），頁 79-83；275（1938.10.1），頁 83-86；276（1938.11.15），頁 50-55；277（1938.12.7），頁 45-50；278（1939.1.1），頁 103-108；279（1939.2.1），頁 60-66；282（1939.3.5），頁 54-59；286（1939.9.10），頁 49-53；287（1939.10.10），頁 84-93。

137 和田恒好，〈甲種論題－台灣警察の使命（二等）（第三席）〉，《台灣警察時報》，259（1937.6.7），頁 135-142。

第四項〈蕃人的教化主要焦點,是糾正其不良習慣,養成良好的習慣,旨在培養國族思想,注重實踐教育,並提供基於日常生活的簡單知識(以下省略)〉	〈懸賞-誌友文藝〉[138] 〈高砂族指導教化的措施〉[139]
第五項:經濟、大規模遷移、授產、貿易	〈關於授產指導員的教育〉[140]
第六項〈選拔理蕃相關人士,特別是在現場的警察部分,我們該雇用沉著穩重精神良好的人,盡量給予他寬厚的待遇,並不要頻繁地調動其任地,我們仍應以人為本的原則,努力永遠確保理蕃的效果。(以下省略)〉	〈從文件盒〉[141] 〈從文件盒〉[142]
第七項〈我們應修整蕃地的道路,來提高運輸的便利性,並努力確保教育教化的普及(以下省略)〉	〈緊急需要安裝警察專用電報機〉[143]
第八項〈應採取藥物救濟之方法,以減輕蕃人生活的痛苦,並幫助結出理蕃的成果(以下省略)〉	〈懸賞-誌友文藝〉[144] 〈蕃人的醫術 [篇]〉[145]

資料來源:《台灣警察時報》,1932-1937。

關於第二項部分,〈關於高砂族的「夢」〉描述了對高砂族而言,夢的意義、做惡夢之後的應付等等。〈高砂族身體裝飾研究〉被分為 12 期記載,描述了理髮、紋身、牙齒缺失、刺耳、脫毛、衣服、裝飾品等。

138 〈懸賞-誌友文藝〉,《台灣警察時報》,218(1934.1.1),頁 181-200。
139 高橋竹二郎,〈高砂族指導教化の方策〉,《台灣警察時報》,260(1937.7.12),頁 91-97。
140 菅穗,〈授產指導員の教養に就いて〉,《台灣警察時報》,202(1932.9.1),頁 143-144。
141 鷲巢生,〈手文庫より〉,《台灣警察時報》,200(1932.7.1),頁 57-59。
142 鷲巢生,〈手文庫より〉,《台灣警察時報》,201(1932.8.1),頁 78-81。
143 SH 生,〈警察專用電信設置の急務〉,《台灣警察時報》,208(1933.3.1),頁 124-125。
144 〈懸賞-誌友文藝〉,《台灣警察時報》,218(1934.1.1),頁 181-200。
145 〈蕃人的醫術 [篇]〉,《台灣警察時報》,239(1935.10.1),頁 40-44。

關於第三項部分，〈甲種論題－台灣警察的任務［第二等］（第三名）〉具有〈從理蕃上的觀點來看的使命〉的項目，呼籲即使現在蕃界維持和平，仍要保持警戒狀態。

關於第四項，在〈懸賞－誌友文藝〉有〈蕃人的宗教指導〉（蕃人の宗教指導）的文章，作家星堂生主張為將蕃人完整地同化指導宗教。〈高砂族指導教化的措施〉是獲獎論文，描述了理蕃機構的改革擴充，精神方面的指導教化、物質方面的指導教化。

關於第五項，〈關於授產指導員的教育〉強調授產的重要性，並鼓勵授產指導員。

關於第六項部分，鷲巢生〈從文件盒〉，第一篇 1932 年 7 月 1 日版的內容包含工作態度良好的警察、蕃地監督官制度和「山大王論」（お山の大將論）。第二篇 1932 年 8 月 1 日版，則記載駐在所襲擊事件。

關於第七項部分，〈緊急需要安裝警察專用電報機〉主張認為必須在蕃地設備警察專用電報機。

關於第八項部分，在〈懸賞－誌友文藝〉中，有記載名為〈山地的惡魔〉（山の惡魔）的作品，其主題是蕃社的醫療。〈蕃人的醫術〔篇〕〉介紹台灣原住民族傳統的病患觀、醫療、以及當局實施的歐美醫療被接受的情形。有趣的是，因為性病（花柳病）入侵蕃地的歷史不久的緣故，除了本島人為了使蕃人痛苦傳染的言論之外，並無相關性病的傳說及治療法。

理蕃政策的特色是，警察掌管所有刑事案件的調查、檢察、裁判。《台灣警察時報》記載蕃地的刑事事件的例子，如〈體驗實話－至裁判強姦未遂事件〉：台灣原住民對日本內地人強姦未遂，警察當局逮捕嫌疑犯後送到支廳政府。第二天因嫌疑犯父親（太魯閣總頭目）帶領族人要求釋放他兒子，故釋放他，幾日後又再逮捕嫌疑犯，受害者在場之下連續三天預審，拘留第十天嫌疑犯供認罪行。不過，嫌疑犯之後又被釋放。事發 50 天後，集合支廳內頭目、副頭目、勢力者、近鄰蕃社有力者兩百多名，包圍 50 名巡查，宇野警務課長宣布處罰：罷免兇手父親總頭目之位、將兇手家

族17戶遷移到別社、剝奪原社內的財產權、扣留兇手20天並監視一年。[146]
對性犯罪，當局處分看起來過大，又違反罪罰歸於個人的近代刑法原則。
推測兇手父親平時因被當局盯住不服，成為當局的「要觀察人」。[147] 因此
當局恐有藉此機會剝奪他勢力之意。

　　稱讚警察的文章則有台北帝國大學「總長」（校長）幣原坦寫的〈言
志〉，他認為「我國」（日本）的警察與「泰西」（歐美）的警察比起清
廉。[148]

　　如上述，近藤正己指出霧社事件是理蕃政策轉變的轉換點，霧社事件
發生之前的 1930 年 2 月 15 日至 4 月 15 日，在《台灣警察時報》有〈關
於蕃地開放（一～三）〉的文章，探討廢止蕃地的土地交易限於蕃人之間
的限制。[149] 但霧社事件發生之後，如此討論不再出現。此事件同時是管制
理蕃政策相關媒體的轉換點。1930 年 10 月 27 日霧社事件爆發之前，在
《台灣警察時報》載有不合當局理蕃政策方針的文章，如：1930 年 7 月 15
日著名的蕃人藝術品收集家宮川次郎寫的〈去看排灣藝術〉，[150] 即有批判
意味。另外在〈長詩［類］〉中寫〈幸福的人〉（幸なる者）的樋口亮介
指高砂族是「幸福的人」，說他們是「是否少吃智慧之果？別再吃智慧之
果。蕃人！是很好嗎？……（中略）……你們的社會不存在落差……（中
略）……平等的理想社會」。[151] 關於樋口亮介並無詳細的資料，僅能知在

146　西內政一，〈體驗實話－強姦未遂事件を裁くまで〉，《台灣警察時報》，181（1931.5.15），
　　　頁 17-19。

147　西內政一，〈體驗實話－強姦未遂事件を裁くまで〉，頁 18。

148　幣原坦，〈言志〉，《台灣警察時報》，194（1932.1.1），頁 84-86。

149　飯岡隆，〈蕃地の開放に就いて（一）〉，《台灣警察時報》，153（1930.2.15），頁 22-
　　　23；〈蕃地の開放に就いて（二）〉，《台灣警察時報》，156（1930.4.1），頁 23-25；〈蕃
　　　地の開放に就いて（三）〉，《台灣警察時報》，157（1930.4.15），頁 21-23。

150　宮川次郎，〈パイワンの藝術を見に行く〉，《台灣警察時報》，162（1930.7.15），頁
　　　38-40。

151　原文為：「智慧の實を喰ふことの少なかりしか　これ以上の智慧の實を喰ふこと勿れ　蕃
　　　人！結構ではないか……（中略）……汝等の社會には差別と云ふものがないのだ……（中
　　　略）……平等の理想の社會だ」〈長詩［類］〉，《台灣警察時報》，161（1930.7.1），
　　　頁 72。

羅東（郡）。[152] 台灣原住民族是少吃智慧之果的說法，是當時理蕃當局普遍有的社會進化論之觀點。樋口亮介稱台灣原住民族社會是理想社會，要他們別再吃智慧之果的說法等於否定台灣原住民族教化，甚至否定理蕃政策。霧社事件發生之前，警察體制內雖容許如此言論，但霧社事件之後，重視教化政策的狀況之下，可能不再容許。

另外與皇民化相關部分，在 1939 年發表的〈當選論文［篇］〉裡〈面對理蕃方向轉換期，討論未來之對策〉（理蕃の方向轉換期に直面し　將來の之が對策を論ず），作者新竹的東海林弘稔主張，（1）以高砂族自治機關支援為目的為財源製造在州廳設立補助機關；（2）「在蕃地設立以高砂族為主體的產業公會類似的的公會」。[153] 不過在《台灣警察時報》開始出現皇民化相關文章是 1937 年，只與《理蕃之友》相比，數量明顯少。以國立台灣圖書館日治時期期刊影像系統的查詢結果而言，《台灣警察時報》中的有關皇民化的文章從 1937 年至 1943 年間有 87 筆，其中以「蕃」查詢到的僅 29 筆，以「高砂族」查詢到的有 24 筆。其中第一個提到高砂族皇民化的文章是 1938 年的〈高砂族的犯罪與防犯〉，作者宮尾五郎指出高砂族已經覺醒皇民意識，生活快速的內地化。[154] 從以上可知，如近藤正己指出，確實 1939 年理蕃政策有重大轉變，是改變成皇民化。不過其時間點是比近藤正己指出的 1939 年較早，惟在《理蕃之友》上出現記載台灣原住民族的皇民化文章晚於 1937 年而已。不過由於《理蕃之友》才以

152　〈長詩［類］〉，《台灣警察時報》，161（1930.7.1），頁 71-75。

153　原文為：（1）「高砂族の自治機關の援助を目的とし財源造成の為に助成機關を州、廳に設置する事」；（2）「高砂族を主體とする產業組合類似の組合を蕃地に設置する事」。東海林弘，〈當選論文［篇］〉，《台灣警察時報》，280（1939.3.5），頁 94-104。類似的討論在《理蕃之友》也有，如〈高砂族經濟生活的一考察〉，作者高橋生討論為何當時被要求自治，以及高砂族自治的可行性。要注意的是，高橋生敘述依一般的說法自治指：「公共組織在理事機構的監督下，自行執行由統治長委託的行政事務，費用自理」，但他討論的自治是：「只靠自己的力量生活」。原文為：「公共團體が統治權の監督の下に於て統治者より委任せられたる行政事務を自己の事務として自己の費用を以て行ふこと」、「自己の力のみで生活する」。高橋生，〈高砂族經濟生活の一考察〉，《理蕃の友》，74（1938.2），頁 5-7。

154　宮尾五郎，〈高砂族の犯罪と防犯〉，《台灣警察時報》，269（1938.4.10），頁 25-35。

理蕃政策為主題的刊物，有關台灣原住民族的皇民化的記載明顯地比《台灣警察時報》多。

五、《理蕃之友》與《台灣警察時報》的比較

（一）涉及「理蕃政策大綱」的政策

關於第二項，西內政一〈該向蕃人學習坡地耕作方法〉[155] 不贊成一般人視蕃人為無知蒙昧的看法。他指出，台灣原住民族在坡地耕種時，同時種植各種農作物，具有防止表層土壤外流的優點。在《理蕃之友》中沒有這樣的文章。理蕃政策大綱推動台灣原住民族集團移住至山腳地區，又促進農作物單一化，西內政一的文章似乎因不合理蕃政策的方向，以致於當局可能不願意刊載。

關於第五項，福井蹄枕生〈作為高山蕃授產方法的綿羊〉[156] 提案在授產政策中引入綿羊，在《理蕃之友》中沒有如此的文章。〈昭和七年度－警察協會一般部門財務報表：昭和七年度－蕃地貿易部門收支財務報表〉可以獲知有關蕃地貿易的數據，[157] 相關蕃地貿易的數據也未刊載於《理蕃之友》。1938 年 3 月刊載於《台灣警察時報》的〈山區開發和高砂族土地的理蕃問題〉[158] 與 1936 年 9 月刊載於《理蕃之友》的〈山地開發與理蕃〉[159]

155　西內政一，〈傾斜地耕作法は蕃人に學べ〉，《台灣警察時報》，196（1932.3.1），頁111-112。

156　福井蹄枕生，〈高山蕃の授產方策としての緬羊〉，《台灣警察時報》，56（1932.12.1），頁 51-54。

157　〈昭和七年度－警察協會經常部決算書；昭和七年度－蕃地交易部收支決算書〉，《台灣警察時報》，214（1933.9.1），頁 71-75。

158　竹澤誠一郎，〈山地開發と高砂族の土地を繞る理蕃の問題〉，《台灣警察時報》，268（1938.3.5），頁 6-14。

159　〈山地開發と理蕃〉，《理蕃の友》，57（1936.9），頁 1。

內容相似，但兩者重點有別。《理蕃之友》主張山區開發的必要性與理蕃政策之間的平衡，《台灣警察時報》則更具體地解釋了高砂族保留地。

關於第六項，1932 年 6 月 1 日〈從文件盒〉，[160] 作者鷲巢生介紹了霧社的兩個蕃通。雖然皆匿名稱 S 先生，但從內容可知，他寫的是下山治平和佐藤愛佑。其內容包含對兩者的批評。從以上可知，針對蕃地工作者的批判部分，《理蕃之友》呼籲蕃地工作者遵守「理蕃政策大綱」的內容，《台灣警察時報》對蕃地工作者的批評則未受限於「理蕃政策大綱」，具有更廣泛的多元面向。

1936 年 9 月 1 日的「警察會議」有幾項不同項目。指示事項有：(1)〈有關徹底執行理蕃方針之件〉（理蕃方針ノ徹底ニ關スル件），其內容寫道，蕃情平穩的結果使入山蕃地者增加，造成批判理蕃行政者變多，因此當局指示理蕃職員徹底執行「理蕃政策大綱」。(2)〈有關高砂族國語講習所之件〉（高砂族國語講習所ニ關スル件）與第四項有關，其內容是「國語」（日語）講習所的預算已通過，預期發布規定準則，體現其旨趣，逐漸振興講習所，期望於國民教化上無憾。(3)〈相關授產機關之案件〉（授產機關ニ關スル件）與第五項有關，因為在主要蕃社新設立授產用的指導農園之預算通過，指示以青年團為中心振興授產，在各蕃社準備指導農園適地。注意事項部分有：〈有關高砂族青年指導之件〉（高砂族青年指導ニ關スル件），其內容與第四項有關，它指出高砂族青年指導陷入形式主義的風險，呼籲注重促進國語能力、指導實用科目、改善生活，留意涵養自律心、情操陶冶；有關第五項，有〈有關蕃社移住集團計畫和實施之件〉（蕃社移住集團計畫卜實施ニ關スル件），它提醒蕃社集團移住計畫和高砂族所要地是不可分的關係，需要有計畫性、充分地準備後實施，以及〈有關保留高砂族所要地之件〉（高砂族所要地保留ニ關スル件）呼籲決定高砂族所要地之快速化；與第七項有關的〈有關蕃地內道路開闢之件〉（蕃地內道路開鑿ニ關スル件）則是呼籲以地方經費開闢蕃地內道路時必須

160　鷲巢生，〈手文庫より〉，《台灣警察時報》，199（1932.6.1），頁 89-91。

預先通報警務局長；〈有關預防內台人蕃地臨時居民得瘧疾之件〉（內台人蕃地假住者ノマラリア防遏ニ關スル件）提到隨著各種公司在蕃地的興起，蕃地中生活的內台人＝在台灣的內地人人數增加了，因此有必要採取預防瘧疾的措施。此項目在「理蕃政策大綱」沒有，也未記載於《理蕃之友》。[161]

　　1937 年的警察會議內容在《台灣警察時報》與《理蕃之友》均有記載，[162] 但兩者內容有差異。在《台灣警察時報》有記載而《理蕃之友》沒有的內容：包含警察會議日程、警察會議議事規程、警察會議列席員、他部局提出事項、州廳提出事項。在《理蕃之友》有記載而《台灣警察時報》沒有的內容：森岡總務長官和二見警務局長的「指示」（訓示）。另外指示事項和注意事項的部分，在《理蕃之友》僅記載理蕃課提出的部分而已。

（二）與「理蕃政策大綱」以外的理蕃政策關聯文章

　　在《台灣警察時報》裡有根據「理蕃政策大綱」頒布前的理蕃政策所撰寫的文章。〈死了的法令〉批判當時忽略進入蕃地的限制之現況，[163]《理蕃之友》沒有同樣內容的記載。

　　《台灣警察時報》仍有在《理蕃之友》裡看不到的理蕃政策之討論。例如，〈高砂族的犯罪與防止犯罪〉敘述高砂族的犯罪觀與刑罰、其與國家的犯罪規定之間的差異所造成的問題。[164]

　　警察考試的問題題目僅記載於《台灣警察時報》。1933 年 2 月 1 日〈巡查部長銓衡試虔口述記（二）〉記載考生在「理蕃課長室」被詢問的情

---

161 〈警察會議〉，《台灣警察時報》，250（1936.9.1），頁 83-88。

162 〈警察會議日程；警察會議々事規程；警察會議列席員；諮問事項；指示事項，注意事項；他部局提出事項；州廳提出事項〉，《台灣警察時報》，258（1937.5.12），頁 44-60。

163 鈴木留治，〈死せる法令〉，《台灣警察時報》，194（1932.1.1），頁 191-192。

164 宮尾五郎，〈高砂族の犯罪と防犯〉，《台灣警察時報》，269（1938.4.10），頁 25-35。

形。[165] 1934 年 11 月 1 日〈最近考試問題集〉記載台北州蕃地乙種巡查採用考試及新竹州巡查部長銓衡考試。[166] 1936 年 10 月 1 日〈最近考試問題集（篇）〉記載台北州巡查部長銓衡考試。[167] 1939 年 7 月 10 日〈考試問題〉記載乙種語學考驗問題，在其中有蕃語的考題。[168]《理蕃之友》沒有記載這類警察考試題目。

警察待遇相關議題也僅在《台灣警察時報》被記載。〈質疑應答〉記載由於詢問參與霧社事件討伐調職到蕃地工作者，是否達到養老金年限的提問及其回答。[169] 讓我感到奇怪的是台灣原住民族語的介紹不在《理蕃之友》中，而是記載於《台灣警察時報》，收錄〈泰雅語的會話〉及〈花蓮港的泰雅語〉，此兩者均作為系列報導。[170]《台灣警察時報》的〈語學

165　〈巡查部長銓衡試驗口述記（二）〉，《台灣警察時報》，207（1933.2.1），頁 193-194。

166　〈最近試驗問題集〉，《台灣警察時報》，228（1934.11.1），頁 191-192。

167　〈最近試驗問題集（篇）〉，《台灣警察時報》，251（1936.10.1），頁 72-77。

168　〈試驗問題〉，《台灣警察時報》，284（1939.7.10），頁 117-119。

169　石橋省吾，〈質疑應答〉，《台灣警察時報》，214（1933.9.1），頁 198-199。

170　飯島幹太郎，〈タイヤル語の會話〉，《台灣警察時報》，150（1930.1.1），頁 45；151（1930.1.15），頁 45；152（1930.2.1），頁 30；153（1930.2.15），頁 33-34；156（1930.4.1），頁 39-40；157（1930.4.15），頁 36；158（1930.5.1），頁 36-37；159（1930.5.15），頁 35；162（1930.7.15），頁 28；163（1930.8.1），頁 23-24；165（1930.9.1），頁 23-24；168（1930.10.15），頁 25；169（1930.11.1），頁 29；170（1930.11.15），頁 25。池田甚太郎，〈花蓮港のタイヤル語〉，《台灣警察時報》，167（1930.10.1），頁 27-28；168（1930.10.15），頁 24；170（1930.11.15），頁 28-29。

［編］〉也收錄〈泰雅語的會話〉、〈花蓮港的泰雅語〉。[171]〈泰雅語的會話〉
與〈語學［編］〉中的〈泰雅語的會話〉由前新竹廳警部飯島幹太郎著作，
它日語的語法為標準，寫得很詳細。其刊載起於 1930 年 1 月 1 日，早於
《理蕃之友》的發行，以及霧社事件發生，從 1931 年 1 月 15 日起與其他
語言收錄在〈語學［編］〉。雖然是會話的羅列，〈泰雅語的會話〉於《理
蕃之友》發刊後，仍繼續刊登在《台灣警察時報》，到 1934 年 5 月為止。
〈花蓮港的泰雅語〉與〈語學［編］〉中的〈花蓮港的泰雅語〉由花蓮港支
部會員的池田甚太郎從 1930 年 10 月 1 日起開始記載，記載 3 期之後，從
1931 年 1 月 15 日起成為〈語學［編］〉的一部分記載至 1934 年 5 月 1 日。
在〈語學［編］〉中，1934 年 5 月 1 日和 1934 年 8 月 1 日包含由新竹的

171　飯島幹太郎，〈タイヤル語の會話〉，收入〈語學［編］〉，《台灣警察時報》，171
　　（1930.12.1），頁 26；173（1931.1.15），頁 28；174（1931.2.1），頁 31-32；175
　　（1931.2.15），頁 29-30；176（1931.3.1），頁 28-29；177（1931.3.15），頁 32-33；
　　178（1931.4.1），頁 31-32；179（1931.4.15），頁 24-25；180（1931.5.1），頁 37；
　　181（1931.5.15），頁 30-31；182（1931.6.1），頁 24-25；183（1931.6.15），頁 32-
　　33；184（1931.7.1），頁 31-32；185（1931.7.15），頁 30-31；186（1931.8.1），頁
　　28；188（1931.9.1），頁 26-27；189（1931.10.1），頁 30-31；190（1931.10.15），頁
　　37-38；191（1931.11.1），頁 26；192（1931.11.15），頁 26-27；193（1931.12.1），
　　頁 19-20；195（1932.2.1），頁 110-112；196（1932.3.1），頁 90-92；197（1932.4.1），
　　頁 89-91；198（1932.5.1），頁 90-92；199（1932.6.1），頁 87-88；200（1932.7.1），
　　頁 64-65；201（1932.8.1），頁 104-106；202（1932.9.1），頁 119-120；203（1932.10.1），
　　頁 150-151；204（1932.11.1），頁 205-207；207（1933.2.1），頁 212；209（1933.4.1），
　　頁 378-380；210（1933.5.1），頁 228-230；212（1933.7.1），頁 224-225；213（1933.8.1），
　　頁 217-218；214（1933.9.1），頁 221-222；216（1933.11.1），頁 230-231；217
　　（1933.12.1），頁 191-193；218（1934.1.1），頁 271-272；219（1934.2.1），頁 198-
　　201；220（1934.3.1），頁 211-213；221（1934.4.1），頁 203-206。池田甚太郎，〈花
　　蓮港のタイヤル語〉，收入〈語學［編］〉，《台灣警察時報》，173（1931.1.15），頁
　　27；174（1931.2.1），頁 32；175（1931.2.15），頁 30；177（1931.3.15），頁 33；
　　178（1931.4.1），頁 32；179（1931.4.15），頁 25-26；180（1931.5.15），頁 38；181
　　（1931.6.1），頁 31；182（1931.6.15），頁 25；183（1931.7.1），頁 33；184（1931.7.15），
　　頁 29；185（1931.8.1），頁 32；186（1931.9.1），頁 31；188（1931.9.15），頁 27-
　　28；189（1931.10.1），頁 31；190（1931.10.15），頁 38；191（1931.11.1），頁 27；
　　192（1931.11.15），頁 27-28；193（1931.12.1），頁 20；195（1932.2.1），頁 112-
　　114；196（1932.3.1），頁 92-94；197（1932.4.1），頁 91-93；198（1932.5.1），頁
　　92-94；200（1932.7.1），頁 65-67；201（1932.8.1），頁 107-109；202（1932.9.1），
　　頁 120-122；203（1932.10.1），頁 151-153；222（1934.5.1），頁 185-186。

馬場藤兵衛寫的〈泰雅語的研究〉。[172] 馬場藤兵衛於1930年2月1日寫〈〈泰雅語的會話〉之讀後感想和批評〉。馬場藤兵衛寫稱讚飯島幹太郎著作，指出泰雅語的文章是很久被期望的，發音與語法都學習很困難，過去的刊物有一堆錯誤，然而馬場藤兵衛指出飯島幹太郎文章中的發音和會話的錯誤，建議設定各種發音符號。[173]《台灣警察時報》於 1932 年 10 月 1 日刊載橋口房一的〈池田先生的泰雅語閱讀感想〉。[174] 1935 年 2 月 1 日刊載〈泰雅語〉。[175] 另外《台灣警察時報》1930 年 7 月 1 日刊載〈希望編纂布農語集〉，《理蕃之友》亦未記載。[176] 它指出布農語的「通譯兼掌」（兼任口譯）水準偏低，與多數台灣語和阿美語的出版情形相比，布農語沒有語集。雖然提高語言能力熟練在「理蕃政策大綱」第六項規定不可缺少，[177]《理蕃之友》僅在〈關於台北州理蕃課發行的學術講習用蕃語資料〉有討論。

行政命令的「通達」（傳達）、「告示」（布告）、「執務」（辦公）資料也只刊登於《台灣警察時報》。在〈訓令、傳達、布告〉有〈在台灣警察協會蕃地交易施行細則中舉出修改之處〉（台灣警察協會蕃地交易思考細則中施行細則中改正），州理蕃課長、廳理蕃係長掌理新設及廢止蕃地貿易所、貿易價格的決定、選澤供應品、貿易相關文書的處理等相關事務。[178] 在 1932 年 10 月 1 日〈警察關係新法令－訓令、傳達、布告〉裡有〈有關蕃人移住之件〉（蕃人移住ニ關スル件）；〈有關蕃人先覺者之件〉（蕃人先覺者ニ關スル件）包含要求製作適合蕃人撫育教化中間誘導的蕃人

172 馬場藤兵衛，〈アタヤル語の研究〉，收入〈語學（編）〉，《台灣警察時報》，222（1934.5.1），頁 184-185；225（1934.8.1），頁 233-235。

173 馬場藤兵衛，〈「タイヤル語の會話」の讀後感と批評〉，《台灣警察時報》，152（1930.2.1），頁 4-5。

174 橋口房一，〈池田氏のタイヤル語を讀みて〉，《台灣警察時報》，203（1932.10.1），頁 104-107。

175 〈タイヤル語〉，《台灣警察時報》，231（1935.2.1），頁 82。

176 高橋萬七，〈ブヌン語集の編纂を望む〉，《台灣警察時報》，161（1930.7.1），頁 64。

177 近藤正己，〈「理蕃の友」解題－「理蕃政策大綱」から皇民化政策へ〉，頁 11。

178 小川、田畑，〈訓令、通達、告示〉，《台灣警察時報》，52（1932.8.1），頁 112-115。

先覺者名單之通牒，以及針對先覺者的「養成」（培養）、訓練、待遇、生活「樣式」（方式）要求謹慎考慮的傳達；〈有關觀光蕃人之件〉（觀光蕃人ニ關スル件）要求觀光結束後提出年報；〈有關在蕃地執行預防瘧疾之件〉（蕃地マラリア防遏施行ニ關スル件）要求預防活動前必須布告，事後仍提出其結果的月報；〈記載蕃人住所姓名方法之件〉（蕃人ノ住所氏名記載方ノ件）規定蕃人相關資料登記的項目。[179] 在 1932 年 10 月 1 日〈警察關係新法令－府令〉裡有〈變更部分行政區域〉（行政區域ノ一部改正）：它記載蕃地編入平地。[180] 1932 年 12 月 1 日〈警察關係法令－訓令、通牒、布告〉記載〈蕃人死亡時須調查病名之件〉〈蕃人死亡ノ場合病名調查ノ件〉。[181]

《台灣警察時報》還記載平地警察與蕃地警察的比較文章，如 1931 年 4 月 1 日〈檢討「警察類型」〉。[182] 1933 年 1 月 1 日〈關於警邏工作（接上回）〉〈警邏勤務に就いて（承前）〉有〈蕃地警邏〉的項目，它敘述蕃地警邏與平地警邏之間的差異，如：時間長且次數少、兼顧蕃社內的情況偵察、「警戒」（保持警惕）、交通通信設備的維護、撫育方面的情況視察及指導。[183]

（三）理蕃警察的心情與家族的披露

以蕃地工作者獨特的辛苦，與主張制度改革為主題的文章，《台灣警察時報》較多。高野生〈乙科採用初步測試廢除論〉指出：對考生而言，

179　小川、田畑，〈警察關係新法令－訓令、通達、告示〉，《台灣警察時報》，54（1932.10.1），頁 140-142。

180　小川、田畑，〈警察關係新法令－府令〉，《台灣警察時報》，54（1932.10.1），頁 140。

181　小川、田畑，〈警察關係新法令－訓令、通達、告示〉，《台灣警察時報》，56（1932.12.1），頁 165-167。

182　木原圓次，〈「警察型」に關する一考察〉，《台灣警察時報》，178（1931.4.1），頁 1。

183　田畑源水，〈警邏勤務に就いて（承前）〉，《台灣警察時報》，208（1932.12.1），頁 28-30。

在蕃地執行乙科採用筆記考試的「豫備試驗」（初步測試）逼迫其長時間的移動，負擔過大。[184]〈山地的牢騷〉則敘述蕃地職員得免費招待入山者而產生不滿。[185] 鷲巢生〈警察招魂碑由來記〉是有關為安慰殉職警察的靈魂建設的警察招魂碑的記事，提到殉職於蕃地者。[186]〈追思警察界先人苦勞─在警察記念日〉舉各種各類的殉職蕃地警察。[187] 此時期的《理蕃之友》文章充滿著皇民化論述，並沒有這一類的文章記載。收錄於〈安全閥〔篇〕〉的甕港生所寫〈感懷點滴〉，稱讚山中的和平生活的同時，亦敘述生病時的不方便。[188]〈論蕃地工作乙種巡查的錄取素養並待遇（第四號）〉指出當時乙種巡查的錄取標準偏重學歷，主張改善此問題，又主張增加錄取本島人和蕃人巡查。作者指出「委託教育」（依託教養）研修期間過短，主張將農業納入研修內容、改善薪水太少的問題、廢除乙種巡查與甲種巡查之間的差別待遇。[189]〈正確的理蕃〉指出：警察訓練機關的「警察官及司獄官練習所」特科入所希望者，因為需要研究「台灣語」、對工作地的留戀變少，加上該所是成績至上主義而不考慮人格面的問題，建議蕃地工作不應該頻繁調職，提案一年至少一次開研究會或講習會。[190] 在〈懸賞─誌友文藝〉中的〈眼淚兩色〉（淚ふたいろ）描述擔任巡查的蕃地職員似因「疏忽職守」（職務怠慢）被懲罰，他抱怨他一個人背負 53 戶的蕃人指導與 16 甲餘的水田管理等過大的業務負擔、遭上司推卸責任等。[191]《理蕃之友》提到理蕃職員的待遇的文章，僅有主張維護警手權利的〈生命擁護

---

184 高野生，〈乙科採用豫備試驗撤廢論〉，《台灣警察時報》，49（1932.8.1），頁 88。

185 A生，〈山の不平〉，《台灣警察時報》，51（1932.7.1），頁 91-93。

186 鷲巢生，〈警察招魂碑由來記〉，《台灣警察時報》，219（1934.2.1），頁 91-100。

187 鷲巢敦哉，〈警察界先人の苦勞を偲ぶ─警察記念日に當りて〉，《台灣警察時報》，305（1941.4.10），頁 91-100。

188 〈安全辯（篇）〉，《台灣警察時報》，312（1941.11.15），頁 74-80。

189 もぐら生，〈蕃地勤務乙種巡查の採用教養並待遇を論ず（第四號）〉，《台灣警察時報》，247（1932.7.1），頁 69-72。

190 峯水生，〈正しき理蕃〉，《台灣警察時報》，197（1932.4.1），頁 125-126。

191 〈懸賞─誌友文藝〉，《台灣警察時報》，218（1934.1.1），頁 181-200。

的主張〉。[192]《理蕃之友》沒有記載關於理蕃政策的將來之議論。《台灣警察時報》有〈社會時評〔篇〕〉，〈蕃地立法〉一文討論在蕃地能否實施一般法律的可能性。[193] 若在蕃地施行一般法律，則意味著由警察掌握蕃地的行政、司法一切之理蕃政策將隨之消滅。

　　關於理蕃職員家人的報導，《台灣警察時報》亦比《理蕃之友》多。中山侑〈命運的歌后－與佐塚佐和子談話〉介紹霧社事件發生時擔任霧社分室主任的佐塚愛祐警部和泰雅族妻子之間的女兒：佐塚佐和子的生平。[194]神田玲子〈作為警察妻子的抗議和要求〔篇〕〉，由身為蕃地工作警察的妻子，指出蕃地的問題，其內容為：改善宿舍的必要性、郵便物的破損嚴重甚至遺失的問題、警手待遇很差、要求教導警察的概念給妻子、也要求對女性做社會教育、設置廣播的要求等。[195]《理蕃之友》則不存在批判理蕃職員的待遇的內容。當時女性寫的文章也很少見。〈妻子的感化力－身為蕃地工作者的妻子〉認為蕃地工作者的妻子對丈夫有強大的影響力，主張妻子應具備支持丈夫的態度。[196] 〈蕃界事件手記－蕃地一個巡查妻子的日記抄錄〉從巡查妻子的觀點記錄蕃地生活。[197] 在〈創作〔類〕〉中的〈蕃山的新妻〉（蕃山の新妻）描述蕃社之間發生衝突，身為警察的丈夫為調解雙方出去，妻子非常擔心他，勇敢地穿著警察服裝到衝突現場、[198]〈創作〔類〕〉收錄的〈來自蕃山的新妻〉（蕃山の新妻より）以警察妻子寫信向她朋友訴說，當初以為蕃地是很可怕的地方，不過到了當地發現人們

192　一警手，〈生命擁護の哦り〉，《理蕃の友》，8（1932.8），頁 8-9。

193　野澤正朋，〈社會時評（篇）〉，《台灣警察時報》，232（1935.3.1），頁 86-92。

194　中山侑，〈運命の歌姬－佐塚佐和子さんと語る〉，《台灣警察時報》，240（1935.11.1），頁 89-92。

195　神田玲子，〈警察官の妻としての抗議と要求（篇）〉，《台灣警察時報》，249（1936.8.1），頁 63-65。

196　葉山玲子，〈妻の感化力－蕃地勤務者の妻として〉，《台灣警察時報》，255（1940.6.1），頁 100-102。

197　かほる子，〈蕃界異變手記－蕃地の一巡査の妻の日記抄〉，《台灣警察時報》，295（1937.2.10），頁 94-96。

198　〈創作〔類〕〉，《台灣警察時報》，206（1933.1.1），頁 165-174。

都善良，生活感到很愉快。[199] 在《理蕃之友》中由理蕃職員家人所寫的文章，僅〈身為蕃地居住一個女性〉：主張理蕃職員的家人也為台灣原住民族日語的進步付出貢獻，[200] 以及〈蕃地職員家族的生活〉：慰勞蕃地生活者的辛苦。[201]

（四）反日事件的記載

關於大關山事件的報導，《台灣警察時報》比《理蕃之友》詳細。《理蕃之友》刊登的文章有〈頭髮　大關山事件兇手調查上的一點〉、[202]〈事件解決的門〉、[203]〈回顧大關山事件〉、[204]〈大關山事件一年後的坑頭社〉、[205]〈坑頭社蕃人的自費旅行〉、[206] 與〈正當大關山事件十周年〉。[207]《台灣警察時報》則以〈大關山蕃害事件的原委〉為題目分 7 期刊載。[208]另外相關報導有：〈尋問 Talum 的舊蕃屋〉、[209]〈將理蕃史帶入一個新的時代－針對大關山事件功勞者授與行賞光榮光輝的警察功勞記章〉。[210]〈尋

199　〈創作［類］〉，《台灣警察時報》，222（1934.5.1），頁 165-174。

200　宮川加津江，〈蕃地居住的一女性として〉，《理蕃の友》，83（1938.11），頁 5。

201　〈蕃地職員家族の生活〉，《理蕃の友》，87（1939.4），頁 1。

202　齋藤生，〈髪の毛　大關山事件犯人搜查上の一點〉，《理蕃の友》，11（1932.11），頁 9。

203　齋藤生，〈事件解決の扉〉，《理蕃の友》，15（1933.3），頁 4-6。

204　蓮尾常光，〈大關山事件を顧みて〉，《理蕃の友》，23，頁 8-9。

205　池上登，〈大關山事件一年後のカウトウ社〉，《理蕃の友》，24，頁 7-8。

206　池上登，〈カウトウ社蕃人の自費旅行〉，《理蕃の友》，29，頁 5-6。

207　宮田生，〈大關山事件十周年に際して〉，《理蕃の友》，118，頁 6。

208　淺野義雄，〈大關山蕃害事件の顛末〉（一）～（六），《台灣警察時報》，207（1933.2.1），頁 92-102；208（1933.3.1），頁 80-94；209（1933.4.1），頁 198-203、138；210（1933.5.1），頁 127-131；211（1933.6.1），頁 67-71；212（1933.7.1），頁 91-104。淺野義雄，〈大關山蕃害事件の完結〉，《台灣警察時報》，216（1933.11.1），頁 89-97。

209　池上登，〈タロムの舊蕃屋を尋ねて〉，《台灣警察時報》，233（1935.4.1），頁 144-145。

210　〈理蕃史上に一新時代を劃せる－大關山事件功勞者に對する行賞光榮に輝く警察功勞記章を授與〉，《台灣警察時報》，215（1933.10.1），頁 60-63。

問 Talum 的舊蕃屋〉描述大關山事件主謀 Talum 的舊房時的感想。它內容甚至有關懷 Talum 和他家人的別離等，像同情 Talum 的記述。〈懸賞－誌友文藝〉的〈芭蕉的病葉〉描述 Talum 的家人。[211] 在本事件報導中的關於此兩篇雜誌的關係部分，以《台灣警察時報》為主，《理蕃之友》為輔，因為在《理蕃之友》的〈事件解決的門〉寫到：「相信詳細內容由淺野警務課長在《（台灣）警察時報》坦蕩地被發表」，[212] 實際上《理蕃之友》各報導記載以抓到兇手的過程為主，《台灣警察時報》的〈大關山蕃害事件的原委〉，有〈蕃害事件的發生與其對策〉（蕃害事件の發生と其の對策）從〈關山越嶺蕃地區理蕃的背景〉（關山越理蕃の經緯）開始，〈事件前夕的蕃情〉（事件直前の蕃情）、〈巡查安排〉（巡查手配）等。

關於逢坂事件，《理蕃之友》記載比較多，《理蕃之友》第 24、26 號記載〈逢坂的蕃害事件〉，[213]《台灣警察時報》記載〈台東廳管轄的逢坂駐在所蕃害事件〉。[214] 內本鹿事件也《理蕃之友》的報導較多，〈內本鹿布農的兇行〉、[215]〈內本鹿事件第二次發表〉，[216] 與〈內本鹿事件第三次發表〉。[217]《台灣警察時報》僅在 1941 年 7 月〈地方時事［篇］〉有〈內本鹿事件搜查隊解隊式舉行〉[218] 而已。太田山事變僅記載於《台灣警察時報》。[219]

關於被稱為最後的未歸順蕃的玉穗社，《理蕃之友》〈未歸順蕃的動

211　〈懸賞－誌友文藝〉，《台灣警察時報》，218（1934.1.1），頁 181-200。

212　原文為：「詳細は淺野警務課長から（台灣）警察時報に堂々發表せらるゝ事と信ずるが」。齋藤生，〈事件解決の扉〉，《理蕃の友》，15，頁 5。

213　〈逢坂の蕃害事件〉，《理蕃の友》，24（1933.12），頁 2；26（1934.2），頁 1。

214　編輯室，〈台東廳下逢坂駐在所蕃害事件〉，《台灣警察時報》，217（1933.10.1），頁 197。

215　〈內本鹿ブヌンの兇行〉，《理蕃の友》，112（1941.4），頁 2。

216　〈內本鹿事件第二回發表〉，《理蕃の友》，113（1941.5），頁 4。

217　〈內本鹿事件第三回發表〉，《理蕃の友》，115（1941.6），頁 3。

218　〈地方時事［篇］〉，《台灣警察時報》，308（1941.7），頁 110-130。

219　三浦齋，〈太田山事變遭難記［第三等］〉，《台灣警察時報》，161（1930.7.1），頁 49-51。

向〉、[220] 第 10 號〈理蕃新聞〉有〈未歸順蕃兒童的入學〉（未歸順蕃兒童の入學）、[221] 第 16 號〈理蕃新聞〉有〈未歸順蕃玉穗社蕃人的觀光〉（未歸順蕃タマホ社蕃人の觀光）、[222] 還有〈理蕃歷史上的突破記錄　玉穗社蕃的歸順〉、[223]〈頭目 Dahu Ali（拉荷阿雷）往生〉。[224]《台灣警察時報》有〈到兇蕃 Dahu Ali（拉荷阿雷）投降的經歷〉、[225]〈關於蕃地工作者的手槍攜帶〉、[226]〈玉穗社蕃人的歸順式〉、[227]〈送迎之辭〉、[228]〈挑戰積雪的山嶺（二）－裏玉山踏查隊報告書〉[229] 等。〈到兇蕃 Dahu Ali 投降的經歷〉是描述 Dahu Ali 訪問大分舊社，與古川警部補會面的情形。[230]〈玉穗社蕃人的歸順式〉詳細地報導玉穗社歸順式的情形，《理蕃之友》則沒有這麼詳細地報導。[231]〈挑戰積雪的山嶺（二）－裏玉山踏查隊報告書〉則是玉穗社已經歸順後，為了緊急時的準備派遣搜索隊的情形。[232]

關於霧社事件，因為《台灣警察時報》在事件發生時已經發行，有與事件同步的報導，如：〈哀悼霧社事件遇難者〉、[233]〈霧社蕃人騷擾事件

220　〈未歸順蕃の動靜〉，《理蕃の友》，2（1932.2），頁 2-3。

221　〈理蕃ニュース〉，《理蕃の友》，10（1932.10），頁 8-10。

222　〈理蕃ニュース〉，《理蕃の友》，16（1933.4），頁 8-10。

223　〈理蕃史上畫期的記錄　タマホ社蕃の歸順〉，《理蕃の友》，17（1933.8），頁 10。

224　〈頭目ラホアレ死す〉，《理蕃の友》，116（1941.8），頁 6-7。

225　中村白骨，〈兇蕃ラホアレが降るまで〉，《台灣警察時報》，199（1932.6.1），頁 75-76。

226　每熊梅友，〈蕃地勤務者の拳銃携帶に就いて〉，《台灣警察時報》，203（1932.10.1），頁 109-110。

227　高雄州警務部，〈タマホ社蕃人の歸順式〉，《台灣警察時報》，212（1933.7.1），頁 71-75。

228　今田卓爾，〈送迎の辭〉，《台灣警察時報》，214（1932.10.1），頁 1。

229　坂田寅吉，〈銀嶺に挑む（二）－裏新高踏查隊報告書〉，《台灣警察時報》，257（1932.10.1），頁 63-72。

230　中村白骨，〈兇蕃ラホアレが降るまで〉，頁 75-76。

231　高雄州警務部，〈タマホ社蕃人の歸順式〉，頁 71-75。

232　坂田寅吉，〈銀嶺に挑む（二）－裏新高踏查隊報告書〉，頁 63-72。

233　志能鏑川，〈霧社事件の遭難者を悼む〉，《台灣警察時報》，170（1930.11.15），頁 1。

經過〉、[234]〈台灣軍公報（台灣軍司令部）〉、[235]〈噫！奮鬥殉職的戰死者各位之事情〉、[236]〈警察紀律與霧社事件〉、[237] 等，其他提到霧社事件的報導有 51 篇。

《理蕃之友》部分，在第 1 號的〈理蕃新聞〉有〈霧社蕃和解式舉行〉、[238] Mona Rudao（莫那・魯道）及其長子 Tado Mona（達多・莫那）最後的情形之〈蕃人心情研究資料〉、[239]〈霧社反抗蕃占有地處分與味方蕃的移住〉、[240]〈Mona Rudao 的下落〉、[241]〈行羅霧社地方〉、[242] 川中島（清流部落）的中山清（Piho Walis）敘述的〈出席青年團幹部懇談會的感想〉、[243]〈迎接霧社事件五周年〉、[244] 在〈理蕃新聞〉有〈霧社事件史演講〉（霧社事件史講演）、[245]《理蕃之友》第 106 號是霧社事件十周年記念特輯號。

（五）《台灣警察時報》的報導詳細的例子

儘管同樣內容，《台灣警察時報》記載較詳細的例子。1941 年 1 月的〈「魔法師」殺人事件－在蕃界發生的恐怖慘劇〉介紹台灣原住民族的類

234　台灣總督府警務局，〈霧社蕃人騷擾事件經過〉，《台灣警察時報》，171（1930.12.15），頁 32-37。

235　〈台灣軍公報（台灣軍司令部）〉，《台灣警察時報》，171（1930.12.15），頁 37-38。

236　〈噫！奮鬥職に殉ぜる戰死者諸氏の事ども〉，《台灣警察時報》，171（1930.12.15），頁 39。

237　T.T 生，〈警察官紀と霧社事件〉，《台灣警察時報》，171（1930.12.15），頁 4-5。

238　〈理蕃ニュース〉，《理蕃の友》，1（1932.1），頁 9-10。

239　〈蕃人心情研究資料〉，《理蕃の友》，7（1932.7），頁 5-6。

240　〈霧社反抗蕃占有地處分と味方蕃の移住〉，《理蕃の友》，10（1932.10），頁 5。

241　尾崎蕃仙，〈モーナルダオの行衛〉，《理蕃の友》，20（1933.8），頁 9。

242　鈴木秀夫，〈霧社地方を巡りて〉，《理蕃の友》，33（1934.9），頁 1。

243　中山清，〈青年團幹部懇談會に出席して〉，《理蕃の友》，48（1935.12），頁 8-9。

244　鈴木秀夫，〈霧社事件五周年を迎へて〉，《理蕃の友》，47（1935.11），頁 2。

245　〈理蕃ニュース〉，《理蕃の友》，51（1936.3），頁 4-10。

似獵巫的習俗：殺害被懷疑「魔法師」者的風習造成的案例。[246] 該習俗於 1935 和 1937 年《理蕃之友》〈所謂「mahonee」〉[247] 和〈溪頭蕃的魔法和祈禱〉[248] 亦有提及。不過，《理蕃之友》在全面稱讚高砂族對國家的貢獻的報導之時代，《台灣警察時報》記載如此內容，頗令人好奇。

　　1934 年 12 月 1 日 -1935 年 4 月 1 日的 4 次在《台灣警察時報》刊載〈高砂族先覺者內地觀光記〉，[249] 同樣內容亦載於《理蕃之友》1934 年 11 月〈聽內地觀光團的感想〉、12 月〈帶高砂族觀光團員〉。兩者比較而言，《台灣警察時報》詳細說明經過及行程、參與者等，相對地《理蕃之友》則著重介紹參與者及率領者的感想。日本內地觀光的報導數《理蕃之友》較多。

（六）文藝創作和競賽

　　《理蕃之友》與《台灣警察時報》都有文藝創作欄，在《理蕃之友》有〈阿里山蕃人青年團歌〉、[250]〈收穫之歌〉、[251]〈烏來民謠〉、[252]〈高雄州青年團歌〉、[253]〈台灣理蕃之歌〉、[254]〈短歌〉、[255]〈合歡之旅［俳句］〉、[256]〈春天之旅［俳句］〉、[257]〈更生之喜悅［詩歌］〉、[258]〈淺春旅賦［俳

246　山下景光，〈「魔法使ひ」殺人事件－蕃界に發生した恐るべき慘劇〉，《台灣警察時報》，302（1941.1），頁 122-126。

247　福島正男，〈所謂「マホネー」に就て〉，《理蕃の友》，37（1935.1），頁 9-10。

248　荒川少佐，〈溪頭蕃の魔法と祈禱〉，《理蕃の友》，71（1937.11），頁 6-7。

249　齋藤生，〈高砂族先覺者內地觀光記〉，《台灣警察時報》，229（1934.12.1），頁 125-132；231（1935.2.1），頁 157-165；232（1935.3.1），頁 212-216；233（1935.4.1），頁 200-205。

250　瀨野尾寧介，〈阿里山蕃人青年團歌〉，《理蕃の友》，10（1932.10），頁 8。

251　綾子，〈收穫の歌〉，《理蕃の友》，12（1932.12），頁 8。

252　綾子，〈ウライ民謠〉，《理蕃の友》，12（1932.12），頁 11。

253　瀨野尾寧，〈高雄州青年團歌〉，《理蕃の友》，21（1933.9），頁 6。

254　本間善庫作，〈台灣理蕃の歌〉，《理蕃の友》，26（1934.2），頁 2。

255　城戶咲朗，〈短歌〉，《理蕃の友》，26（1934.2），頁 4。

256　齋藤生，〈合歡の旅［俳句］〉，《理蕃の友》，51（1936.3），頁 3。

257　岩間溪陽，〈春の旅［俳句］〉，《理蕃の友》，52（1936.4），頁 8。

258　矢田一生，〈更生の喜び［詩］〉，《理蕃の友》，59（1936.11），頁 12。

句］〉、[259]〈詔敕題　歲旦［俳句］〉等。[260]

　　《台灣警察時報》的部分，有：〈訪問未婚妻的少女之少年的蕃歌〉、[261] 收〈山的晚霞〉（山の夕燒）、〈幸福的人〉的〈長詩［類］〉；[262] 收〈比魯的蕃社〉（ビララウの蕃社）、〈蕃社巡查談話〉（蕃社巡查の語れる）的〈長詩［類］〉；[263] 收〈快樂的蕃社〉（樂しき蕃社）的〈長詩［類］〉；[264] 收〈深夜〉（深夜）、〈蕃地短唱〉（蕃地短唱）的〈長詩［類］〉；[265] 收〈快樂的蕃社〉（樂しき蕃社）的〈長詩［類］〉；[266] 收〈蕃山感傷匯集〉（蕃山感傷賦）的〈長詩［類］〉；[267] 收〈karon 啊〉（カロンよ）、〈蕃山的夜半〉（蕃山の夜半）的〈長詩と民謠［類］〉；[268] 收〈南蕃的霸主〉（南蕃の霸者）、〈向妻談話〉（妻に語る）、〈關山越嶺道寫生〉（關山越スケッチ）的〈長詩童謠［類］〉；[269] 含〈蕃山的新妻〉（蕃山の新妻）的〈創作［類］〉；[270] 含〈第三景 蕃地風景〉（第三景 蕃地風景）的〈廣播風景 - 台灣警察的三景［篇］〉；[271]〈廣播‧戲劇－風（某蕃地駐在所的風景）〉等。[272]

　　競賽相關報導大多數都在《台灣警察時報》，如：含〈探討蕃童教育

259　岩間溪陽，〈淺春旅賦［俳句］〉，《理蕃の友》，63（1937.3），頁 11。

260　岩間溪陽，〈勅題　歲旦［俳句］〉，《理蕃の友》，73（1938.1），頁 4。

261　〈許嫁の少女を訪ふ少年の蕃歌〉，《台灣警察時報》，153（1930.2.15），頁 35。

262　〈長詩［類］〉，《台灣警察時報》，161，頁 71-75。

263　〈長詩［類］〉，《台灣警察時報》，194（1932.1.1），頁 217-219。

264　〈長詩［類］〉，《台灣警察時報》，197（1932.4.1），頁 140-141。

265　〈長詩［類］〉，《台灣警察時報》，198（1932.5.1），頁 140-141。

266　〈長詩［類］〉，《台灣警察時報》，197（1932.4.1），頁 140-141。

267　〈長詩［類］〉，《台灣警察時報》，213（1933.4.1），頁 140-143。

268　〈長詩と民謠［類］〉，《台灣警察時報》，203（1932.10.1），頁 127-129。

269　〈長詩童謠［類］〉，《台灣警察時報》，206（1933.1.1），頁 204-213。

270　〈創作［類］〉，《台灣警察時報》，206，頁 170-174。

271　鷲巢敦哉草稿、中山侑改編，〈ラヂオ風景－台灣の警察三景［篇］〉，《台灣警察時報》，259（1937.2），頁 166-174。

272　中山侑，〈ラヂオ‧ドラマ－風（ある蕃地の駐在所風景）〉，《台灣警察時報》，303（1941.2），頁 95-99。

的重要性以及教育擔任者的資格和待遇改善〉（蕃童教育の重要性を論じ教育擔任者の資格と待遇の改善に及ぶ）的〈第十四屆懸賞論獲獎參賽者發表〉、[273]〈懸賞「愛蕃人的口號」〉、[274] 含〈老蕃的嘆息〉（老蕃の嘆）的〈懸賞讀者文藝－長詩、俳句、川柳、俚謠、短歌、中國詩歌〉、[275] 含〈蕃地情景〉（蕃地情景）的〈懸賞讀者文藝－散文、長詩、俳句、川柳、俚謠、中國詩歌〉、[276]〈太田山事變遷難記［第三等］〉、[277]〈「愛蕃人的口號」獲獎發表〉、[278]〈關於警察官吏的學術講座（第十四回入選論文第二等得獎）〉、[279] 含〈蕃地警備口號〉（蕃地警備標語）的〈懸賞二種［篇］〉、[280]〈懸賞招募－蕃地警備口號入選發表〉、[281] 有〈眼淚兩色〉、〈山地的惡魔〉、〈芭蕉的病葉〉和〈蕃人的宗教指導〉的〈懸賞－誌友文藝〉、[282] 含〈從理蕃的觀點看的使命〉（理蕃の見地より見たる使命）的〈甲種論題－台灣警察的使命［二等］（第三席）〉、[283] 以〈問高砂族教化的方案〉（高砂族教化の方策を問ふ）題目徵稿的〈創刊二十周年記念競賽論文入選發表〉等。[284]《理蕃之友》中的競賽有關的文章僅〈終於截

273　〈第十四回懸賞論文當選者發表〉，《台灣警察時報》，153（1930.2.15），頁 8。

274　〈懸賞「蕃人を愛する標語」〉，《台灣警察時報》，156（1930.4.1），頁 20。

275　〈懸賞讀者文藝－長詩、俳句、川柳、俚謠、短歌、漢詩〉，《台灣警察時報》，155（1930.3.15），頁 43-46。

276　〈懸賞讀者文藝－散文、長詩、俳句、川柳、俚謠、漢詩〉，《台灣警察時報》，156（1930.4.1），頁 44-47。

277　三浦齋，〈太田山事變遷難記［第三等］〉，《台灣警察時報》，161，頁 49-51。

278　〈「蕃人を愛する標語」當選發表〉，《台灣警察時報》，162（1930.7.15），頁 35。

279　〈警察官吏の學術講習に就いて（第十四回懸賞論文第二等當選）〉，《台灣警察時報》，162（1930.7.15），頁 2-3。

280　〈懸賞二種［篇］〉，《台灣警察時報》，172（1931.1.1），頁 4。

281　〈懸賞募集－蕃地警備標語入選發表〉，《台灣警察時報》，178（1931.4.1），頁 20-21。

282　〈懸賞－誌友文藝〉，《台灣警察時報》，218（1934.1.1），頁 181-200。

283　〈甲種論題－台灣警察の使命［二等］（第三席）〉，《台灣警察時報》，259（1937.6.7），頁 135-142。

284　〈創刊二十周年記念懸賞論文入選發表〉，《台灣警察時報》，258（1937.5.12），頁 214。

止迫近！會徽設計競賽招募〉、[285] 〈競賽招募會徽圖案當選發表〉等。[286]

（七）比較同一作者文章

筆者選擇幾位皆投稿於兩份雜誌的投稿者，對比同一個作者在不同雜誌中的文章有何樣不同，能凸顯此兩本雜誌的性質差異。

擔任 1930 年代警務局理蕃課視學官的橫尾廣輔，主要負責理蕃教育。他投稿《理蕃之友》的文章不少，有 13 篇。此外以「橫尾生」之名投稿的文章有 23 篇，其中也有可能是橫尾廣輔投稿者。相對地在《台灣警察時報》裡與橫尾廣輔相關的文章有 5 篇，其中有兩篇是橫尾廣輔本人寫的：高松宮伏見宮久邇宮三宮殿下を迎へ奉る〉中收錄橫尾廣輔寫的〈榮獲了說明電影的機會〉（映畫御說明の光榮に浴して）、[287] 及〈本島警察官與社會教育〉而已。[288] 〈本島警察官與社會教育〉內容主要提及皇民化政策。[289] 〈榮獲了說明電影的機會〉的內容則是伏見宮博義王來台灣，觀賞介紹泰雅族與紅頭嶼（蘭嶼）的電影，此時橫尾廣輔陪同博義王向他說明電影內容，橫尾廣輔卻謙虛地說其實他對蕃地蕃情並不精通。[290] 此文章又刊載於《理蕃之友》，其內容是一模一樣。[291] 據溫席昕指出，橫尾廣輔寫作活動始於 1930 年，投稿《理蕃之友》等雜誌。[292]

橫尾廣輔畢竟是理蕃視學官，其投稿有很多是與教育有關，如：〈學

285　〈愈々締切迫る！徽章圖案懸賞募集〉，《理蕃の友》，68（1937.8），頁 12。

286　〈懸賞募集 徽章圖案當選發表〉，《理蕃の友》，70（1937.10），頁 8。

287　橫尾廣輔，〈高松宮伏見宮久邇宮三宮殿下を迎へ奉る〉，《台灣警察時報》，213（1933.8.1），頁 1-16。

288　橫尾廣輔，〈本島警察官と社會教育〉，《台灣警察時報》，256（1937.3.6），頁 7-17。

289　同上，頁 7-17。

290　橫尾廣輔，〈高松宮伏見宮久邇宮三宮殿下を迎へ奉る〉，《台灣警察時報》，213，頁 13-14。

291　橫尾廣輔，〈映畫御說明の光榮に浴して〉，《理蕃の友》，20（1933.8），頁 2。

292　溫席昕，《日治時期在台日本警察的原住民書寫：以重要個案為分析對象》。

校的本質與教師的使命〉、[293]〈對蕃人教化的一考察〉、[294]〈關於蕃人青年團的指導〉、[295]〈關於青年團二部制〉、[296]〈蕃人教育的沿革與現況〉、[297]〈博覽會觀光與其指導教化〉、[298]〈蕃人教育的創始〉、[299]〈對生活指導的一考察〉、[300]〈關於高砂族的內地觀光〉。[301]

　　溫席昕指出，橫尾廣輔在《理蕃之友》的文章中常常引用及重新解釋理蕃政策大綱，並質疑現行的教育教化或其他一般的理蕃施設有沒有符合理蕃大綱的「真精神」，主張必須重新吟味理蕃大綱的「真精神」。[302] 橫尾廣輔認為教化的目的是使蕃人成為「新日本人」：常用「國語」（日語），體會「我」是（日本）國民的精神文化，時常意識到「我」（日本）國民的意識。橫尾廣輔認為蕃人是「本島先住民族」（台灣原住民族），最習慣台灣的氣候風土，被鍛鍊的人類，企圖將本島居民教化成與內地的內地人完全一樣也不可能且無意義。他認為儘管單純地講日語、住在日式建築、穿和服、喝啤酒、吃生魚片也不是真正意義的新日本人，他批判以往向台灣原住民族的教育是母國化或內地延長主義的，是強迫緊急的同化主義。[303]

　　橫尾廣輔認為日本的教化政策不是法國式的同化政策，也不是英國式

293　橫尾廣輔，〈學校の本質と教師の使命〉，《理蕃の友》，9（1932.9），頁 1-2。
294　橫尾廣輔，〈蕃人教化に對する一考察〉（一）、（二）、（三），《理蕃の友》，16（1933.4），頁 2-4；17（1933.5），頁 4-5；18（1933.6），頁 1-2。
295　橫尾廣輔，〈蕃人青年團の指導に付て〉（一）、（二），《理蕃の友》，19（1933.7），頁 1-2；20（1933.8），頁 3-5。
296　橫尾廣輔，〈青年團の二部制に付て〉，《理蕃の友》，22（1933.10），頁 3。
297　橫尾廣輔，〈蕃人教育の沿革と現況〉，《理蕃の友》，46（1935.10），頁 2-3。
298　橫尾廣輔，〈博覽會の觀光と其の指導教化〉，《理蕃の友》，48（1935.12），頁 2-3。
299　橫尾廣輔，〈蕃人教育の創始〉，《理蕃の友》，49（1936.1），頁 4-6。
300　橫尾廣輔，〈生活指導に對する一考察〉，《理蕃の友》，50（1936.2），頁 1-2。
301　橫尾廣輔，〈高砂族の內地觀光に付て〉，《理蕃の友》，54（1936.6），頁 1-2。
302　溫席昕，《日治時期在台日本警察的原住民書寫：以重要個案為分析對象》，頁 164-165。他引用自：橫尾廣輔，〈蕃人教化に對する一考察〉（一），頁 3。
303　溫席昕，《日治時期在台日本警察的原住民書寫：以重要個案為分析對象》，頁 165。他引用自：橫尾廣輔，〈蕃人教化に對する一考察〉（三），頁 2。

忽視當地人人格的剝削主義，而是以島民的利益幸福為要點的，[304] 可以說它是一種多元文化主義的殖民政策。但他投稿的時間到 1936 年 6 月為止，是仍沒進入到皇民化時期。皇民化政策之下推動的教化政策就是橫尾廣輔批判的完全同化主義，故可推知《理蕃之友》不再接受橫尾廣輔的理想了。

另一個值得分析的人物是：瀨野尾寧，1923 年在台中州任職於衛生課、警務課、理蕃課，1924 年起在台北州擔任理蕃課長，八年後於總督府警務局理蕃課擔任「警視」，1933 年起在花蓮港廳擔任警務課課長，1934 年由於玉里事件發生，遭總督府警務局理蕃課追究責任而免職。[305]

瀨野尾寧在 1920 年代於《台灣警察協會雜誌》發表許多關於「蕃界美談」（講述蕃地光榮事物）的文章，而其在轉任台灣總督府理蕃課警視後，於 1930 年代寫下關於特定的理蕃主題。在《理蕃之友》，他寫〈蕃人惠賜的利害與得注意的要點〉、[306]〈為何要糾正陋習〉等。[307] 此外，在《台灣警察時報》上，他投稿了很多介紹人物的文章。包含：〈沉著勇敢的櫻巡查〉等理蕃警察，[308]〈敵蕃所稱讚的金山伍長（一）〉等軍人，[309]〈名頭目 abin yuurao〉、[310]〈悲戀物語：蕃婦 yabun rahen〉等台灣原住民

<hr />

304　橫尾廣輔，〈蕃人教化に對する一考察〉（三），頁 2。

305　溫席昕，《日治時期在台日本警察的原住民書寫：以重要個案為分析對象》，頁 124。他引用自：〈理蕃課長二氏の榮轉〉，《理蕃の友》，5（1932.5），頁 8；中央研究院台灣史研究所台灣總督府職員錄系統；〈瀨野尾警務課長　退官に內定〉，《台灣日日新報》，12471（1934.12.20），第 8 版等。

306　瀨野尾寧，〈蕃人惠與の利害と注意すべき要點〉，《理蕃の友》，8（1932.8），頁 2-3。

307　瀨野尾寧，〈陋習何故に改むべきか〉，《理蕃の友》，10（1930.10），頁 1；11（1932.11），頁 1；14（1933.2），頁 2；15（1933.3），頁 1；16（1933.4），頁 1-2；17（1933.5），頁 2-3；21（1933.9），頁 1-2；22（1933.10），頁 1-2；23（1933.11），頁 2。

308　瀨野尾寧，〈沈毅勇敢なる櫻巡查〉，《台灣警察時報》，171（1930.12.1），頁 7-9。

309　瀨野尾寧，〈敵蕃の賞讚する金山伍長（一）〉，《台灣警察時報》，184（1931.7.1），頁 12-13；瀨野尾寧，〈敵蕃の賞讚する金山伍長（二）—蕃人直話〉，《台灣警察時報》，185（1931.7.15），頁 11-13。

310　瀨野尾寧，〈名頭目アビン・ユウラオ〉，《台灣警察時報》，172（1931.1.1），頁 16-18；175（1931.2.15），頁 12-13；176（1931.3.1），頁 17-18；177（1931.3.15），頁 10-11。

族。[311] 他還發表有關過去的蕃害事件〈訪問回憶慘禍的白冷〉等。[312]

溫席昕關注瀨野尾寧的寫作有兩大類，一個是童話傳說，另一個是「蕃界美談」，[313] 前者代表性的著作是與鈴木質共著的《蕃人童話傳說選集》，[314] 後者是 1920 年代瀨野尾寧在《台灣警察協會雜誌》發表的「蕃界美談」系列的文章、[315]《台灣警察時報》的人物及事件的介紹，以及自行出版的《蕃界稗史殉職秘話》。[316] 溫席昕指出《台灣警察時報》的介紹文章和《蕃界稗史殉職秘話》都可以歸屬「蕃界美談」系列。[317]

瀨野尾寧在《理蕃之友》主張推動理蕃政策，另一方面又愛好童話傳說，溫席昕指出，《蕃人童話傳說選集》展現 1920 年代至霧社事件以前的蕃童教育及蕃人同化政策的實況，台灣總督府與中央政府以教育及生存環境的變更來取代佐久間左馬太任台灣總督時的武力鎮壓政策，由此實現以武力鎮壓無法完成的理蕃政策成果。[318] 另外從瀨野尾寧職位和著作年代來看，「蕃界美談」系列的文章，是他擔任台北州理蕃課課長時，而在

---

311 瀨野尾寧，〈蕃婦ヤブン・ラヘン〉（一）～（五），（八）～（十二），《台灣警察時報》，189（1931.10.1），頁 26-27；190（1931.10.15），頁 32-33；191（1931.11.1），頁 30-31；192（1931.11.15），頁 30-31；193（1931.12.1），頁 22-23；197（1932.4.1），頁 68-78；198（1932.5.1），頁 76-83；199（1932.6.1），頁 57-63；200（1932.7.1），頁 48-56；201（1932.8.1），頁 89-95。瀨野尾寧，〈悲戀物語－蕃婦ヤブン・ラヘン〉（六），（七），（十三）～（十六），《台灣警察時報》，195（1932.2.1），頁 115-120；196（1932.3.1），頁 63-72；202（1932.9.1），頁 93-98、160；203（1932.10.1），頁 79-87；204（1932.11.1），頁 90-98；205（1932.12.1），頁 77-85。

312 瀨野尾寧，〈慘害を偲ぶ白冷を訪ふの記〉（一）～（四），《台灣警察時報》，179（1931.4.15），頁 9-10；180（1931.5.1），頁 9-10；181（1931.5.15），頁 10-11；183（1931.6.15），頁 6-7。

313 溫席昕，《日治時期在台日本警察的原住民書寫：以重要個案為分析對象》，頁 125-151。

314 瀨野尾寧、鈴木質，《蕃人童話傳說選集》（台北：台灣警察協會台北支部，1930）。

315 瀨野尾寧，〈蕃界美談光の功績〉（一）～（五），《台灣警察協會雜誌》，97（1925.7.1），頁 104-110；98（1925.8.1），頁 89-94；99（1925.9.1），頁 89-93；100（1925.10.1），頁 77-81；101（1925.11.1），頁 86-93。瀨野尾寧，〈蕃界美譚〉，《台灣警察協會雜誌》，129（1928.3.1），頁 128-134；130（1928.4.1），頁 143-151；131（1928.5.1），頁 142-147；133（1928.7.1），頁 123-130。

316 瀨野尾寧，《蕃界稗史殉職秘話》（台北：瀨野尾寧，1935）。

317 溫席昕，《日治時期在台日本警察的原住民書寫：以重要個案為分析對象》，頁 133。

318 溫席昕，《日治時期在台日本警察的原住民書寫：以重要個案為分析對象》，頁 129。

《理蕃之友》寫理蕃政策的文章則是他擔任台灣總督府警務局理蕃課警視期間。由此可知,他擔任台北州理蕃課課長比較依個人興趣投稿,擔任台灣總督府警務局理蕃課警視後,則站在監督指導理蕃警察的立場寫文章。另外他在《理蕃之友》寫理蕃政策的文章的原因,可能與霧社事件有關,在他主張要「糾正」的「陋習」裡第一個舉的就是馘首。不過,《理蕃之友》中他並非主張所有的台灣原住民族的習慣都要改,他指「陋習」仍是慣習法,對蕃人而言維持同族的秩序,經濟上得遵守的不成文法之準則。[319] 這點而言,他並沒主張像皇民化時代那麼徹底的同化主義,其實 1937 年皇民化開始時他已經退休了。[320]

從以上可知,如橫尾廣輔和瀨野尾寧,儘管同一作者也在不同期刊或具有不同身分的時候,他所注目的理蕃相關議題也有差異。從如此的角度來看此兩篇雜誌的時候,更能從雜誌刊載內容明白理蕃政策大綱對於警察當地執行政策的效用。同時我們在本稿探討的兩本雜誌之間,能發現投稿者身分與觀察理蕃事務角度的差異。[321]

六、結論

在研究理蕃政策時,因《理蕃誌稿》(1895-1926 年)和《理蕃之友》(1932-1943年)記述時間有六年的空白時期,《台灣警察協會雜誌》/《台灣警察時報》因而成為彌補此一空白期間的的重要史料。不僅如此,《理蕃之友》發行之後,《台灣警察時報》仍記載了理蕃政策相關的文章。儘管兩者之間有重複的部分,仍有不同的內容。近藤正己指出,1939 年以前的《理蕃之友》是在「理蕃政策大綱」框架內展開議題,之後轉為皇民化

319　瀨野尾寧,〈陋習何故に改むべきか〉,《理蕃の友》,10,頁 1。

320　筆者利用國立台灣圖書館日治時期期刊影像系統查詢,瀨野尾寧的文章到 1933 年為止。僅 1937 年報導警察協會會員擔任警察時的回憶中有瀨野尾寧迴響的文章。瀨野尾寧,〈警察の名譽會員－警察思ひ出話を語る〉,《台灣警察時報》,259(1937.6.7),頁 91-117。

321　本結論參考評論人鄭螢憶教授的指出。

政策相關內容。筆者發現，《理蕃之友》的內容實際上比「理蕃政策大綱」廣泛。《台灣警察時報》的刊載內容則比《理蕃之友》自由，如：逆行當局的政策、提到蕃地工作者的辛苦、提案制度改革、舉出待遇的不滿、記載理蕃職員家族的意見。另外還提出在《理蕃之友》沒提的理蕃政策、介紹台灣原住民族的文化。《台灣警察時報》詳細地記載台灣原住民族的襲擊事件、台灣原住民族的日本內地觀光、記載警察考試問題、比較平地警察與蕃地警察。如近藤正己指出，《理蕃之友》重複記載訓話，[322] 帶有啟發讀者（理蕃警察）的傾向；相對地，可能《台灣警察時報》的對象是理蕃警察以外者，因此記載方面比《理蕃之友》更廣泛，有空間向理蕃政策關係者以外的人訴說理蕃政策在執行上之困難。另外兩者之間重複的文章不多，傳達、布告、辦公資料專門記載於《台灣警察時報》，因其對象為所有警察，可知《台灣警察時報》佔警察在閱讀上主要的地位。《台灣警察時報》作為有別於《理蕃之友》的資料性質，有其重要性。

　　本次探討的兩本雜誌均是官方出版物，故撰文者以警察職員等政府相關人士為多數。但在作者群中有台北帝國大學土俗人種學研究室的宮本延人等學者，還有台灣原住民族的投稿。惟全面性的分析文章全體是非常困難，故如大西友典（2014）縮小主題範圍後進行分析及比較，檢討理蕃警察之專業程度、理蕃政策之外的文章的分析、記載的文章和實際情形之間的差異等。再者，這兩本雜誌與其他雜誌之間的差異，例如以台北帝國大學土俗人種學研究室為中心的南方土俗學會的刊物《南方土俗》（後來改名為《南方民族》）、雜誌中涉及理蕃政策對象之外的阿美族與平埔族的政策及討論等，留待可檢討的問題仍多。

322　近藤正己，〈「理蕃の友」解題—「理蕃政策大綱」從皇民化政策へ〉，頁11。

參考文獻

專書

1. 溫席昕，《日治時期在台日本警察的原住民書寫：以重要個案為分析對象》，台北：秀威資訊，2016。
2. 近藤正己，〈「理蕃の友」解題—「理蕃政策大綱」から皇民化政策へ〉，收入《「理蕃の友」別冊》，東京：綠蔭書房，1993，頁 1-14。
3. 瀨野尾寧，《蕃界稗史殉職秘話》，台北：瀨野尾寧，1935。
4. 瀨野尾寧、鈴木質，《蕃人同化傳說選集》，台北：台灣警察協會台北支部，1930。
5. 中島利郎、林原文子編，《「台湾警察協会雑誌」「台湾警察時報」目録》，東京：綠蔭書房，1998。

期刊

1. 《台灣警察協會雜誌》1-149 號，1917 年 6 月 -1929 年 11 月。
2. 《台灣警察時報》150-335 號，1930 年 1 月 -1943 年 10 月。
3. 《理蕃の友》，台灣總督府警務局理蕃課，1932 年 1 月 -1943 年 12 月。
4. 蔡蕙頻，〈警界之木鐸《台灣警察協會雜誌》〉，《台灣學通訊》，88（台北，2015），頁 10-11。

學位論文

1. 大西友典，〈日治後期理蕃之友所載高砂族之教育政策〉，高雄：國立高雄第一科技大學應用日語系碩士論文，2014。
2. 林育薇，〈許丙丁之報刊漫畫研究：以台灣警察時報、三六九小報為中心〉，台北：國立台灣師範大學台灣史研究所碩士論文，2013。

網路資料

1. 國立台灣圖書館，《國立台灣圖書館日治時期期刊影像系統》，https://hyerm.ntl.edu.tw:3340/cgi-bin/gs32/gsweb.cgi/login?o=dwebmge&cache=1610802764244，擷取日期：2021 年。

2. 國際勞工組織，〈1930 年の強制労働條約（第 29 號）〉，https://www.ilo.org/tokyo/standards/list-of-conventions/WCMS_239150/lang--ja/index.htm，擷取日期：2021 年 1 月 16 日。

※ 為求版面簡潔，本文註釋之格式，以簡版所示。

03

台灣作家吳濁流的大陸經歷及對其創作活動的影響——以其 40 年代的文學創作《胡志明》與《波茨坦科長》的比較為中心

伊蒙樂 [1]

一、序文

　　1895 年，台灣根據《馬關條約》由清朝領土成為日本的殖民地，直至第二次世界大戰中日本戰敗並簽署了《波茨坦宣言》，長達五十余年的被殖民歷史才告一段落。在這動盪的被殖民歷史背景下，曾湧現這樣一批台灣知識份子。他們反抗日本統治卻不得不用日語進行創作；他們對中國大陸心嚮往之卻遭受質疑；他們幾經國籍身分變更，因此而形成的民族意識成為後人注目研究的焦點。台灣人作家吳濁流就是其中的一份子。

　　吳濁流，本名吳建田，1900 年出生於台灣新竹縣新埔鎮，自小與祖父生活在一起，感情融洽，受祖父影響頗深。1916 年吳濁流進入台灣總督府國語學校師範部（現國立台北教育大學）就讀，在此結識鍾王壽，這也成為他日後赴往中國大陸的契機。1920 年吳濁流畢業後，被派回故鄉的照門

1　　日本一橋大學言語社會學研究科博士課程後期。

分校，就任教諭。此後直至 1940 年，吳濁流先後在照門、四湖、五湖、馬武督等學校內擔任教職，經歷了二十年的教師生涯。辭任教員後，吳濁流通過在南京汪精衛政權中任職的鍾壬壽得到聘書，於 1941 年 1 月 12 日奔赴中國大陸，在南京《大陸新報》社擔任記者，直至 1942 年 3 月 21 日迫於局勢回到台灣，共經歷了一年三個月的大陸生活。這一段大陸經歷對他影響深刻，並為他之後的創作提供了不少珍貴的素材。吳濁流返回台灣後幾經轉職，先後擔任《台灣日日新報》編輯、《台灣新生報》記者、《民報》記者、大同工校的訓導主任、機器工業同業公會的專員等。與此同時，他在 1964 年 4 月創刊《台灣文藝》雜誌，設立「吳濁流文學獎」，直至 1976 年 10 月去世為止，吳濁流一邊進行文學創作，一邊以培育台灣文學青年為己任，為台灣文學界做出了巨大的貢獻。

（一）問題提起

追溯吳濁流的文學創作生涯，以其休筆為界線，大致可以分為前、後兩個創作期。吳濁流的創作前期比較短，從 1936 年開始文學創作，到 1937 年休筆為止；創作後期則是自 1942 年從中國大陸回到台灣後，以開始連載〈南京雜感〉[2] 與〈南京要人印象記〉[3] 為開端，直至吳濁流逝世為止的較長的一段時間。

1936 年，吳濁流受日本人同事袖川小姐影響開始進行文學創作，發表了《泥沼中的金鯉魚》、《水月》、《功狗》等作品，並大受好評。但吳濁流卻於 1937 年至 1942 年期間停止了文學創作。關於其原因，他在《無花果》中，曾這樣寫道：

---

[2]　吳濁流，〈南京雜感〉，《台灣藝術》，31-34（台北：台灣藝術社，1942 年 10 月 31 日 -1943 年 1 月 30 日）。注：〈南京雜感〉的最初版本為雜誌連載版，並未出單行本。

[3]　吳濁流，〈南京要人印象記〉，《台灣藝術》，36-41（台北：台灣藝術社，1943 年 4 月 1 日 -1943 年 9 月 1 日）。

在和那位日人女教師相處的期間，我受到她的鼓勵，曾以〈泥沼中的金鯉〉參加《台灣新文學》雜誌小說徵文比賽獲首獎，那時我已行年三十有七，不無日暮途窮之感，要完全寫通日本文，自忖尚須下十年苦工。學生時代，我對數學和物理等較有自信，而作文則從未得過甲。左思右想都覺得無法成為一個文士，要之我的文學熱祇是被動的，寫小說不外是一時的興頭，形同遊戲而已。而另一方面，《台灣新文學》屢屢遭到查禁，經濟陷入困難，終於被迫停刊。發表的地方既已消失，從事文學的人也就面臨絕境。加上我又被調任新竹郡下最大的關西公學校的首席教員，工作忽然變得忙碌起來，再也無暇顧到文學了。[4]

由此可見，由於失去《台灣新文學》這一創作的場地以及工作忙碌等等原因，吳濁流從 1937 年至 1942 年停止了文學創作。同時，通過上述節選也可從側面看出，在吳濁流的文學創作前期，他對於文學不過是一時趣味，並未持有積極的創作態度。

然而 1942 年 3 月，吳濁流自大陸返回台灣，將在中國大陸的見聞寫成〈南京雜感〉與〈南京要人印象記〉並分為 10 期在《台灣藝術》雜誌連載。以此為開端，開始了他後期的文學創作。此後，吳濁流不僅創作了代表作《亞細亞的孤兒》，[5]回顧錄《無花果》和《台灣連翹》，還創辦了《台灣文藝》雜誌，設立了「吳濁流文學獎」，直至生命的最後一刻他再未停止對於文學的探求。關於吳濁流後期的創作動機，也許從《台灣連翹》的後記中可以窺探一二：

自問我為何要這樣做呢？因為民國三十六年至三十八九年，這段時期社會很複雜，年輕作家無法歷其境，極難了解其時代背景。

4　吳濁流，《無花果》（台北：草根出版事業有限公司，1995 年 7 月），頁 77。此處日文版與中文版無差別。

5　原作名為《胡志明》，最初以日語創作，後幾經改名改編，定稿為《亞細亞的孤兒》。

如果老一輩的作家不寫的話，其真相實無可傳。

　　現在老作家，老的老，隱的隱，死的死，殘存無幾，令人寒
心。我想到此，不知不覺地似乎有一點責任感，所以不自量力著手
寫起……[6]

　　我們由此可以窺探到在後期文學創作中，記錄社會事實是吳濁流創作
的出發點，社會責任感是他的創作動機，也正是因為如此吳濁流的作品中
才會呈現出強烈的社會性。而論及創作態度，吳濁流後期文學創作中所表
現出的積極與責任感，可以說與前期的「一時的興頭」這一態度發生了翻
天覆地的變化。

　　此處筆者不禁生出幾個疑問，到底是怎樣的原因造成了吳濁流前後期
對於文學創作的態度變化如此之大？吳濁流返台後的一系列文學活動是否
與他在大陸的經歷有關？無論如何，我們均可以推測，大陸經歷作為吳濁
流研究中不可忽視的一部分，有著重要研究價值。

　　同時，追溯吳濁流創作後期的幾部作品可以看出，無論是遊記性質的
〈南京雜感〉，還是小說《胡志明》與《波茨坦科長》，都可看到被塑造的
極為相似的中國大陸與大陸人的影子。然而追其根本卻可以發現，雖然同
為小說，《胡志明》與《波茨坦科長》的創作環境與創作時期截然不同。
《胡志明》在 1943 年開始創作，1945 年 5 月脫稿，1946 年 9 月 3 日開始
以每月一篇的速度順利出版了第一篇到第四篇，而第五篇則因為政治等因
素干擾延遲出版一年以上，直至 1948 年 1 月 10 日才得以出版。《波茨坦
科長》則是 1947 年 10 月 8 日完稿，1948 年 5 月 31 日由學友書局出版。[7]
從創作時期和出版時期來看，《胡志明》在日本統治時期創作，光復後出
版。而《波茨坦科長》的創作和出版均為二二八事件之後。由此可看出，
《胡志明》與《波茨坦科長》的創作時間雖然相差不遠，但其創作與出版背

6　吳濁流，《台灣連翹》（台北：草根出版事業有限公司，1995 年 7 月），頁 259。
7　河原功，〈『ポツダム科長』について〉，《吳濁流作品集》（東京：綠蔭書房，2007 年 6 月），
　　頁 537-540。

景橫跨了日本統治期、光復初期、二二八事件等不同的政治時期與事件。

那麼同為吳濁流的小說，創作時間與創作背景完全不同的《胡志明》與《波茨坦科長》中，關於中國大陸人（外省人）[8] 的人物形象塑造存在著怎樣的異同之處呢？吳濁流作品中的中國人的人物塑造與其大陸經歷又是否有著某種關聯呢？懷揣著這樣幾個問題，本文將通過對比《胡志明》與《波茨坦科長》中的中國人人物形象，試論吳濁流的大陸經驗及對其創作的影響。

（二）先行研究

吳濁流相關研究無論是在台灣還是日本都備受矚目，現時點[9] 僅「台灣博碩士論文加值系統」中吳濁流相關的論文有 800 篇以上，其中題目或內容精確論及吳濁流的論文有 61 篇，可以說先行研究數目眾多。但正如 1996 年，簡義明在〈吳濁流研究現況評介與反思——以台灣的研究成果為分析場域〉中所言：

> 當我們在檢視這些資料的時候，我們可以發現某些研究的主題重疊性太高，如以孤兒意識和殖民經驗來詮釋吳濁流的小說便是主要的切入角度，這並不是說這樣的看法不對，而是太多人著力於此，比較無法開發出新的研究意義。[10]

我們可以得出這樣的結論：吳濁流研究雖然先行研究數目眾多，但其研究主題重複性高。研究題目比較集中在《亞細亞的孤兒》以及作者的民族意識上。同時，從至今所存的吳濁流相關先行研究的不均衡之中，我們

8　下記統一為「中國人」。本文為了方便區分，使用的「中國人」代指非台灣出生的中國大陸人以及外省人，不包含任何政治意義。

9　現時點：2020 年 1 月 25 日。

10　簡義明，〈吳濁流研究現況評介與反思——以台灣的研究成果為分析場域〉，《台灣文藝》，159（台北，1996）。

可看出一些具有研究價值的題目與方向，例如吳濁流的大陸經驗與其日文原文本作相關的研究，因為種種原因被忽視。

1. 吳濁流的大陸經驗

關於吳濁流的大陸經驗的論文在至今為止的先行研究中所佔比例不高，且對於吳濁流在大陸的經歷查證並不徹底，文本間略有出入。同時作為研究吳濁流的大陸經驗的重要參考資料——〈南京雜感〉與〈南京要人印象記〉的使用情況也值得考量。

前文多次提及到，〈南京雜感〉與〈南京要人印象記〉作為吳濁流返回台灣當年的作品，記錄了吳濁流在中國南京的見聞，是研究吳濁流大陸經驗不可或缺的參考資料。初版的〈南京雜感〉與〈南京要人印象記〉於1942年10月31日開始，分10期連載於《台灣藝術》雜誌，分為描寫南京風土人情的〈南京雜感〉5篇，[11] 和記錄吳濁流與南京國民政府官員們之間的交往的〈南京要人印象記〉6篇，[12] 均使用日文書寫，至今已少有人論及。此後，1977年，張良澤編集的吳濁流作品集中，將中文版的〈南京雜感〉收錄進《吳濁流作品集 卷④ 南京雜感》，[13] 正是現今討論吳濁流的大陸經驗時經常被使用到的文本。但比較中日兩版的《南京雜感》可以發現，其中關於日文初版的文量刪減過半，文章內容存在差異，因此筆者認為使用初版的《南京雜感》進行討論依舊存在著必要性。

現今關於吳濁流的大陸經驗的論文可以列舉以下5篇。

林柏燕在〈吳濁流的大陸經驗〉中提到吳濁流的小說《亞細亞的孤兒》、《無花果》、《台灣連翹》等作品均使用了〈南京雜感〉中的素材，為吳濁流的小說中引用其真實個人經歷提供了佐證。同樣涉及吳濁流的大陸經驗的論文還有張慧珍的〈紀實與虛構：吳濁流、鍾理和的中國之旅與

11　〈南京雜感〉的主要篇章：「一、南京の相貌」、「二、南京の第一印象」、「三、三畏里の閑話」、「四、章公館に於ける」、「五、南京の明朗色」。

12　〈南京要人印象記〉中分為「一、褚民誼」、「周佛海氏の容貌」、「陳內政部長の豪華ぶり」、「梁院長の大人ぶり」、「陳公博」、「國府要人印象記（汪主席）」這6篇。

13　吳濁流，《吳濁流作品集 卷④ 南京雜感》（台北：遠行出版社，1977年9月）。

原鄉認同〉、[14] 徐千惠的〈日治時期台人旅外遊記析論——以李春生、連橫、林獻堂、吳濁流遊記為分析場域〉、[15] 陳室如的〈日治時期台人大陸遊記之認同困境：以連橫《大陸遊記》與吳濁流《南京雜感》為例〉，[16] 這三篇論文中雖然都有提及到初版的〈南京雜感〉，但在文本中使用的卻是中文版的《吳濁流作品集 卷④ 南京雜感》中的內容，同時關於反映吳濁流的大陸經歷的〈南京要人印象記〉並未提及。

　　白筱薇的〈吳濁流的大陸經驗及其相關作品研究〉是至今為止，台日兩地為數不多的以初版的〈南京雜感〉為參考文獻的論文。但關於〈南京雜感〉的收集不足，〈南京要人印象記〉中的〈陳公博〉篇有遺漏，視為資料收集不完整。且對於吳濁流的大陸經驗對其創作的影響論證不足，筆者認為尚有分析的餘地。

2. 吳濁流的日文原文本相關研究

　　吳濁流成長於日本統治時期，受日本殖民統治的影響，從小學習日語，並以日語為創作語言書寫文學作品，因此他的作品的初版大部分為日文作品。光復後，吳濁流的多部作品幾經更改、再版，大多以中文版流傳於世。比如吳濁流的代表作《亞細亞的孤兒》，其實初版是在日本統治期創作的名為《胡志明》的日文小說。

　　通過分析現有的《胡志明》相關研究，我們可以發現正如日本學者河原功所說的：

14　張慧珍，〈紀實與虛構：吳濁流、鍾理和的中國之旅與原鄉認同〉，《台北大學中文學報》，3（台北，2007 年 9 月），頁 29-76。

15　徐千惠，〈日治時期台人旅外遊記析論——以李春生、連橫、林獻堂、吳濁流遊記為分析場域〉（台北：國立台灣師範大學國文系碩士論文，2002 年 6 月）。

16　陳室如，〈日治時期台人大陸遊記之認同困境：以連橫《大陸遊記》與吳濁流《南京雜感》為例〉，《人文研究學報》，41：1（台南，2007），頁 33-50。

現在，談及吳濁流的長篇小說的代表作的話，誰都會給出《亞細亞的孤兒》這一答案。也正因如此，關於《亞細亞的孤兒》的先行研究很多，但關於初版的《胡志明》並沒有被研究，這到如今漸漸變為吳濁流研究的欠缺部分。[17]

整合先行研究我們可以發現，《亞細亞的孤兒》作為吳濁流研究的重點之一，相關研究十分多，而關於初版的《胡志明》的研究則相對稀少。中國大陸論文網站「知網」上關於《胡志明》的研究至今空白，在日本論文網站上檢索可知，關於《胡志明》的研究僅有 4 篇：龍瑛宗的〈傳統の潛在力--吳濁流氏の『胡志明』〉、[18] 河原功的〈吳濁流『胡志明』に関する研究〉、[19] 以及豐田周子的 2 篇：〈『胡志明』から『アジアの孤児』へ--その改編をめぐって--〉[20] 與〈「潛在創作」としての吳濁流『胡志明』論〉。[21] 台灣的「台灣博碩士論文加值系統」中關於《亞細亞的孤兒》的論文超過 200 篇，言及到《胡志明》的卻僅 7 篇，其中暫未發現專門分析研究《胡志明》的文獻。關於原因，筆者猜測與研究條件相關——在日本學者河原功將台灣發行的日文版《胡志明》的第一篇到第五篇整合出版之前，初版流失不全，無法閱讀，並不具備研究的條件。然而隨著《胡志明》在 2007 年得以再版，具備了一定的研究條件後，卻依舊沒有被重視起來。

17　河原功，〈作品解説〉，《吳濁流作品集》（東京：綠蔭書房，2007 年 6 月），頁 492。原文：そして現在、吳濁流の代表作で長編小説といえば、誰しもが『アジアの孤児』（中国語では『亜細亜的孤児』）をあげることになっている。そんなわけで『アジアの孤児』研究は多く存在するのだが、その初出である『胡志明』に関する研究はされることなく、これが今日に至るまで吳濁流研究の欠落部分となっている。

18　龍瑛宗，〈傳統の潛在力—吳濁流氏の『胡志明』〉，《中華日報》（1946 年 9 月 28 日），《龍瑛宗全集》（台北：南天書局，2008 年 4 月），頁 237-238。

19　河原功，〈吳濁流『胡志明』に関する研究〉，台灣文學藝術與東亞現代性國際學術研討會（台北，2006 年 11 月）。

20　豐田周子，〈『胡志明』から『アジヤの孤児』へ--その改編をめぐって--〉，《東洋文化研究》，12（東京：學習院大學東洋文化研究所，2012 年 3 月），頁 33-65。

21　豐田周子，〈「潛在創作」としての吳濁流『胡志明』論〉，《現代中國》，83（東京：日本現代中國學會，2009 年 9 月），頁 83-94。

對於吳濁流的日文版以及初版作品的忽視，並不僅僅存在於《胡志明》，前文提到的初版的〈南京雜感〉，日文版的《無花果》等作品均有這一情況。

綜上所述，吳濁流研究依舊存在著先行研究的不均衡，以及對於某些有價值的研究方向的忽視。其中，吳濁流的日文初版作品的研究空間有目共睹，而關於吳濁流的大陸經驗的研究價值更是無需贅敘。因此，本文以2007年出版的《吳濁流作品集》中所收錄的吳濁流的日文原本《胡志明》，以及敏感時期創作的《波茨坦科長》的人物比較為切入口，希望可以根源上探究到吳濁流的大陸經驗以及這一經驗對其作品的影響。

二、《胡志明》與《波茨坦科長》的中國人形象比較

上文中已經提到過，吳濁流進行後期的文學創作時，與前期的創作態度不同，是持有向後人傳述真實歷史史實等個人社會責任感而進行創作的。也正是因此吳濁流的作品有著強烈的社會性和批判性，基於台灣當時特殊的歷史背景，他的《波茨坦科長》與《無花果》之類的作品也多被查禁。執拗的吳濁流並沒有放棄自己以記錄歷史為己任的使命感，而是採取了一些手段應對查禁，比如吳濁流晚年曾創作了與《無花果》同樣涉及到政治敏感問題，且表述方式更加直接的《台灣連翹》。但為了避免與《無花果》一樣被查禁的慘劇，吳濁流曾於 1975 年將《台灣連翹》託付給鍾肇政，留下遺言請他十年或二十年後再將《台灣連翹》的後半部分出版。[22]除了延遲出版，吳濁流為了作品能夠順利問世，還做了包括將敏感的部分刪除等很多的努力，這也就可以解釋為什麼吳濁流的作品中偶爾會出現原版與再版情節或字數等差別略大的情況，同時研究吳濁流的最初版作品也因此而有著特殊意義。

---

22   吳濁流，《台灣連翹》（台北：草根出版事業有限公司，1995 年 7 月），頁 260。

吳濁流作品的初版與再版的差別，通過統合整理，大概可以分為以下三點：

比之再版的作品，初版的作品情節內容更為豐富。如《胡志明》與《アジヤの孤児》以後的版本字數差異巨大，《胡志明》的總字數為 36 萬字以上，而《アジヤの孤児》的總字數為 21 萬字左右。同時再版時《胡志明》中的月英相關情節被刪減，後被獨立為〈糖扦仔〉發表。[23]

初版與再版作品受到不同的政治等因素影響。如初版的〈南京雜感〉與〈南京要人印象記〉出版於日本殖民統治期間，因此對親日的南京汪精衛政府持讚揚態度並無問題。而中文版《吳濁流作品集 卷④ 南京雜感》則是處於國民黨統治下，對南京汪精衛政府依舊持讚揚態度顯然就不合時宜，很有可能因為這個原因，〈南京要人印象記〉與〈南京雜感〉第五篇等內容在中文版的《南京雜感》中均未收錄。

吳濁流本人以日文創作，對中文創作並不純熟，雖光復後也在學習中文創作，但水平有限，中文譯本多由鍾肇政和張良澤等幫助完成。因此中文版作品有受翻譯者個人理解的影響的可能性。

因此，筆者對於脫離初版，僅就再版的中文作品進行研究的作法持懷疑態度。本研究中使用的文本也會盡可能選用初版日文的作品。以期能夠更貼近吳濁流的個人經歷與創作意識。

（一）《胡志明》與《波茨坦科長》

《胡志明》以日本統治期的台灣社會為背景，具體描述了殖民地統治下支配者與被支配者之間的各種摩擦與問題。《胡志明》帶有強烈的批判意識，批判軍國主義，批判總督府的台灣統治政策，批判皇民奉公運動，批判作為支配者的日本人，也批判盲目追隨政治風潮的台灣人，甚至於批判冷眼旁觀的自己。吳濁流以自身經歷為摹本，塑造了日本殖民統治下的台

23　河原功，〈作品解説〉，《吳濁流作品集》（東京：綠蔭書房，2007 年 6 月），頁 498。

灣知識份子輾轉中國大陸、日本台灣、摸索自己精神的安居之所，卻屢屢在現實中碰壁，最終以「有心的人誰能不發瘋」落幕的悲劇。這本書也因此被稱為台灣人「孤兒意識」的代表作，迄今為止圍繞這一作品關於作家吳濁流的民族意識的爭論依舊未曾停歇。

《胡志明》的創作經歷十分坎坷，吳濁流在自序中曾描繪當時的創作環境。當台灣籠罩在第二次世界大戰的陰影中，知識份子都戰戰兢兢以求自保時，儘管當時吳濁流的住所前就是北警察署的宿舍，一定要完成這部小說的衝動終究戰勝了恐懼心，吳濁流開始執筆創作這本小說。特別是寫《胡志明》的第四篇與第五篇時，情勢已經十分嚴峻，吳濁流只好每寫兩三頁便塞入炭籠中帶回鄉下藏起來。1956 年，吳濁流在自序中是這樣描述這部作品的：「不論這部小說的好壞，第四篇、第五篇對作者來說，是拼了命的作品。」[24]

《胡志明》的出版經歷也十分坎坷，如前文所述本書於 1943 年開始執筆，1945 年 5 月完稿，是吳濁流在日本統治期創作的日文長篇小說。1946年，《胡志明》的第一篇到第四篇在台灣分別順利出版，而第五篇則因為種種原因耽擱一年以上，終於在 1948 年由台灣學友書局出版。《胡志明》到決定版的《亞細亞的孤兒》經歷了多次改版，具體情況可看以下的表 3-1。

表 3-1 《亞細亞的孤兒》改版表

出版時間	書名	出版社	語言
1946 年	《胡志明》第一篇至第四篇	台灣・國華書局（一至三篇） 台灣・民報總社（四篇）	日文
1948 年	《胡志明》第五篇	台灣・學友書局	日文
1956 年	《アジヤの孤児》	日本・一二三書房	日文
1957 年	《歪められた島》	日本・ひろば書房	日文

24　吳濁流，〈自序〉，《アジアの孤児——日本統治下の台湾》（東京：新人物往来社，1973 年 5 月 25 日）。原文：この小説の良し悪しは別として、第四篇、第五篇は筆者にとっては命がけの作品である。

1959 年	《孤帆》	台灣・黃河出版社	中文
1962 年	《亞細亞的孤兒》	台灣・南華出版社	中文
1973 年	《アジアの孤児》	日本・新人物往来社	日文

通過表 3-1 可看出，由《胡志明》到決定版的《亞細亞的孤兒》，這本書經過多次改版，不僅是內容和書寫語言的更改，書名也多次變動。本文以《胡志明》作為研究文本，關於吳濁流初版作品研究的必要性在上文已經寫出，這裡不做贅述。

《胡志明》是以主人公的名字作為小說名的作品。第一篇主要描寫了胡志明幼時按照祖父的意願在雲梯書房就讀，書房關閉後進入公學校學習，後進學國語學校師範部。胡志明畢業後作為教師去往 K 公學校赴任，就職期間感受到了內台差別對待，也因為台灣人的身分被暗戀的日本女性教師拒絕，飽受精神上的痛苦。第二篇主要描寫胡志明去往日本東京留學，他在東京度過了充實的四年，並收穫了日本女子鶴子的喜愛，但畢業後胡志明卻依舊決定回到台灣。回台後，面對親族們對於有著留學經驗的他的巨大期望，一度懷疑自己留學這個決定是否正確。後經歷分家等等家庭變化，他遇到了台灣人女性月英，本想結婚安度一生，不料月英卻遭人侮辱，憤而自殺。胡志明大受打擊，決心前往中國大陸找到自己精神上的歸處。第三篇主要描寫了胡志明乘船去到大陸後，卻遇到語言不通等難處，並發現中國大陸也是千瘡百孔，乞丐妓女眾多，衛生條件堪憂。胡志明前往南京求職，在日語學校做老師的他，與蘇州美人陳淑春相愛成家後，卻發現兩人觀念差距巨大，妻子酷愛麻將舞會等活動，生下女兒後依舊不負責，胡志明因此對妻子死心。因政局影響，中國大陸情勢漸漸緊張，擁有台灣人身分的胡志明也終被逮捕，被學生解救脫困後，不得已隻身返回台灣。第四篇的主要內容為：隨著中日戰爭的全面展開，台灣也被渲染上戰爭色彩。日本政府除了物質方面剝削台灣人民，對於精神上的管制也更為嚴格。胡志明依舊為自己精神上的歸宿而苦惱著。第五篇主要描寫隨著日美戰爭展開，日本開始在台灣開始徵兵，台灣人的生活變得更加困苦。而受到弟弟胡志南戰死的打擊，胡志明終於發瘋了。有人看到他在海邊徘

徊，也有傳聞說他去往「對面」了，吳濁流留下了一個開放式結局，也使得眾多研究者對於主人公以及透過主人公來抒發自身感情的吳濁流的民族意識紛紛進行研究推測。

《胡志明》中十分吸引筆者的是第三篇——大陸篇。通過閱讀〈南京雜感〉與《胡志明》可以發現，大陸篇是根據吳濁流個人的實際經歷來描寫的，在人物塑造上也多次引用他自身的親身體驗，成功描畫出了一個吳濁流眼中的中國大陸與中國人。關於這點將在本文的第三節進行具體論述。

《波茨坦科長》是於「二二八事件」發生半年後的 1947 年 10 月 8 日完稿，1948 年 5 月由台北的學友書局出版。描寫了台灣光復後的社會混亂，赴台的外省人中的貪官污吏眾多，以及瀰漫著一觸即發的緊張氣氛。

因隱喻「二二八事件」，《波茨坦科長》的出版也曾遭波折。本書於 1966 年被翻譯成中文，收錄於《吳濁流選集》[25] 中，這一版本雖未能被證明遭查禁，但已經證實 1977 年，張良澤翻譯編輯的中文版《吳濁流作品集③波茨坦科長》[26] 被查禁。本文使用的文本為 2007 年河原功收錄進《吳濁流作品集》中的日文的 1948 年學友書局版。[27]

《波茨坦科長》以日本戰敗為開端，在督察處從事特工工作的范漢智私拿公款後逃出南京，因懼怕被逮捕，他逃往台灣，更名改姓，以「范新生」的身分，成為了某局的會計課長。之後他邂逅了對大陸抱有憧憬的台灣人女性張玉蘭，並在不久後向她求婚。因女伴蕙英也與外省人結婚，再加上父親的勸言，張玉蘭草率接受了范的求婚，成婚後發現了丈夫的無教養、吝嗇、貪婪等種種缺點。隨著蕙英的丈夫因收受賄賂被捕，張玉蘭對於丈夫的不信任感也漸漸增強。范因為在大陸的作為被列為搜查對象，最終在台北車站被捕，小說以此落幕。

這篇小說描寫了台灣光復後，趁機從大陸逃來的外省人在台灣大肆斂

25　吳濁流，《吳濁流選集》（台北，廣鴻文出版社，1966 年 12 月）。

26　吳濁流，《吳濁流作品集③波茨坦科長》（台北：遠行出版社，1977 年 9 月）。

27　吳濁流，〈ポツダム科長〉，《吳濁流作品集》（東京：綠蔭書房，2007 年 6 月），頁 415-483。

財，收受賄賂，社會一度陷入混亂的情景，更是大膽地在小說結尾處側面影射了「二二八事件」。某種意義上來講，極具現實批判色彩的《波茨坦科長》可以說是以批判日本統治期為主的《胡志明》的後續。[28]

在本文的第一章中已經敘述過，這兩本小說從創作時期和出版時期來看，《胡志明》是在日本統治時期創作，光復後出版的作品。而《波茨坦科長》的創作和出版均為二二八事件之後。同為吳濁流的小說，《胡志明》與《波茨坦科長》的創作時間雖然相差不遠，但其創作與出版背景橫跨了日本統治期、光復初期、二二八事件等不同的政治時期與事件，創作時間與創作背景完全不同。但我們卻能從這兩本小說中發現對於中國人的人物形象塑造的相似之處，尤其是《胡志明》主人公的妻子陳淑春，與《波茨坦科長》中的主人公的丈夫范漢智。那麼關於這兩本書中，中國人的人物形象塑造存在著怎樣的異同之處呢？筆者將在下一節對比陳淑春與范漢智兩個人物形象，並找出其人物塑造中的具體異同之處。

（二）《胡志明》與《波茨坦科長》中的中國人形象

如上述所言，本節將會就《胡志明》中的陳淑春與《波茨坦科長》中的范漢智兩個人物進行對比。為了對比的全面與客觀，將會從以下三個方面進行比較，分別是人物身分、主人公對其感情變化、人物的結局，希望可從中分析出陳淑春與范漢智的人物形象中的異同之處。

1. 人物身分

《胡志明》中的人物陳淑春，是主人公胡志明的妻子，中國大陸人。她畢業於金陵女子大學，屬於知識份子，就職於宣傳部。以下是《胡志明》的第三篇中，胡志明在從上海去往南京的火車上偶遇陳淑春時，對於淑春的外貌描寫：

28　河原功，〈作品解說〉，《吳濁流作品集》（東京：綠蔭書房，2007 年 6 月），頁 540。

突然一看，自己前面的空座位上坐了一位蘇州美人。看起來像是女學生，直截了當地用中文來講的話，就是「明眸皓齒」的美人。古典悠長與蘇州特有的風情交織混雜，生氣勃勃的澄澈的眼眸與雪白的牙齒十分協調。相貌很像「蝴蝶」年輕時候的照片。[29]

　　由此可見陳淑春是一位明眸皓齒、學生氣、容貌甚佳的江南女子。

　　《波茨坦科長》中的人物范漢智，是主人公張玉蘭的丈夫，中國大陸人。原為監察處特工，日本戰敗後從南京逃往台灣，更改姓名，搖身一變為台灣○○局的會計科長。以下是《波茨坦科長》中張玉蘭在飲茶店第一次遇到范漢智時，關於范漢智外貌的描寫：

　　　　不久之後，一位青年紳士突然進來了。乍一看三十出頭的男人，上海風的短西裝上繫著鮮紅的領帶。[30]

　　吳濁流曾多次在作品中言及上海風的衣物穿著，並多數冠以時髦、威風堂堂等修辭。〈南京雜感〉中也記載著吳濁流第一次來到上海時，因自己身著台灣風的冬裝，與大陸的紳士走在一處而感到難為情，有「群鶴隻雞」的感覺的情景。[31] 由此可見，范漢智與吳濁流印象中的中國大陸人一樣打扮入時，一派紳士風範，外形不差。

29　吳濁流，〈胡志明〉，《吳濁流作品集》（東京：綠蔭書房，2007 年 6 月），頁 179。原文：
　　ふと見ると、自分の前の空席に蘇州美人が乗った。女學生らしかつた。端的に中国語で
　　いい現わせば、『明眸皓齒』な美人である。古典的な悠長さと、蘇州特有の風情を織り混
　　ぜて、澄んだ眸が、生き生きとして真白い歯並と実に調和していた。顔付は『蝴蝶』の若
　　い頃のプロマイドに似ている。

30　吳濁流，〈ポツダム科長〉，《吳濁流作品集》（東京：綠蔭書房，2007 年 6 月），頁
　　426。原文：ほどなくすると一人の青年紳士がひょっこり入ってきた。一見三十を一寸越
　　した男で上海風のスマートな洋服に真赤なネクタイを締めていた。

31　吳濁流，〈二、南京の第一印象〉，《南京雜感》，頁 28。原文：其の日は零下四度か、
　　五度かで台湾仕込みの身なりでは大陸の紳士に伍して肩身が狭く全く群鶴隻鶏の感であっ
　　て自分乍らその貧弱さを気にしてならなかった。台湾の冬服は狭くて短い。大陸の洋服は
　　上海風の堂々たるに比べて見られたざまではなかった。短いオーバーと狭苦しい洋服を着
　　て上海の租界を歩くときはお友達までがいいらしていた。

綜上所述，《胡志明》中的陳淑春與《波茨坦科長》中的范漢智從人物設定上有許多相似之處。兩人都是中國大陸人，極有可能均為知識份子，在政府部門工作。以及兩人外形談吐皆不俗，且都與南京有關聯。

2. 主人公對其情感變化

陳淑春與范漢智兩個人物，如上文所分析的人物身分塑造上有很大程度的相似，都是主人公的伴侶。那麼主人公對於這兩位人物的情感變化又是怎樣的呢？

《胡志明》中主人公對淑春有著「富有詩書氣的良家小姐」這樣的第一印象。[32] 從胡志明對陳淑春的第一印象中可以推測他一開始對淑春是抱有好感的。在第一次見面時卻有著這樣的一個小插曲：

> 從蘇州開始同乘的那位美人安靜地起身，站在座椅上從架子上將行李拿下來。座椅上鮮明地殘留著兩個柔美的上海鞋子的印子。[33]

胡志明對這種不講衛生的作法稍稍皺了眉頭，但淑春好像並沒有察覺。[34] 由此可見，初次見面，胡志明雖然已經察覺處淑春作法中有些不妥的地方，卻依舊被淑春美麗的外表所吸引。婚後，胡志明卻漸漸發現淑春過激的婦女解放思想與沉迷於麻將和跳舞的行為，這讓胡志明十分痛苦且想離婚，卻因為二人女兒的到來而對淑春是否會回歸家庭抱了一絲希望。然而：

---

32 《胡志明》，頁179。原文：彼女は慎ましやかに腰をかけて、静かに視線を車窓へ外らしていた。詩味豊かな持物から見て良家のお嬢さんだと思われる。

33 同上，頁180。原文：蘇州から同乗して来た美人が静かに席を外づして腰掛に上って棚から荷物をおろす。腰掛の上には柔美な上海靴の跡が二つ鮮かに残っている。

34 同上，頁180。原文：胡志明はちょっと顔をしかめたが、彼女は氣がつかないらしい。

她在產後，暫時消停了一段時間，隨著身體的回復，就將孩子交給阿媽照顧，像之前一樣在自由自在的生活裡恣意地過著。胡志明並未干涉。[35]

　　胡志明不再干涉妻子，只是與女兒相依為命。然而在看到妻子完全不了解自己國家的實際情況便不負責任地公開發表主戰論以及一些煽動性的宣言時，還是對她感到厭惡。甚至回憶起在東京留學期間相熟的日本女人鶴子，想到如果與鶴子結婚的話，一定不會遭遇到如今的不幸，可以幸福的生活著吧。[36]

　　由此可見，胡志明對陳淑春的第一印象很好，卻在並不了解淑春的時候倉促結婚。婚後發現兩人生活作息和觀念觀點差距太大，漸漸感情消耗掉，對妻子絕望厭惡，對這一段婚姻後悔莫及。

　　而細細分析後，會發現《波茨坦科長》中張玉蘭對范漢智的感情變化也有著相似之處。台灣光復後，張玉蘭在飲茶店遇到身著上海風西裝、一派紳士模樣的范漢智，並由於侍者聽不懂中國國語主動幫助范漢智點單，由此兩人展開交集。在二人初見時對張玉蘭眼中的范漢智是這樣描述的：

　　青年紳士非常親切。沒有像台灣青年那樣粗野的地方。（他那）清晰流利的國語，富有教養的待人接物，時常擾亂玉蘭的心。兩人不知不覺聊了半個小時。玉蘭開始感受到大陸人像春天一樣明艷的魅力。[37]

35　同上，頁 212。原文：彼女は産後、暫らくは大人しくしているが、體が回復するにつれて、子どもを阿媽に任せ、前の通り自由三昧の生活を恣いままにした。胡志明は敢て干涉しない。

36　同上，頁 209。原文：彼はふと鶴子のことを思い出して、若しも鶴子と結婚したらこんな辛い目にも会わずに幸福に暮せるものを、と思って後悔するのであった。

37　吳濁流，〈ポツダム科長〉，《吳濁流作品集》（東京：綠蔭書房，2007 年 6 月），頁 427。原文：青年紳士は大變親切であった。台湾青年のやうながさつなところはなかった。歯切れのいい国語、それに教養裕かな接待ぶり、兎もすると玉蘭の心は乱れ勝ちであった。二人は何時の間にか半時間も饒舌ってしまった。玉蘭ははじめて大陸の方の魅力を感じ、春のやうな艶めかしさであった。

張玉蘭在第一次與范漢智接觸的時候，就已經被他清晰的國語和紳士的作派所傾倒，對他產生好感。受到身邊女伴和父親的影響而草率接受范漢智的求婚後，玉蘭在婚姻生活中漸漸發現了范漢智的種種缺點。

> 婚約和新婚時沈醉其中並不覺得，一旦感情冷靜下來，不由自主地感到（范漢智）市儈俗氣，並不像紳士，甚至覺得粗鄙。[38]

張玉蘭從意亂情迷中清醒過來，在婚後生活漸漸發現了丈夫的粗鄙、吝嗇、貪婪等缺點，對他的感情也變為鄙視。

陳淑春和范漢智作為主人公的伴侶，在兩本書中的感情模式十分相似。胡志明和張玉蘭對他們的感情都是由一開始因具有欺騙性的外形而抱有好感，草率結婚後，在婚姻生活中發現其缺點，漸漸轉為厭惡情緒。

3. 人物的結局

陳淑春與范漢智最終的結局也值得對比。在《胡志明》的第三篇中，由於政局變幻的影響，作為台灣人的胡志明被捕，被學生救出後不得不獨自返回台灣。此後書中關於淑春的記載就只有寥寥幾句，但胡志明滯留上海時收到妻子的信時的感想值得推敲：

> 同時覺得對於先不論理想能否實現，為了政治無論是戀愛還是孩子都可以忘記的妻子的這個態度反而有些像男人。他感覺對於她的生活有了某種的理解，察覺出怎樣都不可能將她關進愛的牢籠

38　同上，頁467。原文：婚約時代や新婚に酔っている間はさほどとも思われなかったが、いざ気持ちが落ちつくと何となく俗っぽくて紳士らしくないように見え、卑しく思われようになった。

裡。對於紫媛的擔憂消解了之後，（胡志明）想，離開大陸也可以。[39]

讀了信後，胡志明決定了獨自一人返回台灣，陳淑春則被留在大陸，獨自撫養女兒。

《波茨坦科長》中，范漢智由於在大陸時期擔任特工時的所作所為被列入搜查對象名單，隨著搜查網漸漸縮小，終於在第十五天的下午，他在台北車站前被逮捕。范漢智早就做好了心理準備，因此意外地平靜，束手就擒。然而在這時聽到了「捉煙捉煙」的叫喊，范漢智反問：「賣國求榮的人叫漢奸，那麼假借國家的名義詐取人民的到底是什麼呢？」[40] 小說的結尾帶有強烈的批判意味，暗示著「二二八事件」。范漢智這個貪官污吏終於被捕，文中對於玉蘭的下落並沒有交代。

綜上所述，《胡志明》與《波茨坦科長》是在不同時期以及政治背景下創作的小說，小說內的時間背景設置影響了小說人物的最終命運。但從以上對比可以看出，陳淑春被留在大陸，范漢智則是在台灣被逮捕，兩人結局雖然不同，但都是被動地與主人公分開，且分開時與主人公感情已接近破裂。

（三）小結

雖然《胡志明》與《波茨坦科長》這兩本作品的創作時間與創作背景都不相同，但是吳濁流對於其中的中國人人物形象塑造使用了十分相似的手法。通過對陳淑春和范漢智的對比，我們可以得到以下結論：

39　《胡志明》，頁 248。原文：同時に理想實現の能否は別として政治のために戀も子も忘れられる妻の態度が却って男らしく思われるのだった。彼は彼女の生活に或る理解が出来るような氣がした。どこまでも彼女を愛の檻に入れようとする考えが無理であるように思われた。紫媛に對する杞憂が解消されるとしばらくの間、大陸を離れてもよいと思った。

40　〈ポツダム科長〉，頁 481。原文：國を賣り榮を求めるものは漢奸であるが、國の名を借りて人民を搾るのは一体何であろうか？

1. 陳淑春與范漢智的出身背景等人物設定十分相似。兩人都是中國大陸人，都受過教育並且在政府部門工作。兩人的外形都很好，具有一定的欺騙性。且都與南京有著某種關聯。陳淑春生活在南京，而范漢智則是從南京逃往台灣。

2. 陳淑春與范漢智，這兩本作品的主人公的情感模式十分相似。主人公開始被他們的外貌談吐等因素吸引，草率結婚後發現自己想像中的伴侶成了一個幻影，而真實的伴侶身上有許多缺點，讓人無法接受。主人公因此對婚姻和伴侶失望。

3. 陳淑春與范漢智的結局都是被動地與主人公分開，區別在於陳淑春被留在南京，獨自撫養女兒，而范漢智則是在台灣被逮捕。

綜上所述，我們可以肯定的是，無論從故事情節發展還是人物形象設定，陳淑春與范漢智都有著非常大的相似性。除了地點、性別、與時間背景外，甚至可以說吳濁流將《胡志明》中的同樣的情感模式在《波茨坦科長》中重複了一遍。因此我們可以推測出，在《胡志明》與《波茨坦科長》這兩本小說的創作期間內，也就是1945年到1947年10月，儘管經歷了日本戰敗、台灣光復、本省人與外省人矛盾激化的「二二八事件」等一系列變動，吳濁流對與中國人人物形象的塑造並沒有發生變化。

不僅如此，關於兩篇文中的某些情節也有重複。比如在本文的下一章將深入說明的《胡志明》中淑春在坐火車的時候穿著鞋子踩在座椅上去拿行李這一情節，在《波茨坦科長》中也被使用了。

在此，筆者有個推測，與「二二八事件」無關，吳濁流的創作中是否始終有個「中國人形象模板」，無論是陳淑春還是范漢智，還是其他吳濁流小說中的中國人形象，大多都是按照這個設定模板進行描寫的？如果可證實推測成立，那麼這個中國人形象模板是什麼時候形成的？是在怎樣的情況下形成的？這個中國人人物形象到底是怎樣的？為何會給吳濁流的作品創作中產生這麼大的影響呢？在下一章，筆者以吳濁流的《南京雜感》為文本，針對他的大陸經驗進行分析探討，希望能夠解開疑問。

三、吳濁流的大陸經驗及對其中國人人物形象塑造的影響

如前所述，至今為止的吳濁流研究多是以作者的民族意識以及《亞細亞的孤兒》為中心，與吳濁流的大陸經驗相關的先行研究較少，且筆者認為所使用的參考文獻上，有更妥貼的文本。

第二節關於《胡志明》的陳淑春與《波茨坦科長》的范漢智的人物形象對比時，可以發現除了對於這兩位人物形象的描寫十分相似外，這兩本書中的情節設置也十分相似。

如前文中提到的《胡志明》中，胡志明初次見到陳淑春時，淑春踩在椅子上從架子上拿下自己的行李，沒有擦就坐下了。吳濁流通過這樣一個細節使得人物形象更加豐滿的同時，也體現了當時台灣出身的胡志明與大陸人的衛生觀念格格不入。

而同樣的橋段，在《波茨坦科長》中也有描寫：

> 確實那是在嘉義站。穿著氣派西裝的上海風男人提著行李箱上車了。那個男的穿著鞋子踩上座椅，將行李箱放到架子的上面，座椅上殘留著兩個鮮明的鞋印。之後，那個男的拿出紙認真地將那鞋印擦掉坐了下來。

> 但是在車到了台南時，那個男的再一次穿著鞋子踩在座椅上拿手提箱，這次卻沒有擦拭，將鞋印留著就走出去了。[41]

吳濁流在兩本小說中引用了幾乎同樣的橋段，是怎樣的原因呢？也許在《吳濁流致鍾肇政書簡》中可以窺探一二。1963 年 7 月 13 日，吳濁流

---

41 〈ポツダム科長〉，頁 465。原文：確かに嘉義駅であった。りっぱな洋服をつけた上海風の男がトランクを提げて上車してきた。その男が靴のまま腰掛に上り、トランクを棚の上に上げたが、腰掛には靴の跡があざやかに残っていた。その後、件の男は紙を出して丁寧にその靴跡を拭いてから腰を下した。所が汽車が台南に着くや、その男は再び靴のまま、腰掛に上ってトランクを下し、今度は拭かずに靴跡を残して出て行った。

給鍾肇政的信件中曾有這樣的語句：

> 你也知道，因為我的小說是歷史小說，所以文章差一點也不會
> 成問題，只是所掌握的內容有否價值才是問題的所在。我拜託你過
> 目的原因之一是，為要避免我的表達方式受到讀者的誤解。[42]

由此是否可以推測，吳濁流對於自己小說的定位在於歷史小說，在於
描述歷史史實，而並不過多在意文辭的華麗，即小說的文藝性？如此說
來，比起小說情節的新穎華麗，吳濁流是否更重視能通過某個情節如實地
將自己的情感表達出來？

果然，在《南京雜感》中，也有著雷同的橋段：

> 旁邊的姑娘穿著有花樣的優美的中國風鞋子踩在座椅上，從架
> 子上將手提箱拿了下來。然後擦也不擦地就那麼在殘留著兩個鮮明
> 的鞋印的座椅上坐了下來。因為這個，我從之前一直抱有著的不安
> 消失了，不愉快地皺起了眉，但那姑娘好像沒注意到。[43]

由此可發現，吳濁流將自己的親身經歷，毫不掩飾地重複運用在《胡
志明》與《波茨坦科長》等不同的小說作品中。

比起小說情節設置上的豐富性，吳濁流更重視如實地將自己的見聞，
將實際情況以小說的形式表達出來。同時也可以從側面證明，在《胡志明》
與《波茨坦科長》這兩本小說的創作期間內，也就是 1945 年到 1947 年 10

42　錢鴻鈞編，《吳濁流致鍾肇政書簡》（台北：九歌出版社有限公司，2000 年 5 月），頁
　　62。

43　吳濁流，〈二、南京的第一印象〉，〈南京雜感〉，《台灣藝術》，31，1942 年 10 月 3
　　日，頁 29。原文：隣りの姑娘が模様のついた優美な支那靴で腰掛に上り、棚から手提籠
　　を下していた。その後にあざやかな靴跡が二つ残ってそれを拭かずにそのまま腰を下して
　　いた。それがため、先つきから私の抱く不安が消されていやな思いで眉をひそめたが姑娘
　　には気がつかないらしい。

月，儘管經歷了一系列政局與社會的變動，吳濁流對與中國人人物形象的塑造並沒有發生明顯的變化。那麼第二節節末處，我們對與吳濁流的種種推測是否成立呢？吳濁流作品中是否真的存在的「中國人形象模板」？如果真實存在，那麼它具體又是怎樣的呢？

（一）吳濁流眼中的中國人形象

本節以初版的〈南京雜感〉為對比文本，選取《胡志明》與《波茨坦科長》中描寫關於中國人較為明顯的特徵為例子，來論述吳濁流筆下中國人的共通特徵。

1. 中國人的惡癖

吳濁流的多部作品中曾著重描寫中國人的幾大愛好，並將這些特徵安放在小說人物身上。如《胡志明》中主人公的妻子陳淑春，就酷愛打牌和跳舞。《胡志明》中曾多次描寫這些癖好，如在曾公館借住時，同居的中國青年男性賴君最喜談論的就是：「麻將，看戲，跳舞等等，差不多都是胡志明不了解的東西。」[44]

同樣的場景，在《波茨坦科長》中也不曾缺席，其中關於男主人公范漢智的愛好中就有以下敘述：

> 尤其是范的愛好是打牌，吃飯，看戲等凡是低級的讓人愉快的東西。[45]

44　〈胡志明〉，頁185。原文：麻雀とか芝居とか、ダンスとかで、大概胡志明の疎いものばかりだった。

45　〈ポツダム科長〉，頁467。原文：殊に范の趣味は打牌、吃飯、看戲など凡そ低級な感覚を喜ばすものである。

由此可見，在《胡志明》與《波茨坦科長》中，對於中國人的描寫大多涉及同樣的惡癖。那麼關於這一點，在記錄吳濁流的大陸經歷的〈南京雜感〉中是否也有類似的記述呢？在〈南京雜感〉的第三篇中，吳濁流就對中國現代女性有著「患了打牌（打麻將）食飯（三三五五去食堂吃飯）看戲（看戲）這三大病」[46]的描寫。

> 女人們和男人們貌似覺得不通曉打牌，食飯，看戲的話就不是紳士或淑女。全員沉迷於打牌，為了麻將通宵達旦的事情絕對不稀奇。[47]

綜上所述，吳濁流在南京時，為身邊的中國人都沉迷於打牌、吃飯、看戲之事所驚異，對中國人留下了沉迷於「三大病」這一印象。並受自身經歷影響，在小說中塑造食飯、打牌、看戲等中國人共通的惡癖形象。

2. 中國人的衛生習慣

關於中國人的衛生習慣，在本章開篇處也有寫到，然而不論《胡志明》還是《波茨坦科長》中，關於描寫中國人的衛生習慣的情節都不少。如《胡志明》中，曾描寫過這樣的場景：

> 曾公館的前面有一個相當大的廣場。他每天早上從那裡經過的時候，一定會看到阿媽們在那裡洗馬桶。骯髒的黃金汁四處流散，臭氣逼人。更有阿媽將大便就那麼在角落裡丟著。有時在那個廣場

46　〈三、三畏里の間話〉，〈南京雜感〉，《台灣藝術》，32，1942年11月30日，頁31。原文：打牌（麻雀）食飯（三三五五食堂で食べること）看戲（芝居を見ること）この三大病にかかっている中国現代女性。

47　〈三、三畏里の間話〉，〈南京雜感〉，頁31。原文：彼女達や彼氏達は打牌、食飯、看戲に通じなければ紳士や淑女でないように思っているらしい。上下を挙げて麻雀（打牌）に耽けり、麻雀のために徹宵することは決して珍しくない。

上，有將大屁股整個裸露出，光天化日下大便的癡漢。[48]

「這就是禮儀之國，儒教之國的現狀麼？」吳濁流曾借胡志明之口反問，並以此來批判中國的衛生狀況。

《波茨坦科長》的故事背景雖然是在台灣，但是對於身為中國人的范漢智，吳濁流也有著這樣的描寫：

> 玉蘭看了一會兒觀音山，偶然回頭竟看到范漢智用手撐鼻涕。惱人的嘶嘶的鼻子的聲音清晰可聞，刺激著她的神經。[49]

身為政府官員，外表一派紳士模樣的范漢智，可以旁若無人地做出這樣的舉動，讓人難以接受的同時，也從側面展現當時的中國人的衛生意識欠妥。

而為何吳濁流要在作品中一而再，再而三地強調中國人的衛生意識呢？答案可以在〈南京雜感〉中找到。〈南京雜感〉中也曾多處提到關於中國的不衛生的情景，如第四篇中，吳濁流曾經描述過下雨天泥濘的街道：

> 南京的道路上，車道是瀝青的，人行道是用石頭鋪裝的，因此一到下雨天，人行道上骯髒的泥變得黏糊糊的，走在上面實在是很噁心。[50]

48　同上，頁 191。原文：曽公館の前にはかなり大きな広場があった。彼は毎朝そこを通るとき、必ず阿媽達がそこで馬桶（便桶）を洗うのを見た。汚ない黄金汁が流し散らされて、臭気がうんざりして来る。甚しい阿媽になると、便をそのまま片隅にあけさせている。ときにはその広場にでっかいけつを丸出しに、無慈悲にも天日の下で便を垂らす痴漢も居る。

49　〈ポツダム科長〉，頁 443。原文：玉蘭はしばらく観音山の姿に見とれていたが、ひょっこり振り返って見ると范漢智は手で鼻を鳴らしていた。スッスッと高鳴る鼻の音が聞こえる。それがいやに彼女の神経を尖らせるのであった。

50　〈四、章公館に於ける閑遊〉，〈南京雜感〉，頁 34。原文：南京の道路は車路はアスファルトで、人道は石ころで舗装している雨の日には人道はきたない泥がどろどろして歩くのに実に悪い気持ちであった。

綜上所述，吳濁流在南京時見過一些不衛生的狀況，給他留下了深刻印象，他不僅將這些情況記錄在遊記中，甚至對中國人形成了某種不講衛生的固有印象。

3. 中國人的思想

《波茨坦科長》的結尾十分耐人尋味，使人不禁聯想到台灣到底還有多少貪官污吏。吳濁流在這本書中塑造了以外省人范漢智為代表的貪官污吏這一形象，意在抨擊光復後由大陸去往台灣的外省人良莠不齊，在台灣大肆斂財，造成台灣社會不穩的局面。

在《胡志明》中，描寫日本統治時期台灣知識人的苦悶時，其實也提及中國官員的貪污腐敗問題。

> 賴用封建思想，將官吏當作做生意，說著做官發財。有一天賴開玩笑地說：「胡君，沒必要焦急的。在這期間我要是做了一年的所得稅課長，就夠養你們一輩子了。（略）做一年的中山縣的縣長，比做安徽省的省長十年都來得好。國民政府的財政部長是最好的位置了，第二位是上海市長，這些你都知道麼？」[51]

由此可看出，對於中國的貪官污吏問題，吳濁流在《胡志明》的創作時期便已經十分了解。吳濁流會在小說中如此著重描寫貪官污吏的根源，在〈南京雜感〉中可以找到。

51　《胡志明》，頁189-190。原文：賴は封建的思想のままで、官吏を商売に考えて、做官發財と言っている。賴はある日冗談で「胡さん、あせる必要があるかい。その中に僕が一年所得税課長になれば、君等を一生養ってやるぞ。」とからかったことがある。（略）中山県の県長を一年勤めれば、安徽省の省長を十年やるよりもよいよ。国民政府でも財政部長の椅子が一番で、お次は上海市長ですから君にはわかりますまい。

日本的社會是階段式的，上了第一階才能夠上到第二階，但中國不一樣。是能夠從白身一躍成為部長或者院長的國家，因此好好抓住機會的話，成為奏任官或者敕任官絕不難。（略）比如說做一年中山縣的縣長要比做十年安徽省的省長好。比起安徽省的省長，撫湖與無錫的縣長更好。國民政府的財政部長是最好的位置了，第二位是上海市長。跟你說明你也不會明白的。[52]

通過上述對比，我們可以了解到，《胡志明》中的賴君是以〈南京雜感〉中的巫君為原型塑造的人物。而吳濁流的大陸生活中真實遇到的一位位「巫君們」正是吳濁流對中國的貪官污吏如此印象深刻的根源。

綜上所述，本節通過對比《胡志明》、《波茨坦科長》與〈南京雜感〉，可以發現吳濁流由於個人在大陸的經歷，而對中國社會與中國人形成了大多數患「吃飯、打牌、看戲」三大病、衛生意識缺乏、貪官污吏橫行等固有印象。在吳濁流四十年代創作的兩本小說中，不光是大量重複使用自身經歷作為小說情節，而且這兩本書中的中國人物形象也並沒有大的變化。

（二）吳濁流的大陸經驗分析

以上試論吳濁流小說作品中的中國人固有形象，並證明這個固有形象是由吳濁流的大陸經驗為根源而產生的。那麼本節除了具體介紹吳濁流的大陸經歷外，同時試著分析吳濁流的大陸經驗對其創作有怎樣的影響。

首先回顧吳濁流的大陸經驗。吳濁流的《無花果》和《台灣連翹》中都有針對大陸經歷進行描寫。吳濁流由 1942 年 1 月 12 日從基隆出發，在

52　〈三、三畏里の閑話〉，〈南京雜感〉，頁 30。原文：日本の社会は階段式で一段を上って始めて第二段に上れるのだが、中国は違う。白身（前歴のない人）から一躍して部長や院長になれる国柄でうまく機会さえ掴まえれば奏任官や勅任官になるのも決して難しくない。（中略）例えば中山県の県長を一年勤めれば安徽省の省長を十年やるよりもよい。安徽省の省長よりも撫湖や無錫の県長がよい。国民政府では財政部長の地位が一番でお次は上海市長ですから君に説明した所で分る筈がない。

船上漂泊了幾天後，16 日到達上海。[53] 殖民者們進入上海後帶動都市迅猛發展，上海因為租界性質成為中國的重要文化城市之一，聚集了一批文化人，也正因為如此王詩琅、吳濁流等台籍作家相繼選擇上海作為大陸行的落腳點之一。吳濁流抵達上海後，由於語言不通，不禁發出「雖然是自己的祖國，但予人感受卻完全是外國」[54] 之感嘆。他在上海滯留三四天，與友人觀光遊覽，觸目所及盡是乞丐妓女，人們生活困苦，他深深感到作為中國人的悲慘，便毫不留戀地去了南京。

吳濁流抵達南京後，居住於同學鐘王壽家（《胡志明》中記載為曾公館，《無花果》中記載為章公館）。時鐘王壽在汪精衛政府的宣傳部任職，由於台灣人身分敏感，吳濁流便與鐘約定好自稱為廣東梅縣人。吳濁流為了在大陸就職，跟一位年輕的南京女性學習中文，為了加快學習進度，吳濁流也會去五湖時代的學生余君家裡學習中文，這樣一個月後總算能聽懂了一些，便開始在南京謀職。剛好南京日本商工會議所為了發刊名為《南京》的書，正在徵求能將中文譯為日文的人，吳濁流當場被採用，工作內容是翻譯南京的民間風俗習慣一類的文字，月薪日幣三百元，待遇很好。

吳濁流任職的第七天，在南京任軍職，當時已是上校職位的學生余君來訪，吳濁流在會議室接待他時，卻被日本人女性驅趕。吳濁流大怒，因此與日本人市來大吵一架，終於在任職十天時辭職。從南京日本商工會議所辭職後的第五天，吳濁流受南京《大陸新報》的邀請成為記者，並與《大陸新報》的上野部長成為好友，逢上假日便與上野部長相偕遊玩南京。

1941 年 8 月末，吳濁流回台灣探親，並在返程時將妻兒們接來大陸共同生活。因妻兒們不通中文，只好租住於日本人經營的鼓樓公寓，孩子也入學日本人小學。之後，妻子因意外摔傷，吳濁流夫婦體會到異鄉生活的苦楚，而後小女兒得了百日咳，藥費頗貴，吳濁流夫婦生活陷入困境的同時，戰爭局勢也漸漸嚴峻起來，吳濁流決心回台灣，卻遲遲等不來船。後因日本人友人相助，在新加坡失陷的第三天，吳濁流一家終於乘上了回去

53　呂新昌，《吳濁流及其漢詩研究》（台北：前衛出版社，2006 年 9 月），頁 57。

54　《無花果》，頁 96。

的船，最終於 1942 年 3 月 21 日抵達台灣，結束了一年零三個月的中國大陸生活。

通過整理吳濁流的大陸經歷，我們可以從中總結出以下三個特點或影響其後期創作。

1. 汪精衛政府

通過檢討上述吳濁流的大陸經驗，可以發現吳濁流在南京主要是在汪精衛政權控制範圍內生活。吳濁流因《大陸新報》記者這一身分，且與上野部長等人關係融洽，時常有機會採訪南京國民政府要人。如〈南京要人印象記〉中曾記載，吳濁流得以面會汪精衛三次，採訪褚民誼，替《大陸新報》送畫像給周佛海等，幾乎將汪精衛政府中的高官要員見了個遍。

吳濁流因同學鐘王壽在汪精衛政府內任職，投奔去大陸。吳濁流在回憶錄裡記載，鐘曾伴隨汪精衛左右出訪日本，可見在汪政權有一定的地位。[55] 此外吳濁流在南京生活時，身邊的熟人好友也大多在政府任職。如上文寫過的，吳濁流五湖時代的學生余君，妻子是滿洲人，在南京國民政府軍部任職上校職位。《無花果》中記載，余君與張姓的軍資署長及其他兩位軍人，曾邀吳濁流一起遊玩吃飯，〈南京雜感〉中也曾有相關記載。[56] 還有吳濁流五湖時代有過一面之緣的舊識是彭盛木的太太，彭盛木曾任同文書院的教授，汪精衛政權成立時被招攬為財政部參議，任周佛海的手下，吳濁流在大陸期間與彭家來往頻繁。[57]

吳濁流在大陸時由於工作性質和身邊人際關係等因素，與汪精衛政府要員們來往頻繁，關係親密，因此對於汪精衛政權內部消息較為靈通，也更清楚政權中的黑暗面。筆者猜測也許這也是此後吳濁流對於中國人貪官污吏描寫較多的原因。

---

55   鐘王壽，《無花果》，頁 98-99；《台灣連翹》，頁 104-105。

56   余君，《無花果》，頁 101、109-110；《台灣連翹》，頁 108-109。

57   彭盛木，《無花果》，頁 100-112；《台灣連翹》，頁 104、107、110。

2. 中文水準

《波茨坦科長》中，光復初期台灣人學習國語的熱忱高漲，主人公張玉蘭最初也是因為范漢智的國語發音標準優美等原因被他吸引。關於光復初期台灣社會上呈現的「國語熱」，《台灣之國語運動》中曾這樣寫到：

> 剛光復以後的幾個月中，在台灣社會上，國語的學習和傳授，就狂熱地展開，並且以游擊姿態出現了。一般人都熱烈地學習國語，有的是由於純粹的「祖國熱」（純潔得可敬可愛）。有的是由於「要為祖國服務」（理智得可欽可佩），當然也有的是由於「想做新官僚」（投機得可驚可懼）。連尚未遣送的日本人都偷偷在家中讀〈華語急就篇〉。[58]

而早在《胡志明》中，就已經描寫了學習中文相關的情節。胡志明曾因為不通中文的緣故，抵達上海時有身處異國他鄉之感，並在抵達南京後曾苦學一個月的中文。

同樣在吳濁流的實際經歷中，他確實在抵達南京後學習苦學中文一月有餘，返回台灣後吳濁流對於中文的學習也未曾停下，可惜直至最後中文水平都並不出色。在《吳濁流致鍾肇政書簡》中，吳濁流多次因為國語校正翻譯的問題拜託鍾肇政。

如，1963 年 5 月 4 日，吳濁流在給鍾肇政的信件中提到：「傅君沒有翻譯序文，請你翻譯為荷。再者潤飾時，特別留意帶有幽默的地方」[59]。同年 5 月 21 日，吳濁流又拜託鍾肇政翻譯其他兩篇作品：「昨日以郵寄〈糖竹仔〉及〈泥沼中的金鯉魚〉兩篇，希祈加以潤飾」。[60] 同年 5 月 26 日，吳濁流再次致信：「小說也是七篇，隨筆一篇都未發表過，但弟對中文沒

---

58 何容，《台灣之國語運動》（台北：台灣省政府教育廳，1948），頁 10。

59 《吳濁流致鍾肇政書簡》，頁 50。

60 《吳濁流致鍾肇政書簡》，頁 52。

有充分的自信，希望慈兄看一遍，潤飾，如何？」[61]

　　吳濁流始終努力學習中文，以中文創作，但最終中文能力依舊有限，並不得不為此多番致信請求身邊的人幫忙翻譯作品，或加以潤飾。吳濁流對於中文的追求也如實體現在他的作品中。

3. 對中國人的初印象

　　台灣光復初期，本省人作家中也有一些以「外省人男性＋本省人女性」模式進行創作的，如張冬芳的短篇小說〈阿猜女〉[62]就描寫了被外省人將校強行逼迫結婚的本省人女性在婚後發現對方已經有妻子的故事；呂赫若的短篇小說〈冬夜〉[63]也描寫了在咖啡店工作的本省人女性在被外省人強暴後，被迫結婚最終淪為妓女的故事。大部分這一類型的小說中為了表現外省人肆意妄為，旁若無人的行徑，通常是以外省人男性強迫本省人女性為故事情節。關於類似情節，陳建忠曾這樣論述過：

> 　　我們不難發現，小說裡的「性別」（Gender）成為男權殖民主義與女性化的土地與被殖民者的隱喻或象徵架構，「性」（Sex）則具有殖民侵略的意涵，這種反殖民文學中經常會出現的性別架構與性侵略情節，不僅是在日據時期的作品中可以看到（如楊守愚的〈鴛鴦〉、蔡秋桐〈四兩土仔〉或呂赫若多篇小說），戰後初期的部分作品也不約而同地應用了這種「原型」。[64]

　　吳濁流的《波茨坦科長》與〈阿猜女〉和〈冬夜〉相似，以台籍女性隱喻台灣，而中國人男性來代指強勢者——即擁有政治話語權的群體，以

61　《吳濁流致鍾肇政書簡》，頁 54。
62　張冬芳，〈阿猜女〉，《台灣文化》，1：2（台北，1947 年 1 月）。
63　呂赫若，〈冬夜〉，《台灣文化》，2：2（台北，1947 年 2 月）。
64　陳建忠，《被詛咒的文學》（台中：國立編譯館，2007 年 1 月），頁 57。

這樣的性別架構來反映當時的社會局面，以及台灣知識份子的因批判精神而覺醒的解殖民心理過程。但與其他兩篇不同的是，在吳濁流的小說作品中，《胡志明》中的主人公對大陸女性一見傾心，《波茨坦科長》中的張玉蘭也是被范漢智所吸引後答應了求婚的。結合吳濁流的實際經驗來看，吳濁流從小受祖父影響，對漢文化有著喜愛。而從他最初奔赴大陸的動機：「在無限廣闊的大陸有著自由，我現在就要去往那個自由的天地了」[65] 中可以看出，吳濁流在去往大陸之前，對中國大陸抱有憧憬。而實際到達大陸後，吳濁流卻發現這一切與他想像的並不相同，進而失望。

細數《胡志明》與《波茨坦科長》中的情感發展，主人公從一開始的被吸引，到發現對方的種種缺點，不得不承認對方與自己想像中千差萬別後的失望，最終被動離開，小說作品中主人公對伴侶的情感變化，正如吳濁流對大陸的情感變化一般。本文避免陷入民族認同這一敏感話題，不過多剖析吳濁流當時的心態代表著什麼。僅以吳濁流的成長歷程來看，也許無法單從一個方向去分析他的精神結構與認知歷程。但是在此，我們可以合理推測，吳濁流將自身對中國大陸的情感代入在了小說中，並以主人公對中國人伴侶的形式展現。而這也就能解釋了，為何無論是《波茨坦科長》還是《胡志明》中，主人公一開始都被吸引，與中國人對象陷入戀情後成婚，這也許是出於吳濁流自身對於大陸的憧憬而來的。

（三）小結

綜上所述，吳濁流抱著對大陸的憧憬投靠同學，奔赴大陸。而吳濁流真正到了大陸後，發現南京也是日本人的天下，進而注意到中國人的種種惡習，衛生觀念差、中產階級耽於享樂、下層階級生活困苦、乞丐妓女遍布、貪官污吏橫行，吳濁流受到衝擊，這一切在吳濁流心裡留下深刻印象，返回台灣後，以自身在南京的生活為原型創作〈南京雜感〉，開始了

---

[65] 吳濁流，《無花果》，頁 104。原文：無限に広い大陸には自由がある、いまその自由の天地に行くのだ。

他後期的文學創作。吳濁流的創作受大陸經驗影響，以大陸經驗為開端來進行創作，因此可以說大陸經驗是吳濁流後期文學創作的根源和原動力。

也正因為如此，吳濁流基於個人在大陸的經歷，而對中國社會形成了大多數人患「吃飯、打牌、看戲」三大病、衛生意識缺乏、貪官污吏橫行等固有印象，並將其反應在了《胡志明》和《波茨坦科長》中。

通過分析吳濁流的大陸經驗，可發現三個可能影響到其後期創作的因素。第一，吳濁流與汪精衛政權內的高官要人交往親密，對於汪政權的理解成為他之後小說創作中貪官污吏的來源。第二，吳濁流在大陸時的經歷使其對中文分外在意，他對中文的追求也體現在了小說作品中塑造的人物身上。第三，吳濁流因小時經歷對漢文化喜愛，對中國大陸抱有憧憬，這一點也體現在他的兩部小說作品中主人公對中國人伴侶的感情變化上。

四、終章

關於吳濁流的先行研究數量不少，但更多是以作者的民族意識或代表作中文版的《亞細亞的孤兒》為中心的研究。其中對於吳濁流的大陸經驗以及吳濁流的日文初版作品的研究較少，且大多對於吳濁流的大陸經歷查證並不徹底，所使用的研究文本也多為與原版內容有所不同的再版作品。因此本文以《亞細亞的孤兒》的最初版本《胡志明》與《波茨坦科長》的日文初版作品作為比較文本，除了對比兩本小說中的中國人人物形象，也以初版的〈南京雜感〉為研究文本，試論吳濁流的大陸經驗及對其創作的影響。

《胡志明》與《波茨坦科長》為吳濁流在 1940 年代創作的兩篇小說，雖然創作時間與創作背景並不相同，橫跨日本統治時期、光復初期、和二二八事件。但這兩本小說中均涉及到中國人的人物形象，且無論從人物設定還是描寫都十分相似。第二節通過對比《胡志明》中的陳淑春和《波茨坦科長》中的范漢智兩個人物，得出以下結論。

1. 陳淑春與范漢智都是與南京有相關的中國大陸人，外形良好、談吐佳、在政府部門就職，兩人的人物設定十分相似。
2. 兩本作品的主人公的情感模式十分相似。主人公開始被陳淑春、范漢智的外貌談吐等因素吸引，草率結婚後發現伴侶身上有許多讓人無法接受的缺點，主人公因此對婚姻和伴侶失望。
3. 陳淑春與范漢智的結局都是被動地與主人公分開。

　　綜上所述，無論從故事情節發展還是人物形象設定，陳淑春與范漢智都有著非常大的相似性，可以說吳濁流將《胡志明》中同樣小說情節在《波茨坦科長》中重複了一遍。因此我們可以推測出，在《胡志明》與《波茨坦科長》這兩本小說的創作期間內，也就是 1945 年到 1947 年 10 月，儘管經歷了日本戰敗、台灣光復、本省人與外省人矛盾激化的「二二八事件」等一系列變動，吳濁流對與中國人人物形象的塑造並沒有發生變化。由此筆者猜測，吳濁流的創作中有個「中國人形象模板」，無論是陳淑春還是范漢智，還是其他吳濁流小說中的中國人形象，大多都是按照這個設定模板進行描寫的。

　　《胡志明》與《波茨坦科長》中不光人物設定相似，某些情節也如出一轍。而通過與記錄吳濁流的大陸經歷的回憶錄〈南京雜感〉的對比可以發現，這些被重複使用的情節大多出自於吳濁流的個人經歷。追溯吳濁流的大陸經驗可以發現，他到達大陸後發現南京也受日本管制，毫無自由與尊嚴可言。吳濁流在這裡見到了污水橫流，衛生條件令人擔憂的大陸，同時認識到了中國人的衛生意識堪憂；在這裡看到身邊的紳士淑女們沉迷於「吃飯、打牌、看戲」，喜愛泡澡堂，通宵打麻將；也看到了下層階級生活困苦，如潮水一般的野雞與乞丐，吃主人家剩飯的阿媽；更有貪官污吏橫行，官員投機取巧，秉持「愛錢主義」。吳濁流受到衝擊，並留下了深刻印象，而這一切都合成了吳濁流心中的「中國人形象模板」，在多部作品中都有描寫。

　　縱觀吳濁流的創作歲月，可以從 1937 年至 1942 年的停筆為界線，劃分為創作前期與創作後期。而比起前期被動的創作態度，吳濁流在後期表

現出了積極有責任感的創作態度。而後期創作的開端，正是吳濁流從大陸返回台灣後，以在南京的真實經歷為原型創作的〈南京雜感〉。由此可以推測，在大陸的所見所聞改變了吳濁流的創作態度，並使他重新拿起筆，開始直至生命完結也未曾停止的後期文學創作，可以說大陸經驗是吳濁流後期文學創作的根源和原動力。

本文第三節通過分析吳濁流的大陸經驗，可發現吳濁流因為記者身分，在南京期間與汪精衛政權內的高官要人交往親密，也因此更了解政治的黑暗面，對於汪政權的理解成為他之後小說創作中貪官污吏的來源；且吳濁流在大陸時由於語言不通舉步艱難的經歷使其對中文分外在意，他對中文的執著也體現在《胡志明》與《波茨坦科長》中塑造的人物胡志明和張玉蘭身上；以及吳濁流因喜愛漢文學，對中國大陸抱有憧憬，這一點也體現在他的兩部小說作品中主人公對中國人的初印象上。

本文通過對比《胡志明》中的陳淑春與《波茨坦科長》中的范漢智，兩位中國人形象，發現吳濁流因為自身經歷對中國人有刻板印象。大陸經驗刺激吳濁流的創作慾望，成就他的文學創作，也對他的文學作品有深刻影響。

大陸經驗給吳濁流留下了深刻印象，提供創作素材的同時，也限制其作品內容的豐富性。吳濁流在南京與汪精衛政府官員來往親密，筆下的中國人形象大多從此而來。但吳濁流並未去過汪政權管轄外的中國，是否可以說明吳濁流的「中國人形象模板」有偏頗的可能性呢？

且吳濁流研究雖然數目不少，但至今依舊有尚未透徹之處。比如，在日本發表在雜誌《中國》上的日文版《無花果》，研究稀少，可作為研究對象進行討論。還有，吳濁流在南京《大陸新報》時做記者的報導由於現存版本字跡模糊，且報導中大多並未署名等因素，研究起來十分不易但作為較為直接的吳濁流的大陸時期的文本之一，筆者認為其具備研究價值。

因字數限制本文無法對此進行論述，希望下一篇論文中可以解開這些疑問，不斷完善吳濁流相關研究。

參考文獻

1. 吳濁流，〈胡志明〉，《吳濁流作品集》，東京：綠蔭書房，2007 年 6 月。

2. 吳濁流，〈ポツダム科長〉，《吳濁流作品集》，東京：綠蔭書房，2007 年 6 月。

3. 吳濁流，〈南京雜感〉，《台灣藝術》，31-34（台北：台灣藝術社，1942年10月31日-1943年 1 月 30 日）。

4. 吳濁流，〈南京要人印象記〉，《台灣藝術》，36-41（台北：台灣藝術社，1943 年 4月 1 日-1943 年 9 月 1 日）。

5. 吳濁流，《無花果》，台北：草根出版事業有限公司，1995 年 7 月。

6. 吳濁流，《台灣連翹》，台北：草根出版事業有限公司，1995 年 7 月。

7. 吳濁流，《吳濁流作品集 卷④ 南京雜感》，台北：遠行出版社，1977 年 9 月。

8. 河原功，〈『ポツダム科長』について〉，《吳濁流作品集》，東京：綠蔭書房，2007年 6 月，頁 537-540。

9. 河原功，〈吳濁流『胡志明』に関する研究〉，台北：台灣文學藝術與東亞現代性國際學術研討會，2006 年 11 月。

10. 簡義明，〈吳濁流研究現況評介與反思——以台灣的研究成果為分析場域〉，《台灣文藝》，159（台北，1996）。

11. 張慧珍，〈紀實與虛構：吳濁流、鍾理和的中國之旅與原鄉認同〉，《台北大學中文學報》，3（台北，2007 年 9 月），頁 29-76。

12. 徐千惠，〈日治時期台人旅外遊記析論 ——以李春生、連橫、林獻堂、吳濁流遊記為分析場域〉，台北：國立台灣師範大學國文系碩士論文，2002 年 6 月。

13. 陳室如，〈日治時期台人大陸遊記之認同困境：以連橫《大陸遊記》與吳濁流《南京雜感》為例〉，《人文研究學報》，41：1（台南：國立台南大學，2007），頁 33-50。

14. 龍瑛宗，〈傳統の潛在力—吳濁流氏の『胡志明』〉，《中華日報》（1946年9月28日），《龍瑛宗全集》，台北：南天書局，2008 年 4 月，頁 237-238。

15. 何容，《台灣之國語運動》，台北：台灣省政府教育廳，1948。

16. 豊田周子，〈『胡志明』から『アジヤの孤児』へ--その改編をめぐって--〉，《東洋文化研究》，12（東京：學習院大學東洋文化研究所，2012 年 3 月），頁 33-65。

17. 豊田周子，〈「潛在創作」としての吳濁流『胡志明』論〉，《現代中國》，83（東京：日本現代中國學會，2009 年 9 月），頁 83-94。

18. 錢鴻鈞編，《吳濁流致鍾肇政書簡》，台北：九歌出版社有限公司，2000 年 5 月。

19. 陳建忠，《被詛咒的文學》，台中：國立編譯館，2007 年 1 月。

注
1. 本文引用文本為日文版時，翻譯均為筆者自譯。

2. 本文為了方便區分，使用的「中國人」代指非台灣出生的中國大陸人以及外省人，不包含任何政治意義。

3. 本文中引用的日文部分有涉及現今不常用的日文表記方法，均已更改為現今通用的日語。

04

1945 年 -1949 年統制經濟與兩岸貿易對台幣匯率變化之影響

王炘盛 [1]

一、問題與研究動機

　　1945 年 8 月 15 日，日本無條件投降，台灣由中華民國接收治理。本期待擺脫日本殖民統治後，從此可以有相對富足的生活。無奈中國經過多年戰爭，早已國疲民困，財政枯竭，加上國共內戰繼之而起，難以支援台灣戰後產業復興。更甚者，中國貨幣金融制度，經過長期戰爭後，不只法幣價值大幅貶落，通貨膨脹嚴重，戰後接收工作弊端叢生，法幣與中國淪陷區「偽幣」兌換比率不當，1947 年外匯與黃金政策錯誤，1948 年 8 月實施金圓券幣制改革，更使貨幣金融混亂，達到不可收拾。台灣正好在這幾年內，面對中國這些變局，無奈地必須接受和配合，尤其在貨幣金融制度上，雖然獨立發行台幣，不過在發行、匯率、物價、貿易等均深受中國之影響，最後經濟頻臨崩潰，1949 年 6 月 15 日實施幣制改革，發行新台幣，斷絕與中國貨幣之聯繫，同時隨著中華民國在中國大陸政治軍事情勢

1　國立政治大學台灣史研究所博士生。

逆轉，退守台灣，開啟了另一個世代。

中華民國及陳儀對台灣的統制經濟，原則上將原有日資不論公私企業一律收歸公有，存貨出售所得全歸中央。而戰後初期，台灣對外貿易市場，也由過去最主要的日本轉向中國。所以中國成為台灣最主要的外匯來源，台幣與法幣公告匯率除遵照中央規定外，實際交易的匯率變動則依市場供需決定。[2] 因公營事業輸出的貨物，其出售價款歸屬國家，被行政院接收，故實際上出超金額不多。[3] 本省貿易無論在數量上或價值上雖均為出超，但實際上收不到法幣，以致台灣銀行法幣頭寸並不增加。[4] 致使台幣實際交易匯率長期遠落後於已經偏低的公告匯率。[5]

另外，如果行政長官公署在接收時，不如此一網打盡，鉅細彌遺地將日人公私企業全部收歸國有，許多資本較小，政策上、性質上沒有公營必要的，開放台灣人民優先承購經營，不要坐擁如此龐大的公營產業，則生產復甦可能更快，民營企業開發海外貿易對象更靈活，台幣匯率或許可以避免或至少減輕其惡化程度。

本研究主要聚焦於戰後台幣對外的匯率，除了中央一開始低估台幣，高估法幣，不合理的官定比率外，之後經由對中國的貿易，在統制經濟的架構下，不合理的台灣出口產品收入分配，分析推斷其對匯率造成的影響，以及在此過程中，台灣在戰後資源遭受剝奪的情況。此外也由於台幣對法幣匯率嚴重低估，造成台灣貨品出口到中國以外地區，透過法幣套匯計算出來的台幣與美元比率也不合理，造成台灣國際貿易經常性收支的損失。最後，由於長期匯率的不合理，使台灣社會經濟變動劇烈，通貨膨脹嚴重，造成台灣人民財產損失不計其數。

2　劉進慶著，王宏仁、林繼文、李明峻譯，《台灣戰後經濟分析》（台北：人間出版社，2001），頁 37-42。

3　〈嚴處長財政報告〉，《民報》，台北，1946 年 12 月 18 日，3 版。

4　〈本省貿易出超法幣借款千億〉，《民報》，台北，1947 年 2 月 21 日，3 版。

5　〈社論：提高台幣價值〉，《民報》，台北，1947 年 1 月 8 日，2 版。

二、文獻回顧

　　本研究主要的資料蒐集範圍包括：台灣行政長官公署檔案史料、台灣省行政長官公署接收委員會史料、日產接收委員會史料、資源委員會接收史料、中華民國海關進出口貿易統計資料、台灣省貿易局檔案史料、台灣省政府檔案史料、台灣糖業公司生產及出口統計資料、台灣銀行台灣銀行券、台幣發行、匯率變化、省外匯兌統計資料，及其他相關史料及次級文件等。

　　戰後初期台灣的經濟分析在 1970 年代初期劉進慶即從事這方面的研究，就台灣戰後社會經濟的重組過程，從中華民國政府對台灣產業的接收到國家資本的形成，民間資本的累積經過，有深入的探究。翁嘉禧 1990 年代對台灣戰後經濟轉型與政策亦有其見解與研究。另外專注於此一時期的貨幣金融變化相關論文則有王繡雯之〈新台幣改革之分析〉，[6] 王漣漪之〈台幣改革（1945-1952 年）——以人物及其政策為中心之探討〉，[7] 張翰中之〈戰後初期台灣貨幣改革之研究——從「台灣銀行券」到「台幣」的發行〉。潘志奇、吳聰敏對台灣戰後的長期通貨膨脹的原因與影響有深入之分析。此外，台灣銀行經濟研究室編印之《台灣金融之研究（第一冊）》中，張仁明〈台灣之貨幣供給與貨幣流量〉，程光蘅〈台灣之利率〉，[8] 蘇震〈台灣之外匯〉等文，[9] 對台灣金融之發展，尤其台幣發行後各種實務上的問題，及解決方案均有詳細之數據資料及研究見解。至於戰後初期台灣的貿易政策，有李文環的碩士論文〈戰後初期台灣對外貿易之政經分析（1945-1949）〉及博士論文〈台灣關貿政策之歷史研究〉，另外程玉鳳博

6　王繡雯，〈新台幣改革之分析〉（台北：國立台灣大學政治學研究所碩士論文，1990）。

7　王漣漪，〈台幣改革（1945-1952 年）——以人物及其政策為中心之探討〉（台北：淡江大學歷史學系碩士在職專班論文，2008）。

8　張仁明，〈台灣之貨幣供給與貨幣流量〉，《台灣金融之研究（第一冊）》（台北：台灣銀行經濟研究室，1969），頁 66-72、76-79。

9　蘇震、盧采謙，〈台灣之外匯〉，《台灣金融之研究（第一冊）》（台北：台灣銀行經濟研究室，1969），頁 114-117。

士論文〈資源委員會與台灣糖業〉及薛月順的〈陳儀主政下「台灣貿易局」的興衰〉則對接收期間及後續產業復原資源委員會的角色及台灣省貿易局的功能有進一步討論。

不過無論是劉進慶等之戰後台灣經濟分析到相關的貨幣金融研究以及李文環等之戰後貿易政策探討，都未見將接收、復原到兩岸的貿易政策及實務，在統制經濟架構下，中國對台灣的剝削、強取物質，以致嚴重影響台灣貨幣金融發展，尤其因之造成不合理的台幣匯率，有連結性的研究與分析。換言之，在統制經濟下，不公平的貿易與不合理的匯率如何惡性循環是本研究所欲透過歷史史料和文獻，深入解析釐清的範疇。

由於戰後台灣與中國之貿易屬於國內貿易，且又處於國共戰爭期間，有些資料未必有記錄。當時台南關（含現在高雄關）、基隆關與台灣行政長官公署又有權責之爭，執行進出口管理方面步調並不一致，進出口資料缺失嚴重。匯率方面，台灣又受制於行政院及中央銀行之約束，市場機制未能充分發揮，加上彼時中國與台灣兩邊通貨膨脹極為嚴重，間又有幣制改革，干擾因素錯綜複雜，要逐一抽絲剝繭分析，有其難度，不過盡量嘗試克服，期能多少揭露在統制經濟下，台灣在兩岸貿易中，貨幣金融方面所受到的影響程度。

三、戰後初期台灣產業之接收與復原狀況

（一）戰後中華民國政府接收台灣產業之策略與經過

1945 年 11 月台灣行政長官公署開始進行接收，基本上是秉持「統制」的理念，是要形成以公營事業為主的管制經濟體系。如砂糖產業，1930 年代，最多時曾有 11 家糖廠，1940 年代經過整併成為四家，雖以日資為主，

但仍為民營企業，行政長官公署接收後，成為一家公營的台糖企業。[10] 這只是其中一個具體的案例。事實上，依據 1945 年中華民國行政院發布之〈收復地區敵偽產業處理辦法〉及 1946 年台灣省行政長官公署公布之〈台灣省接收日人財產處理準則〉規定，台灣地區日本政府與人民所有的產業，均歸為中國政府所有。[11] 國民政府所謂接收，最高的指導原則，簡而言之，就是把日治時期，主導台灣經濟的日本資本公司企業，全部予以國有化。

接收日產，轉化為國有企業，與當時的經濟部資源委員會有密切關係，資源委員會成立於中日戰爭期間的 1938 年，原為國民政府軍事委員會資源委員會，更前身是由參謀本部國防設計委員會演變而來，為國防經建工作幕僚單位，目的是籌劃建立國有化之民族工業體系及戰時經濟管制與動員計畫。到了經濟部資源委員會時期，儘量網羅留學國外之高級技術專家或學者如翁文灝、丁文江等，共同的想法則是認為，中國工業落後，要迎頭趕上歐美先進國家，必須遵照孫中山先生的實業計畫藍圖，利用國家力量，由資委會主導，發展工礦事業，以奠定國家重工業基礎。中國缺乏有實力的私人資本，要靠私有資本建立重工業，時機尚未成熟，在中日戰爭期間的中國大後方，這種「發達國家資本」的大原則，已推行有年。統計到中日戰爭結束，資委會已在中國後方建立了 130 個所屬事業單位，包括：電力、煤礦、金屬、石油、鋼鐵、機械、電工、化工等，資委會在工業生產上佔有很重要地位。[12] 在接收台灣方面，資委會也扮演重要角色。台灣省行政長官公署在 1945 年 11 月開始接收，雖然在行政組織與架構上近似於日治時期的台灣總督府，有利於事權的集中，不過受制於國民黨內利益團體的紛爭，許多事情也難以掌控。以接收工作而言，依法由行政長官公署全權負責，但實際上資源委員會從中擷取利益較大的，收歸為國營或國省合營企業，掌握經營管理權，預作後續生產利益的奪取。

當時資委會主任委員錢昌照建議行政院長宋子文，台灣的電力、石

10 吳聰敏，〈1945-1949 年國民政府對台灣的經濟政策〉，《經濟論文叢刊》，25：4（台北：國立台灣大學經濟學系，1997），頁 523。

11 吳若予，《戰後台灣公營事業之政經分析》（台北：業強出版社，1992），頁 24。

12 吳若予，《戰後台灣公營事業之政經分析》（台北：業強出版社，1992），頁 25-26。

油、金銅、鋁業、製糖由資委會獨辦，造船、機械原則上資委會獨辦，若台灣省希望合辦，可以考慮；食鹽、肥料、水泥、造紙亦由資委會獨辦，省方有意見，則以「會六省四」合辦。[13] 若照此方案，接收後這些企業的資源及後續生產所得絕大部分都歸中央，陳儀的行政長官公署將無法運作。最後行政長官公署盡力爭取，也只能變成石油、金銅礦及鋁業由資委會獨辦，其餘接收後成立公司由雙方合辦，採六四分。公營化企業根據管理機構又可區分為：國營、國省合營、省營及縣市營四種型態。台灣省行政長官公署 1947 年 5 月呈報行政院撥歸公營企業清冊致資源委員會代電所示，接收日資企業撥歸國營者包括：石油、化工、鋁業、銅礦等 18 個單位，國省合營的有電力、肥料、造船、製鹼、紙業、糖業、水泥等 42 個單位，其他還有省營 323 個單位，縣市營 92 個單位，黨營 19 個單位。[14] 依據留日學者劉進慶的統計 1947 年 2 月底為止，接收日人財產件數及帳簿價額，除土地之外，屬公務機關財產有 593 件，計 2,938,500,000 元，（台幣與台灣銀行券等值），企業財產 1,295 件，計 7,163,600,000 元，個人財產 48,968 件，計 888,800,000 元，三者共計約 110 億元。另外，國營和國省合營的企業，在接收時的物質或產品（如砂糖、煤炭）概屬敵產，歸屬中央。接收後這些企業後續的生產利益，台灣也只能分配到少部分。同時依資委會與台灣省行政長官公署簽訂之「合辦台灣省工礦事業合作大綱」，實際的復原和經營工作仍掌握在資委會，台灣省反而要負責知照台銀支借公司經營所需之流動資金。[15] 等於資源委員會坐享權力和利潤，形同剝削台灣經濟資源，輸往中國。

---

13 鄭友揆，《舊中國的資源委員會 - 史實與評價》（上海：上海社會科學院出版社，1991），頁 214。

14 陳鳴鐘、陳興唐編，《台灣光復和光復後五年省情（下）》（南京：南京出版社，1989），頁 69-72。

15 薛月順編，《資源委員會檔案史料彙編——光復初期台灣經濟建設》（新北：國史館，1993），頁 427-428。

（二）戰後初期台灣的產業復原狀況

1941 年 12 月日本發動太平洋戰爭，開始進展十分順利，不過 1942 年 6 月中途島戰役後，太平洋戰爭情勢開始逐漸逆轉，台灣作為日本的「南進基地」，1943 年 11 月 25 日開始遭受以美國為首的同盟國飛機轟炸，此後一直到二戰結束，台灣受轟炸地區遍及各地，除日本軍事設施和飛機、船艦損失外，許多重要經濟建設、交通運輸、生產設備、通訊設施等損失慘重，農工業及對外貿易急遽衰退。[16] 粗估 1945 年底，台灣農、牧及水產各業產值與 1937 年之產值比較如表 4-1、4-2：

表 4-1　1945 年台灣農、牧及水產各業產值與 1937 年之產值比較表

年別	1937		1945		指數增減
作物項目	產量	指數	產量	指數	
稻米	1,304,438	100.00	638,828	48.97	-51.03
甘薯	17,700	100.00	11,653	66.84	-34.16
甘蔗	85,631	100.00	14,593	48.57	-51.43
茶	12,932	100.00	1,430	11.06	-88.94
香蕉	2,186	100.00	322	14.73	-85.27
鳳梨	1,078	100.00	175	16.23	-83.77
落花生	31,705	100.00	11,565	36.48	-63.52
牛	26,447	100.00	26,306	99.47	-0.53
豬	1,449,399	100.00	551,133	38.02	-61.98
漁獲量	78,095	100.00	11,620	14.88	-85.12

資料來源：〈農林處報告〉《台灣省參議會第一屆第一次大會專輯》（台北：省參議會，1946），頁 63-71。

另外粗估 1945 年底，台灣工業各類產值與 1937 年之產值比較如下：

16　袁穎生著，《光復前後的台灣經濟》（台北：聯經，1998），頁 55-59。

表 4-2　1945 年台灣工業各類產值與 1937 年產值比較表

年別	1937		1945		指數增減
類別	產量	指數	產量	指數	
發電量	579,385	100.00	354,926	61.26	-38.74
糖	1,007,352	100.00	327,200	32.48	-67.52
樟腦	572,415	100.00	62,448	10.91	-89.09
肥料	30,897	100.00	400	1.29	-98.71
水泥	146,283	100.00	79,620	54.43	-45.57
紙張	5,786	100.00	2,512	43.42	-56.58
煤炭	1,953	100.00	795	40.71	-59.29
金	1,222	100.00	10	0.82	-99.18
原油	4,526	100.00	2,170	47.95	-52.05
天然氣	5,911	100.00	3,730	63.10	-36.90

資料來源：《台灣省 51 年統計提要》（台北：台灣省行政長官公署，1946），頁 620、754-757、792-816。

　　由上兩表可見，由於受到戰爭末期盟軍大轟炸的肆虐，1945 年戰後台灣的農工生產，大部分都低於戰前的 50%。中華民國政府接收後，首要的工作應該是儘速恢復生產。以農業發展來說，1945 年全台稻米生產僅 63.8 萬公頓，僅及 1938 年總生產量 130 萬公噸的 50%。如何增加糧食生產，以及因缺糧導致的通貨膨漲問題，亟待解決。不過因為當時中央及台灣省行政長官公署，並不能體認問題嚴重，為因應中國內戰，把台灣當成後勤補給來源，以強制徵收為手段，榨取資源為目的。1945 年 10 月 15 日尚未正式接收前，《民報》即載有：

　　　　轉載重慶中央社電，謂台灣可貢獻祖國米四十萬噸，民眾大
　　起疑惑不安之感，台灣常年被日人搬出米也不過是五十萬石（三萬
　　七千五百噸）而已。[17]

17　《民報》，台北，1945 年 10 月 15 日，1 版。

不過，即使如此，台灣在戰後幾年農業生產，依然在艱苦環境中緩步復甦，可見表 4-3。

表 4-3　戰後台灣主要農業生產統計表　　　　　　　　單位：千公噸　基期：1937 年

項目 年度	稻米 總產量	甘蔗 總產量	甘藷 總產量	香蕉 總產量	茶葉 總產量	花生 總產量	黃麻 總產量	農業產 出指數
1945	638	1,006	1,165	32	1.4	11	1.7	48.4
1946	894	796	1,330	53	2.9	37	1.3	55.7
1947	999	3,113	1,782	124	7.4	46	2.6	68.3

資料來源：李登輝、謝森中，〈台灣農業發展的經濟分析〉，《台灣農業發展論文集》，1975，頁 21。

另外，在工業方面，幾乎全數收歸國營或國省合營企業，且由資源委員會負責實際之復建營運，1945 年 9 月資委會即成立「台灣區特派員辦公室」，下設糖業、機電、冶化、輕工業、礦業等五組，負責接收日資相關企業及後續管理工作。其中雖有部分專才，如糖業之沈鎮南，機電之劉晉鈺。[18] 不過以官僚方式經營，缺乏行政效率、貪污腐化，結果事倍功半；同時營運資金由台灣銀行發行貨幣融資，使通貨膨漲問題更形嚴重。但是對中央而言，因此得以主導全部生產利潤的分配，透過公營事業汲取台灣資源，補助財政上的不足。戰後初期台灣工業的復原狀況，事實上也就是公營事業產量的變動，詳如表 4-4。

18　何鳳嬌編著，《政府接收台灣史料彙編上冊》（台北：國史館，1990），頁 130-133。

表 4-4　戰後初期公營事業產量的變動

產品	企業	單位	1946	1947	1948	1949
砂糖	台灣糖業	噸	87,692	31,309	263,312	634,482
汽油	中國石油	千升	1,197	14,306	54,405	58,792
電力	台灣電力	百萬瓩	472	576	843	854
鋁	台灣鋁業	噸			2,509	1,311
紙	台灣紙業	噸	2,037	5,706	7,196	6,412
鹼	台灣鹼業	噸	950	3,287	4,777	4,278
化學肥料	台灣肥料	噸	4,843	17,209	38,329	45,840
石炭	台灣工礦	噸	45,325	611,605	739,473	579,912
棉布	台灣工礦	千米	1,492	2,977	3,979	4,581
鳳梨罐頭	台灣工礦	箱	78,801	69,476	90,491	117,293
紅茶	台灣工礦	噸	132	917	1,090	1,780
水泥	台灣水泥	噸	97,269	192,600	235,551	291,180
樟腦	台灣省樟腦局	噸	342	481	812	636
鹽	台灣中國鹽業	噸	217,138	163,591	365,803	753,948

資料來源：《台灣建設下冊》（台北：民治出版社，1950），附表。轉引自劉進慶，《台灣戰後經濟分析》（台北：人間出版社，2012），頁 48。

四、統制經濟下兩岸貿易發展概況

（一）戰後初期的貿易結構變化

　　中日戰爭期間國民政府的經濟策略，就是由國家統籌資源，主導產業發展。[19] 到了戰後，包括陳儀在內，仍然普遍秉持此種想法，接收政策如此，統籌進出口貿易亦復如此。

　　戰後以陳儀為首的台灣行政長官公署企圖以台灣省貿易局全面壟斷兩岸貨物進出口，但事實上並未能如其所願徹底執行，除海關未能配合管制，另外，陳儀的作法和當時正陷入國共內戰愈演愈熾的中央政府統籌運

19　行政院訓令，平參 24533 號（民國 34 年 11 月 3 日），中國第二歷史檔案館編，《中華民國史檔案資料彙編（第五輯第三篇財政經濟）》（江蘇：古籍出版社，2000 年 1 月）。

用資源的政策相違背。以米穀政策為例，1945年10月31日，陳儀發布「台灣省行政長官公署管理糧食臨時辦法」，延續日治時期的糧食管制政策，並限制台灣米穀輸出省外，除非自足後仍有餘糧，再由貿易局統籌出口。[20] 事實上這個辦法嚴重牴觸了當時國共戰爭期間，國民黨政府要求米禁止出口，但在其控制區內，得自由運銷的命令。[21] 陳儀當時禁止台灣米糧運出，雖是符合台灣人民需求，但也造成一些奸商走私牟利的機會，結果陳儀的糧食政策，依然造成台灣的糧荒和日益高漲的米價，而且米糧荒演變到最後甚至是有行無市。

　　陳儀對台灣省貿易局的定位是，代表公營事業辦理必要的原料、器材進口，並推銷出口其產品，另外民間無力辦理之進出口物質，貿易局亦得接受委託代辦。貿易局的目標是要達到使台灣進出口物質掌握在政府手裡，免於淪入奸商手中謀取暴利；另外要把貿易所獲盈餘，投入經濟建設。[22] 台灣省貿易局成立於1945年11月5日，主要來自接收日治時期的台灣重要物資營團及三井物產株式會社、三菱商事株式會社等八個官民營商貿機構合組而成，其產業、物資繁雜，遍布全省，有房舍、土地、車船、機具等財產，也有食糖、鳳梨、花生等民生物質。[23] 接收清理日產之後，貿易局主要的業務是物資的進口、出口及配銷。依據台灣省貿易局業務報告所示，其代為出口物質大多為糖、煤、水果、樟腦等特產品為主，[24] 運往上海最多，香港、福州、天津次之，不過貿易局並未能完全統制公營企業的物質進出口，以台糖為例，台灣糖的輸出，台糖運銷上海究竟委由台灣省貿易局或自行出口，行政長官公署和實際負責營運管理的資委會爭

20　「台灣光復後之經濟法規」，《台灣銀行季刊》創刊號，頁63。

21　行政院訓令，平參24533號（民國34年11月3日），中國第二歷史檔案館編，《中華民國史檔案資料彙編（第五輯第三篇財政經濟）》（江蘇：古籍出版社，2000.1），頁726。

22　翁嘉禧，《台灣光復初期的經濟轉型與政策》（高雄：高雄復文，1998），頁44。

23　薛月順編，《台灣省貿易局史料彙編第一冊》（新北：國史館，2001），頁187。

24　〈長官公署時期之台灣經濟〉，《台灣銀行季刊》，1：1（台北：台灣銀行經濟研究室，1947），頁175。

論不休，最後絕大部分由仍台灣糖業公司辦理，[25] 且台糖在上海的銷售價格，中央也以平抑物價為由，強加干預。台鹽等其他國省合營的公司也都如此。1947 年 2 月 13 日，資委會主委錢昌照更專函陳儀要求，國省合辦企業之產品視情形由各單位自辦，不要硬性規定貿易局代辦。[26] 陳儀則覆知務必委請貿易局辦理，以免因台灣省缺乏法幣頭寸，造成台幣黑市匯率日跌，進而影響台灣物價。[27] 由於國營和國省合營企業實際的經營管理均掌握於資委會，自行辦理出口業務，中央便於取得產品銷售利得，但台灣省則無法獲得法幣收入。故雖陳儀一再強調由貿易局代理出口，無損於企業獲利，但資委會仍傾向由企業自行辦理，即使因此嚴重影響台幣匯率，也在所不惜。

　　另外，貿易對象方面，戰後台灣驟然失去以往主要倚賴的日本市場後，在所有生產事業全屬公營企業下，短時間除中國外，很難再開發新的貿易夥伴，在貿易對象趨於單一，且又有中央地方隸屬關係下，台灣對中國的進出口，不只產品價格，利益分配都只能屈從配合，任其予取予求，從表 4-5 可觀察到 1946-1948 年之間，台灣進出口貿易的重心所在。

表 4-5　光復初期台灣進出口貨物價值統計表　　　　　　　　　　單位：台幣百萬元

	貿易總值		進口值		出口值	
	對大陸	對外國	對大陸	對外國	對大陸	對外國
1946	3,555 (94%)	211 (6%)	1,046 (96%)	38 (4%)	2,308 (93%)	173 (7%)
1947	54,179 (93%)	5,461 (7%)	20,738 (88%)	2,758 (12%)	33,441 (93%)	2,702 (7%)
1948	357,885 (96%)	55,898 (4%)	170,761 (91%)	16,751 (9%)	187,120 (83%)	39,147 (17%)

資料來源：台灣省政府主計處編：《台灣貿易五十三年報》；轉引自潘志奇，《光復初期台灣的通貨膨脹》（台北：聯經，1980），頁 72。

25　薛月順編，《台灣省貿易局史料彙編第一冊》（新北：國史館，2001），頁 38。

26　薛月順編，《台灣省貿易局史料彙編第一冊》（新北：國史館，2001），頁 38。

27　薛月順編，《台灣省貿易局史料彙編第一冊》（新北：國史館，2001），頁 39。

（二）戰後台灣對中國的貿易

　　戰後 1945 年 10 月 -1949 年 12 月台灣究竟有多少物質，以有償或無償方式運送到中國，迄今並無一完整的統計資料，散見各種史料的數字大都殘缺不全，即使有也常不一致。台灣從中國大陸進口物質，除了布匹為大宗外，大多為各生產事業單位之原料及工業用品。出口物質除了攤派軍糧的米外，[28] 糖為最大宗出口中國的物質，其次還有鹽、煤炭、樟腦、茶葉等。以糖而言，首先有所謂接收時 15 萬噸敵糖的爭議。1945 年資委會接收後，行政院下令全歸中央所有，台糖公司並負責代運至上海銷售，所得糖款全部收歸國庫，因而導致民怨，台灣省參議會亦多次質詢。一直到 1947 年「二二八事件」發生，白崇禧來台宣慰調查後提出台政改革意見，[29] 建議將 15 萬噸糖銷售所得一半撥還台糖公司，作為生產資金，以消除民怨，財政部評估依國省營事業以六四分配利益，僅差一成，經蔣介石批准後，台灣省終於才得以收回二分之一食糖的貨款。[30] 15 萬噸糖以當時每噸 400 美元計算，價值 6,000 萬美元，即使一半也有 3,000 萬美元。[31] 台糖公司戰後最初幾年的生產量和運銷中國的數量，史料上有諸多不一致，加上前述 15 萬噸糖混雜其中更不易釐清，有待後續研究進一步解析；惟初步依據台糖公司出版資料，1946 年內銷售出 6,295 噸，1947 年售出 124,611 噸，內銷售出 123,173 噸，1948 年售出 290,028 噸，內銷售出佔 215,533 噸，1949 年售出 555,774 噸，內銷售出佔 234,664 噸。內銷售出中，有一部分公司銷出或農民領出，事實上台灣自用極少，最後大都仍回售給公司，輾

28　「蔣介石親訂各省收復區免賦期間籌購軍糧辦法」，中國第二歷史檔案館編，《中華民國資料彙編（第五輯第三篇財政經濟》（江蘇：古籍出版社，2000 年 1 月），頁 732-733。

29　白先勇、廖彥博，《療傷止痛 白崇禧將軍與二二八》（台北：時報文化，2014），頁 372。

30　「資源委員會訓令台糖公司」，《台糖公司數位檔案》，中央研究院近代史研究所檔案館藏，檔號：40-35-017.1.1-1，35-31-1463-0626，原微捲號：1463。

31　鄭友揆、程麟蓀，《舊中國的資源委員會 - 史實與評析》（上海：上海社會科學院出版社，1991 年 5 月），頁 223。

轉又出口中國，而且都集中到上海。戰後最初幾年上海為台糖售糖的最主要市場（詳如表4-6）。又如仍以每噸400美元計算，約94,210,250美元。[32]

表 4-6　台糖十年來內外銷售數量統計表　　　　　　　　　　單位：（粗糖值）公噸

項目	地區	1946	1947	1948	1949
內銷	農民領出	–	—	46,292.66	179,834.50
	公司銷出	351.52	16,670.31	34,041.99	28,594.36
	上海售出	5,944.13	106,502.86	135,198.96	28,235.61
	計	6,295.65	123,173.17	215,533.61	234,664.47
外銷	日本	–	585.87	47,375.45	193,740.36
	東南亞	–	852.18	27,118.97	84,690.06
	中東			–	37,619.64
	歐洲	–	–	–	–
	美洲				5,059.80
	其他				–
	計	–	1,438.05	74,792.42	321,109.86
內外銷合計		6,295.65	124,611.22	290,028.03	555,774.33	

資料來源：張季熙編，《台灣糖業復興史》，頁101。

　　另以鹽來說，戰前除省內自用，幾乎全供應日本需要，最多時1938年輸日達1,680,000噸，戰後日本食鹽嚴重缺乏，應駐日盟軍之需，以易貨方式仍有部分輸日，不過中國的湖南、湖北、安徽、江西等地區，亦是台鹽輸出地區。1947年-1949年計供應約1,768,500公擔（約88,500噸），以實價每噸12美元計算，約值100萬餘美元。[33] 如果以台灣的進出口總值而言，1946年至1948年兩年間，由台幣不及40億元，增至4,000餘億元，達100倍以上，不過扣除約三十倍的通貨膨脹，實質上增加三倍多，其中95%進出口貿易是對中國大陸各省，真正對外，尤其日本之貿易僅5%，再看對中國各省的進出口值，1946年台灣進口約台幣10.47億元，

32　張季熙編，《台灣糖業復興史》（彰化：台灣糖業公司，1958），頁101。
33　台灣銀行經濟研究室編輯、張繡文編著，《台灣鹽業史》（台北：台灣銀行，1955），頁93。

出口 23.08 億元，1947 年台灣進口約台幣 207.38 億元，出口 334.41 億元，1948 年台灣進口約台幣 1707.62 億元，出口 1871.20 億元，台灣均為出超情況。[34]

另外台灣省貿易局還有安排台灣的產品與他省進行物物交換，以台灣的糖、煤與中國省份交換肥料或糧食，例如貿易局曾與福建省銀行簽定煤米交換合約，[35] 也有以糖、茶和遼寧省政府交換大豆、豆油、豆餅等。[36]

五、戰後台幣匯率變化與影響

（一）台幣匯率變化

1946 年 5 月 20 日台灣銀行接收完成，改組成立，22 日便公告發行 1 元、5 元、10 元等三種小面額台幣，都與原日治時期的「台灣銀行券」等值，不過數量不多，面額小，所以市面上之流通貨幣，仍以「台灣銀行券」為主。[37] 1946 年 9 月 1 日台灣銀行公告發行 50 元、100 元兩種台幣鈔券，並宣布即日起，等值收兌「台灣銀行券」，限期至 10 月 31 日止，後再延至 11 月 30 日，共收回 3,443,710,000 元，至 1947 年 1 月 15 日共收回 3,611,040,000 元。[38]

1945 年 10 月 25 日行政長官公署接收台灣後，到 1949 年 6 月 15 日

---

34 《台灣的建設》（台中：台灣省政府新聞處，1962），頁 12-16。

35 〈台灣省貿易局三十五年四月份工做報告〉，《台灣省貿易局史料彙編》，第一冊，頁 154。

36 〈台灣省貿易局三十五年四月份工做報告〉，《台灣省貿易局史料彙編》，第一冊，頁 179。

37 袁璧文，〈台灣之貨幣發行〉，《台灣金融之研究（第一冊）》（台北：台灣銀行，1969），頁 29。

38 袁璧文，〈台灣之貨幣發行〉，《台灣金融之研究（第一冊）》（台北：台灣銀行，1969），頁 32-33。

台灣省改革幣制，發行新台幣，中央政府直接授權台灣省政府管理進出口貿易，並由台灣銀行直接經營國際匯兌業務為止。台灣的外匯業務大致可分為：

1. 光復初期

台灣生產事業受戰爭轟炸影響，生產銳減。此外，台灣外銷產品為米、糖，戰後只有砂糖出口至上海拋售，並未開發國際市場。所以在 1947 年 6 月前，台灣可說無直接對外貿易。

2. 代理中國銀行辦理外匯業務時期

1947 年 7 月，中國銀行委託台灣銀行辦理台灣地區外銷物資結匯。1947 年 8 月 8 日政府公布〈中央銀行管理外匯辦法〉機動調整外匯牌價，8 月 20 日台幣對美金的匯率由台幣 188.5 元：美金 1 元，調至台幣 638.4 元：美金 1 元，匯率接近市場價格，開始有少量的進出口貨品。出口方面有：糖、茶、水果、樟腦、羽毛等，進口有：礦產、五金、機器、化學品、藥品、車輛及零件、紙及其製品、橡膠等，不過貿易金額不大。

3. 台灣銀行擔任外匯指定銀行

1948 年 9 月，中央銀行指定台灣銀行為其代理銀行，一切外匯收付，依中央銀行指示辦理。這時期中國發行「金圓券」，台幣與外幣之聯繫仍須透過套率，波動很大，出口業務僅倚賴少量台糖外銷支撐。[39]

台灣 1945 年 -1949 年期間主要貿易對象為對岸的中國，對其他國家以日本為主，許多貿易係採以貨易貨方式，對美元計價的外匯需求，雖需透

39　蘇震著，〈台灣之外匯〉，《台灣金融之研究（第一冊）》（台北：台灣銀行，1969），頁 126-130。

過國幣折算，對台幣而言，匯率仍屬偏低，但由於所佔整體貿易金額比例不高，所受損失遠遠不及對中國方面的貿易，所以在 1949 年 6 月 15 日新台幣發行前，台灣的國際匯兌業務對台灣貨幣金融的影響，比重並不大。

　　戰後中國是台灣最重要的貿易對象，而且同屬一個關稅領域，台灣雖獲中央准許，單獨發行台幣，但與中國貨幣直接聯繫，似乎是無法避免。而且台幣實際對外價值，仍須透過所謂國幣折算，前後歷經台幣與法幣、台幣與金圓券（銀圓券）、新台幣與美金三階段。行政長官公署接收之初，為便利中國與台灣之間軍政公款劃撥與中國來台軍公人員對中國之匯款，依據台灣與中國之物價水準，暫定台幣（含 1946 年台幣發行前之台灣銀行券）1 元折合法幣 30 元，[40] 依當時官價 1 元美金：500 元法幣（上海黑市 2,000 元法幣，1946 年 2 月官價調整為 2,020 元）；國際上 1 元美金：15 日圓（駐日美軍規定之兌換率），而當時台幣與日圓等值，以官定利率（1 美元：500 法幣）而言，台幣與法幣 1：30，似乎尚屬合理，不過如果以實際市場價值（1 美元：2,000 法幣）以及後續變化來看，嚴重高估法幣，以致立即發生套匯情事。

　　不論是 1946 年 12 月底前台灣通行的「台灣銀行券」或 1946 年 5 月 22 日後發行的台幣，與中國法幣之匯率，在 1946 年 12 月底前，官方公定匯率，僅調整過三次，即 1945 年 10 月 25 日第一次公告，台灣銀行券與法幣兌換率 1：30，1946 年 8 月 21 日調整為 1：40，1946 年 9 月 23 日調整為 1：35。貨幣與外幣的兌換比例，代表該貨幣對外的購買力，低估貨幣的對外購買力，事實上等於造成貨幣持有人的資產損失。台幣與法幣公告匯率一開始已低估台幣定為 1：30，到 1946 年 8 月時，實際匯率始終在 1：25 之間浮沉。接著 1946 年 3 月底至 1947 年 2 月，行政院長宋子文開放外匯、黃金自由買賣，不久造成上海金融風暴，法幣狂貶，美元匯價及黃金價格暴漲，法幣在 1947 年 2 月 16 日已由官價 1 美元：500 元法幣貶至 1 美元：12,000 元法幣。[41] 台幣自然也受到嚴重波及。1948 年 1 月時

40　陳榮富編著，《台灣之金融史料》（台北：台灣銀行經濟研究室，1953），7 頁。

41　姚崧齡，《張公權先生年譜初稿（下）》（台北：傳記文學出版社，1982），頁 803。

任首任台灣省主席魏道明迫於現實，極力向中央爭取，才獲得授權，自當年1月15日起，得視上海與台北兩地物價，機動調整台幣與法幣之匯率。

再者，戰後中國為台灣農產和農業加工產品最主要的輸出地，國民政府對台灣輸出到上海的貨物，不但在匯率上予以限制，且以平抑物價為由，限制售價，[42] 使為便於台灣貨物出口到中國而低估台幣，高估法幣的情勢，更是火上加油。所以台灣對中國的貿易而言，等於是低廉而大量的輸出台灣的貨物（如砂糖），卻只能高價少量地買進中國的貨物（如棉布），對台灣的民生安定，生產復興，負面影響很大。

台幣與法幣的匯率，如在兩地物價穩定狀態下，依兩種貨幣購買力平價水準，訂定一個合理的匯率，尚可持續維持相當一段時間。[43] 不過戰後台灣與中國物價都處於不穩定狀態，中國波動變化程度更甚，所以一個合理的匯率，應依兩地的物價指數，隨時予以調整；無奈當時通貨膨脹的進行，十分快速，匯率的調整往往緩不濟急，更何況無論多快反應，在調整的時間前後，都還是會有偏差。

1948年8月19日中央政府在行政院長翁文灝、財政部長王雲五主導下，蔣介石總統發布「財政經濟緊急處分令」，以金圓券為本位幣。[44] 台幣與金圓券的匯率，行政院規定，台幣1,835元兌換金圓券1元，而且未經行政院同意，不得調整。當時台灣省籍民意代表及產、學界人士都認為不合理，有低估台幣的疑慮。[45] 這個匯率是依據1948年8月18日，也就是公布財政經濟緊急處分令前一天台幣和法幣的匯率1：1,635，而金圓券和法幣兌換率為1：3,000,000換算所得，事實上台幣和法幣的匯率，長期以來因台灣的通膨不及上海等地波動大，台幣一直是低估，再者1948年1

42　吳聰敏，〈台灣戰後的惡性通貨膨脹〉，《台灣50-60年代的歷史省思研討會》（台北：國史館，2005），頁13。

43　購買力平價：購買力平價（Purchasing Power Parity，PPP），根據兩地不同的價格水準計算出來的兩地貨幣之間的等值係數。

44　王壽南編，《王雲五先生年譜初稿》（台北：台灣商務印書館，1988），頁650-651。

45　台灣銀行金融研究室編，〈幣制改革在台灣〉，《台灣銀行季刊》，2：1（台北：台灣銀行金融研究室，1948），頁101。

月 15 日起台灣省政府得視物價變動自行機動調整匯率，每日由台灣銀行掛牌公告，變化很大，從 8 月 11 日至 18 日，一週內台幣對法幣匯率就由 1：1,497 跳升至 1：1,635，以 8 月 18 日之匯率，訂定 8 月 23 日開市之匯率，而且採固定方式，一開始就失真。[46] 再者過去台幣與法幣匯率調整主動權在省方，可隨時機動進行，縱使在這種情況下，由於時間的落差，還始終落在台幣對法幣的購買力平價之後。財政經濟緊急處份令後，台幣與金圓券之匯率調整權，回歸中央，政府雖暫時可以凍結物價，匯率保持不變；但物價未來不可能不調整，如果金圓券或台幣其中一種通貨價值改變，匯率的調整沒有彈性，不論高估或低估，對台灣經濟都會有影響。對於匯率的問題，當時台灣籍的民意代表及產業界力促行政院能改變。[47]

　　台幣對金圓券釘住 1,835：1 後，歷經 1948 年 9、10 兩個月未調整，但在 10 月初上海開始出現搶購風潮，物價波動，接著蔓延各地，金圓券劇烈貶值，進入 11 月，台幣終於不得不調整三次與金圓券的匯率，由 1,835：1 大幅調至 370：1，金圓券貶值約 80%。由於中國經濟波動日益嚴重，行政院於 1948 年 11 月 12 日起，回復授權台灣省政府參照物價水準及相關經濟狀況，機動調整台幣與金圓券匯率。「八一九」以後，由於台幣對金圓券以 1,835：1 固定匯率，上海地區通過匯兌流入台灣游資大增，11 月之後台幣對金圓券匯率改為機動調整，這些資金又以較高匯率相繼流回，利用套匯賺取大量利益。造成台灣銀行重大損失，等於是以台幣來支持金圓券的貨幣價值，台灣雖不使用金圓券，卻比使用金圓券的中國地區遭受更大損失。[48]

46　韓麗珍，〈幣制改革後的台灣經濟〉，《台灣經濟月刊》，1：6（台北：台灣月刊，1948），頁 6。

47　台灣銀行金融研究室編，〈幣制改革在台灣〉，《台灣銀行季刊》，2：1（台北：台灣銀行金融研究室，1948），頁 106-107。

48　潘志奇，〈民國三十七年之台灣經濟〉，《台灣銀行季刊》，2：3（台北：台灣銀行金融研究室，1949），頁 20。

（二）台幣匯率對台灣社會經濟的影響

　　1945 年 10 月，中華民國接收台灣後，台幣對外購買力是否合理，關鍵在於與法幣間的兌換率。戰後來台任救濟總署台灣分署人員的汪彝定先生在他的《走過關鍵年代》一書中，就當時台幣的匯率，有一段許多人熟悉的敘述：

> 初來台時最令我驚喜，後來卻深感遺憾的是台幣與法幣匯率（一比二十）不公平。拜此匯率之賜，我們這些早期來台的窮公務員，忽然之間發了一筆小財。我帶來台灣約有一、二十萬法幣，按照二十比一的匯率，變成六、七千元，甚至上萬元台幣。我穿著一條舊卡其布褲子來到台灣，這時趕緊去太平町（延平北路）做衣服，一口氣做了兩套款式不甚高明的西服，共花我二、三千元而已。如果在重慶，這筆錢（六萬元法幣）連一條卡其布褲都買不到。不公平的匯率，是台人怨懟的一個原因。[49]

　　在行政長官公署期間（1945 年 10 月 25 日 -1947 年 5 月 16 日）台幣對法幣之匯率調整過三次，但實際成交匯率始終介於 1：25 到 30 之間。1946 年 8 月 20 日一度將公告匯率定於 1：40，台灣銀行並公告即日起開始辦理省外匯兌。[50] 台灣省商界人士雖認為不算高，但仍予支持。財政處長嚴家淦且表示有助於省內物價穩定，不受中國物價波動之影響，成效十分良好。不意中央銀行總裁貝祖貽卻表示，宋子文行政院長不同意改為 1：40。[51] 而且台幣與法幣匯率經台銀公告 1：40 後，申請匯款得到批准的正常貿易業者很少，通匯條件十分嚴格，造成貿易業者不得已在滬以 1：34，1：35 交換，台灣銀行也順勢於 1946 年 9 月 23 日公告 1：35 之匯率。

49　　汪彝定，《走過關鍵年代》（台北：商業周刊，1992），頁 37。

50　　《民報》，台北，1946 年 8 月 20 日，1 版。

51　　《民報》，台北，1946 年 8 月 22 日，2 版。

戰後台灣的生產，完全以國營或國省合營企業為主，出口至中國的產品亦屬這些企業的生產利益，以台灣的資源投入生產，卻最多只能分得40%的收入，甚至即使有收入，因法幣快速貶值，台灣受連帶影響，通貨膨脹嚴重，為增加台幣發行額，將出口獲得的法幣，存入中央銀行作為發行準備，台灣銀行更無法幣頭寸支應進口貨物得需求，進口商只能求助於市場甚至黑市交易，台幣的匯率當然無法回復正常價位。台灣也就陷入出口愈多，資源持續被掏空，通貨膨脹日益惡化，台幣對內外購買力一再貶低的惡性循環。

　　1948年8月19日的「財政經濟緊急處分令」，原擬將法幣、東北流通券、台幣於三個月內全部以金圓券收兌。因當時台灣省政府財政處長嚴家淦力爭讓台幣繼續維持現狀。[52]才免除後續台幣不致與金圓券一起覆滅，對維持台灣民生和經濟安定，確實有一定的效果，相當程度降低了中國貨幣波動對台灣物價的影響。

　　依據「財政經濟緊急處分令」所公布之「金圓券發行辦法」第五條第二項規定：「台灣幣及新疆幣之處理辦法，由行政院另定之」。不過台灣各金融機關依照「財政經濟緊急處分令」於8月20、21日停業兩天，8月21日台灣省政府除公告緊急處分令的「金圓券發行辦法」、「人民所有金銀外幣處理辦法」、「中華民國人民存放國外外匯資產登記管理辦法」、「整理財政及加強經濟管制辦法」等四項辦法外，另公告行政院規定，金圓券1元兌換台幣1,835元，自1948年8月23日起實行。[53]台幣得以繼續流通。

　　另外金圓券的發行準備，原為十足現貨準備三億美元，後改為四成現

52　阮毅成，〈與王雲五先生談金圓券〉，《傳記文學》，45：2（台北：傳記文學社，1984），頁19。

53　台灣銀行金融研究室編，〈幣制改革在台灣〉，《台灣銀行季刊》，2：1（台北：台灣銀行金融研究室，1948），頁101。

貨準備二億美元，六成保證準備三億美元。[54] 保證準備中屬台灣部分為台糖公司股份預計畫撥美元 4 千 3 百萬元，台紙公司股份預計畫撥美元 800 萬元。[55] 並將此美元金額折成金圓券發行股票，從 1948 年 9 月 1 日起，以國營事業股票由國家行局於上海、南京、廣州等城市對外發售。[56] 換言之，台灣在金圓券的發行準備上，台糖、台紙以股作價，貢獻了 5 千 1 百萬美元。

台幣的發行額在 1947 年底為 17,133,236 千元（171 億 3 千 3 百萬餘元），「八一九財政經濟緊急處分令」公布前後，雖仍持續增加，不過仍循其既有的膨脹率，緩步上升。

1948 年 11 月，由於台灣的通貨膨脹率低於中國各地，且上海地區金融、物價管制較嚴格，大量的上海游資，利用台幣與金圓券匯率固定於 1,835：1，匯入台灣，金額超過台幣 800 億元，進行套匯，造成台灣銀行釋出大量台幣，成為當年 10、11 月份以後，台幣發行額暴增之主因，到 12 月份金圓券持續快速貶值，匯入款暴增至 246,170,000,000 元（2 千 461 億 7 千萬元）。台幣的發行額達 142,040,798,000 元（1 千 420 億 4 千萬餘元）。

54　依趙世洵先生（係參與當年上海經檢督導員公署及中央銀行兌換金鈔的新聞報記者）撰文述及曾為劉攻芸先生撰寫〈侯官劉攻芸先生傳〉（原文刊於 1973 年 11 月 3 日出版之《新聞天地》第一三四二期），劉攻芸先生親口對他提及：中央考慮發行金圓券，收兌法幣及金銀外幣時，蔣介石曾召集俞鴻鈞、王雲五、徐堪、劉攻芸等徵詢意見，劉攻芸直陳曰：「此時改革幣制，對安定民心，未必能收宏效，因改革幣制要有充分之準備，我們目前之準備，已愈用愈少。」王雲五先生曰：「我們有關餘，可充新幣之準備。」劉攻芸乃曰：「此時我們只剩一個上海關了，試問還能收到多少。」關餘是「關稅餘額」的簡稱。從清朝與帝國主義簽訂不平等條約後，經常以關稅收入作為賠款保證。以致近代中國關稅須先扣除外債、賠款本息和海關經費等，剩餘部分才歸中國政府收用（資料來源：《傳記文學》第三十五卷第六期）。

55　季長佑，《金圓券幣史》（南京：江蘇省新華書店，2001），頁 100-101。

56　季長佑，《金圓券幣史》（南京：江蘇省新華書店，2001），頁 102-103。

表 4-7　台幣發行數額變動　　　　　　　　　　　　　　　　　單位：台幣千元

時間	發行額	時間	發行額
1946 年 8 月底	3,911,322	9 月底	59,704,261
12 月底	5,330,593	10 月底	79,282,631
1947 年 12 月底	17,133,236	11 月底	88,759,355
1948 年 1 月底	17,902,016	12 月底	142,040,798
2 月底	21,043,156	1949 年 1 月底	191,740,115
3 月底	22,926,366	2 月底	234,118,688
4 月底	24,970,737	3 月底	267,606,206
5 月底	29,042,055	4 月底	384,179,700
6 月底	35,749,793	5 月底	509,351,700
7 月底	40,555,344	6 月 14 日	527,033,734
8 月底	50,005,044		

資料來源：袁璧文著，〈台灣之貨幣發行〉，《台灣金融之研究（第一冊）》（台北：台灣銀行，1969），頁 33。

表 4-8　台灣銀行省外匯款折合台幣金額表　　　　　　　　　　單位：台幣百萬元

項別	1月	2月	3月	4月	5月	6月	7月	8月	9月	10月	11月	12月
匯出	6,155	5,629	9,438	8,182	10,301	5,971	15,788	8,856	8,480	8,062	67,015	27,818
匯入	5,907	6,544	5,365	5,567	6,097	9,342	9,940	13,301	44,303	68,219	47,382	246,170

資料來源：潘志奇著，〈民國三十七年之台灣經濟〉，《台灣銀行季刊》，2：3（台北：台灣銀行金融研究室，1949），頁 20。

　　台灣與大陸使用不同的貨幣，經過匯率的調整或許可以相當程度降低中國因通貨膨脹導致物價暴漲對台灣的影響。但匯率只是反映台幣價值的方法之一，台幣對法幣、金圓券的匯率，從被動而主動，從固定而機動，甚至每日掛牌公告，仍無法及時正確反應兩者的購買力平價，匯率只是貨幣價值的落後指標。此外台灣與中國貨幣金融體系的聯繫除了匯率外，尚有其他非經濟性的因素也都有關連。「八一九財政經濟緊急處分令」發布後，10 月起從上海開始蔓延各地的搶購、糧荒的貨幣金融危機，相較以往法幣時期更深刻，幅度更大。而台灣的物價也受到影響，急遽加速成長，已至惡性通貨膨脹。到 11 月中華民國管制物價政策開始鬆動，開放限價、議價，調整金銀價格，金圓券開始貶值，物價更暴漲；台灣也反映這種趨勢，11 月份台灣物價指數，比 10 月份暴漲 80% 左右，12 月份上海物價短暫回穩，大批避難物資湧入台灣，物資供應稍微充裕，物價微幅下跌。

不過 12 月大筆上海套匯游資匯入台灣，埋下另一波物價波動的隱憂。[57] 而台灣省政府主席魏道明在這段時間，雖明知貨幣金融情況日益惡化，也無任何積極作為。10 月 22 日省府委員會議中，魏道明表示，近日經濟波動，物價暴騰，民眾競買，以致市上為之一空，台灣皆為上海影響使然，想中央定有辦法，不久當發表，林獻堂詢問現時台幣發行七百數十億，而到處不能流通，將何辦法？魏主席回應無法可施。[58]

六、結語

1945 年 10 月中國政府代表盟軍接收台灣，經過日本五十一年的統治，台灣實際狀況有別於中國大陸的淪陷區，即使是和獨立的滿洲國相比也有很大不同。台灣雖經過戰爭的破壞，但在既有的現代化基礎上，農、工業還維持著一定的復原生產潛能，如果有一套正當的接管策略和合理的貨幣金融政策，台灣應該可以在短期內恢復生產力，建立穩定發展的社會。

中國經過漫長的對日戰爭，早已民生凋敝，貨幣金融瀕臨崩潰，賴美國太平洋戰爭勝利，日本無條件投降，成為戰勝國。台灣人民雖處於戰勝國或戰敗國的尷尬情境，不過大部分台灣人還是自認為是戰勝的中國人。但對中國而言，接收台灣之前，已設定台灣可以支援二戰後繼之而起的中國內戰需求。

日治時期的日本台灣總督經過《六三法》、《三一法》、《法三號》給予絕對權力的法律基礎，除了「行政權」外也有「立法權」和「司法權」，只是立法權到《法三號》時，只具有補充日本國內法律不足的地位。相對戰後台灣行政長官陳儀的權力基礎，是基於 1945 年 8 月 29 日，國

57　潘志奇，〈民國三十七年之台灣經濟〉，《台灣銀行季刊》，2：3（台北：台灣銀行金融研究室，1949），頁 23-24。

58　林獻堂著，許雪姬編註，《灌園先生日記（二十）一九四八年》（台北：中央研究院台史所，2007），頁 435。

民政府「特任陳儀為台灣行政長官」，及 9 月 7 日「特派陳儀兼台灣警備總司令」所賦予行政權及軍政權，至於在立法權方面，容許陳儀可以因地制宜，訂頒適用台灣省境的單行規章。陳儀的權力主要基於《台灣接管綱要》、《行政長官公署組織綱要》等法令及「台灣警備總司令部」職司的公共安全、衛戍、保安、文化審核檢查、入出境管制、郵電檢查、電話通訊監查等任務所賦予。實際上運作執行，日本台灣總督和陳儀兩者權力相當，只是陳儀似乎更有彈性和空間。因此陳儀雖在國民黨各派系掣肘下猶能推動「國進民退」的統制經濟接收政策，將日治時期所有公、民營企業全數收歸公營，配合中央當局強取豪奪台灣資源投入中國內戰。貨幣金融方面，陳儀即使堅持台灣使用獨立貨幣，卻訂定了不合理的法幣兌換率，繼之中國透過兩岸貿易及各種手段，詐取台灣物質，雖然貿易持續順差出超，但貿易經常帳收支赤字連連，台幣的匯率不管是兌換法幣還是其他國家貨幣，長期被嚴重低估，造成台灣輸出越多，損失越大。另外，不合理的貨幣兌換比率也造成套匯投機炒作，1948 年「八一九財政經濟緊急處分令」台幣雖免於被收兌，但也因匯率的不合理，遭受來自上海的游資大舉匯入套匯炒作，致使台灣損失慘重，從而使台幣發行量暴增，帶動一波物價上漲，影響所及，通貨膨脹達到無法控制。一直到 1949 年 6 月台灣發行新台幣，斷絕與中國貨幣兌換聯繫關係，直接與美元以 5：1 為兌換比率，才終止了長期以來台灣貨幣對外匯率的惡夢。

參考文獻

1. 劉進慶著，王宏仁、林繼文、李明峻譯，《台灣戰後經濟分析》，台北：人間出版社，2001。
2. 王繡雯，〈新台幣改革之分析〉，台北：國立台灣大學政治研究所碩士論文，1990。
3. 王漣漪，〈台幣改革（1945-1952 年）——以人物及其政策為中心之探討〉，台北：淡江大學歷史學系碩士在職專班論文，2008。
4. 張仁明，〈台灣之貨幣供給與貨幣流量〉，《台灣金融之研究（第一冊）》，台北：台灣銀行經濟研究室，1969。
5. 蘇震、盧采謙著，〈台灣之外匯〉，《台灣金融之研究（第一冊）》，台北：台灣銀行經濟研究室，1969。

6. 吳聰敏，〈1945-1949 年國民政府對台灣的經濟政策〉，《經濟論文叢刊》，25：4（台北：國立台灣大學經濟學系，1997）。

7. 吳若予，《戰後台灣公營事業之政經分析》，台北：業強出版社，1992。

8. 袁璧文，〈台灣之貨幣發行〉，《台灣金融之研究（第一冊）》，台北：台灣銀行，1969。

9. 陳榮富編著，《台灣之金融史料》，台北：台灣銀行經濟研究室，1953。

10. 姚崧齡，《張公權先生年譜初稿（下）》，台北：傳記文學出版社，1982。

11. 吳聰敏，〈台灣戰後的惡性通貨膨脹〉，《台灣 50-60 年代的歷史省思研討會》，台北：國史館，2005。

12. 王壽南編，《王雲五先生年譜初稿》，台北：台灣商務印書館，1988。

13. 台灣銀行金融研究室編，〈幣制改革在台灣〉，《台灣銀行季刊》，2：1（台北：台灣銀行金融研究室，1948）。

14. 韓麗珍，〈幣制改革後的台灣經濟〉，《台灣經濟月刊》，1：6（台北：台灣月刊，1948）。

15. 台灣銀行金融研究室編，〈幣制改革在台灣〉，《台灣銀行季刊》，2：1（台北：台灣銀行金融研究室，1948）。

16. 潘志奇，〈民國三十七年之台灣經濟〉，《台灣銀行季刊》，2：3（台北：台灣銀行金融研究室，1949）。

17. 袁穎生，《光復前後的台灣經濟》，台北：聯經，1998。

18. 何鳳嬌編著，《政府接收台灣史料彙編上冊》，台北：國史館，1990。

19. 鄭友揆，《舊中國的資源委員會 - 史實與評價》，上海：上海社會科學院出版社，1991。

20. 陳鳴鐘、陳興唐編，《台灣光復和光復後五年省情（下）》，南京：南京出版社，1989。

21. 薛月順，《資源委員會檔案史料彙編——光復初期台灣經濟建設》，新北：國史館，1993。

22. 「台灣光復後之經濟法規」，《台灣銀行季刊》創刊號。

23. 行政院訓令，平參 24533 號（民國 34 年 11 月 3 日），中國第二歷史檔案館編，《中華民國史檔案資料彙編（第五輯第三篇財政經濟）》，江蘇：古籍出版社，2000 年 1 月。

24. 薛月順編，《台灣省貿易局史料彙編第一冊》，新北：國史館，2001。

25. 翁嘉禧，《台灣光復初期的經濟轉型與政策》，高雄：高雄復文，1998。

26. 〈長官公署時期之台灣經濟〉，《台灣銀行季刊》，1：1（台北：台灣銀行經濟研究室，1947）。

27. 〈本省貿易出超法幣借款千億〉，《民報》，台北，1947 年 2 月 21 日。

28. 〈社論：提高台幣價值〉，《民報》，台北，1947 年 1 月 8 日。

29. 《民報》，台北，1945 年 10 月 15 日。

30. 〈嚴處長財政報告〉，《民報》，台北，1946 年 12 月 18 日。

31. 阮毅成，〈與王雲五先生談金圓券〉，《傳記文學》，45：2（台北：傳記文學社，1984）。

32. 〈侯官劉攻芸先生傳〉，《新聞天地》，第一三四二期，1973 年 11 月 3 日。

33. 季長佑，《金圓券幣史》，南京：江蘇省新華書店，2001。

34. 林獻堂著，許雪姬編註，《灌園先生日記（二十）一九四八年》，台北：中央研究院台史所，2007。

05

1970 年代大陸對外經濟政策：
以資源政策為中心

橫山雄大 [1]

一、研究問題

到目前為止，我們以 1972 年跟 1978 年向對外開放政策的轉折為中心，討論了大陸的對外經濟政策。這幾年，1978 年第十一屆三中全會的重要性逐漸相對化，1972 年成為了新的被注目的轉折點。[2] 但是，九一三事件前後的文革期以及華國鋒政權之下的經濟改革內容並沒有被看重。所以，本研究根本性的研究問題是毛華以及鄧小平政權，這三者之間的連續性與斷絕性是如何的。也就是說，「四三方案」、「整頓」、「洋躍進」、「改革開放」這些事件，是在什麼樣的關係性的背景之下發生的。以此為基礎，我討論的中心是資源出口政策跟與其相對的引進成套設備計畫，特別

---

1 東京大學綜合文化研究科國際社會科學系碩士。

2 高原明生，〈現代中國史における一九七八年の劃期性について〉，收入加茂具樹等編，《中國改革開放への轉換―「一九七八年」を越えて―》（東京：慶應義塾大學出版社，2011），頁 121-136。

是針對處於兩者中心的日本相關的部分。

　　1970 年代大陸開始從西方國家（包括日本）引進成套設備。成套設備的主要項目是鋼鐵跟石油化學（化肥跟化纖）設備。除了成套設備，以對日本貿易為例，大陸進口了鋼鐵（40%）、化學品（32%）、機器（13%）、纖維（8%）。[3] 為了實現以本國產出的原油為原料在國內生產鋼鐵、化肥跟化纖，形成進口替代型的工業化的目標，大陸決定進口成套設備。[4] 但是，這並不一定都意味著重工業化。特別是在化肥和化纖方面，用化肥實現農業增產，用化纖替代棉線確保土地，這與農業政策的關聯性更強。[5] 同時為了建設成套設備，需要鋼鐵業的支持來提供建材。所以，大陸決定進口成套設備的目的，有著為了解決衣服和糧食短缺問題的一面。

　　原油是 1970 年代大陸的主要出口商品。1970 年代上半葉原油出口佔了大陸所有出口的 7.10%，下半葉佔了 17.20%，1980 年代上半葉佔了 23.20%。[6] 這些數據說明了那些年代原油的出口對大陸有著重要的意義。大陸出口原油以此拿到外匯，並用這個外匯能進口成套設備。

　　從國際關係角度看，原油的重要性也很大，1970 年代發生了 1973 年跟 1979 年兩次石油危機。通過這一點可以延伸出大陸是如何應對石油危機，在國際經濟摸索生存的問題。換句話說，從包含石油危機以及美元危機的國際經濟史的角度來看，大陸對外經濟政策不只是內政而已。不過因為字數限制，本論文不再展開國際經濟史的有關內容。

　　關於石油在大陸內政上的重要性，不得不提及的是「石油幫」。在大

3　日中經濟協會編，《日中經濟交流の現狀と展望》（東京：日中經濟協會，1974），頁168。

4　同上，頁 49-53、56-60、82-84。

5　「我國的經濟建設堅持以農業為基礎，工業為主導（中略）我國的經驗說明，農業是國民經濟發展的基礎。農業發展了，糧食，棉花能夠自給，解決了人民的吃，穿的問題，就能在自力更生的基礎上發展經濟」。周恩來，《經濟建設必須根據各國的狀況，制定一條正確的路綫》，收入中共中央文獻研究室編，《周恩來經濟文選》（北京：中央文獻出版社，1993），頁 648。

6　久保享等，《統計でみる中國近現代經濟史》（東京：東京大學出版社，2016），頁102。

陸的官僚制度之中，國務院之下有國家計畫委員會（國家計委）負責經濟計畫工作。1970 年代國家計委裡面「石油幫」佔有重要位置，他們以前經歷過大慶油田開發。九一三事件後，「石油幫」跟周恩來和李先念展開了「四三方案」。「石油幫」也參與了鄧小平的「整頓」和華國鋒的「洋躍進」。他們的領袖是余秋里。他從 1970 年 6 月擔任國家計委主任，甚至從 1975 年 1 月兼任國務院副總理。據說其他的人員還有宋振明、康世恩、谷牧和袁寶華等人。因為「洋躍進」的財政支出過多問題和渤海二號事件，他們受到批判，失去勢力。[7]

　　本篇論文將從以上的重要性視點，通過資源政策以及已經被強調的導入成套設備計畫，討論 1970 年代大陸對外經濟政策。本篇論文的研究目的是，從內政方面，相對地重新評價文革期、華國鋒時期與鄧小平的「改革開放」，同時從對外關係方面，對文革後期和華國鋒政權時期重新進行評價，將其作為國際關係史的一部分進行定位。本研究以公開出版的文獻為依據，用歷史學的方法論進行議論。

二、文獻綜述跟批判

　　第一，關於 1970 年代大陸對日資源政策，特別是關於長期貿易協議跟日元借款方面，可以參考邱麗珍、李恩民和關山健的研究。[8] 可是，因為大陸資料上的限制，這些研究主要對日本內部因素進行了分析，沒有強調大陸內部因素，跟這個論文的研究問題並不相同。那些論文的論點是，大

7　国分良成，《現代中國の政治と官僚制》（東京：慶應義塾大學出版社，2004）。基本上，這個論文的「石油幫」定義是根據国分的研究。但是，這個論文同時對国分的看法的一部分提出疑義。

8　關山健康，《日中の經濟關係はこう變わった－對中國元借款 30 年の軌跡－》（東京：高文研，2008）。邱麗珍，《日本の對中經濟外交と稻山嘉寬－日中長期貿易取決めをめぐって－》（札幌：北海道大學出版社，2010）。李恩民，《轉換期の中國・日本と台灣》（東京：お茶の水書房，2001）。

陸做對日原油出口的目的是為了成套設備的進口。但是，特別是針對 1973 年前後的狀況，本論文認為這種觀點需要一定的修正。

第二，關於大陸內部的政治狀況，特別是關於李先念和余秋里等「石油幫」，国分良成的研究極具代表性。[9] 但是，国分的研究基於大陸政治通過國家計委檢討官僚制和政策決定過程，並不包含國際關係的要素。同時，本論文修正了他對「石油幫」的評價，尤其是「石油幫」的內聚性的相關部分。關於「四三方案」的意義，八塚正晃的研究是最重要的。[10] 但是，八塚的研究同樣不是以國際關係和對外政策為主，他主要是在 1970 年代大陸經濟政策具有連續性的前提之上，指出了「四三方案」的重要性，並在論文一部分中提及了和國際關係有關的內容。但是，由於 1970 年代內政的論爭點之一是對外技術導入，國際關係跟內政之間的關聯性應該被重視。李彥銘的研究討論了成套設備引進跟外資政策的關係，輕視 1972 年之後的連續性，主要強調 1978 年之後意義，關於這一點，本研究持批判的立場。[11]

第三，益尾知佐子的研究討論了大陸經濟跟外交的關係。[12] 可是益尾的研究以描寫鄧小平政權的成立過程為主，沒有詳細討論關於各種經濟政策。在這一點上，考慮到前文所述的資源政策的重要性，本篇論文將以資源政策為中心討論具體的對外經濟政策。同時，益尾的研究只從成套設備的進口角度，強調了 1972 年之後經濟政策的連續性。但她沒有注意到出口政策的變化，以及並沒有討論成套設備的具體種類。正因如此，她只強調了 1970 年代各種政權經濟政策的連續性，而沒有看到那些政權的性格

9 　国分良成，《現代中國の政治と官僚制》。

10 　八塚正晃，〈文革後期の中國における對外政策の胎動〉，《アジア研究》，60：1（東京：2014 年 10 月），頁 37-55。

11 　李彥銘，〈外資利用と國際社會への參與—一九七〇年代末の大型プラント輸入と日中經濟協力を中心に—〉，收入国分良成、小嶋華津子編，《現代中國政治外交の原點》（東京：慶應義塾大學出版會，2013），頁 345-368。

12 　益尾知佐子，《中國政治外交の轉換點—改革開放と「獨立自主の對外政策」—》（東京：東京大學出版會，2010）。

差異。愈敏浩繼承益尾的研究，探討了「一條線」外交戰略和對外經濟開放政策的關係。[13] 可是，他研究範圍僅限於 1976 年到 1982 年而已。關於 1972 年以後的「四三方案」他的議論不足，比八塚和益尾的研究並沒有進步，所以本研究會相對批判地看待他的論文。

三、周恩來、李先念的協調和齟齬──
1970 年 -1973 年 12 月

　　文革一開始，大陸經濟陷於混亂，很多老幹部失去職位，自力更生佔了對外經濟政策中心。雖然如此，經濟計畫不一定全面停止了，到了 1970 年代周恩來在某種程度上控制住了經濟和外交，內部混亂基本結束了。國務院李先念和余秋里提供了幫助，1972 年 7 月以後陳雲也參加了工作。

　　在這樣的體制下，為了經濟發展，特別是為了農業增產，1972 年前後大陸開始落實石化成套設備引進計畫，並開始擴大引進的規模。可是，雖然在國務院內部有對進口成套設備進行引進的共識，但在微觀層面，比如說具體的規模和引進速度上，沒有達成共識。同時為了開支進口成套設備，大陸當然需要外匯，特別是美元，但關於外匯的來源，領導人和官僚的看法不一定一致。

　　九一三事件以前，大陸已經開始強化石油化學工業了。1970 年 6 月 3 日，李先念主導了國務院業務組會議，讓石油部、化學工業部、黑龍江省、大慶革命委員會負責人關於大慶油田做報告後，說了，「沒有化工不行，要綜合利用。化工部的化工投資不夠」，實際上在 1970 年 6 月 16 日也說過，「國務院業務組批准大慶地區石油綜合利用規劃，并確定由國家投資，大慶負責建設，省革命委員會實行一元化領導，產品首先滿足黑龍

13　愈敏浩，〈中國の對外開放路線と日本（1976-1982）─對外開放論理の變容と日中關係の經濟化─〉，收入添谷芳秀編，《現代中國外交の六十年 變化と持續》（東京：慶應義塾大學出版會，2011），頁 115-136。

江需要」，可見大陸認為石油工業是弱點，在自力更生的政策背景下進行了不引入西方技術的獨自投資。[14]

以上也是因為，很多石化商品依靠進口。1970 年 7 月 19 日，李先念把對外貿易部《關於今年進口化肥的請示》轉送周恩來，他信中說了，「開過一次進口化肥的會議，現將外貿部報告送上，請審閱。向日本訂購五百萬噸化肥，現日商在提價出售，談判進度不快」，可見大陸進口了大量化肥。[15]

關於出口政策，大陸試脫離文革初期的禁忌。1970 年 9 月 4 日，大陸召開全國外貿計畫會議，李先念對它簡報作了批示說，「現在有人對暴露矛盾，解決矛盾存在消極情緒。矛盾暴露了，知道問題所在了，應該採取積極的態度去解決。會議上聽說外匯緊了，要想辦法，向中央報告，增加出口，這是積極的。如果消極等待，不去解決，實際是給中央增加壓力。總之，我們不能退縮，要採取前進的態度」，1970 年 9 月 15 日他又說，「要剋服外貿工作危險論的錯誤思想」，可見大陸為了得到外匯已經決定推進出口。[16]

這是因為，大陸需要解決外匯不足的情況。1970 年 10 月 11 日，李先念向李海雲跟白相国發送信說了，「今年外匯稍緊，（中略）如何使外匯平衡，也必須使之平衡，決不能出問題。（中略）最近，中央領導同志對外貿戰線做了很重要的指示和鼓勵。只要大家的努力，問題就不難解決」，可見領導人之間有統一意見，贊成通過強化出口來獲得缺少的外匯。[17]

除了化肥以外，化纖也有問題，需要改善生產狀況。1971 年 12 月，李先念把《發展化纖生產急需解決原料問題》送達余秋里和袁寶華，做了

14　《李先念傳》編寫組鄂豫邊區革命史編輯部編，《李先念年譜─第五卷─一九七○─一九七八─》（北京：中央文獻出版社，2011），頁 47。

15　同上，頁 62。

16　同上，頁 74-75。

17　同上，頁 82。

批示說，「輕工部，化工部的通知討論一下，有什麼辦法能增加生產或者進口一些原料」，可見大陸的化學工業連化纖生產也抱有缺陷。[18]

石油化學工業的生產危機，以及對外匯增加的肯定，還有國際社會構造大變化的中美接近，在這樣的背景之下，大陸從西方國家引進技術變成了可能。1972 年 1 月 23 日，國家計委起草了《關於進口成套化纖，化肥技術設備的報告》，李先念、華國鋒跟余秋里向周恩來作報告，之後得到周恩來跟毛澤東的同意，以下是這個報告的內容。[19]

鑑於我國棉花播種面積今後在擴大有限，同時這幾年來，由於工作跟不上，棉花產量一直徘徊在四千二百至四千七百萬擔之間。為了保障人民生活和工業生產、出口援外的需要，除了繼續抓好棉花生產外，根據國外經驗，必須大力發展石油化工，把化纖、化肥工業搞上去。因此，經國家計委與有關部門商量，擬引進化纖新技術成套設備四套、化肥設備兩套，以及部分關鍵設備和材料，約需四億美元，爭取五六年內全部建成投產。投產後，一年可生產化纖二十四萬噸、化肥四百萬噸。擬引進的這些技術設備，都是以天然氣、油田氣和石油為原料的，原料比較有保障。據了解，國外在技術上也比較新，引進後，可以加速我國化纖、化肥工業的發展。因此，經研究，我們同意這一方案。

因為大陸棉花生產停滯佔據了廣闊土地，大陸沒辦法在棉花用土地上生產別的農產品，比方說糧食。所以，為了減少棉花生產的負擔，大陸打算通過成套設備引進，用化肥提高土地生產性，用化纖替代棉線。成套設備的原料是原油，當時大陸的供給是可以達到充足的。

這個計畫繼續發展，具體化。1972 年 5 月，國家計委起草了《關於

18　同上，頁 159。

19　同上，頁 169-170。中共中央文獻研究室編，《周恩來年譜－1949-1976 下卷－》（北京：中央文獻出版社，1997），頁 511。

赴西歐，日本考察情況和進口化纖設備安排方案的請示報告》，外交部和外貿部也起草了《關於同日本簽訂化肥長期協定問題的請示》，可見成套設備計畫的具體化是此時進行的。[20] 1972 年 8 月 11 日，國家計委起草了《關於進口一米七連續式軋板機問題的報告》，得到了周恩來跟毛澤東的同意，周也說了，「先念同志即辦」，此後「中共中央，國務院批准從聯邦德國，日本引進一米七軋機，建在武漢鋼鐵公司」，可見鋼鐵廠方面也有進步。[21] 1972 年 9 月 19 日，根據周恩來的指示，把日本化肥成套設備、三菱油化和旭化成的化纖成套設備各一套提前進口。[22]

1972 年 11 月 30 日，國家計委制定了規模達到 33 億美元的《關於進口成套化工設備的請示報告》，向周恩來報告。[23] 1973 年 1 月 2 日，在周恩來的指示下，雖然「其中有些項目，在一九七二年初就已確定進口」，國家計委向周恩來提出了目標進口 43 億美元規模的成套設備和機械的《關於增加設備進口，擴大經濟交流的請示報告》，這份報告在 1973 年 3 月獲得了國務院的同意，進一步追加了 10 億美元，這就是被稱為「四三方案」的項目。[24] 在這次國務院全國計畫會議上，同時批評了林彪時代國家計畫的財政平衡的問題，也就是「三個突破」，決定了「大力加強農業，增加糧食儲備」的目標。[25]

從 1972 年年末到 1973 年年初，引進成套設備的規模開始擴大，它的結構性因素是美元危機。1973 年 2 月 13 日，外交部和對外貿易部把《關

20　《李先念傳》編寫組鄂豫邊區革命史編輯部編，《李先念年譜—第五卷—一九七〇—一九七八—》，頁 192-194。

21　同上，頁 208-209。

22　同上，頁 216。

23　同上，頁 233。中共中央文獻研究室編，《周恩來年譜—1949-1976 下卷—》，頁 565。

24　《李先念傳》編寫組鄂豫邊區革命史編輯部編，《李先念年譜—第五卷—一九七〇—一九七八—》，頁 248-249。中共中央文獻研究室編，《周恩來年譜—1949-1976 下卷—》，頁 570-571。

25　《李先念傳》編寫組鄂豫邊區革命史編輯部編，《李先念年譜—第五卷—一九七〇—一九七八—》，頁 264-265。中共中央文獻研究室編，《周恩來年譜—1949-1976 下卷—》，頁 572、575。

於當前資本主義世界金融貨幣危機情況和我採取的措置的報告》送至周恩來，可見大陸打算利用美元危機。[26] 接下來，1973 年 2 月 26 日，李先念向周恩來、紀登奎和華國鋒提出了針對美元危機的對策。[27]

> 美元貶值百分之三十以後，仍然穩定不下來，國際市場混亂，商品價格普遍上漲。（省略）由於美國國際收支持續惡化，財政赤字龐大，美元貶值百分之十，仍然解決不了問題，（省略）（一）在國際貨幣危機仍在發展，金融貨幣市場動蕩不定的情況下，我們擬採取少存現匯，多進口物資的方針。（二）為了穩妥起見，對出口貿易我們擬採取以下辦法：對外洽談貿易時，根據國際市場情況暫時要小量，短期，分批報貨報價，隨時調整價格。（中略）（三）為了及時掌握國際市場動態，擬成立一個小組，由李強同志負責。

由於美元貶值，特別是史密森協體系崩潰，大陸將自己貯備的美元的價值降低當作問題，要減少美元的保有量，促進進口消費這樣的美元。換而言之，大陸也是國際經濟中的一個政治主體，試圖在國際市場中將自己的利益最大化。反過來說，作為結構性因素的國際經濟同樣限制了大陸的行為。

到此，本篇論文主要討論了成套設備引進計畫的政治過程，描寫出李先念跟周恩來為了技術引進而進行合作的歷史。可是，關於成套設備導入速度跟獲得外匯手段，兩人之間的立場不一定相同。

周恩來為了外匯收入促進原油出口。1971 年 11 月 18 日，他面談東京經濟界人士訪中團說了以下內容。[28]

26　《李先念傳》編寫組鄂豫邊區革命史編輯部編，《李先念年譜－第五卷－一九七〇－一九七八－》，頁 262。

27　同上，頁 266-267。

28　中共中央文獻研究室編，《周恩來年譜－1949-1976 下卷－》，頁 496-497。

我們買你們的設備，你們買我們的原料。很清楚，中國再有
一二十年，經濟發展了，與日本的貿易會增加。日本所需要的原
料我們有可能供應一部分，當然不是全部。因為人民的生活不斷改
善，購買力也會提高。中國的特點是國大人多，還資源豐富，但還
沒有挖出來。挖掘出來有一部分可以和別的國家平等交換，互通有
無。

　　周恩來希望原料跟成套設備進行交換，這裡的原料指的是天然資源。
但是，天然資源出口不是馬上要做的，而是未來的目標。1973 年 5 月 15
日，在大連港實施了裝載出口用原油的訓練，周恩來向余秋里和康世恩
說，「要嚴格遵守這一裝油演戲的制度，不要一暴十寒，日久玩生，并望
以此勉勵化工進出口總公司」，可見他支持原油出口。[29]

　　一方面，關於引進成套設備的速度，周恩來站在比較慎重的立場上。
1973 年 9 月 11 日，對於李先念的「擬同意國家計委的報告，可先與西德
談進口一米七軋機，用國外存款現匯支付辦法試行，但要做得穩當」的看
法，雖然周恩來表示贊成，但也同時附上了陳雲的建議。[30] 1973 年，根
據周恩來的指示陳雲已經開始對外貿易的檢討，這份附件的內容是，「在
購買設備時要注意考察，『事先準備好新配件』，並且要借鑑『過去舊中
國有過買舊設備的經驗，例如南京的永利化工廠、山西閻錫山的太原鋼鐵
廠、山西的窄軌鐵路』」。[31] 1978 年以前，陳雲已經參與了技術引進政策
的一部分，周恩來通過要求李先念參考他比較慎重的意見，來預防李先念
主導成套設備政策的急速化。從這一點可以推斷，在進口成套設備的速度
上，周跟陳兩人的看法是一致的。

　　不過，本論文的意思並不是李先念採用了無秩序的擴大成套設備的規
模政策。1973 年 6 月 20 日，國家計委起草了《關於追加化纖，化肥成套

29　同上，頁 592。
30　同上，頁 620-621。
31　同上，頁 621。

進口項目 1973 年基本建設投資的報告》，李先念追加了批示要求，「每年訂基本建設計畫投資，事先要把從國外進口成套設備，而要在國內需要花的錢和物資，切實列入進去，并且要打足。不然叫縮短基本建設，實際上是縮短不了的」，可見他一方面防備著成套設備進口規模擴大過多，但同時也指示其建設要放在最優先位置。[32]

陳雲也有和周恩來相近的出口計畫。1972 年 7 月，在毛澤東的同意下，「陳雲即參加國務院業務組，協助周恩來考慮經濟特別是外貿方面的一些重大方針，政策問題」，陳雲開始幫助周恩來在國務院參加經濟計畫工作。[33] 1973 年 5 月 5 日，對於對外貿易計畫和價格問題的報告，陳雲說，「把紅薯乾、燕麥、雜豆等多出口一些是好事，但在出口結構中，製成品比重要盡可能大」，要求生產其他出口商品替代農產品。[34]

對此，李先念有相反的看法。1972 年 8 月 4 日，李先念召集了國家計委、輕工業部、商業部、冶金工業部、燃料化學工業部、農林部、國家基本建設委員會，對外貿易部的負責人，說了以下內容。[35]

> 我們進口原材料加工產品出口搞得還不夠。還有對日貿易問題，要把外貿擴大一些，第一是農副產品多出口一些。大豆、蕎麥最好，我們的大豆質量好。第二是礦產品也可以出口些。進口一些礦山設備。為什麼不可以引進一些新東西？難道說引進設備就是不自力更生？要學習外國人的先進技術嘛！貿易，看起來是貿易，實質上是個政治問題，把外貿搞得更好一點，配合外交鬥爭。

32　《李先念傳》編寫組鄂豫邊區革命史編輯部編，《李先念年譜－第五卷－一九七〇－一九七八－》，頁 297-298。

33　中共中央文獻研究室編，《陳雲年譜－1905-1995 下卷－》（北京：中央文獻出版社，2000），頁 171。

34　同上，頁 173-174。

35　《李先念傳》編寫組鄂豫邊區革命史編輯部編，《李先念年譜－第五卷－一九七〇－一九七八－》，頁 207。

1973 年 1 月 4 日，在全國外貿工作會議，李先念將外交和貿易結合起來，提出了以下內容。[36]

（一）積極發展對外貿易。

我國的對外貿易，應有一個較大的發展。從對外關係上看，有些國家的政府團來了，不單是談外交，還要談貿易（中略）發展對外貿易，首先是增加出口。根據我國的情況，手工業品，工藝品和土特產品是可以大力發展和增加出口的。（中略）我國地廣人多，自然條件很好，資源豐富，到處可以發展土特產品，核桃、栗子、紅棗、藥材等都可以大量發展。（中略）在大抓糧食的同時，努力把多種經營搞上去。多種經營，就包括重視可提出口的各種土特產品的生產和採集。（中略）

總之，手工業、工藝品、土特產品、水產品、輕工業品等都要搞。還有化工、機電、石油、煤炭、礦砂等產品，現在出口不多，隨著生產的發展，今後也要逐步增加出口。這樣，就要給些投資和設備，就要納入計畫。

從以上可以看出，李先念打算將進口替代帶來的擴大生產的化肥，投入到自國的農地實現收穫物的增產，並通過加工和出口這些農業副產品獲得外匯，再用這個外匯進口成套設備。天然資源，比方說原油和煤炭，只是次要出口商品。

如果看那之後的歷史，原油出口佔大陸出口的比重較大。但這並不一

36　李先念，《對外貿易應有較大的發展》，收入中共中央文獻編輯委員會編，《李先念文選——一九三五——一九八八年—》（北京：人民出版社，1989），頁 302-303。《李先念傳》編寫組鄂豫邊區革命史編輯部編，《李先念年譜—第五卷——一九七○——一九七八—》，頁 249-250。

定意味著原油出口有著普遍的經濟合理性。既然石化設備的工業原料是原油，那麼以出口原油的方式來進口設備的這個計畫，有著根本上的自相矛盾。當然，如果大陸的產油量增加，原油出現餘剩，原油的出口並非不可能，在某些方面上是可以和進口成套設備並存的。

同時，無論大陸選擇出口還是不出口原油，考慮到成套設備需要使用的工業原料，大陸都需要開發石油工業。尤其是，儘管關於是否出口農業副產品，大陸內部有著不同意見，但在推進農業增產這一點上兩者是一致的。換而言之，李先念跟周恩來之間，關於出口商品品種和引進成套設備速度立場的差異雖然存在，但關於通過成套設備生產化肥加強農業和原油增產這一點上，領導人之間沒有衝突。結果是，周恩來並沒有那麼看重兩人看法上的差異，選擇重用李先念。

實際上，在 1973 年之前，大陸優先採用了李先念提出的政策。根據日本財務省數據，1973 年大陸向日本只出口了 112 萬千升原油，相當於 87 億日元。[37] 反而，1974 年大陸出口 453 萬千升，相當於 1,203 億日元，可見原油單價大大相對地升值了。[38] 這個背景是，1973 年年末發生了第一次石油危機，國際原油價格大大升高。所以，石油危機提高了原油作為外匯來源的魅力。反過來說，在這之前原油比較缺乏作為出口商品的魅力，大陸快速建設成套設備，在大陸內消費作為工業原料的原油的動力變足了。

37　財務省貿易統計，《1973 年分日本貿易年表》，http://www.customs.go.jp/toukei/suii/gpkh_1973.htm，擷取日期：2020 年 12 月 14 日。

38　財務省貿易統計，《1974 年分日本貿易年表》，http://www.customs.go.jp/toukei/suii/gpkh_1974.htm，擷取日期：2020 年 12 月 14 日。

四、周恩來的退出及鄧小平的登場和下台──
1973 年 12 月 -1976 年 1 月

1973 年 3 月，《關於恢復鄧小平同志的黨的組織生活和國務院副總理的職務的決定》得到毛澤東的同意，鄧小平恢復了國務院副總理的職位，開始參加經濟計畫。[39] 1973 年 12 月，鄧小平開始上任中央政治局委員，再次恢復了權力。[40]

1973 年 11 月周恩來主持跟基辛格的會談之後，江青開始以他為「右派投降主義」的政治運動，周恩來不得不向毛澤東承認自己的錯誤。[41] 換而言之，在外交政策和經濟政策的主動權上周恩來受到了相當大的限制。1974 年 10 月，周恩來的療養計畫開始，1974 年 12 月 17 日，鄧小平跟毛澤東講話得到支持，決定以國務院副總理的身分跟李先念和余秋里合作接替周恩來原來的工作。[42] 1975 年 2 月 1 日，在國務院常務委員會議正式決定了周恩來因病療養，以國務院第一副總理鄧小平代理周恩來外事和國務院工作，由李先念、紀登奎和華國鋒處理國務院日常工作，到此周恩來實際上成功地讓位給其他領導人。[43]

在這裡發生了周恩來跟鄧小平之間的換位，新進的鄧小平有什麼樣的政策構想？1974 年 1 月 11 日，他和自民黨政黨政治研究會訪中團進行了面談，關於日本的石油危機說道，「在石油帶來的新問題前面，日本究竟怎麼走法，這是一個大課題。各種各樣的傾向都會有的，比如說，復活軍國主義這個傾向是有的。往往一種傾向開始時都是少數人，不注意它就會

39　中共中央文獻研究室編《鄧小平年譜─1904-1974（下）─》（北京：中央文獻出版社，2009），頁 1972-1973。同上，《周恩來年譜─1949-1976 下卷─》，頁 583、585。

40　中共中央文獻研究室編，《周恩來年譜─1949-1976 下卷─》，頁 637。

41　同上，頁 633-634。

42　中共中央文獻研究室編，《鄧小平年譜─1904─1974（下）─》，頁 2074、2076。同上，《周恩來年譜─1949-1976 下卷─》，頁 677-680、687。

43　中共中央文獻研究室編，《鄧小平年譜─1975─1997（上）─》（北京：中央文獻出版社、2004），頁 15-16。同上，《周恩來年譜─1949-1976 下卷─》，頁 694。

擴大開來」，可見他發言是以意識形態為主，沒有提到經濟問題的對日原油出口。[44] 1974 年 10 月 29 日，他跟自民黨議員訪中團開了會議，對於對方的增加對日原油出口的希望，說了以下內容。[45]

石油問題，隨著我們石油生產的增長，我想逐步增加對你們的出口是有可能的。我們現在對你們略有出口，這對你們來說還是一個小指頭的東西，數量很小，是會逐年增加一些，但不要希望太大，對你們幫不了太多的忙，因為我們發展的速度也不可能太快。

如上所述，鄧小平一邊堅持原油出口的數量有上限，一邊也擴大了出口規模。1975 年 8 月 18 日，對於國家計委的《關於加快工業發展的若干問題》，他談到了以下想法。[46]

（二）引進新技術，新設備，擴大進出口。（中略）要進口，就要多出口點東西。這裡有一個出口政策問題。出口什麼？要大力開採石油，盡可能出口一些。（中略）化工產品要考慮出口。煤炭也要考慮出口，還可以考慮同外國簽訂長期合同，引進他們的技術設備開採煤礦，用煤炭償付。這樣做好處很多：一可增加出口，二可帶動煤炭工業技術改造，三可容納勞動力。這是一個大政策，等中央批准了再辦。總之，要爭取多出口一點東西，換點高、精、尖的技術和設備回來，加速工業技術改造，提高勞動生產率。

鄧小平跟周恩來之間有共通的觀點，都提出原油出口。反而，鄧小平比較積極地開動成套設備引進計畫，是因為他不太重視大陸當時的過剩財

44　同上，《鄧小平年譜─1904─1974（下）─》，頁 1996。
45　同上，頁 2062。
46　鄧小平，〈關於發展工業的幾點意見〉，收入中共中央文獻編輯委員會編，《鄧小平文選─一九七五─一九八二年─》（北京：人民出版社，1983），頁 28-29。

政支出和貿易赤字的問題，而選擇不斷推進計畫。關於導入計畫採取更慎重態度的周恩來退場，後來成為中心的鄧並沒有試圖修正正在逐漸崩潰的計畫。

在這裡舉幾個顯示了計畫正在逐漸崩潰的例子。1974 年 8 月 21 日，李先念向余秋里和谷牧寫了信說，「外貿，銀行有個報告，說我外貿逆差有十二億美元或十三億美元。望計委找他們談一下，是否有這麼多」，可見大陸開動「洋躍進」以前已經開始討論貿易赤字問題。[47]

1975 年 7 月 25 日，對國家計委、對外貿易部、石油化學工業部、煤炭工業部的負責人李先念說，「現在好多工業生產部門眼裡只看到油，看不到煤，所以，在大量燒油的同時，也把油裡好多好東西燒掉了。一定要強調：不要再燒原油。把原油省下來，提煉成成品油。（中略）壓縮的燒油可以用煤頂上。現在絕不是要以油代煤」，可見大陸儘管原油不足但卻在以燃料的形式浪費它，同時針對工業部門的批判越來越多。[48]

1975 年 8 月 23 日，在國務院會議，李先念說，「要盡最大努力節約石油。要規定一個節約用油的辦法，搞個節約能源的運動。要勒緊一點褲帶，擠出油來出口。為了實現四個現代化，加快發展速度，有關部門一定要擠點油出口」，可見關於節約原油的目的是為了避免原油不足導致外匯的獲得上出現問題。[49]

因此，國務院的內部對立越來越嚴重。1975 年 10 月 27 日，燃料化學工業部核心小組第一回會議召開了，對於報告李先念說，「原油、化肥和其他化工產品，能不能爭取再多搞一些？你們分工究竟誰抓財務工作？簡報所提的各項任務中沒有講財務工作。看來國務院不少部都不想管財務了。只要錢，不管錢，總不好吧」，可見「四三方案」已發生了財政問題，

47　《李先念傳》編寫組鄂豫邊區革命史編輯部編，《李先念年譜—第五卷——九七〇—一九七八—》，頁 368-369。

48　同上，頁 417。

49　同上，頁 424。

國務院內部的財政部門跟工業部門的合作也出現了問題。[50]

大陸針對獲得外匯的手段也進行了修正。1975 年 11 月 10 日，在全國財貿工作座談會上李先念說，「財政首先要解決收支平衡問題。（中略）外貿工作的關鍵是擴大出口，工礦產品要增加出口比重，農副土產品、輕工產品不能減少，也要有所增加，要考慮國內外全局關係」，可見即使生產不足，大陸也完全依賴著對外的礦產品出口。[51] 這意味著為了貿易赤字，李先念已經放棄了以農業副產品出口為中心的經濟政策。

1975 年 10 月 25 日，後來在華國鋒領導之下進一步展開的，作為「洋躍進」被批評的《一九七六—一九八五年發展國民經濟十年規劃綱要（草案）》完成了，1975 年 12 月在中央政治局會議進行了討論。[52] 換而言之，大陸已經形成了「洋躍進」的原型，作為中央政治局委員，鄧小平和李先念參加了它的起草過程。

通過以上內容可以看出以下的狀況。由於外匯的枯竭和大陸內部建設導致的財政赤字，在 1975 年引進成套設備政策已經處於危機。雖然可以通過原油出口獲得外匯和縮小建設規模或者延期計畫來解決問題，但實際情況是 1976 年以後的十年間的計畫中，引進成套設備繼續維持，同時擴大原油出口陷入了困難。因此，國務院內部財政部門展開了對於工業部門的批判。在後面也會提到，這種狀況和 1978 年年末開始發生的狀況完全相同，1978 年的特殊性被否定。

在這樣的問題實際破壞大陸經濟之前，從完全不同的方向出現了干涉，問題本身變得不可觀測了。也就是四人幫的批判導致鄧小平和李先念都要離開國務院，所有的經濟政策都被縮小了。由此，嚴重的赤字問題暫時消滅了。

1975 年 11 月，毛澤東贊成鄧小平「整頓」之後，毛遠新對鄧小平進行了批判報告，毛澤東說，「有兩種態度，一是對文化大革命不滿意。二

50　同上，頁 435。
51　同上，頁 437。
52　中共中央文獻研究室編，《鄧小平年譜—1975—1997（上）—》，頁 111、138。

是要算賬，算文化大革命的賬」，同意了毛遠新的看法。[53] 此後，包括四人幫之內的文革派逐漸奪走了鄧小平的權力。1976 年 1 月，周恩來去世，毛澤東決定，儘管鄧依舊參加外事工作，但他被迫遠離了國務院的日常工作，華國鋒以國務院總理代理替代他的職責。[54] 1974 年 4 月 7 日，由於四五運動鄧小平正式失去了黨內外的職位，華國鋒就任國務院總理，可見到此兩個人的權力接班完成了。[55]

　　1976 年 1 月 23 日，在全國計畫會議李先念會見了參加人士之後，「計畫會議一結束，李先念就請假養病休息。此後，中央政治局會議和各次打招呼會議，他都未參加」，告病的同時，他向毛澤東跟中共中央做自我批評說，「鄧小平所採取的一切措置，他都是積極支持和堅決貫徹施行的，如果鄧小平錯了，自己也錯了」，批評鄧小平下台，可見這是他暫時退隱的事實上的理由。[56] 1976 年 1 月華國鋒找李先念說，「現在同『四人幫』的鬥爭這樣尖銳和複雜，你是不是不離開北京，有什麼事也好商量」，此後李先念決定留在北京休養，可以看出在包括鄧小平下台的問題上，他與四人幫立場對峙。[57]

　　鑑於上述鄧小平提出的政策，他同李先念也同樣有著意見上的差異。因為兩名都積極地引進成套設備，即使在財政危機的背景下引進也沒有縮小。反而，原油出口上鄧小平的立場得到了反映，大大擴增了原油出口。如此，新來的鄧小平接手和干涉了「四三方案」的原計畫，同時在成套設備的進口上，兩人的步調一致。

53　同上，頁 125。

54　同上，頁 145-147。

55　同上，頁 150。

56　《李先念傳》編寫組鄂豫邊區革命史編輯部編，《李先念年譜－第五卷－一九七〇－一九七八－》，頁 443-444。

57　同上，頁 444-445。

五、華國鋒政權的「洋躍進」——
1976年1月-1978年10月

　　雖然四人幫進行了經濟政策的縮小，1976年10月他們被逮捕後，大陸重新打算開始1975年原來的經濟計畫。結果，大陸再次推進了原油跟成套設備的交換，並且為了追回延遲的部分，成套設備進口的規模也開始擴大了。

　　1976年11月，暫時退休的李先念重新出來擔任國務院日常工作，12月24日開始負責管轄外事工作。[58] 1976年12月26日，李先念說，「根據中央指示，明年要在全國開展一個增產節約運動」，可見原油不足的問題還沒解決。[59] 1977年1月27日，李先念同王震、谷牧、余秋里一起會談了全國外貿計畫會議代表時說，「一九七七年外貿計畫收購比一九七六年的實績還少，是否太小一點？以出定進，收支平衡，留有餘地，是對的。但不能從消極方面去理解，應當積極收購，積極出口，搞積極平衡。（中略）把國內的事情辦好，把出口工作搞好，更好地為外交政策服務」，這意味著儘管1975年發生了外匯不足的問題，但為了恢復原有經濟計畫，李先念返回工作崗位後就再次推進了原油出口。[60]

　　不僅推進原油出口，大陸內的工業化也再次開始加速。1977年2月15日，李先念參加了國務院會議收到國家計委的1977年國民經濟計畫報告時說，「年初計委同我說，一九七七年工業速度只有百分之四點五到五點六。我說那樣的計畫，政治局通不過，我首先就不投票。現在，已經提升到百分之八」，批評消極的經濟計畫，此後他自己召開幾次檢討會議在會上要求修正計畫，甚至對於修正案，向華國鋒作了批示說，「作了較大

58　同上，頁452、455。
59　同上，頁455。
60　同上，頁461-462。

的修改，但很不成熟。建議提請政治局討論了一次，再修改後，提請全國計畫會議討論」，可見他對工業化的延遲感到不滿。[61]

　　成套設備導入計畫重拾，甚至規模大大擴大了。1977 年 7 月 26 日，中央政治局會議考察了「今後八年，除抓緊把一九七三年批准的四十三億美元進口方案中的在建項目盡快建成投產外，在進口一批成套設備，單機和技術專利，總額六十五億美元」的國務院起草的《關於引進新技術和進口成套設備規劃的請示報告》，李先念說，「這個方案我參與了一下，開始六十億美元，後來加了五個億。（中略）這個方案搞下來，可能不是六十五億美元，可能是八十億美元，大體一九八二年完成。建議中央原則批准這個方案」，可見他擴大了成套設備引進的規模，華國鋒也同意這個報告。[62]

　　這個背景之一是石化工業的停滯。1977 年 12 月 31 日，李先念給余秋里、谷牧和袁寶華等信中說，「明年化纖生產能力既然有三十萬噸，（中略）聽說有不少萬噸規模的化纖廠，建了七八年還未投產，原因究竟在哪裡？應認真抓一抓。如果生產抓得緊，新建項目投產早，明年可能會超過三十萬噸。總之，棉花資源很緊張，化纖生產必須千萬百計搞上去」，可見化纖生產發生了問題。[63] 這是因為化纖的原料供應問題，1978 年 1 月 3 日李先念向國家計委說，「穿的也很緊，（中略）硫酸，燒城建議予以滿足，看來『三酸兩城』都不夠，要大力發展。總之要盡量把國內化纖生產能力全部發揮出來才好」。[64]

　　大陸也打算加速鋼鐵業，來支援成套設備建設。1978 年 2 月 12 日，關於新設上海寶山鋼鐵廠的報告李先念說，「現在我國每年都要進口大量鋼板和無縫鋼管，用外匯很多。寶鋼全部建成後，每年可以生產四百多萬噸管板，對生產建設肯定會起很大作用，特別對石油工業和石油化工的發

61　同上，頁 465。
62　同上，頁 503-504。
63　同上，頁 550。
64　同上，頁 554。

展作用更大」，可見為了解決石化工業的滯後問題，他擴大了對鋼鐵業的投資，可以看出技術導入的全體規模也越來越大。[65]

　　終於，隨著成套設備進口計畫的規模的進一步擴張，國務院內再次發生了摩擦。1978 年 3 月 13 日，在中共中央政治局會議上討論李先念以負責人的身分起草的《國家計委關於一九七八年引進新技術和進口成套設備計畫的報告》，它的內容是成套設備規模從 65 億美元膨大了八年之間總體180 億美元分別三次合同，第一回 1978 年達到了大概 60 億美元。[66] 1978年 4 月 15 日，對於國家計委和財政部的《關於追加一部分基建投資，施設費和農業，事業費的請示報告》，李先念說，「計委，財政部提出今年基本建設投資要追加五十二億元，（中略）上半年追加了，下半年估計還要追加，要千萬注意戰線不要拉長了」，可見國內投資大大擴大了。[67] 1978年 9 月 9 日，在國務院務虛會上，「最近中央決定，今後十年的引進規模可以考慮增加到八百億美元」，可見設備規模也開始擴張。[68] 1978 年 9 月和 10 月召開了全國計畫會議，在會上關於 1979 年和 1980 年的經濟計畫做了考察，「一九七九、一九八○兩年再簽訂二百億到三百億美元的進口設備合同。這個計畫，物資留了很大缺口；一部分財政收入指標地方不接受，由財政部背起來；外匯收支差額九十八億美元」。[69] 如此，儘管原「整頓」計畫之時就已經產生了財政崩潰的危機，但在「洋躍進」的背景下大陸還在進一步擴大成套設備進口的規模，終於，超過了財政的極限。因此，雖然國家計委還沒開始引進成套設備，財政部已經開始反對計畫，可以認為這為後來陳雲展開批判創造了條件。

65　李先念，《對建設上海寶山鋼鐵廠的意見》，收入中共中央文獻編輯委員會編，《李先念文選－一九三五－一九八八年－》，頁 317。《李先念傳》編寫組鄂豫邊區革命史編輯部編，《李先念年譜－第五卷－一九七○－一九七八－》，頁 566。

66　同上，頁 575。

67　同上，頁 585。

68　同上，頁 655。

69　同上，頁 660。

其實鄧小平並沒能參加起草經濟計畫的過程。1976 年 12 月，雖然已經「中共中央決定，恢復鄧小平看中央文件的權利」，但是 1977 年 5 月鄧小平說，「《關於加快工業發展的若干問題》，看過第二稿，以後的稿子沒有看過。這些文章也有缺點」，這意味著他依舊被迫遠離經濟計畫工作。[70]此後，1977 年 7 月，在中共第十屆三中全會上《關於恢復鄧小平同志職務的決議》通過了，他恢復了國務院副總理的職位。[71] 但是，鄧小平說，「我出來工作的事定了，至於分工作什麼，軍隊是要管的，我現在還考慮管科學、教育」，「發展科學技術，不抓教育不行。靠空講不能實現現代化，必須有知識，有人才」，根據他的希望，他主要負責領域是教育、科學、軍事以及外事，不是經濟計畫。[72]

雖然他在經濟計畫的最後階段終於得以參加進來，但他當時贊成華國鋒的「洋躍進」。1977 年 10 月 18 日，在國務院會議華國鋒說，「速度是否搞快一點」，接下來鄧小平也說，「我也有這種想法，是否把石油搞快一點，擠出石油出口，換回材料設備，把速度搞快一些」，可見他贊成交換原油和成套設備的華國鋒的看法。[73] 1978 年 2 月 9 日，鄧小平出席中共中央政治局討論《政府工作報告（草案）》經濟部分的會議說，「引進先進技術，我們要注重提高，這是一項大的建設。關鍵是鋼鐵，鋼鐵上不去，要搞大工業是不行的。引進技術的談判，要搶時間，要加快速度」，可見他也支持寶山鋼鐵廠建設。[74]

70   中共中央文獻研究室編，《鄧小平年譜─1975─1997（上）─》，頁 153、161。
71   同上，頁 162。
72   同上，頁 160。
73   《李先念傳》編寫組鄂豫邊區革命史編輯部編，《李先念年譜─第五卷──一九七〇─一九七八─》，頁 530。
74   中共中央文獻研究室編，《鄧小平年譜─1975─1997（上）─》，頁 267。

六、陳雲和鄧小平的挑戰——
1978 年 10 月 -1980 年 3 月

隨著陳雲的上台，針對成套設備引進計畫的速度太快，經濟計畫工作受到批評。於是大陸向外國宣布延期和取消，比如說寶山鋼鐵廠。可是，為了獲得外匯，大陸繼續出口原油。

四人幫被逮捕後，同鄧小平一樣，陳雲實際上無法參加經濟計畫工作。從 1978 年 7 月到 9 月，國務院務虛會提出成套設備導入的時候，陳雲 7 月曾向李先念說，「國務院務虛會最好用幾天時間聽聽反面意見」，可見雖然陳雲其實有看法，但他無法參加經濟計畫。[75] 李先念設置了這樣人們提意見的機會，但是沒有人提出意見，這意味著國務院內部的對立還沒顯現出來，同時，支持陳雲的勢力沒有出現。[76]

可是，1978 年年末以後，從財政平衡的角度陳雲開始批評「洋躍進」。[77] 1978 年 12 月 10 日，陳雲出席中共中央工作會議說，「工業引進項目，要循序而進，不要一擁而上。一擁而上看起來好像快，實際上欲速則不達」，可見他批評成套設備的速度。[78] 1978 年 12 月，在中共第十一屆三中全會陳雲恢復了中共中央政治局委員的身分，擁有了提意見的渠道，成功返回了領導人的位置。[79]

另一方面，鄧小平並不一定參加了對經濟政策的批判。從 1978 年 11 月到 12 月，在中共中央工作會議，「會議原定議題意識討論農業問題，二

75　同上，《陳雲年譜—1905-1995 下卷—》，頁 221-223。

76　《李先念傳》編寫組鄂豫邊區革命史編輯部編，《李先念年譜—第五卷—一九七〇—一九七八—》，頁 643。

77　除了財政平衡以外，關於其他論點，李先念做自我批評，「洋躍進」打算用國家的外匯來還款大量的外債。還有他批評了，雖然「洋躍進」引進了成套設備，購買專利不足，無法自己建設和運用成套設備。這些兩個問題也能從工業部門和財政部門之間的衝突來理解。《李先念傳》編寫組鄂豫邊區革命史編輯部編，《李先念年譜—第六卷一九七九—一九九二—》（北京：中央文獻出版社，2011）頁 24。

78　中共中央文獻研究室編，《陳雲年譜—1905-1995 下卷—》，頁 228-229。

79　同上，頁 230。

是商定一九七九年、一九八〇年兩年國民經濟計畫的安排，三是討論李先念在國務院經濟工作務虛會上的講話」，「會前，根據鄧小平的提議，（中略）會議先用兩三天的時間討論從一九七九年起把全黨工作重點轉移到社會主義現代化建設上來的問題」，可見主要的經濟方面的議題是以華國鋒提出的政策為中心，鄧小平提出的議題也一樣。[80] 1978 年 12 月，在第十一屆三中全會「全會批判了『兩個凡是』的錯誤方針」，結束了意識形態爭論，可是，「全會討論了加快農業生產問題和一九七九、一九八〇兩年國民經濟計畫的安排，做出了關於實行經濟體制改革的決策和關於加快農業發展的決定」，經濟政策方面沒有大的修正。[81]

到了 1979 年，大陸才開始明確地修改計畫。1979 年 1 月 1 日，為了李先念的要求，《國務院於下達一九七九，一九八〇兩年經濟計畫的安排（草案）》得到了華國鋒、鄧小平、陳雲與汪東興確認和同意，陳雲向李先念附上了批語說，「國務院通知中『一九七九年有些物資還有缺口』，我認為不要留缺口，寧可降低指標，寧可減建某些項目」，同時也獲得了鄧小平的贊同，作為結果，《國務院於下達一九七九，一九八〇兩年經濟計畫的安排（草案）》並未生效，國家計委和相關部門為了對 1979 年計畫做調整開始準備，可見陳雲的經濟計畫比起「洋躍進」佔據了優勢地位。[82]雖然以前李先念開動「洋躍進」，通過成套設備引進計畫增加了對外開放的程度，但他的立場是機會主義者而已，陳雲上台之後，也支持調整政策的方針。

此後，隨著財政部門權限的擴大，陳雲的權限也擴大了，開始調整經濟計畫。1979 年 3 月 14 日，國務院設置了財政經濟委員會，它的主任是

80　石井明，〈現代化建設論の再檢討—華國鋒から鄧小平へ—〉，《現代中國》，83（東京，2009），頁 9。中共中央文獻研究室編，《鄧小平年譜—1975—1997（上）—》，頁 431-432。

81　石井明，〈現代化建設論の再檢討—華國鋒から鄧小平へ—〉，《現代中國》，頁 10-12。中共中央文獻研究室編，《鄧小平年譜—1975—1997（上）—》，頁 455-456。

82　《李先念傳》編寫組鄂豫邊區革命史編輯部編，《李先念年譜—第六卷一九七九—一九九二—》，頁 1。中共中央文獻研究室編，《陳雲年譜—1905-1995 下卷—》，頁 233。

陳雲。[83] 1979 年 3 月 21 日，在中共政治局會議陳雲說，「要找增加外匯收入的來源，像石油，美國的勘探技術高就用美國的」，可見他期待以原油出口增加外匯收入，積極地推出油田開發技術引進。[84] 1979 年 6 月 1 日，他見到上海市委員會副主任等說，「我們的經濟工作搞了『四朝』（即中財委、大計委、小計委和現計委），綜合平衡這一條都未搞好。說明我們在這個問題上本領不夠，還有慢慢鑽」，可見他認為起草經濟計畫的工業部門不太重視整個財政，於是開始批評工業部門。[85] 1979 年 10 月 3 日，各省、市、自治區黨委員會第一書記座談會召開了，他說，「建議成立中央書記處，調兩個比較接觸實際工作的同志上來，把財經工作好好搞一下。這是國家的大計，黨的利益。如果組織上不採取這樣的步驟，我們的工作搞不動」，可見他打算設置工業部門和財政部門的調整機關，讓財政部門新進經濟計畫工作。[86]

　　1980 年 2 月，在中共第十一屆五中全會大陸新設了胡耀邦總書記的中央書記處，企圖準備下一代接班者的同時，陳雲也說，「國家計委的主要缺點是只管工業，只要加強了計委工作，國務院財經委員會就可以取消」，可見對於「石油幫」處於支配性地位的國家計委，他意圖讓財政部門也能產生影響力。[87] 1980 年 3 月 17 日，大陸取消了財政經濟委員會，替它新設中央財政經濟領導小組，趙紫陽擔任組長。[88] 也就是說，陳雲到此才認為財政部門具備了影響國家計委工作的能力。

　　但是，在陳雲調整政策過程，也出現了很多反對。1979 年 6 月 16 日，李先念參加了國務院財經委員會會議，說了以下內容。[89]

83　同上，頁 240。
84　同上，頁 240-242。
85　同上，頁 245-246。
86　同上，頁 252-253。
87　同上，頁 255-257。
88　同上，頁 257。
89　《李先念傳》編寫組鄂豫邊區革命史編輯部編，《李先念年譜—第六卷一九七九—　　一九九二—》，頁 43-45。

第二，我們搞經濟工作的同志要謙虛一點，謹慎一點。陳雲同志提出，找一些人談一談，我看有好處。講不同意見的人，不一定心腸不好。要防止片面性，要謙虛謹慎。（中略）各條戰線都要齊心協力支持冶金部，把寶鋼建設好。這次會議還明確寶鋼工程領導體制改由冶金部為主，上海市參加領導。

雖然冶金工業部受到批判，但李先念也試圖保護它，要求官僚們團結。大陸已經放棄了取消成套設備引進的看法，決定繼續計畫，值得注意的是，冶金工業部也成功地保持住了建設中的領導地位。

1979 年 10 月 3 日，在這個座談會陳雲說，「要承認經濟工作中存在和大的意見分歧，不僅財經工作的通知之間有分歧，而且中央與地方之間也有分歧。原因是財貿方面的同志不熟悉工業，工業方面的同志不了解財貿；中央不完全了解地方，地方不一定了解中央的困難」。[90] 以上的內容意味著，從 1979 年到 1980 年年初，對於以陳雲為首的財政部門的攻擊，工業部門也同樣存在著反擊。[91] 這個事實否定了以1978年劃時代的歷史觀。

七、總結

1970 年以後，為了加強農業大陸決定引進成套設備，可是當時考慮的外匯來源不一定是原油出口。此後，大陸有利地利用了國際經濟上大事件的美元危機和石油危機，用原油出口擴大成套設備的規模。可是，1975 年 10 月以後，這個計畫產生了國內和對外赤字，陷於困難。同時，財政部門對工業部門展開了批判。可是，因為四人幫上台，這個問題引起財政崩潰以前，它就不再被提起了。華國鋒政權返回了原來的經濟計畫，甚至進一

90　中共中央文獻研究室編，《陳雲年譜─1905-1995 下卷─》，252-253 頁。

91　雖然如此，冶金工業部內發生了對立。劉志宏，〈寶山製鐵所の技術導入をめぐる政策決定〉，《アジア研究》，49：2（東京，2003 年 4 月），頁 3-25。

步發展了技術引進的計畫。結果，1978 年 10 月以後，同樣的財政問題再次出現，陳雲與財政部門也開始批評工業部門。但是，在大陸 1978 年 12 月以後也在繼續討論這個問題。直到 1980 年 3 月，大陸取消財政經濟委員會，這個事件才意味著陳雲對工業部門「宣布自己的勝利」。

由於字數限制以及作為今後的課題，本次論文並沒有探討很多論點，特別是關於「石油幫」的問題、結構性因素的國際經濟和中蘇對立，以及同日本的貿易交涉。關於這些研究課題，用別的機會來討論。

參考文獻

日語

1. 石井明，〈現代化建設論の再檢討—華國鋒から鄧小平へ—〉，《現代中國》，83（東京，2009），頁 5-18。
2. 久保亨、加島潤、木越義則，《統計でみる中國近現代經濟史》，東京：東京大學出版會，2016。
3. 国分良成，《現代中國の政治と官僚制》，東京：慶應義塾大學出版會，2004。
4. 財務省貿易統計，《1973 年分 日本貿易年表》，http://www.customs.go.jp/toukei/suii/gpkh_1973.htm，擷取日期：2020 年 12 月 14 日。
5. 財務省貿易統計，《1974 年分 日本貿易年表》，http://www.customs.go.jp/toukei/suii/gpkh_1974.htm，擷取日期：2020 年 12 月 14 日。
6. 關山健，《日中の經濟關係はこう變わった—對中國元借款 30 年の軌跡—》，東京：高文研，2008。
7. 高原明生，〈現代中國史における一九七八年の劃期性について〉，收入加茂具樹、飯田將史、神保謙編，《中國改革開放への轉換—「一九七八年」を越えて—》，東京：慶應義塾大學出版會，2011。
8. 邱麗珍，《日本の對中經濟外交と稻山嘉寬—日中長期貿易取決めをめぐって—》，札幌：北海道大學出版會，2010。
9. 日中經濟協會編，《日中經濟交流の現狀と展望》，東京：日中經濟協會，1974。
10. 益尾知佐子，《中國政治外交の轉換點—改革開放と「獨立自主の對外政策」—》，東京：東京大學出版會，2010。

11. 愈敏浩，〈中國の對外開放路綫と日本（1976-1982）—對外開放論理の變容と日中關係の經濟化—〉，收入添谷芳秀編，《現代中國外交の六十年 變化と持續》，東京：慶應義塾大學出版會，2011，頁 115-136。

12. 八塚正晃，〈文革後期の中國における對外政策の胎動〉，《アジア研究》，60：1（東京，2014 年 10 月），頁 37-55。

13. 李恩民，《轉換期の中國・日本と台灣》，東京：お茶の水書房，2001。

14. 李彥銘，〈外資利用と國際社會への參與—一九七〇年代末の大型プラント輸入と日中經濟協力を中心に—〉，收入国分良成、小嶋華津子編，《現代中國政治外交の原點》，東京：慶應義塾大學出版會，2013，頁 345-368。

15. 劉志宏，〈寶山製鐵所の技術導入をめぐる政策決定〉，《アジア研究》，49：2（東京，2003 年 4 月），頁 3-25。

中文

1. 《李先念傳》編寫組鄂豫邊區革命史編輯部編，《李先念年譜—第五卷一九七〇—一九七八—》，北京：中央文獻出版社，2011。

2. 佚名，《李先念年譜—第六卷一九七九—一九九二—》，北京：中央文獻出版社，2011。

3. 中共中央文獻編輯委員會編，《鄧小平文選—一九七五—一九八二年—》，北京：人民出版社，1983。

4. 佚名，《李先念文選—一九三五—一九八八年—》，北京：人民出版社，1989。

5. 中共中央文獻研究室編，《陳雲年譜—1905-1995 下卷—》，北京：中央文獻出版社，2000。

6. 佚名，《鄧小平年譜—1904—1974（下）—》，北京：中央文獻出版社，2009。

7. 佚名，《鄧小平年譜—1975—1997（上）—》，北京：中央文獻出版社，2004。

8. 佚名，《周恩來經濟文選》，北京：中央文獻出版社，1993。

9. 佚名，《周恩來年譜—1949-1976 下卷—》，北京：中央文獻出版社，1997。

※ **致謝** 感謝東京大學大學院綜合文化研究科地域文化研究專攻碩士研究生的壽心遠同學，在翻譯這篇論文的過程中，給予我很大的幫助。

雷震公益信託
獎學金

李禎祥
陳致妤
簡敬易
陳德銘
游欣璇

06

二二八的逃亡規模與逃亡場域 [1]

李禎祥 [2]

一、導言

　　上個世紀的台灣史，1947-1950 年代前期是一個亂離的大時代。短短五、六年間，先是國軍奉派來台屠殺引起的二二八逃亡潮，其次是國府敗退來台牽動的百萬軍民逃亡潮，繼而是國府在台清共導致的白色恐怖逃亡潮。在戒嚴年代的高壓統治下，只有第二種亂離經驗可以公開述說，而各種述說文本的背後或最後，往往被導向（套國共兩黨的語彙）「臥薪嘗膽」或「憶苦思甜」，因而必須「效忠領袖」和「反攻大陸」，進而鞏固國府的專制統治，這種思維糾結台灣甚深。雷震及《自由中國》諸君雖也親歷這場亂離，卻能跳脫這種思維，在自由主義路上夏夏獨造，展現超越時代的清明睿智。

1　本文為筆者碩士論文《二二八事件的虐殺與逃亡》（薛化元教授指導）第三章〈逃亡規模與逃亡場域〉的精簡版。2020 年 12 月 7 日首度發表於「自由、民主、人權與台灣」學術研討會。承蒙楊瑞松與蘇瑞鏘老師惠賜寶貴意見，謹此致謝。

2　國立政治大學台灣史研究所碩士。

同樣是刻骨銘心的亂離經驗，二二八和白色恐怖的逃亡史，因為緣於並且凸顯國民黨的暗黑統治，長期淹沒不為人知。本文嘗試對二二八的逃亡現象做若干面向的初探。其成因茲不贅述，但和時下香港的命運參照，可發現兩者都是因「送中」而迎來悲劇。與香港不同的是，這些逃亡者，同時是台灣人、日本人和中國人，同時是戰勝國國民和戰敗國國民；他們擁有兩個國籍，但完全失去國家庇護，且無法取得任何國際救援，在一場既是國內戰爭又是國際戰爭的浩劫中淪為難民。其逃亡之慘烈，使民間必須發明一個名詞：「走二二八」來指稱之。

二、二二八初期的避難潮

　　在探討二二八「逃亡」現象之前，應該觀照另一種相似現象：「避難」。這兩種現象不易明確劃分，但在若干層面又不完全相似，因此仍有獨立論述的必要。比較簡明的判別標準或許是時間，「逃亡」往往比「避難」來得曠日廢時。二二八初期，就出現短暫（2月28日到3月上旬）的避難潮，主要發生在外省人身上，[3] 而且很大的一部分（如果不是大部分的話）是地方文職官員，他們不像長官公署或軍特機關有武裝人員庇護，因此遇變即撤離職守，各自避難。

　　例如在台中，「縣長宋增榘及外省籍職員相率逃避瓦窯厝」；[4] 市長黃克立，3月2日棄職潛逃，4日為學生捕獲；11日因情勢逆轉，台中處委會自動解散，並推黃克立復職。[5] 在嘉義，市長孫志俊逃到憲兵隊避難，員警亦陸續離開崗位，市面秩序大亂。[6] 在台南，「縣政府主要人員自二二八

3　當時有許多外省人由本省人集中看管，不管本省人是出於「保護」或「監控」的動機，都間接達成避難的效果。本文為了聚焦，茲略。

4　瓦窯厝在今彰化埔心鄉。見楊亮功、何漢文，〈二二八事件調查報告及處理經過〉，收入李敖編著，《二二八研究》（台北：李敖出版社，1989），頁72。

5　〈各區重大事件：台中市〉，二二八基金會官網，http://www.228.org.tw/228_importantevent_taichungshi.html，擷取日期：2018年9月30日。

6　陳儀深，〈彭時雨〉；許禎庭，〈黃天河〉，收入張炎憲主編，《二二八事件辭典》（台北：國史館、二二八事件紀念基金會，2011），頁460、479。

事件發生後，先自私逃致治安紛亂」；「袁縣長國欽以下警察局長、主任秘書等諸大員於三日下午二點許，暗藏銃器，私遁不知去向」。[7] 台東縣長謝真、議長陳振宗及縣府高級人員都逃往卑南鄉，受原住民保護，[8] 故《大明報》謂台東「人員皆已逃走一空，秩序頗為安靜」。[9]

避難潮也發生在其他公家機關，不分遠近都有。如台灣銀行原本由中興輪載來現鈔八億元，因銀行負責人避匿，乃請二二八處委會（台北）派人監理，以防止金融不安。[10] 鐵路局枋寮段外省員工，聽說流氓坐車要來枋寮，心生恐慌紛紛走避。[11] 有些平民也逃到軍政機關尋求保護，如高雄要塞司令部收容「內地人員」約三百餘人；[12]《新生報》編輯姚勇來、記者沈嫄璋夫婦「從事變時起，就逃進長官公署避難」。[13] 甚至在整編二十一師抵台之後，3 月 10 日左營海軍第三基地司令黃緒虞仍致電桂永清，希望向福建當局商借光中艇，來台疏運一百多名外省人。[14]

二二八的避難潮，並不限於外省人。在國軍初期鎮壓地區，特別是彭

7　按，袁國欽避到吳鳳鄉達邦村，由鄉長高一生保護；高一生後來在白色恐怖罹難。見〈南縣參議員座談會 緊急要求九項〉，〈二二八事件 新營鎮開鎮民大會 呼籲省同胞奮起 組織臨時治安委員會〉，俱載於《興台日報》，1947 年 3 月 6 日，2 版，收入林元輝編註，《二二八事件台灣本地新聞史料彙編》（台北：二二八事件紀念基金會，2009），第四冊，頁 2293-4。〈高菊花、高英洋口述〉，收入台灣省文獻委員會編印，《二二八事件文獻輯錄》（南投：台灣省文獻委員會，1995 修訂版），頁 422。

8　〈台東縣事變經過報告〉，《二二八事件綏靖執行及處理報告之一》，檔案管理局藏，檔號 A305550000C/0036/9999/4/3/002/0000320670012-14。

9　〈各地狀況 高雄 台東 蘇澳〉，《大明報》，1947 年 3 月 7 日，1 版，收入林元輝編註，《二二八事件台灣本地新聞史料彙編》，第四冊，頁 2196。

10　〈二二八事件省級委員大會 台銀負責者避匿 委會派人監理八億元〉，《民報》，1947 年 3 月 7 日，2 版，收入林元輝編註，《二二八事件台灣本地新聞史料彙編》，第四冊，頁 2125。

11　賴澤涵總主筆，《二二八事件研究報告》（台北：時報文化，1994），頁 133。

12　〈報告高雄台南暴徒騷動情況〉，《二二八事件綏靖執行及處理報告之一》，檔案管理局藏，檔號 A305550000C/0036/9999/4/1/022。

13　王康，〈二二八事變親歷記〉，收入王曉波編，《二二八真相》（資料不詳），頁 325。姚、沈二人後來在白色恐怖受難。沈嫄璋在獄中離奇死亡，姚勇來坐牢十年。

14　〈本部及友軍因情勢嚴重，糧食均發生恐慌，茲派員持文向閩省府商借並攜帶補給光中艇燃料，以便該艇即日來左收容各機關出避人員及本部官佐眷屬百餘人〉，《台灣二二八事變經過及處理案》，檔案管理局藏，檔號 B5018230601/0036/563.3/4010/1-2/035。

孟緝軍隊發動「無差別大屠殺」的高雄，也有部分本省人倉皇逃難，場面相當驚悚。例如要塞司令部中士班長陳錦春提及3月6日晚上駐紮市政府，半夜聽到防空壕地下室有人交談，請示上級後，乃投下手榴彈，將地下室的人「炸成了碎片」；隔天一早，看見愛河一座橋下的河面冒出氣泡，起初以為是魚，仔細一看，發現有人躲在河裡，「我們看到之後，就用機關槍連續掃射，所以在愛河下也死了不少人」。[15]

又如刑務所職員許江塭躲進市府廣場的大水泥管（hume pipe）內，頭部仍中彈而死。商人楊明德和妻女外甥、朋友共五人躲在半樓夾層的衣櫥裡，國軍前來搜刮，他為了保護其他四人，出面應付，不幸喪命。雄中學生方振淵等人，藏匿在三塊厝一戶民宅的榻榻米底下；台機公司員工林明發、林茂興則躲進日式宿舍的糞坑內。[16] 鹽埕區公所職員黃德源躲進該所的牛奶桶；其同事黃榮添躲在該所的天花板上，後又躲進民家的床底下，「差點屏氣到氣絕身亡」。[17] 工人蔡棘被國軍槍殺身亡後，妻女三人也離家避難，經過火車站時，因槍聲大作，躲進水溝。從溝裡往外看，很多人受傷、死亡，血流滿地：

> 沒多久，水溝像血流成河一樣，以致我們雙腳都沾滿血跡。媽媽只好牽著我們邊走邊躲，我們有如涉血而行一般，我和大姊嚇得尖叫。這情景令我印象深刻，迄今難忘！[18]

15　蔡說麗訪問，〈陳錦春先生訪問紀錄〉，收入許雪姬等採訪，《高雄市二二八相關人物訪問紀錄》（台北：中研院近史所，1995，中下冊皆同），上冊，頁169。

16　許江塭時34歲。楊明德時36歲，眼鏡相機行老闆。方振淵時19歲，後在白色恐怖被判刑七年並交付感化。林明發時17歲，其祖父林論（72歲）在二二八罹難。見許雪姬、方惠芳，〈吳水明、許江陶先生訪問紀錄〉；許雪姬，〈楊李橋梧女士訪問紀錄〉；邱慧君訪問，〈林明發先生訪問紀錄〉；許雪姬，〈方振淵先生訪問紀錄〉，收入許雪姬等採訪，《高雄市二二八相關人物訪問紀錄》，上冊，頁328、中冊，頁158-9、中冊，頁219-20、上冊，頁402。

17　許雪姬，〈黃榮添先生訪問紀錄〉，收入許雪姬等，《高雄市二二八相關人物訪問紀錄》，下冊，頁259。

18　蔡棘時31歲，頭部中彈，腦漿流出。其弟先請土公將其腦漿塞回腦袋，打算扛去掩埋。未料軍隊襲至，只好放下屍體跳入愛河逃生。見吳美慧，〈蔡金寶女士訪問紀錄〉，收入許雪姬等，《高雄市二二八相關人物訪問紀錄》，中冊，頁254、256。

三、成千上萬人的大逃殺

到了 3 月 8 日，島外國軍和島內國軍開始裡應外合，聯手血腥鎮壓後，以外省人為主的「避難潮」也轉為以本省人為主的「逃亡潮」。這波逃亡潮無論在規模、時間或程度上，都遠遠超過「避難潮」。大部分避難者過了幾天即回流，但許多逃亡者卻撐到 5 月清鄉結束才回家，甚至有不少逃亡一、兩年以上的例子。此外，除了本省人在高雄的避難慘狀外，一般而言，逃亡過程的種種恐怖、驚險、曲折情狀皆非避難情形可比。

在規模上，逃亡更是全島性的，各方面提到的逃亡人口，都是四位數字。最常被引用的說法，是台灣旅滬團體所言「青年學生多數遁入山林」、[19]「三千以上之青年學生逃往山林，陷於被殲滅或餓死之恐怖，而倚賴『野蠻』的生番為其救主」。[20] 這「三千以上」之數未審何據，但張琴（胡允恭）卻有具體的內容：「最高學府的台灣大學學生一千八百餘人，逃走的約有百分之五十以上；延平學院的七八百學生全體逃光。[21] 陳儀下令說該學（院）辦理不善，著即封閉。其他中學校學生也逃走十分之三四，因是全體學校不能復課。」[22] 不只如此，連特務機關也持相同看法。保密局特務陳向前（化名）的報告稱「學生青年逃走，不知去向者不下數千，

19　見〈台灣旅京滬七團體請願代表團為速行妥處台灣善後事致于右任呈〉，收入陳雲林總主編，《館藏民國台灣檔案彙編》（北京：九州出版社，2006），第 197 冊，頁 199。落款日期是 1947 年 3 月 31 日。

20　〈台灣旅滬六團體關於台灣事件報告書〉，1947 年 4 月 12 日落款，收入旅京滬台灣七團體、二二八慘案聯合後援會印發，《台灣大慘殺案報告書》，1947 年 5 月發表。在台灣，該文收入《二二八真相》，引文出自頁 278；亦收入李敖編著的《二二八研究》，頁 174，惟「餓死」變成「戮死」。推敲全文語意，應以「餓死」為當。

21　延平學院校長朱昭陽這句話，點出該校置身的恐怖情境：「沒有人再敢提起是延平學院的學生，說延平學院學生就會被捉去槍斃。」見朱昭陽口述、吳君瑩記錄、林忠勝撰述，《朱昭陽回憶錄：風雨延平出清流》（台北：前衛出版社，2009），頁 108。

22　張琴為胡允恭（長官公署宣傳委員，也是中共地下黨員）的筆名，該文作於 1947 年 3 月 25 日，發表於 4 月 5 日出刊的上海《文粹叢刊》第二期。見〈台灣真相〉，收入陳雲林總主編，《館藏民國台灣檔案彙編》，第 197 冊，頁 364；張炎憲等執筆，《二二八事件責任歸屬研究報告》（台北：二二八事件紀念基金會，2006），頁 185。

民情惶惶，難以安居樂業」。[23] 相形之下，國防部長白崇禧的說法比較保守，他對中央社記者說：「據在各地所見，認為台灣之騷亂大致平息。至逃匿山僻之少數暴動份子及共產黨，約有一千人。」[24]

以上說法（除白崇禧）除數值相近外，還指出一個驚人的事實，那就是逃亡者似乎以青年和學生為主，[25] 他們正是最應該安定讀書、就業的族群。又如中央社 4 月 1 日電「台中青年學生於事變中，盲目附和……相率逃避，不敢返校」；[26] 時為北商學生的郭琇琳說：「二二八事件之後，我也曾逃到山上躲。那時少年人，不管有沒有參加，都要躲，免得不小心吃子彈。」[27] 連國民黨省黨部主委李翼中也直言：「即名流碩望、青年學生亦不能倖免，繫獄或逃匿者不勝算。中等以上學生，以曾參與維持治安，皆畏罪逃竄遍山谷。家人問生死、覓屍首，奔走駭汗，啜泣閭巷。」[28]

不過，逃亡者真的以青年學生為主嗎？恐不盡然。筆者查閱大量資料發現，「非青年學生」加入逃亡者，其例亦不勝枚舉。

有些受難者的家屬、乃至逃亡者的家屬，為了怕被「抄家滅族」，也

23　〈陳向前向柯復興報告台中、台南及嘉義各地區響應情形及善後處理意見〉，1947 年 3 月 17 日。收入許雪姬主編，《保密局台灣站二二八史料彙編（二）》（台北：中央研究院台灣史研究所，2016），頁 198。

24　〈宣撫各地歷時五日 白部長昨已返抵台北 當晚省垣軍政首長聯合公宴〉，《台灣新生報》，1947 年 3 月 26 日，4 版，收入林元輝編註，《二二八事件台灣本地新聞史料彙編》，第一冊，頁 357。

25　官民資料所指的「青年學生」，筆者不能肯定是二詞（青年和學生）還是一詞（青年年紀的學生，有別於兒童學生和少年學生），權且一律解讀為二詞。不過，確實也有「少年學生」逃亡，如後來成為著名學者的劉進慶，當時就讀初中二年級，也「逃到鄉下親戚家各處躲避危機」。見劉進慶著、曾健民譯，〈我的抵抗與學問〉，收入《劉進慶文選：我的抵抗與學問》（台北：人間出版社，2015），下冊，頁 573-4。

26　〈台中中學學生 大部分返校上課〉，《台灣新生報》，1947 年 4 月 2 日，4 版，收入林元輝編註，《二二八事件台灣本地新聞史料彙編》，第一冊，頁 509。

27　郭琇琳為郭琇琮之弟，北商今為國立台北商業大學。見張炎憲、高淑媛採訪，〈士林郭坤木家族：郭琇琳訪談錄〉，收入《衝擊年代的經驗：台北縣地主與土地改革》（板橋：縣立文化中心，1996），頁 143。

28　李翼中，〈帽簷述事〉，收入中研院近史所編，《二二八事件資料選輯》（台北：中研院近史所，1992），第二冊，頁 389。

離家逃亡；[29] 有的是舉家逃亡；[30] 有的是全村逃亡；[31] 甚至有些小孩子也在不知不覺中「被大人逃亡」。[32] 如果說二二八的總逃亡人數破萬，此說絕不誇大。

　　無論逃亡者是否以青年學生為主，這麼多青年學生逃亡，說明時代動盪翻覆之劇，只有戰亂可比。但青年學生在戰亂時代是去當兵，不是去逃亡，這又說明二二八亂局之詭。其次，從上引諸例可知，許多青年學生逃亡，不是他們有什麼犯行，而是他們曾維持治安，甚至不逃就有死亡之

29　如宜蘭罹難者陳成岳的家屬陳淑貞、陳章弘母子，避往親戚家，陳章弘回憶：「日時就躲在人的厝的天花板上，暗時就出來外面藏，真正是像野狗一樣。」台北罹難者徐春卿之子徐世通從東門、西門町、蘇澳到花蓮，躲了三個多月；嘉義林登科的妻兒、兄弟都從嘉義搬回老家觸口躲避。其妻交代家人：如果人家問起姓名，要說自己姓劉，「不要提起林登科三個字，才不會被抄家滅族」。雲林逃亡者陳篡地的妻子謝玉露也帶著四個孩子（最小才5歲）逃亡，為了怕被「抄家滅族」，五人分散藏匿於彰化莿桐腳和鹿港。見沈秀華採訪、陳章弘口述，〈陳成岳〉，收入張文義等採訪記錄，《噶瑪蘭二二八》（台北：自立晚報社文化出版部，1992），頁124；阮美姝，《幽暗角落的泣聲》（台北：前衛出版社，2005），頁73；張炎憲、高淑媛採訪，林國雄口述，〈林登科〉，收入張炎憲等採訪記錄，《嘉義驛前二二八》（台北：吳三連台灣史料基金會，1995），頁56-7；陳儀深，〈陳彥文先生訪問紀錄〉，收入陳儀深計畫主持，《濁水溪畔二二八》（台北：二二八事件紀念基金會，2009），頁40。從對「抄家滅族」的恐懼，可見二二八的創傷之深。吳鴻麒之妻楊（毛ㄍㄡ）治也說：「我永遠記得，當年去南港橋下看屍體，回家途中，非常害怕，一邊走，一邊回頭張望。我害怕被滿門抄斬，怕入心了。」見張炎憲、黎中光、胡慧玲訪問，〈吳鴻麒〉，收入張炎憲等採訪記錄，《台北南港二二八》（台北：吳三連台灣史料基金會，1995），頁79。

30　竹山鎮長張庚申就是其例。其子張洋豪說：「那段時間我們全家人都在逃難。當時我只有3歲多，被家人放在米籮裡，揹著躲到山裡面。」見陳儀深，〈張洋豪先生訪問紀錄〉，收入陳儀深計畫主持，《濁水溪畔二二八》，頁214。

31　從二水嫁到林內坪頂村的蔡鄭品說：「中國兵從虎尾機場來到坪頂這裡……時候，大家都說：『要跑喔！要跑喔！』全村的人都跑去躲了以來，沒有人敢住在這裡。」見陳儀深，〈蔡鄭品女士訪問紀錄〉，收入陳儀深計畫主持，《濁水溪畔二二八》，頁314。

32　一位嘉義梅山的居民吳則叡說，二二八發生時，家族開始逃難，「長輩把小孩全部托育到親戚家兩個月，怕萬一有個三長兩短，無論如何一定要把種留下來好為長輩報仇」。見陳婉真等訪問，吳則叡等口述，〈另類的二二八受害者〉，收入陳婉真，《離亂十載》（台北：愛書人雜誌，2012），頁101。

虞，[33] 這又凸顯二二八冤悚之烈。

二二八有這麼多人逃亡，宛如一場「全民運動」，連沒有參與的人都要逃命，[34] 背後透露極不尋常的訊息。筆者對此現象的解讀，仍感力有未逮。不過披覽資料時，會特別注意「挨家挨戶」這類字詞，相信這是造成全民性恐慌最主要原因之一。

「挨家挨戶」主要抓男人和年輕人，這是陳儀當局大肆嫁禍「青年暴徒」的效應。許多人被帶走後，從此沒有生還。例如在基隆，「兵仔到每一家去敲門，捉來很多年輕人」；[35] 在彰化，黃金島躲在濁水溪畔，半夜看見國民黨軍帶著提燈，由村長帶領，「挨家挨戶搜」；[36] 在高雄，市民陳亮谷說：「外省人一直追殺台灣人，幾乎挨家搜索，找出每一位台灣青年、尤其是讀過日本書的，兩、三天就有人被拉出來公然在廣場槍斃。」另一位市民翁繡花說，彭孟緝軍隊下山到三塊厝，「幾乎家家戶戶都有國軍闖入搜刮、抓人」。[37] 在國家暴力隨機性、侵入性殺掠之下，「家」已不再安全，生命隨時不測。面對這種立即而明顯的危險，誰不想趕快逃命？

33　《紐約時報》記者竇奠安（Tillman Durdin）一篇特稿引述經歷二二八的外國人證言「許多福爾摩沙人逃到山區，他們擔心一旦回家就會遭到殺害」（Many Formosans were said to have fled to the hills fearing they would be killed if they returned to their homes.）。雖然沒有明指青年學生，亦可為佐證。見 *FORMOSA KILLINGS ARE PUT AT 10,000; Foreigners Say the Chinese Slaughtered Demonstrators Without Provocation*，《紐約時報》，1947 年 3 月 29 日，頁 6。

34　這一點，若跟 1950 年代白色恐怖的逃亡潮相比，特色會更清楚：白色恐怖的逃亡人口也是以青年為主，但大部分有參與抗爭，甚至一邊逃亡一邊抗爭，和二二八迥然不同。

35　張炎憲、胡慧玲、高淑媛訪問，周金波等口述，〈楊國仁〉，收入張炎憲等採訪記錄，《基隆雨港二二八》（台北：自立晚報文化出版部，1994），頁 72。

36　黃金島，《二二八戰士黃金島的一生》（台北：前衛出版社，2004），頁 136。

37　許雪姬、方惠芳，〈陳亮谷先生訪問紀錄〉，許雪姬，〈潘作宏、翁繡花夫婦訪問紀錄〉，俱收入許雪姬等採訪，《高雄市二二八相關人物訪問紀錄》，上冊，頁 184、430。

四、山區逃亡與平地逃亡

　　前引諸例，多將逃亡地點指向山區。從官民檔案綜合研判，只要是鎮壓的災區，附近的淺山地帶，大約都有逃亡的蹤跡。隨舉數例：在台北，如李辛未、[38] 張萬傳逃往草山，[39] 廖進平、林日高分別逃往八里、土城山區；[40] 包括陳水木等一些師範學院生逃往烏來；[41] 據說有千餘「奸匪」避入新店青潭、龜山一帶。[42] 在基隆，從大水窟經月眉山、四腳亭到瑞芳，「大家都循著這條路線跑」；[43] 瑞芳、九份、金瓜石都是熱門的藏匿地點，[44] 另有許多年輕人躲到東勢坑。[45] 在台中，廖德雄逃往東勢；[46] 楊逵逃往后

38　李辛未為商人，時 25 歲，見〈財團法人二二八事件紀念基金會公告：本會第 4 屆董事會所通過之二二八事件受難案件處理報告書〉（以下簡稱二二八事件受難案件處理報告書），《行政院公報》，011：033，2005 年 2 月 22 日，頁 3365。

39　草山即陽明山。張萬傳為建中教師及畫家，時 38 歲，後又逃往金山。見李欽賢，《永遠的淡水白樓：海海人生張萬傳》（板橋：台北縣文化局，2002），頁 92。

40　廖進平 52 歲，時為台灣省政治建設協會宣傳部長；林日高 44 歲，時為台灣省參議員。土城山區，原文記載為清水「廷條坑」，應為「廷寮坑」之誤。見張炎憲、黎澄貴、胡慧玲訪問，廖德雄口述，〈廖進平〉第二部分，收入張炎憲等採訪記錄，《台北都會二二八》（台北：吳三連台灣史料基金會，1996），頁 90；張炎憲、許芳庭編，《林日高案史料彙編》（新店：國史館；台北：文建會，2008），頁 509。

41　陳水木時 22 歲，後在白色恐怖涉李水井案，死刑。其兄為陳浴沂。見許雪姬，〈陳浴沂先生訪問紀錄〉，收入許雪姬等採訪，《高雄市二二八相關人物訪問紀錄》，上冊，頁 199、203。

42　見〈台灣暴動經過情形撮要 三十六年二月廿八日至三月十日〉，這段提到的是 3 月 9 日台北方面的部分，見《二二八事件綏靖執行及處理報告之一》，檔案管理局藏，檔號 A305550000C/0036/9999/4/5/014。

43　簡定春、張炎憲、高淑媛訪問，許珠等口述，〈許金來〉，收入張炎憲等採訪記錄，《基隆雨港二二八》，頁 151。

44　〈台灣二二八事變基隆區綏靖報告書〉，《二二八事件綏靖執行及處理報告之一》，檔案管理局藏，檔號 A305550000C/0036/9999/4/2/018。

45　胡慧玲訪問，李文卿等口述，〈那年在八堵火車站〉，收入張炎憲等採訪記錄，《悲情車站二二八》（台北：自立晚報社文化出版部，1993），頁 53。

46　廖德雄時 20 歲，為北商學生，廖進平之子。見〈二二八事件受難案件處理報告書〉，《行政院公報》，011：033，頁 3417。

里、二水、林內一帶山區；[47] 張金海逃往埔里觀音山；[48] 羅連芳、陳再中等逃往集集大山。[49] 在雲林斗六，「股匪一部逃匿古坑鄉一帶」；[50] 在嘉義，「潰散逃匿吳鳳鄉附近地區之奸匪暴徒約有七百餘人」；[51] 陳增雄逃到雲林大埤、嘉義梅山、嘉義湖仔內、嘉義觸口等地；[52] 吳慶年等幾名省立工學院同學逃到新化、玉井、楠西、大埔、阿里山等地；[53] 在台南，李森霖逃往烏山頭水庫的山中。[54]

東台灣的山區也湧入逃亡潮。在宜蘭，頭城有多人為了躲避「四角面仔」，連夜逃往大金面。[55] 在花蓮，張慶鴻、管東營、賴金明逃到吉安山區；李桐圳躲在水璉山區約七個月；張建智躲在崇德山區十個月；徐阿波、鄭根井分別匿居富里山區一年、富源山區一年半；賴仕春、蘇如發、鄭招生、邱榮輝分別藏匿天祥、銅門、新城、月眉山區約半年；林修文遠走台

47　楊翠，〈穿越時空的家書：從家族史的視角談楊逵及其《綠島家書》〉，收入王拓等著，楊翠主編，《烈焰‧玫瑰：人權文學‧苦難見證》（新北：國家人權博物館籌備處，2013），頁 42。

48　張金海時 21 歲，為鐵路局技工。見張炎憲主編，《二二八事件辭典別冊》（台北：國史館、二二八紀念基金會，2011），頁 248。

49　〈逃匿集集大山柑子七屬村匪情狀況〉，《二二八事件綏靖執行及處理報告之一》，檔案管理局藏，檔號 A305550000C/0036/9999/4/5/011。

50　〈台南縣二二八事件報告書〉，收入王曉波，《國民黨與二二八事件》（台北：海峽學術出版社，2004），頁 312。

51　〈電話情報〉，1947 年 4 月 17 日高雄要塞司令部電告警總，見《二二八事件綏靖執行及處理報告之一》，檔案管理局藏，檔號 A305550000C/0036/9999/4/5/005。

52　陳增雄時 20 餘歲，嘉義三青團成員。見王逸石、王昭文訪問，〈陳增雄〉，收入張炎憲等採訪記錄，《諸羅山城二二八》（台北：吳三連台灣史料基金會，1995），頁 293。

53　吳慶年時 21 歲，省立工學院即今成功大學。其逃亡過程有詩為記云「蜿蜒羊腸牛車痕，渺茫菅茅人沒脛……曾文環繞大埔嶺，貫穿阿里人跡零……筍蕨當菜岩魚餚，麻竹搭寮茅葺頂」（〈春雷：二二八抗暴嘉南行〉）。見王逸石、張炎憲、王昭文、高淑媛採訪，〈吳慶年〉，收入張炎憲等採訪記錄，《嘉義北回二二八》（台北：自立晚報文化出版部，1994），頁 39-40、42-3、48。

54　李森霖時 26 歲，商人。見〈二二八事件受難案件處理報告書〉，《行政院公報》，011：033，頁 3446。

55　「四角面仔」是指國軍，四角面形容其方形臉。大金面在頭城西側山區。見沈秀華、張文義採訪，〈康介珪〉，收入張文義等採訪記錄，《噶瑪蘭二二八》，頁 253-4。

東山區藏匿約半年。在台東，謝鴻祺逃匿於都蘭山區約一年。[56] 有人甚至從西部逃到「後山」，例如林庚寅、黃信卿，都因參加抗爭被通緝，越山逃往東部藏匿。[57]

上述這些逃亡地點，都有一定的知名度；但有些逃亡地點，名字冷僻少見，只有在地或附近的人比較熟悉，這說明逃亡者的足跡深入偏鄉僻壤，也凸顯逃亡網絡的複雜深密。例如陳進東逃往宜蘭的火炭寮仔，[58] 呂沙棠逃往桃園的皮仔寮；[59] 張深切逃往南投的番仔寮坑；[60] 謝玉露帶著四個孩子一度逃往荷包厝、番仔溝；[61] 陳顯富、張志忠逃到大坪、生毛樹；[62]

56　張慶鴻時 20 歲；管東營時 24 歲，任職花蓮稅捐處；賴金明時 20 歲，花蓮三青團成員；李桐圳時 21 歲，任職鐵路局；張建智時 49 歲，花蓮縣處委會委員；鄭根井時 49 歲，從事營造業；賴仕春時 21 歲，技工，蘇如發時 21 歲，經商；鄭招生時 26 歲，從事木材加工業；邱榮輝時 21 歲，任職花蓮港碼頭工會；林修文時 25 歲，從事運輸業；謝鴻祺時 22 歲，教師。月眉山與水璉山都位於壽豐鄉。分別引自張炎憲主編，《二二八事件辭典別冊》，頁262、482、564、100、250、224、542、562、608、538、194、156、578、148。

57　林庚寅為彰化人，21 歲，傭工。黃信卿為宜蘭人，25 歲，參加二七部隊，後逃往新竹、花蓮。見《二二八事件辭典別冊》，頁 148；廖建超，〈被遺忘的二七部隊參謀長〉，「芋傳媒」網站，https://taronews.tw/2018/04/28/30903/，擷取日期：2021 年 2 月 28 日。

58　陳進東時 40 歲，後當選宜蘭縣長。火炭寮仔位於冬山鄉，即今道教總廟三清宮所在地。見張文義，〈最懷念的長者──陳進東：陳長城先生訪談錄〉，《宜蘭文獻》，73（宜蘭市：宜蘭縣史館，2005 年 12 月），頁 166。

59　呂沙棠時 21 歲，台北工業學校學生，後在白色恐怖受難，坐牢十二年。皮仔寮位於埔心鄉。見曹欽榮採訪，〈歷經劫難到協助難友：呂沙棠訪談紀錄〉，收入宋世興等受訪、曹欽榮等撰稿，《重生與愛：桃園市人權歷史口述文集》（桃園：桃市文化局，2017），第四冊，頁 56-7。

60　張深切，草屯人，時 43 歲，台中師範教務主任。番仔寮坑位於今中寮鄉廣福村。見黃重裕，《番子巴漫談：中寮鄉耆老口述歷史》（南投：黃重裕，2011），廣福村 K18。

61　謝玉露為陳篡地之妻，荷包厝、番仔溝分別位於雲林古坑鄉、彰化和美鎮。見陳儀深，〈陳彥文先生訪問紀錄〉，收入陳儀深計畫主持，《濁水溪畔二二八》，頁 40。

62　大坪、生毛樹位於今嘉義縣梅山鄉。此為員林區警察所提供的情報。陳顯富和張志忠後來都在白色恐怖罹難。見張興忠編撰，《彰化縣二二八事件檔案彙編》（彰化市：彰化縣文化局，2004），頁 39；許雪姬主編，《保密局台灣站二二八史料彙編（一）》（台北：中研院台史所，2015），頁 376。

趙中秋逃到高雄的奧深水；[63] 王天送則藏匿於花蓮砂婆礑山區。[64]

　　「山區逃亡」並非二二八逃亡的全部（是不是二二八逃亡的主流，也仍有疑問）。事實上，也有大量「平地逃亡」的案例。受難家屬吳石頭描述台北松山地區，「白天男人們都藏在田裡，晚上不敢睡家裡⋯⋯躲到偏僻一點的朋友家去睡。」[65] 台北大逮捕伊始，楊燕飛（時任台大第二附屬醫院眼科主任兼代理院長）即打電話給四方醫院院長施江南，說台大醫院地下室有暗道，是日治時代的防空設施，直通淡水河畔，杜聰明、徐千田、徐傍興等醫師都躲在那裡。[66] 杜聰明的回憶錄則提到他躲在台北市林正霖宅（位於懷寧街）、福州街台大宿舍和楊景山宿舍。[67]

　　又如蔣渭川，3 月 10 日從其開設的三民書局後門逃出，先後躲在台北市迪化街、延平北路、十二甲（今台北科技大學附近）、浦城街（師大後面）等親友甚至陌生人的住處，前後長達一年；[68] 林衡道逃到台北市農安街某君家，躲了幾十天；[69] 朱昭陽逃往其妹位於台北市永康街的家，躲了近一個月。[70] 嘉義黃龍德逃到竹山、林內、烏日、溪州、斗六、民雄，躲

63　趙中秋時為 20 歲青年。奧深水位於燕巢鄉，是一泥火山地帶。見張炎憲主編，《二二八事件辭典別冊》，頁 482。

64　王天送時 24 歲，任職台電公司。砂婆礑山位於秀林鄉，高 1,120 公尺。見〈二二八事件受難案件處理報告書〉，《行政院公報》，011：033，頁 3407。

65　張炎憲、胡慧玲、黎澄貴訪問，吳石頭等口述，〈吳彭〉，收入張炎憲等採訪記錄，《淡水河域二二八》（台北：吳三連台灣史料基金會，1996），頁 150。

66　楊英正，《我的父親楊燕飛》（台北：楊英正，2009），頁 25。

67　林正霖任職台電，保密局的「二二八事變參加份子」名冊將他列入「現在逍遙法外份子」名單。楊景山為杜聰明好友，後任台大總務長。見杜聰明，《回憶錄》（台北：杜聰明博士獎學基金會，2011），頁 127。

68　張炎憲、胡慧玲、黎澄貴訪問，蔣梨雲、蔣節雲口述，〈蔣渭川〉，收入張炎憲等採訪記錄，《台北都會二二八》，頁 212-5。

69　林衡道逃亡期間，還碰到兩位也在逃亡的名人：曾任印尼巴達維亞（今雅加達）市長的林益謙，和台陽礦業董事長顏欽賢。林益謙說他要逃到台南，顏欽賢說他每天換地方住。見陳三井、許雪姬採訪，林衡道口述，〈二二八事變的回憶：林衡道先生訪問記錄〉，收入中研院近史所編輯委員會編，《口述歷史》（台北：中央研究院近史所，1991），第二期，頁 230-2。

70　朱昭陽口述、吳君瑩記錄、林忠勝撰述，《朱昭陽回憶錄：風雨延平出清流》，頁 108。

藏一兩個月；[71] 嘉義蔡鵬飛逃到新港、虎尾、台南鄉下，躲藏七個月；[72] 許世賢和 6 歲的女兒張博雅，從嘉義逃到台北，因親友不敢收留，只得藏匿在旅館；[73] 高雄人林曙光，逃到彰化市仔尾一棟古宅，巧遇也在逃亡的楊逵和葉陶。[74]

五、離島逃亡與異國逃亡

由於局勢凶險，陸上逃亡不一定能保證安全，有些人更逃往離島。例如任職花蓮銅門發電廠的郭陸龍，就先逃到台東山區，再逃到綠島，前後達八個月。[75] 在布袋、東石的「暴徒」，「因該地清鄉緊張，逃亡澎湖及屏東兩地」。[76] 在宜蘭，據國軍電報，「要犯」林宜棋、張宜盛逃至魚山島；其餘暴徒大部逃往龜山島、大坡、枕頭山、弧杓崙一帶。[77] 其中魚山島若所言無訛，疑為今浙江寧波的漁山列島。至於龜山島，宜蘭國軍特別派兵搜查，並無所獲，「據云過去一度曾有遠處暴徒逃竄其間，後以該島純係石質童山，無法掩蔽又相率他遁」。[78]

71　黃龍德時 22 歲，嘉義三青團團員。見王逸石、王昭文訪問，〈黃龍德〉，收入張炎憲等採訪記錄，《諸羅山城二二八》，頁 312。

72　蔡鵬飛時 39 歲，嘉義農校校長。見張炎憲、王昭文訪問，〈蔡鵬飛〉，收入張炎憲等採訪記錄，《諸羅山城二二八》，頁 270-2。

73　張炎憲、高淑媛訪問，林秀媚口述，〈盧鈵欽〉第一部分，收入張炎憲等採訪記錄，《嘉義驛前二二八》，頁 250。

74　楊翠，〈穿越時空的家書：從家族史的視角談楊逵及其《綠島家書》〉，收入王拓等著，楊翠主編，《烈焰‧玫瑰：人權文學‧苦難見證》，頁 42。

75　郭陸龍，時 21 歲。見《二二八事件辭典別冊》，頁 296。

76　〈請飭澎屏兩地友軍防範逃亡該地之暴徒〉，4 月 23 日劉雨卿致電陳儀。見《二二八事件綏靖執行及處理報告之一》，檔案管理局，檔號 A305550000C/0036/9999/4/1/019。

77　此為 3 月 29 日基隆綏靖區司令部致警備總司令部代電。大坡原名大陂，和弧杓崙都位於宜蘭礁溪；枕頭山位於宜蘭員山。見〈為報宜蘭一帶暴徒情況〉，《二二八事件綏靖執行及處理報告之一》，檔案管理局藏，檔號 A305550000C/0036/9999/4/1/009。

78　此為 4 月 7 日基隆綏靖區司令部致警備總司令部代電，見〈處少石錄由〉，《二二八事件綏靖執行及處理報告之一》，檔案管理局藏，檔號 A305550000C/0036/9999/4/1/045。

從中國人角度來看，以上這些島嶼都在國境之內，但逃到沖繩，就是跨國逃亡了（不過從台灣人當時仍是日本人的角度來看，沖繩仍是國內逃亡，反而魚山島才是跨國逃亡）。據云宜蘭醫院院長郭章垣一度避居南方澳，等著搭船前往沖繩避難，因種種原因耽擱了船期，無法出境，遂在頭城遇害。[79] 留學日本的林鐵錚說，二二八發生後，「幾位台灣人乘小船逃出，經沖繩來到日本避難，傳達了事件的經過和混亂的現狀」，這使他決定留在日本，暫時不回台灣。[80] 這裡所說的「沖繩」，很有可能是指走私偷渡的熱點「與那國島」。[81] 1948 年，陳篡地的戰友游賜壹準備逃往該島，計畫不成，在南方澳被捕；[82] 1949 年，因二二八事件協助藏匿而遭通緝的吳蒼生，還與二十多名台灣人同船逃抵與那國島。[83] 與那國島只是島外逃亡之近者，更遠的則如表 6-1 所列：

---

[79] 張炎憲、宋隆泉、胡慧玲訪問，林慧珠等口述，〈林旭屏〉，收入張炎憲等採訪記錄，《台北南港二二八》，頁 96。

[80] 林鐵錚，台中人，1947 年 9 月畢業於早稻田大學，時 24 歲。見柳書琴採訪整理、林鐵錚口述審定，〈狂風驟雨於我何傷：林鐵錚先生訪談〉，收入《台灣史料研究》，40（台北：吳三連台灣史料基金會，2012），頁 111。

[81] 與那國島在沖繩列島最西端，也是日本國境的極西之地，離台灣宜蘭不到 120 公里。

[82] 游賜壹時 25 歲，鎮西國校教員，組織民軍與國軍對抗。被捕後，判刑三年六個月，刑滿後再送往綠島管訓，1954 年才出獄。見陳儀深、潘是輝，〈游賜壹先生訪問紀錄〉，收入陳儀深計畫主持，《濁水溪畔二二八》，頁 82-6。

[83] 吳蒼生為商人，1949 年時 39 歲。見又吉盛清，〈台灣二二八事件與沖繩：由沖繩來的報告〉，收入《二二八事件與人權正義：大國霸權 or 小國人權》（二二八事件 61 周年國際學術研討會）（台北：二二八事件基金會，2008），頁 469。

表 6-1　二二八的島外逃亡（部分舉例）

地點[84]	逃亡者（身分資料）[85]	備註[86]
中國	謝雪紅（46歲，二七部隊要角）、楊克煌（39歲，《和平日報》日文版編輯）、古瑞雲（21歲，參加二七部隊）、何集淮（22歲，台中商職教員，參加二七部隊）	1947年4月，謝雪紅、楊克煌、古瑞雲乘巡邏艇從左營經澎湖到廈門；同年12月，何集淮亦循此模式及路線出境[87]
中國	黃紀男（32歲，任職台電）	1947年12月從基隆逃往上海，1949年6月從廣州回到高雄
中國	蘇新（40歲，《中外日報》臨時總編輯）	1947年5月逃往上海
中國	黃旺成（60歲，民報總主筆）	逃往上海藏匿約一年
中國	詹世平（22歲，《中外日報》記者）、周青（25歲，《中外日報》記者）、林崑（旅滬台灣同鄉會幹事）、陳季梓（《大明報》編輯）、文野（《大明報》記者）	1947年4月五人從基隆同搭台南輪到上海。詹世平同年8月回台工作，1949年3月再赴上海[88]
中國	鄧進益（37歲，《大明報》創辦人）	1947年4月從基隆搭船到南京，1948年回台自首[89]
中國	蔡子民（27歲，《自由報》總編輯）	1947年4月逃往上海[90]

84　若無特別說明，本欄指率先落腳的地點。有些逃亡者從香港再轉赴中國或日本，本欄仍列為香港。香港當時為英國殖民地，不屬中國。

85　年歲係以出處所載者為準。若出處沒有載明，則以其逃亡之年，減去出生之年而得之。

86　本欄註文為求精簡，凡引自張炎憲主編《二二八事件辭典別冊》者，出處頁數如下：王萬得28、李應彰114、林樑材178、郭水（左木右煎）290、陳梧桐348、游峻勳392、黃旺成414、黃清輝424、廖國文478、鄭炎坤540、蕭家瓶560、顏永賢592、蘇新610。凡引自林友彥，《我與我父親林殿烈：台共家屬紀實》（台北：獨立作家，2013）者，出處頁數如下：林樑材34、林殿烈和蕭來福20、29、32-4；陳金石33-4。另，王萬得、王育德是1949年戒嚴前後出境，但考其脈絡，主要仍是因為二二八（而非白色恐怖）而逃亡，故仍予列入。另，林殿烈、潘欽信在日治時代已逃亡出境一次，二二八是其第二次逃亡。

87　古瑞雲，《台中的風雷：跟謝雪紅在一起的日子裡》（台北：人間出版社，1990），頁160-2。古瑞雲說，這些巡邏艇是專為緝私的，可是他們自己也走私，「經常載私人，只要給鈔票」。見何（日旬）訪問整理、周明口述，〈周明談二二八〉，收入葉芸芸主編，《證言二二八》（台北：人間出版社，1990），頁77。周明即古瑞雲。

88　詹世平後改名吳克泰，周青原名周傳枝；陳季子，其他資料亦作陳季梓；文野原名樊圃；林崑為中共黨員，後來在文革被逼跳樓自殺。這五人中，詹世平和周青是本省人。見吳克泰，《吳克泰回憶錄》（台北：人間出版社，2002），頁175、187、195-6、201、220-5、239、282-4；古瑞雲，《台中的風雷：跟謝雪紅在一起的日子裡》，頁169。

89　鄧進益在中國住了一年，他說「在那裡遇到不少因為二二八而逃亡的台灣人」。見張炎憲、胡慧玲訪問，鄧進益口述，〈鄧進益〉，收入張炎憲等採訪記錄，《台北南港二二八》，頁258-9。

90　蔡子民原名蔡慶榮。見藍博洲，〈要我偷偷摸摸回去，我不幹〉，收入《沉屍、流亡、二二八》（台北：時報文化，1991），頁151、161。

中國	王思翔（《和平日報》主筆）	1947 年 3 月從基隆搭走私船到鎮霞關 [91]
中國	周夢江（《和平日報》編輯主任）	1947 年 3 月逃往上海
中國	李喬松（51 歲，舊台共，加入台灣人民協會）、陳火城（李喬松女婿）	李 1947 年 7 月逃往上海，12月回台工作；1949 年 4 月李陳偕逃上海 [92]
中國	陳炳基	1947 年 5 月頃逃往上海，7 月回台工作；1949 年 4 月再逃上海 [93]
中國	孫古平（舊台共）	1947 年逃亡出境 [94]
中國	王萬得（45 歲，舊台共）	1949 年 4 月逃亡出境
中國	潘欽信（舊台共）	1947 年逃亡出境 [95]
中國	黃信卿	1949 年 3 月逃往廈門 [96]
中國	郭水（左木右煎）（27 歲，商）	1948 年初逃亡出境 [97]
中國	王甘棠（54 歲，嘉義二二八處委會處理部長）	以軍醫身分隨軍隊移防江蘇南通，6 月回台自新
中國	曾璧中（35 歲，任職長官公署）	1947 年逃往山東臨沂，1948 年初潛回台灣 [98]
中國	李曉芳（45 歲，建築商）	1947 年 3 月逃往廈門鼓浪嶼，6 月頃回台自新
中國	蔡仲伯（20 歲，台大學生）	1947 年逃亡出境，1949 年回台被捕 [99]
中國	賴有才（18 歲，台中一中生）	1947 年 9 月從基隆偷渡到上海 [100]

91　鎮霞關是浙江和福建交界處的小港。見王思翔，〈台灣一年〉，收入周夢江、王思翔著，《台灣舊事》（台北：時報文化，1995），頁 36。

92　陳火城為李碧霞之夫。見李韶東，〈憶我的父親李喬松革命的一生〉，中國台聯「台胞之家」網站，http://tailian.taiwan.cn/n1080/n1125/n19909/n19954/318992.html，擷取日期：2018 年 10 月 8 日（2021 年 2 月 28 日重新瀏覽，已經不存）。

93　藍博洲，〈來自北京景山東街西老胡同的歷史見證〉，收入《沉屍、流亡、二二八》，頁 89-96。

94　孫古平日治時代即去過廈門活動，推測可能逃往廈門，短暫停留之後，可能在 1947 年即回台灣。見吳克泰，《吳克泰回憶錄》，頁 233、243、256。之後在白色恐怖繼續逃亡，下落成謎。

95　洪健榮，〈潘欽信〉，收入張炎憲主編，《二二八事件辭典》，頁 648。

96　黃信卿自花蓮美崙碼頭上船，逃往福建廈門。見廖建超，〈被遺忘的二七部隊參謀長〉，「芋傳媒」網站，https://taronews.tw/2018/04/28/30903/，擷取日期：2018 年 10 月 17 日。

97　郭水（左木右煎），《二二八事件辭典別冊》，頁 290。其他資料又作郭水煙。

98　〈二二八事件受難案件處理報告書〉，《行政院公報》，011：033，頁 3377。

99　何力友，〈蔡仲伯〉，收入張炎憲主編，《二二八事件辭典》，頁 660-1。

100　〈訪二二八起義倖存者──黑龍江省台聯創會會長賴有才〉，中國台聯「台胞之家」網站，http://tailian.taiwan.cn/dftl/201703/t20170302_11712704.htm，擷取日期：2018 年 10 月 7 日。

中國	蕭家瓶（19歲，台中師範生，參加二七部隊）	1948年2月逃亡出境，藏匿約一年
中國	廖國文（18歲，台中一中生，參加二七部隊）	1947年9月逃亡出境，藏匿約一年
中國	張貴琳（27歲，任職台糖月眉廠）	1947年逃往上海[101]
香港	王育德（25歲，台南一中教師）	1949年逃亡出境[102]
香港	邱永漢（24歲，任職華南銀行）	1948年12月逃亡出境[103]
香港	林樑材（39歲，中共地下黨員）	1947年逃亡出境[104]
香港	林殿烈（41歲，舊台共）、蕭來福（25歲，舊台共）	1947年11月偕逃出境
香港	蔣時欽（27歲，《民報》記者）、傅莉莉	1947年11月逃亡出境[105]
香港	顏永賢（29歲，台灣政治經濟研究會編輯委員）	時間待考[106]
香港	孫萬枝（《新生報》日文版副總編輯）	時間待考，後返台自首[107]
香港	李應彰（24歲，教員）	1972年返台
香港	林東海（18歲，台中一中生）	1947年10月逃亡出境[108]
香港	李舜雨（27歲，後改名李韶東）	1948年10月逃亡出境[109]

101　〈台灣民主自治同盟史實叢談〉，「台灣民主自治同盟」官網，http://www.taimeng.org.cn/hxla/wyxy/t20110504_269829.htm，擷取日期：2018年10月11日（2021年2月28日重新瀏覽，已經不存）。

102　王克雄、王克紹編，《期待明天的人：二二八消失的檢察官王育霖》（新北：遠足文化，2017），頁254。

103　游勝冠、熊秉真編，《流離與歸屬：二戰後港台文學與其他》（台北：國立台灣大學出版中心，2015），頁80。

104　其妻柯秀英1949年2月在王添的護送下偷渡出境，與其夫會面。王添後判死刑。見《王添等叛亂案》，檔案管理局藏，檔號B3750347701/0044/3132409/409。

105　蔣時欽為蔣渭水三子，二二八期間擔任「台灣省青年自治同盟」負責人，傅莉莉為其妻。見何義麟，〈蔣時欽〉，收入張炎憲主編，《二二八事件辭典》，頁654；古瑞明，《台中的風雷》，頁196。古書將傅莉莉誤寫成傅力。

106　葉芸芸在1990年出版的《證言二二八》提到，顏永賢是辜顏碧霞之弟，「二二八事件後出走大陸，目前在巴西」。見該書頁118。

107　吳濁流著、鍾肇政譯，《台灣連翹》，頁183。

108　原名陳昭德，辜振甫表侄，見古瑞雲，《台中的風雷：跟謝雪紅在一起的日子裡》，頁200；艾文，〈他的人生是一部傳奇：林東海素描〉，「文史廣東」網站，http://www.gdwsw.gov.cn/dfjy/201807/t20180720_957430.htm，擷取日期：2018年10月8日。

109　許雪姬，〈李碧霞女士訪問紀錄〉，收入許雪姬主編，《獄外之囚：白色恐怖受難者女性家屬訪問紀錄》（新北：國家人權博物館籌備處＆台北：中央研究院台灣史研究所，2014），中冊，頁4。李韶東，〈懷念台盟創始人謝雪紅〉，收入「歷史與亞細亞」部落格，https://bit.ly/3bKND5P，擷取日期：2021年2月28日。

香港	施碧辰（彰化人）	1947 年春逃亡出境 [110]
香港	陳金石（商人）	1947 年秋逃亡出境
香港	石朝輝（教員）	1949 年逃亡出境 [111]
香港	鄭炎坤（25 歲，任職新竹師範）	1947 年 5 月逃亡出境
沖繩	黃金穗（33 歲，延平學院教師）	1948 年逃亡出境 [112]
沖繩	陳木桂（20 歲，松山菸廠員工）	搭走私船到沖繩，半年後回台 [113]
日本	陳梧桐（27 歲，商）	1947 年逃亡出境 [114]
日本	盧伯毅（23 歲，參加二七部隊）	1948 年逃亡出境 [115]
不詳	郭德焜（26 歲頃，延平學院教員）	1947 年逃亡出境 [116]
不詳	遊峻勳（31 歲，《重建日報》社董事長）	1947 年 5 月頃逃亡海外
不詳	黃清輝（25 歲，任職基隆市警局）	時間待考

　　一般而言，島外逃亡如果成功，大致即已脫險，但技術難度較島內逃亡高，因為「四處通往基隆的路都戒嚴」（李曉芳語）；[117]「陳儀軍隊正在各地清鄉，他知道一定有很多和事變有關的人會乘船逃走，於是規定購

---

110 施碧辰為中共黨員，介紹莊孟倫與蔡孝乾認識（莊後來被蔡出賣，判處死刑）。莊孟倫筆錄稱「二二八後兩週左右，施因受當局注意，不久就離台赴港」；蔡孝乾筆錄稱施「被人告密，無法立足，離台赴港」。見國防部後備司令部，《莊孟倫等案》，檔案管理局藏，檔號 A305440000C/0040/273.4/353。

111 蘇瑞鏘，〈二七部隊人物初探：以二二八事件後的政治抉擇為中心〉，收入楊翠主編，《青春二二八：二七部隊的抵抗、挫折與流轉》（台北：二二八紀念基金會，2017），頁113。

112 高君和、張峰賓，〈追求純粹形式的沉思者：黃金穗的日常性現象學與台灣本土文化運動〉，收入洪子偉主編，《存在交涉：日治時期的台灣哲學》（台北：聯經出版社，2016），頁287。

113 張炎憲、胡慧玲訪問，〈陳木桂〉，收入張炎憲等採訪記錄，《淡水河域二二八》，頁136。

114 陳梧桐先逃往香港投靠廖文毅，後轉往日本。

115 盧伯毅時為台大學生，1988 年病逝漢城。見丁韻仙、盧靜緣，〈盧伯毅〉，收入張炎憲等採訪記錄，《台灣獨立的先聲：台灣共和國》（台北：吳三連台灣史料基金會，2000），下冊，頁 514、527。

116 郭德焜留學日本東京帝國大學，疑係逃往日本，後返台任職銀行界。妻為台灣女企業家郭林碧蓮。

117 王逸石、王昭文訪問，〈李曉芳〉，收入張炎憲等採訪記錄，《諸羅山城二二八》，頁237。

買船票必須呈驗本人相片兩張和原單位證明信」（周夢江語）。[118] 因此島外逃亡也變得複雜化。由於中國人講究關係，沒有「關係」的人只能選擇「體制外偷渡」，如上述吳蒼生諸例以及表 6-1 的王思翔、陳木桂等，都是搭走私船出境。由於船期不固定，出境充滿變數，風險相對不小。[119]

有「關係」的人則選擇「體制內偷渡」，只要打通關節，有人照應，風險相對較小。如謝雪紅、楊克煌、古瑞雲、何集准等人在蔡懋棠的掩護下，從左營搭乘海軍的巡邏艇前往廈門；[120] 黃紀男透過美國新聞處長卡度（Catto）的幫忙，搭乘聯合國救濟總署（簡稱救總）台灣分署的漁船，從基隆偷渡上海；[121] 周夢江也是在救總台灣分署職員的協助下，「搞到一張船票」，得以從基隆搭輪船前往上海；[122] 王甘棠得時任軍醫院院長的姪兒之助，以軍醫身分隨軍隊移防江蘇南通；[123] 李曉芳則透過劉啟光安排，充當一位張德虎司令的秘書，順利前往廈門，出發前還得到特務單位禮遇，先到貴賓室候船。[124]

以上所列的山區逃亡、平地逃亡、島外逃亡，只是便於說明而簡單劃分，其實現象複雜多了。有的人平地、山區都逃，例如黃金島，從珠仔山、日月潭、二水逃到台中市、左營港；[125] 李鹿在六、七年逃亡歲月中，

118 周夢江，〈曇花一現的《中外日報》〉，收入周夢江、王思翔著，《台灣舊事》，頁 74。

119 前述郭章垣逃亡未遂即是一例。又如廖進平，原先逃往八里坌，伺機偷渡中國，卻被台北大橋頭的流氓李彩鑑發現而密告邀功，3 月 18 日在淡水河渡船碼頭被捕。見張炎憲、黎澄貴、胡慧玲訪問，廖德雄口述，〈廖進平〉第二部分，收入張炎憲等採訪記錄，《台北都會二二八》，頁 89-90。

120 古瑞雲說「這條國民黨的巡邏航線成了共產黨的地下航線」。見古瑞雲，《台中的風雷：跟謝雪紅在一起的日子裡》，頁 160-5。

121 該漁船船長是挪威人。黃紀男在口述史提到：下船後，船長讓他隨車闖關；經過海關時，要他壓低身子，趴在座車後座車底，以躲避安全檢查，最後順利通關。這些細節，都可視為二二八逃亡現象的一部分。黃紀男（口述）、黃玲珠（執筆），《黃紀男泣血夢迴錄》（新店：獨家出版社，1991），頁 177-80。

122 周夢江，〈曇花一現的《中外日報》〉，收入周夢江、王思翔著，《台灣舊事》，頁 75。

123 王昭文，〈王甘棠〉，收入張炎憲主編，《二二八事件辭典》，頁 62-3。

124 王逸石、王昭文訪問，〈李曉芳〉，收入張炎憲等採訪記錄，《諸羅山城二二八》，頁 237-8。

125 珠仔山位於南投縣埔里鎮。見黃金島，《二二八戰士黃金島的一生》，頁 130-48。

足跡遍及下營、大內、斗六、楠西、東山、潮州乃至烏山頭水庫。[126] 有的人平地、山區、島外都逃，例如鄧進益，先是騎自行車從板橋經土城、三角湧，沿著石子山路，連夜逃往大溪角板山，躲了一個月，再從基隆搭船逃到南京。[127] 謝雪紅離開埔里後，輾轉逃到竹山、彰化市、大肚，最後在蔡懋棠的掩護下，從左營搭海軍艦艇出境。[128] 有的人從島北逃到島南，再從這岸逃到對岸，如延平學院學生葉崇培從大稻埕、艋舺逃到古亭，目睹「大屠殺後的人間慘狀，幾乎每隔幾步就是一具橫死的屍體」；接著逃到台中、高雄、屏東，1949 年四六事件當天從基隆出港逃往上海。[129]

六、逃亡處所與逃亡場面

二二八逃亡的本質是「逃殺」，為了逃避殺戮，很多人不擇地而逃，不擇處而躲，藏匿之處往往是深隱偏僻、卑陋逼仄，甚至被視為「賤處」之所。相形之下，島外逃亡者除了剛出境時為了躲避檢查，會掩匿在貨艙的狹窄空間外，其他大部分時間相對自由自在，與島內逃亡形成強烈對比。

島內逃亡的處所，「淺易」一點的是各地山區，雖然偏僻，但行動尚有部分自由；反而是平地逃亡難度較高。例如陳鵬雲 1947 年躲在豬屠口

---

126 李鹿時 36 歲，台南商人。張炎憲、高淑媛採訪，〈李鹿〉，收入張炎憲等採訪記錄，《嘉義北回二二八》，頁 210-6。

127 張炎憲、胡慧玲訪問，鄧進益口述，〈鄧進益〉，收入張炎憲等採訪記錄，《台北南港二二八》，頁 258-9。

128 古瑞雲，《台中的風雷：跟謝雪紅在一起的日子裡》，頁 93、103、109、162。

129 藍博洲，〈從高雄等雅寮到北京：延平大學生領袖葉紀東的腳蹤〉，收入《沉屍、流亡、二二八》，頁 31-5。陳炳基的逃亡路線近似葉崇培，從大稻埕、社子、觀音山、金山、獅頭山、內湖、基隆到高雄、屏東，最後從基隆出港到上海。不同的是，陳炳基後來又回台灣做地下工作，這和吳克泰、李喬松、王天強一樣。見同書頁 88-91。

的垃圾堆，1948 年躲在三板橋附近的埠岸；[130] 許金來、李江海躲礦坑；[131] 高總成躲墓地；[132] 林才壽躲番薯園；[133] 陳篡地、羅金成躲地洞；[134] 李鹿躲甘蔗園和溪邊的瓦寮；[135] 王天煌躲豬寮和防空洞；[136] 許水露躲在榻榻米底下；[137] 林璧輝、潘英章躲在天花板上面。[138] 楊逵、葉陶夫婦藏在農家的牛

---

130 陳鵬雲時 20 歲，工人，為台北市大龍峒人。豬屠口的垃圾堆在今樹德公園一帶；三板橋昔為殯儀館，今為十四、十五號公園；埠岸即今新生北路，昔為日本開闢的水渠「堀川」。陳鵬雲前後躲了兩年多，1949 年夏天才結束逃亡。見曹欽榮、胡慧玲、林世煜訪問，〈陳鵬雲口述史〉，2001 年 10 月 2 日（未刊稿）。

131 許金來時 27 歲，基隆人，建築工，是躲在礦坑旁的煤屑堆裡，地點隱密，仍被打死。李江海時 23 歲，農會職員，從汐止逃到台北，在汐止烏龜尾礦坑躲了八個月。見張炎憲、胡慧玲訪問，許珠等口述，〈許金來〉，收入張炎憲等採訪記錄，《基隆雨港二二八》，頁 150；張炎憲、高淑媛訪問，〈李江海〉，收入張炎憲等採訪記錄，《嘉雲平野二二八》（台北：吳三連台灣史料基金會，1995），頁 115。

132 高總成時 25 歲，參加北港保安隊。其妻高許來貴說，他逃亡期間，挖人家的番薯來吃，撿棺材板來燒，以骨灰罈的蓋子當碗缽。見陳儀深，〈高淑慧女士、高許來貴女士、許秀娥女士、許士能先生訪問紀錄〉，收入陳儀深計畫主持，《濁水溪畔二二八》，頁 122、125。

133 林才壽時 22 歲，埔鹽新水國校教員。見呂興忠訪問，〈林才壽先生口述〉，收入《彰化縣二二八事件口述歷史調查報告》（彰化：彰化縣文化局，2010），上冊，頁 151-2。

134 陳篡地時 41 歲，醫師，領導民軍與國軍對抗。他藏匿在彰化縣二水鄉坑口村的一處地洞長達六年。羅金成時 25 歲，嘉義監獄管理員，逃往朴子鄉下，其妻李水蓮的舅舅家。因為身高約有 183 公分，在鄉下容易被認出來，舅家不敢讓他在地上活動，就在田裡挖地洞讓他躲，三餐送去給他吃。見陳儀深，〈陳謝玉露女士訪問紀錄〉，收入陳儀深計畫主持，《濁水溪畔二二八》，頁 11、14。張炎憲、高淑媛、王昭文訪問，〈羅金成〉第一部分，收入張炎憲等採訪記錄，《諸羅山城二二八》，頁 189；《二二八事件辭典別冊》，頁 600。〈王君明知為匪諜而不告密檢舉處有期徒刑二年褫奪公權一年〉，《賴世逢等叛亂案》，檔案管理局藏，檔號 B3750187701/0042/1571/57984437/103/043。王君指王白冬，曾往晤陳篡地。

135 張炎憲、高淑媛採訪，〈李鹿〉，收入張炎憲等採訪記錄，《嘉義北回二二八》，頁 213。

136 許雪姬，〈王天煌先生訪問紀錄〉，收入許雪姬等，《高雄市二二八相關人物訪問紀錄》，中冊，頁 411。

137 許水露為高雄旗後長老教會牧師，高李麗珍（高俊明牧師之妻）的生父。見高俊明、高李麗珍口述，胡慧玲撰文，《十字架之路：高俊明牧師回憶錄》（台北：望春風文化，2001），頁 164。

138 林璧輝時 43 歲，屏東縣參議員。他在林邊的海邊小屋躲了七、八個月才敢回家，回家後仍躲在天花板上，到了晚上才下來。潘英章是潘木枝之子，時 18 歲，建中學生。見阮美姝，《幽暗角落的泣聲》，頁 283-4（該書誤植人名為林壁輝）；張炎憲、高淑媛、王昭文訪問，潘英三、潘信行口述，〈潘木枝〉第一部分、第二部分，收入張炎憲等採訪記錄，《嘉義驛前二二八》，頁 208-9、226。

滌，「驚見同樣出亡的友人」。[139] 蔣渭川躲在兒子蔣松堅的家時，「白天藏匿在牆壁夾層內，晚上才出來活動、吃飯」；躲在女兒蔣梨雲的家時，「要是遇到外人來，他就躲到日本式的木製澡缸裡」。[140] 這些逼仄穢賤的亡命之所，正凸顯逃亡事態的緊急。

在驚悚的程度上，島外逃亡也遠遠不及島內逃亡。許多島內逃亡的故事，充滿驚險的畫面和高度的戲劇壓力，宛如政治驚悚電影的情節。僅以《二二八事件辭典別冊》為例，就記載至少四則驚險的案例：嘉義工人王錦生，7月無故遭員警逮捕，「於押解途中，趁機跳車逃亡時遭槍殺」；花蓮老農張金土，3月因其子參與抗爭而牽連被捕，「於押送途中脫逃，自火車跌落橋下死亡」；花蓮醫師王明進，3月無故被捕被劫，「於行將槍殺之際跳崖逃脫，但因而受傷，並逃亡至日本」；基隆工人潘東生，「在基隆港碼頭邊見國府軍開槍掃射，因懼怕跳海逃生，數年後方返家」。[141] 這都是比較約略的敘述。

比較豐富的細節，要從口述史料去找。這是逃亡現象的重要內容，也是故事性最強的部分，本文茲舉數例以見一斑：

1. 台北市參議員徐春卿被殺，其子徐世通在特務協助下逃亡：先是逃到柯康得的住處藏匿一個多月，後由特警班出身的謝膺毅同行護送，從台北車站搭車前往花蓮。途中不時有人查察，因謝膺毅配槍且身分特殊，幾度化險為夷，整個逃亡、藏匿過程大約經歷半年。[142]

---

139 牛滌即牛稠、牛槽。見楊翠，〈穿越時空的家書：從家族史的視角談楊逵及其《綠島家書》〉，收入王拓等著，楊翠主編，《烈焰‧玫瑰：人權文學‧苦難見證》，頁42。

140 張炎憲、胡慧玲、黎澄貴訪問，蔣梨雲、蔣節雲口述，〈蔣渭川〉，收入張炎憲等採訪記錄，《台北都會二二八》，頁212、214。

141 出處見《二二八事件辭典別冊》：王錦生（44歲）頁32，張金土（65歲）頁248，王明進（34歲）頁16，潘東生（37歲）頁504。

142 柯康得為柯台山之兄，任職警界。特警班是軍統組織。逃亡過程引自張炎憲、胡慧玲、黎中光訪問，徐世通口述，〈徐春卿〉，收入張炎憲等採訪記錄，《台北南港二二八》，頁306。

2. 外省官員曾璧中被其長官陳儀下令秘密逮捕，[143] 六、七名便衣至其位於台北市東門町的家，詭稱有公事令其前往。曾覺有異，機警敷衍，說「他在裡面，我去叫他」，隨即從後門逃走。當時國軍正用飛機空灑傳單，街上人影紛雜，曾璧中沒入人群，死裡逃生。[144]

3. 更驚險的場面，筆者試舉三則證言為例。第一則是廖進平之子廖德雄的證言。[145] 他搭上友人林三郎的吉普車，試圖闖越重兵防守的台北橋，遭遇了狀況：

> 我們在吉普車的車頭兩端插了國旗，車身漆上紅白二色，希望阿兵哥誤以為這是某單位的通行證。偽裝完畢，我們上車，踩緊油門，咻的一聲，快速通過橋頭的六個衛兵。才過了三分之一橋面，那六個兵就從後面開槍追過來了。台北橋另一端的三重埔也立刻重兵阻攔，一字排開，強要我們停車⋯⋯前後都有追兵，我們只好不予理會，加緊油門衝過去。阿兵哥見我們不聽喝止，就開槍了，咻咻不止的子彈，一發接著一發，幸好沒有打中我們，我們平安通過台北橋。[146]

第二則是蔣渭川之女蔣梨雲、蔣節雲的證言，述說蔣渭川槍下逃生、蔣巧雲代父枉死的驚心動魄過程。由於細節甚詳，且篇幅較長，筆者並不全文摘錄，而是將她們的證言加以精簡。因非證言全貌，故以第三人稱整理如下：

---

143 曾璧中，廣東人，時任長官公署宣傳委員會政令宣導組組長。

144 曾璧中，〈二二八事件給我的災難〉，收入魏永竹、李宣鋒主編，《二二八事件文獻補錄》（南投：台灣省文獻委員會，1994），頁791-2。

145 廖進平、廖德政、廖德雄父子，在二二八各自逃亡。廖進平逃往八里坌被捕，廖德政逃往葛超智的家（3月11日至15日），廖德雄則從台北一路逃到東勢，過程最為曲折。

146 張炎憲、黎澄貴、胡慧玲訪問，廖德雄口述，〈廖進平〉第二部分，收入張炎憲等採訪記錄，《台北都會二二八》，頁95-6。

（1947年3月10日，蔣渭川在台北市延平北路開設的三民書局）五名穿黑衣服的武裝員警闖進書局，抓住蔣渭川的手說：「我們奉命要來槍斃你！」隨即將他拖到店外騎樓。蔣妻林麵驚慌尾隨在後，店裡客人見狀紛紛躲藏。一名員警對準蔣渭川的額頭，連扣兩次板機，都未擊發；那人連搖幾下，試圖修復，林麵趁隙拉開蔣渭川，蔣立刻跑進店內，該名員警隨後追趕。林麵因阻撓行凶，被另一名員警以槍托重擊，撞傷肋骨。

當時屋子後面，有蔣渭川四女巧雲（十七歲）、五女滿雲（十三歲）、六女節雲（十歲）、三男松平（六歲）、店員麗珠。麗珠害怕，扔下松平跑走；巧雲聽到松平哭聲，趕去抱起松平，叫妹妹們先逃。這時蔣渭川正巧掙脫，朝屋後跑，後面員警連開四槍，蔣渭川僥倖躲過，巧雲和松平不幸中彈。巧雲頸部中槍，血如泉湧；子彈穿過她的喉嚨，再打進松平胸腔，卡在他的胸骨間，姊弟倆當場倒地。員警行凶後，夥同其他人離去。松平和巧雲則緊急送醫，前者脫險，後者不治……[147]

第三則是嘉義受難者吳松柏之弟吳松雲的證言。它不是正描，而是側寫，但在平靜的敘述中有極大的故事張力：

大哥怎麼死的到現在也沒人知道。聽母親說，當時我們家是矮房子，外面槍彈砰砰叫，她不敢住，躲到對門家去，半夜聽到大哥回來敲門，也聽到大哥喊她。她不敢出來替他開門，因為躲在別人

147 故事還有下文：警察雖然行凶逃逸，蔣渭川並不知情，仍和滿雲、節雲從後院脫逃，藏匿迪化街的東西藥局。此後蔣渭川輾轉逃亡一年，二男松柏（27歲，就讀台大醫學院）也被追捕，四處躲藏，到1947年底才結束逃亡。林麵終日以淚洗面，此後體弱多病，三民書局則遭查封。蔣家十一口中，有一人死亡、兩人受傷，四人逃亡。見張炎憲、胡慧玲、黎澄貴訪問，蔣梨雲、蔣節雲口述，〈蔣渭川〉，收入張炎憲等採訪記錄，《台北都會二二八》，頁207-15。

家，旁邊的人說「去開門我們都會被捉走」。之後大哥就沒有消息了。也許當時就有人在追大哥，要抓他，他緊張逃回來敲門。母親個性非常憨直，怕傷害到鄰居，竟真的不敢開門。[148]

七、結語

二二八之後，沉靜兩年的山林，因為陳誠發布戒嚴，追捕反政府人士，再度迴盪逃亡者的聲音。這次白色恐怖的逃亡潮，更大程度集中在青年學生；前述吳家的悲劇，某種程度是白恐的隱喻：台灣為了保全大局（免於被赤化），犧牲大批反抗青年，讓國民黨捕殺殆盡，二二八的那場厄夜，延伸成為白色恐怖的長夜。[149] 而這厄夜或長夜，在台灣面對中國威脅日亟之際，究竟是過去式還是未來式？令人深思。無論如何，逃亡這個沉重的主題，我們必須關注與研究。

參考文獻

官方資料

1. 《台灣二二八事變經過及處理案》，檔案管理局藏，檔號 B5018230601/0036/563.3/4010/1-2/035。

148　吳松柏時 21 歲，理髮師。其母吳方圓痛失愛子，哭到一度失聲。張炎憲、高淑媛訪問，吳方圓、吳松雲口述，〈吳松柏〉，收入張炎憲等採訪記錄，《諸羅山城二二八》，頁 69-70。

149　關於白色恐怖的逃亡，筆者有論文探討：〈在故鄉成為異鄉魂：1950 年代逃亡現象之研究（以省工委為例）〉，收入《未完結的戰爭：戰後東亞人權問題》（台北：政大圖書館數位典藏組，2020），頁 317-356。

2. 《二二八事件綏靖執行及處理報告之一》，檔案管理局藏，檔號 A305550000C/0036/9999/4/3/002/0000320670012-14。

3. 《賴世逢等叛亂案》，檔案管理局藏，檔號 B3750187701/0042/1571/57984437/103/043。

4. 《王添等叛亂案》，檔案管理局藏，檔號 B3750347701/0044/3132409/409。

5. 〈財團法人二二八事件紀念基金會公告：本會第 4 屆董事會所通過之「二二八事件受難案件處理報告書」〉，《行政院公報》，011：033，2005 年 2 月 22 日，頁 3294-3456。

專書

1. 中研院近史所編輯委員會編，《二二八事件資料選輯》，第二冊，台北：中央研究院近代史研究所，1992。

2. 中研院近史所編輯委員會編，《口述歷史》，第二期，台北：中央研究院近代史研究所，1991。

3. 王克雄、王克紹編，《期待明天的人：二二八消失的檢察官王育霖》，新北：遠足文化，2017。

4. 王拓等作、楊翠主編，《烈焰‧玫瑰：人權文學‧苦難見證》，新北：國家人權博物館籌備處，2013。

5. 王曉波編，《二二八真相》，資料不詳。

6. 王曉波編，《國民黨與二二八事件》，台北：海峽學術出版社，2004。

7. 台灣省文獻委員會編印，《二二八事件文獻輯錄》，南投：台灣省文獻委員會，1995 修訂版。

8. 古瑞雲，《台中的風雷：跟謝雪紅在一起的日子裡》，台北：人間出版社，1990。

9. 朱昭陽口述、吳君瑩記錄、林忠勝撰述，《朱昭陽回憶錄：風雨延平出清流》，台北：前衛出版社，2009。

10. 阮美姝，《幽暗角落的泣聲》，台北：前衛出版社，2005。

11. 李敖編著，《二二八研究》，台北：李敖出版社，1989。

12. 李欽賢，《永遠的淡水白樓：海海人生張萬傳》，板橋：台北縣文化局，2002。

13. 呂興忠編撰，《彰化縣二二八事件檔案彙編》，彰化：彰化縣文化局，2004。

14. 呂興忠，《彰化縣二二八事件口述歷史調查報告》，上冊，彰化：彰化縣文化局，2010。

15. 吳克泰，《吳克泰回憶錄》，台北：人間出版社，2002。

16. 杜聰明，《回憶錄》，台北：杜聰明博士獎學基金會，2011。

17. 宋世興等受訪、曹欽榮等撰稿，《重生與愛：桃園市人權歷史口述文集》，第四冊，桃園：桃園市文化局，2017。

18. 林元輝編註，《二二八事件台灣本地新聞史料彙編》，台北：二二八事件紀念基金會，2009。

19. 洪子偉主編，《存在交涉：日治時期的台灣哲學》，台北：聯經出版社，2016。

20. 周夢江、王思翔著，《台灣舊事》，台北：時報文化，1995。

21. 高俊明、高李麗珍口述，胡慧玲撰文，《十字架之路：高俊明牧師回憶錄》，台北：望春風文化，2001。

22. 張文義等採訪記錄，《噶瑪蘭二二八》，台北：自立晚報社文化出版部，1992。

23. 張炎憲等採訪記錄，《悲情車站二二八》，台北：自立晚報社文化出版部，1993。

24. 張炎憲等採訪記錄，《嘉義北回二二八》，台北：自立晚報社文化出版部，1994。

25. 張炎憲、胡慧玲、高淑媛採訪記錄，《基隆雨港二二八》，台北：自立晚報社文化出版部，1994。

26. 張炎憲、胡慧玲、黎中光採訪記錄，《台北南港二二八》，台北：吳三連台灣史料基金會，1995。

27. 張炎憲、王逸石、高淑媛、王昭文採訪記錄，《諸羅山城二二八》，台北：吳三連台灣史料基金會，1995。

28. 張炎憲、王逸石、高淑媛、王昭文採訪記錄，《嘉義驛前二二八》，台北：吳三連台灣史料基金會，1995。

29. 張炎憲、胡慧玲、黎澄貴採訪記錄，《淡水河域二二八》，台北：吳三連台灣史料基金會，1996。

30. 張炎憲、胡慧玲、黎澄貴採訪記錄，《台北都會二二八》，台北：吳三連台灣史料基金會，1996。

31. 張炎憲、高淑媛，《衝擊年代的經驗：台北縣地主與土地改革》，板橋：縣立文化中心，1996。

32. 張炎憲、胡慧玲、曾秋美採訪記錄，《台灣獨立的先聲：台灣共和國》，下冊，台北：吳三連台灣史料基金會，2000。

33. 張炎憲等執筆，《二二八事件責任歸屬研究報告》，台北：二二八事件紀念基金會，2006。

34. 張炎憲、許芳庭編，《林日高案史料彙編》，新店：國史館；台北：文建會，2008。

35. 張炎憲主編，《二二八事件辭典》，台北：國史館、二二八事件紀念基金會，2011。

36. 張炎憲主編，《二二八事件辭典別冊》，台北：國史館、二二八事件紀念基金會，2011。

37. 許雪姬等採訪，《高雄市二二八相關人物訪問紀錄》，三冊，台北：中研院近史所，1995。

38. 許雪姬主編，《獄外之囚：白色恐怖受難者女性家屬訪問紀錄》，中冊，新北：國家人權博物館籌備處；台北：中央研究院台灣史研究所，2014。

39. 許雪姬主編，《保密局台灣站二二八史料彙編（一）》，台北：中央研究院台灣史研究所，2015。

40. 許雪姬主編，《保密局台灣站二二八史料彙編（二）》，台北：中央研究院台灣史研究所，2016。

41. 許曹德，《許曹德回憶錄》，台北：自由時代出版社，1989。

42. 陳婉真，《離亂十載》，台北：愛書人雜誌，2012。
43. 陳儀深計畫主持，《濁水溪畔二二八》，台北：二二八事件紀念基金會，2009。
44. 陳雲林總主編，《館藏民國台灣檔案彙編》，第 197 冊，北京：九州出版社，2006。
45. 黃金島，《二二八戰士黃金島的一生》，台北：前衛出版社，2004。
46. 黃紀男口述、黃玲珠執筆，《黃紀男泣血夢迴錄》，新店：獨家出版社，1991。
47. 黃重裕，《番子巴漫談：中寮鄉者老口述歷史》，南投：黃重裕，2011。
48. 游勝冠、熊秉真編，《流離與歸屬：二戰後港台文學與其他》，台北：國立台灣大學出版中心，2015。
49. 葉芸芸主編，《證言二二八》，台北：人間出版社，1990。
50. 楊英正，《我的父親楊燕飛》，台北：楊英正，2009。
51. 劉進慶，《劉進慶文選：我的抵抗與學問》，下冊，台北：人間出版社，2015。
52. 賴澤涵總主筆，《二二八事件研究報告》，台北：時報文化，1994。
53. 藍博洲，《沉屍、流亡、二二八》，台北：時報文化，1991。
54. 魏永竹、李宣鋒主編，《二二八事件文獻補錄》，南投：台灣省文獻委員會，1994。

論文

1. 又吉盛清，〈台灣二二八事件與沖繩：由沖繩來的報告〉，收入《二二八事件與人權正義：大國霸權 or 小國人權》（二二八事件 61 周年國際學術研討會）（台北：二二八事件紀念基金會，2008），頁 463-470。
2. 柳書琴採訪整理、林鐵錚口述審定，〈狂風驟雨於我何傷：林鐵錚先生訪談〉，收入《台灣史料研究》，40（台北：吳三連台灣史料基金會，2012），頁 100-117。
3. 張文義，〈最懷念的長者——陳進東：陳長城先生訪談錄〉，收入《宜蘭文獻》，73（宜蘭：宜蘭縣史館，2005 年 12 月），頁 148-209。
4. 蘇瑞鏘，〈二七部隊人物初探：以二二八事件後的政治抉擇為中心〉，收入楊翠主編，《青春二二八：二七部隊的抵抗、挫折與流轉》（台北：二二八事件紀念基金會，2017），頁 103-151。

網站

1. 〈各區重大事件〉，二二八基金會官網，https://www.228.org.tw/228_importantevent.php?PID=8，擷取日期：2018 年 9 月 30 日。
2. 〈訪二二八起義倖存者——黑龍江省台聯創會會長賴有才〉，中國台聯「台胞之家」網站，http://tailian.taiwan.cn/dftl/201703/t20170302_11712704.htm，擷取日期：2018 年 10 月 7 日。
3. 〈台灣民主自治同盟史實叢談〉，「台灣民主自治同盟」官網，http://www.taimeng.

org.cn/hxla/wyxy/t20110504_269829.htm，擷取日期：2018 年 10 月 11 日。

4. 三立新聞，〈二二八走過一甲子〉，引自 Tim Maddog，〈The 228 Massacre - 60 years on, Part 3/3〉，https://bit.ly/3kt5G4B，擷取日期：2021 年 2 月 28 日。

5. 艾文，〈他的人生是一部傳奇：林東海素描〉，「文史廣東」網站，http://www.gdwsw.gov.cn/dfjy/201807/t20180720_957430.htm，擷取日期：2018 年 10 月 8 日。

6. 李韶東，〈懷念台盟創始人謝雪紅〉，收入「歷史與亞細亞」部落格，https://bit.ly/3bKND5P，擷取日期：2021 年 2 月 28 日。

7. 李韶東，〈憶我的父親李喬松革命的一生〉，中國台聯「台胞之家」網站，http://tailian.taiwan.cn/n1080/n1125/n19909/n19954/318992.html，擷取日期：2018 年 10 月 8 日。

8. 廖建超，〈被遺忘的二七部隊參謀長〉，「芋傳媒」網站，https://taronews.tw/2018/04/28/30903/，擷取日期：2021 年 2 月 28 日。

07

《自由中國》雜誌與在野政治菁英對地方選舉問題之反應（1950-1960）[1]

陳致妤 [2]

一、前言

　　1949 年國民黨於國共內戰中失利，中華民國中央政府敗退來台後，在未完成地方自治法制化的情形下，1950 年起在台灣實施所謂的地方自治，形塑自由民主形象，也建構統治的正當性基礎。[3] 另一方面，中央層級的民意代表選舉則遭到凍結，長時間不進行改選，而由國民大會間接選舉的總統也無法反映新的民意。因此，1950 年起在台灣推行之地方選舉是唯一可以定期改選的選舉活動。然而國民黨執政當局往往於過程中，透過黨國體制的強制力來操控選舉結果。投入地方選舉的政治菁英以台灣本省籍為

1　本文改寫自筆者的碩士論文〈台灣地方選舉研究：以《自由中國》的討論為中心（1950-1960）〉中的第四章「在野政治菁英對選舉問題之反應」。

2　國立政治大學台灣史研究所碩士。

3　薛化元，〈台灣地方自治體制的歷史考察──以動員戡亂時期為中心的探討〉，收入中央研究院台灣研究推動委員會編，《威權體制的變遷：解嚴後的台灣》（台北：中央研究院台灣史研究所籌備處，2001），頁 181。

主，其中非受國民黨支持者，便經常在選舉過程中遭遇不公平的狀況。在國民黨政府的控制之下，選務過程屢傳舞弊情形，選監制度不為人民所信任。具有外來性的國民黨政權，在台灣地方選舉中以各式各樣的手段，製造「國民黨提名等同當選」的情況，透過控制選舉，掌握地方公職的分配權，進而獲得對地方的影響力。[4]

而在 1949 年，有一批反共、信仰民主自由的外省籍菁英亦隨中央政府來台，在國民黨當局的統治政策下，他們相較於台灣本省人有著更寬闊的文化舞台，其中尤以《自由中國》半月刊為 1950 年代台灣最重要的自由主義政論刊物，[5]從 1949 年 11 月到 1960 年 9 月一共發刊 260 期，每期發行數量可高達 1 萬 2 千本，影響力遍及海內外。[6]《自由中國》創刊於國民黨政權與這批知識菁英流亡到台灣之後，[7]面對劇變的時局，雜誌初期以「擁蔣反共」為主要思路，然究其核心目標乃是要以「民主反共」，進而達成「自由中國」。[8]《自由中國》刊物負責人雷震與其他外省籍編輯作者群的身分與處境，或使他們的視野有所侷限；然而，該刊約自 1950 年代中期起態度大有轉變，對台灣本地的地方選舉不公問題做大量報導與評論。雷震等外省籍政治菁英的目光投注到地方選舉，開始與實際參選的台籍政治菁英有了共同的關注，雙方逐漸有機會接觸，走向合作。[9]

以《自由中國》為研究對象的學術專著，薛化元的《《自由中國》與民主憲政：1950 年代台灣思想史的一個考察》從思想史出發，為《自由中國》

4　若林正丈，《台湾海峡の政治—民主化と「国体」の相剋》（東京：田畑書店，1991），頁 19-20。

5　薛化元，《《自由中國》與民主憲政：1950 年代台灣思想史的一個考察》（台北：稻鄉，1996），頁 377。

6　潘光哲，《遙想—德先生：百年來知識份子的歷史格局》（台北：南方家園文化，2011），頁 12-13。

7　《自由中國》，1：1（台北：1949 年 11 月 20 日）；雷震，〈創刊「自由中國」的意旨〉，《自由中國》，16：6（台北：1957 年 3 月 16 日），頁 10。

8　薛化元，《雷震與 1950 年代台灣政治發展—轉型正義的視角》（台北：中正紀念堂，2019），頁 110-111。

9　薛化元，《《自由中國》與民主憲政：1950 年代台灣思想史的一個考察》，頁 318-375。

內容定出數個發展階段，對於筆者理解該刊各時期言論主張之內涵幫助甚大，不過該書探討《自由中國》對地方選舉之態度的篇幅僅有一小節，相對著墨不多。[10] 針對 1950、60 年代地方選舉及組黨運動進行研究，具代表性且與本題目相關的蘇瑞鏘，其專著《戰後台灣組黨運動的濫觴——「中國民主黨」組黨運動》及近年發表之論文〈「中國民主黨」組黨運動的再思考——以台籍民選反對菁英為觀察視角〉、〈1950、60 年代台灣在野菁英對地方選舉弊端的批評與因應〉等，蘇的研究較凸顯實際參與地方選舉的反對派台籍政治菁英，對選舉問題進行批判與應對（包括組黨行動）時的主動性及重要性。[11] 本文則選擇從雷震等非實際參與台灣地方選舉之外省籍自由派菁英的視角切入，主要依循《自由中國》雜誌對地方選舉態度轉變的脈絡，觀察他們從地方選舉開始的 1950 年，至著手組黨 1960 年之間，如何看待國民黨在選舉中的弊端，對此態度有何轉變。

二、《自由中國》在 1950 年代初期對國民黨的勸諫態度

1950 年台灣省初行地方選舉，彼時尚與國民黨互動關係良好的《自由中國》雜誌刊登一篇〈談談黨員競選問題〉，稱讚此次選舉「在我國政治史中顯現了一個光明的前景」，但同時擔憂某些縣市有超過一名國民黨員互相競爭的情況，指國民黨改造委員會必須改進。配合日前蔣中正訓示：「黨員要競選，應由他的政黨提名，不能夠自由參加競選」，[12] 該文建議應

10　薛化元，《《自由中國》與民主憲政：1950 年代台灣思想史的一個考察》（台北：稻鄉，1996）。

11　蘇瑞鏘，《戰後台灣組黨運動的濫觴——「中國民主黨」組黨運動》（台北：稻鄉，2005）；蘇瑞鏘，〈「中國民主黨」組黨運動的再思考——以台籍民選反對菁英為觀察視角〉，《台灣風物》，68：2（台北：2018 年 6 月 30 日），頁 21-60；蘇瑞鏘，〈1950、60 年代台灣在野菁英對地方選舉弊端的批評與因應〉，《文史台灣學報》，13（台北：2019 年 10 月），頁 89-117。

12　〈總裁訓示本黨黨員 競選應循政黨常軌 本民主法治精神保障選民權利 要服從黨的決定勿蹈過去覆轍〉，《中央日報》，1950 年 11 月 24 日，第 1 版。

由黨方勸說黨員撤銷競選登記，也可以「交換條件」，提供官位或優待來勸退；堅持參選到底者，只好開除黨籍或讓他自動退黨。[13] 此時《自由中國》將首次於台灣省推行的地方選舉，放在整個中國的視野，視之為中國民主發展的一個標示，同時也顯然是站在國民黨的立場來檢討黨在台灣省地方選舉中的競選情況，甚至提議國民黨可交換條件以求勝選。

儘管至 1951 年 5 月間，雷震陸續聽聞數起地方選舉過程中的負面事跡，如國民黨黨部利用司法，使第一屆苗栗縣縣長當選人劉定國當選無效，以及台中縣長選舉中有警察不當干涉；[14] 亦聞吳鐵城轉述丘念台謂：「此次台灣選舉，政府可多得幾名縣長，但已失去人心」，雷震於日記中記下：「可見選舉辦得之壞也」，[15] 但除此之外未有更多反應。雖然《自由中國》雜誌宗旨在於宣傳自由民主的價值，但在創刊初期是以「擁蔣反共」為主要思路。[16] 再加上這些外省籍政治菁英當時才剛來到台灣不久，地方選舉也才剛開始推行，1950 年代初期偶聞的選舉問題未能受到他們重視。[17]

1951 年 6 月，對於國民黨在部分縣市首長選舉中敗北，《自由中國》稱「正足以表明我政府夠民主，和極權國家迥然兩樣」，並期待著「我們最重要的政黨──國民黨」改造完成。[18]

《自由中國》首次針對地方選舉的批評，是 1953 年社論〈競選活動應看作政治教育〉對政府不當的限制選舉措施提出批判。[19] 此外，雷震於同年 5 月間參與中國政治學會，討論到公職候選人應否先經過考試，雷震認

---

13 時事述評，〈談談黨員競選問題〉，《自由中國》，3：11（台北：1950 年 12 月 1 日），頁 4。

14 雷震，1951 年 5 月 11 日日記，收入傅正編，《雷震全集》（台北：桂冠圖書，1990），冊 33，頁 93；田欲樸、陳江山、李緞，〈糾舉台中縣警察局長李連福等案〉（1951 年 6 月 16 日），《監察院公報》，2：1（台北：1951 年 7 月 1 日），頁 10-11。

15 雷震，1951 年 5 月 12 日日記，收入傅正編，《雷震全集》，冊 33，頁 94。

16 薛化元，《雷震與 1950 年代台灣政治發展─轉型正義的視角》，頁 110-111；胡適，〈「自由中國」的宗旨〉，《自由中國》，1：1（台北：1949 年 11 月 20 日），頁 2。

17 蘇瑞鏘，《戰後台灣組黨運動的濫觴─「中國民主黨」組黨運動》（台北：稻鄉，2005），頁 65。

18 時事述評，〈選舉中的政黨與人民〉，《自由中國》，4：11（台北：1951 年 6 月 1 日），頁 5。

19 社論，〈競選活動應看作政治教育〉，《自由中國》，8：2（台北：1953 年 1 月 16 日），頁 3。

為「此種考試無補實益，而在朝黨則可利用」。[20] 此時雷震與《自由中國》對台灣省地方選舉的關注，較偏重於法規制度層面的檢討。

雖然在 1954 年 3 月，針對當時地方選舉中一人競選及黨內提名風氣等問題，許多外省籍自由派菁英已感受到反對黨之必要，雷震更希望可由胡適出面領導；[21]《自由中國》也有一篇社論提出反對黨的主張，不過研究者認為僅止於理念靜態的描述，未鼓吹建立強大的反對黨。[22]

1954 年 5 月 2 日舉行的第二屆台北市市長選舉中，國民黨提名的王民寧竟意外落選，《自由中國》對此發表社論〈這是國民黨反省的時候〉，指出國民黨全力動員黨員投票、教員助選，意圖控制選舉，卻「恰恰相反，主要是由於『控制過力』，碰到民主思想反激出來結果」而輸掉這場選戰。另外也針對此次選舉有許多縣市「一人競選」現象，批評：「不是就等於指定嗎？這樣又怎能算是競選？祇准選舉一人，置選民的公民權於何地？」[23] 而該屆台北縣縣長選舉，僅戴德發一人競選，戶籍在台北縣的雷震個人選擇放棄投票。[24]

雖然《自由中國》對國民黨控制選舉之意圖提出批評，但雷震特別注意避免使用過於激烈的措詞，[25] 整體而言仍對國民黨懷抱期待，望以社論敦促其反省。而同一時期《公論報》社論以及《民主潮》沈雲龍文章，雖

20　雷震，1953 年 5 月 31 日日記，收入傅正編，《雷震全集》，冊 35，頁 84；可參見阮毅成，〈悼念薩孟武兄〉，《傳記文學》，44：5（台北：1984 年 5 月，頁 49-50。

21　雷震，1954 年 3 月 11 日日記，收入傅正編，《雷震全集》，冊 35，頁 241-242。

22　此時雷震與《自由中國》仍然擁護執政者蔣中正，對於反對黨的組成，則寄望於執政者的態度，期待由執政黨「加意培植」。參見社論，〈行憲與民主〉，《自由中國》，10：6（台北：1954 年 3 月 16 日），頁 3；社論，〈敬以諍言請祝蔣總統當選連任〉，《自由中國》，10：7（台北：1954 年 4 月 1 日），頁 4；薛化元，〈《自由中國》「反對黨」主張的歷史考察〉，《台灣風物》，45：4（台北：1995 年 12 月 31 日），頁 15-16；薛化元，《雷震與 1950 年代台灣政治發展》，頁 94-95。

23　社論，〈這是國民黨反省的時候〉，《自由中國》，10：10（台北：1954 年 5 月 16 日），頁 4-5。

24　「縣長候選人只有一人，等於指定，我棄權」，見雷震，1954 年 5 月 2 日日記，收入傅正編，《雷震全集》，冊 35，頁 273-274。

25　「將國民黨反省社論又特加修飾，務使刺眼文字減少，這篇文章得罪人一定不少」，見雷震，1954 年 5 月 13 日日記，收入傅正編，《雷震全集》，冊 35，頁 279。

對執政者國民黨干預選舉提出實例，但仍蘊含相當的勸諫意味，均期盼執政的國民黨改進。[26]

三、民青兩黨的選舉訴求

　　1954 年底，《自由中國》因一篇投書〈搶救教育危機〉[27] 與蔣中正總統發生一次較大的衝突，雷震為此於 1955 年 1 月遭撤銷國民黨黨籍。[28] 再加上當局白色恐怖的統治手法，使自由派菁英與當局的關係在 1955 年逐漸來到新的低點，而雷震及其主導的《自由中國》對反對黨的態度亦有所轉變。[29] 該年 12 月《自由中國》發表社論〈對民青兩黨的期望〉，希望民社黨與青年黨停止內部分裂，「從此團結圖強，以發揮反對黨的功能，促進政治的進步，為我們國家的政黨政治樹起良好的規模。」[30] 其時雷震心目中的反對黨，主要是結合以來自外省籍政治菁英為主體的民青兩黨及其他民主人士，未顯示有包括無黨籍本省政治菁英之想法。[31] 不過，在民社黨或青年黨之中，有一些台籍黨員，在他們參與地方事務、競選本省地方公職的過程中，同黨的外省籍菁英隨之較早注意到台灣地方選舉的各種

26　任育德，《向下紮根：中國國民黨與台灣地方政治的發展（1949-1960）》（台北：稻鄉，2008），頁 369-370。

27　余燕人、黃松風、廣長白，〈搶救教育危機〉，《自由中國》，11：12（台北：1954 年 12 月 16 日），頁 32。

28　雷震，1955 年 1 月 3 日日記，收入傅正編，《雷震全集》，冊 38，頁 4。

29　薛化元，《《自由中國》與民主憲政：1950 年代台灣思想史的一個考察》，頁 133-135。

30　社論，〈對民青兩黨的期望〉，《自由中國》，13：11（台北：1955 年 12 月 1 日），頁 4。

31　薛化元，《《自由中國》與民主憲政：1950 年代台灣思想史的一個考察》，頁 135。雷震「希望青年黨自己團結，然後民社黨亦可團結，再來一個大團結。」雷震，1955 年 11 月 29 日日記，收入傅正編，《雷震全集》，冊 38，頁 178-179。

問題。[32] 另有研究者指出，1950年代中期以後，軍事反攻的可能性逐漸減低，對於部分外省籍人士有著重大的心理影響。種種因素促使自由派外省籍政治菁英在1950年代中後期越來越重視台灣本地議題，包括地方選舉問題。[33]

隨著雷震與民、青兩黨親近，他們的地方選舉相關文章自1956年開始經常出現於《自由中國》；至該年底，該刊也終於以社論形式對既有的地方選舉不公問題表達看法，批評國民黨不合理地以龐大的組織力量輔選、迫人放棄競選，或利用官司使當選無效。[34] 而在1956年10月31日《自由中國》發行「祝壽專號」遭黨政軍控制的媒體全面圍剿後，與國民黨政府間的關係正式破裂。[35] 曾任該刊編輯的傅正認為《自由中國》可以「祝壽專號」作為分界點，此前較偏重理論方面，少觸及現實政治，而從「祝壽專號」起逐漸偏向現實政治層面。[36]

當時由於地方選舉「一人競選」情形嚴重，輿論界討論不斷，相繼提出政黨提名制度、選舉監察制度等問題，以圖應對國民黨在地方選舉各層面的控制。以下將以《自由中國》文章為主，分別討論民青兩黨當時為改善同額競選現象而提出的兩種主要訴求。

(一) 政黨提名制度

根據《自由中國》，國民黨於1954年第二屆臨時省議員暨縣市長選舉已採行黨內提名制度，嚴格限制黨員非經黨提名不得參加競選，違者開除

32　如青年黨主導之刊物《民主潮》於1954年已曾發表社論批評選舉不公問題。社論，〈政黨合作之道〉，《民主潮》，4：1（台北：1954年3月16日），頁2，轉引自蘇瑞鏘，〈1950、60年代台灣在野菁英對地方選舉弊端的批評與因應〉，《文史台灣學報》，13（台北：2019年10月），頁94。

33　蘇瑞鏘，《戰後台灣組黨運動的濫觴—「中國民主黨」組黨運動》，頁65。

34　薛化元，《《自由中國》與民主憲政：1950年代台灣思想史的一個考察》，頁319-321。

35　薛化元，《《自由中國》與民主憲政：1950年代台灣思想史的一個考察》，頁137-140。

36　傅正，〈雷震「自由中國」中國民主黨——在「八十年代」參加「中國民主運動發展史」座談會發言〉，收入傅正，《傅正文選》（台北：傅正，1989年9月），冊3，頁261。

黨籍，以減少黨員間相互競爭的糾紛。[37] 因此，有意競選但未獲黨內提名者，如欲繼續參選則必須退黨，一旦退黨則無黨的庇蔭，還很可能遭遇各種刁難。在野人士不具備與執政黨國民黨對等之競爭力，僅少數人能靠個人力量對抗執政黨提出的候選人。1954 年《自由中國》社論認為：「競選人之少則因反對黨之無力……惟望有力的反對黨之出現，以彌補此缺憾。」顯示出當時《自由中國》對於選舉及反對黨問題的被動消極態度。[38]

1956 年第三屆鄉鎮市長選舉期間，國民黨於 6 月的中常會議評估黨內提名制度時，認為「黨的提名制度是正確的，且在地方自治選舉中已具績效，自宜貫徹實施，以樹立政黨政治之良規。」[39] 對於「一人競選」問題，官方、黨方報刊之言論均推託是因為其他黨沒有提名競選才演變如此，並開始鼓勵改採政黨公開提名競選制，希望其他黨派也跟著提名。[40]

民青兩黨則有不同看法，他們特別在意政黨提名制度未被明文規定現行選舉法規中，不斷呼籲國民黨將之寫入法規，《自由中國》亦刊登多篇相關文章。[41]

自 1956 年底雷震頻繁與民青兩黨人士聚會，針對地方選舉交換意見。《自由中國》亦發表社論對當時的競選提名制度提出批評，認為採候選人自由申請登記，摒棄政黨提名候選人的辦法，表面上看似讓候選人自由活動，實際上卻是取消了民青兩黨依法提名候選人的權利，指國民黨利用其政權在握之便，以龐大的組織力量支持黨所屬意的候選人，造成國民黨於

37　沈雲龍，〈有關台省地方選舉的幾個問題〉，《自由中國》，16：8（台北：1957年4月16日），頁 13。

38　社論，〈競選活動應有這樣不合理的限制嗎？〉，《自由中國》，10：9（台北：1954年5月1日），頁 4。

39　社論，〈如何糾正台灣選舉的弊端——選舉應由政黨提名候選人〉，《自由中國》，15：12（台北：1956 年 12 月 22 日），頁 3。

40　朱文伯，〈我看「選賢與能、節約守法」〉，《自由中國》，16：8（台北：1957年4月16日），頁 10。

41　如沈雲龍，〈有關台省地方選舉的幾個問題〉，《自由中國》，16：8（台北：1957 年 4 月 16 日），頁 13；王嵐僧，〈論台灣省的選舉〉，《自由中國》，16：7（台北：1957 年 4 月 1 日），頁 9-10。

選舉中佔有絕對優勢。《自由中國》社論與民青兩黨同聲強調政黨提名制的必要：「只准一黨獨佔提名的權利，絕對走不上政黨政治的道途；一區只有一個候選人，亦實在不成為選舉。」[42] 此時《自由中國》對「一人競選」問題的看法，與 1954 年時被動期望「有力的反對黨之出現」有所不同，提出較為具體的訴求，也對國民黨的獨大有較強的批判。

1956 年 10 月間，面對即將到來的第三屆臨時省議員暨第三屆縣市長選舉，青年黨及民社黨基於國民黨以黨領政之事實，聯名致函國民黨中央委員會秘書長張厲生，提出五點建議，包括為因應一人競選現象，民青兩黨要求確立政黨提名制；另外，對於先前選舉中發生的軍警不當助選、選務舞弊之情形，向政府提出改進辦法，並要求參與選務辦理。[43] 然而，直到選舉前夕的 1957 年 3 月間，國民黨中央才表示修改選舉法規係屬政府權責，而非黨的事情，「一切依法辦理」。[44] 朱文伯指控國民黨僅表面上歡迎黨外人士競選，實則「想以政黨競選的姿態，掩飾控制選舉的黑幕」，認為執政黨高唱政黨提名非出於誠意。[45] 沈雲龍也指稱是國民黨「一黨提名」進而造成許多縣市「一人競選」的現象。[46]

儘管有不少研究者認同國民黨官方說法，表示當時台灣省地方自治法規雖未規定政黨提名，但各黨提名與否，純為各黨內有權決定之事，「不生法律之從違」。[47] 誠然，政黨提名制明定於法規與否，雖不影響民青兩黨於黨內自行建立提名機制，但民青兩黨之所以做不到黨內提名，可能由

42　社論，〈如何糾正台灣選舉的弊端——選舉應由政黨提名候選人〉，《自由中國》，15:12（台北：1956 年 12 月 22 日），頁 3。

43　〈參加省議員縣市長競選 民青兩黨將提出候選人〉，《聯合報》，1957 年 3 月 19 日，第 2 版。

44　〈民青兩黨對選舉 5 建議 有關方面 逐予解釋〉，《聯合報》，1957 年 3 月 19 日，第 1 版；〈蔣勻田談話 要求公布軍眷選民名額 3 黨聯合參加監選〉，《聯合報》，1957 年 3 月 20 日，第 2 版。

45　朱文伯，〈我看「選賢與能、節約守法」〉，《自由中國》，16:8（台北：1957 年 4 月 16 日），頁 10。

46　沈雲龍，〈有關台省地方選舉的幾個問題〉，《自由中國》，16:8（台北：1957 年 4 月 16 日），頁 13。

47　郎裕憲，《台灣地方選舉》（台北：政大公共行政及企業管理中心，1966），頁 99-100。

於當時兩黨內部皆處於分裂狀態，[48] 缺少足以服眾的權力核心；如由政府將政黨提名制納入法規，則可凸顯政黨存在之重要性，有助於民青兩黨強化其黨中央的力量，[49] 也許能藉此讓一些以無黨籍身分參選的黨員願意加強和黨部的關係，或吸引其他反對國民黨的無黨人士加入。[50]

總而言之，不管是在野黨、無黨、脫黨（退出國民黨）參選，只要非國民黨提名支持者，選舉過程中容易遇到阻礙，勝選機會也不高，自然而然造成整體的參選意願低落。

（二）選舉監察制度

關於選舉監察之訴求，據民社黨蔣匀田所言，乃鑑於 1954 年第二屆縣市長選舉之廢票太多，黨外人士紛紛認為不能不重視投票所的監察工作。[51] 選務公正與否，實乃真正影響非國民黨籍者參選意願的一大關鍵。

1956 年 12 月底，蔣匀田曾向某位國民黨高層探詢他們對民青兩黨選舉五點要求之看法，當時得到對方肯定的答覆，蔣匀田極為高興，四處鼓勵身邊朋友投入此次選舉，以改善眾人詬病的「一人競選」情形。後續蔣匀田每次遇到國民黨高層，每談及此一問題，對方也是滿口答應「原則絕無問題」，[52] 但卻遲遲沒有來自國民黨秘書長張厲生之正式回應。直至 1957 年 3 月間，始聞國民黨中央認定：「民、青兩黨之前述各建議，皆屬

48　薛化元，《雷震與 1950 年代台灣政治發展—轉型正義的視角》，頁 111-112。

49　柯德厚，〈關於政黨提名問題的商榷〉，《自由中國》，8：3（台北：1953 年 2 月 1 日），頁 15。

50　在當時地方選舉中，民社黨、青年黨黨員身分並不受到歡迎，王嵐僧曾指出民青兩黨「有許多黨員在參與地方選舉時，對於自己的黨籍身分會刻意隱瞞或模糊曖昧」，見王嵐僧，〈論台灣省的選舉〉，《自由中國》，16：7（台北：1957 年 4 月 1 日），頁 9-10；一些遭指為青年黨、民社黨黨員的地方候選人，甚至視之為一種「謠言攻擊」，可參見王地，〈割除選癌‧收拾民心〉，《自由中國》，22：7（台北：1960 年 4 月 1 日），頁 15；楊基振，〈我從競選失敗中得到的知識〉，《自由中國》，17：12（台北：1957 年 12 月 16 日），頁 9。

51　蔣匀田，〈緊握收拾人心的機會〉，《自由中國》，16：10（台北：1957 年 5 月 16 日），頁 8。

52　蔣匀田，〈緊握收拾人心的機會〉，《自由中國》，16：10（台北：1957 年 5 月 16 日），頁 8。

於政府責之事，而非黨的事情，任何一個法治國家，主辦選舉事務，一切皆應依法辦理」，並稱：「關於三黨基層幹部參加選舉事務所工作一事，這是不可能的，因為任何政黨政治的國家辦理選舉，皆係依照法規，由政府主持，而非由政黨聯合辦理。」[53]

對此，民社黨蔣勻田接受媒體採訪時加以補充，重申三黨共同參與選舉監察以改善一人競選現象之訴求：「我們希望能將選舉辦到公平合理，免去一人競選的現象，所以要求由三黨參加監票的監察工作。在美國選舉的投票所，就是由各黨派人監察的。」[54]

1957 年 4 月 1 日《自由中國》再以社論表達對地方選舉的關切，提醒國民黨：「可以失去選票，卻不可以失去民心！」並應放寬競選活動限制，允許各政黨或候選人代表參加選舉監察的要求。[55] 4 月 16 日《自由中國》更登載了四篇選舉相關文章，除一篇讀者投書外，其餘三篇均是民社黨或青年黨成員所作，內容均在指摘國民黨。[56] 該期遭指「有助民青兩黨之嫌」，雷震也承認，「因為幫助國民黨宣傳的刊物太多了」。[57]

然而，此次選舉中關於參與選監工作之訴求並未達成。至 1958 年 1 月的第四屆縣市議員選舉前，民青兩黨仍表示：「如不能共同參加辦理選舉與監察投票開票，不擬再公開提名競選」，政府卻依舊不予理會，朱文伯認為由此「可以證明國民黨人決不考慮政黨公平競選的問題……黨的性質仍然保持『革命民主』四字，其不願退為普通政黨是很明顯的。」[58]

53　〈民青兩黨對選舉 5 建議 有關方面 逐予解釋〉，《聯合報》，1957 年 3 月 19 日，第 1 版。

54　〈蔣勻田談話 要求公布軍眷選民名額 3 黨聯合參加監選〉，《聯合報》，1957 年 3 月 20 日，第 2 版。

55　社論，〈寫在本屆地方選舉之前〉，《自由中國》，16：7（台北：1957 年 4 月 1 日），頁 5；薛化元，《《自由中國》與民主憲政：1950 年代台灣思想史的一個考察》，頁 322。

56　分別有蔣勻田的〈人心重要！〉、沈雲龍的〈有關台省地方選舉的幾個問題〉、朱文伯的〈我看「選賢與能、節約守法」〉，及一篇傅正署名陸大順的讀者投書〈國民黨可以不守選舉法規嗎？〉，見《自由中國》，16：8（台北：1957 年 4 月 16 日）。

57　雷震，1957 年 4 月 20 日日記，收入傅正編，《雷震全集》，冊 39，頁 73-74。

58　朱文伯，〈執政黨控制台灣地方選舉的心理分析〉，《自由中國》，18：1（台北：1958 年 1 月 1 日），頁 21。

四、與台籍政治菁英的接觸

　　跟隨國民黨政權敗退來台的外省籍菁英，多活動於中央層級，他們對台灣省地方事務不熟悉，在地方上沒有政治社會基礎，也鮮少參與地方選舉，在 1950 年代中期以前對地方選舉關注不多。而實際投入競選台灣省地方公職者，多為本地出身的台籍政治菁英，其中如有不願與國民黨統治當局合作者，無論其黨籍為何，黨國體制都將透過其規制力進行打壓，遂在選舉過程中形成各種問題。地方選舉中的各種爭議，都是發生在有意競選地方公職的台籍政治菁英身上。

（一）1957 年地方選舉前

　　1957 年地方選舉前夕，彰化縣長參選人石錫勳接受友人王燈岸建議，召集無黨派候選人、民主社會人士、民青兩黨人士，籌組一「黨外候選人聯誼會」，並經內政部核准於 4 月 11 日在台中市醉月樓舉行關於選務改進的座談會，參加者不僅全省各地的候選人、民青兩黨重要幹部，連民政廳也派員列席。此集會是外省籍與本省籍政治菁英的首次正式接觸。[59] 會中討論如何促使選舉做到公正合法，決議五點訴求，要求政府公正執法，嚴格取締不當助選及濫用公家交通工具之情形，並強調應改善選舉監察制度不公，要求政府准許民青兩黨參與選舉監察。由各黨平均參與選舉監票，是座談會上眾人認為最重要的一項建議。會中並推由石錫勳、楊基振、何春木三人對各界發表共同聲明，將此五點向監察院，內政部、省府、民政廳提出，並要求監察院於投票期間派員監察；又共推民社黨與青年黨為向

59　王燈岸，《磺溪壹老人：石錫勳與王燈岸的二十世紀》（台北：玉山社，2018），頁 279-292；蘇瑞鏘，《戰後台灣組黨運動的濫觴—「中國民主黨」組黨運動》，頁 60-61。這場集會亦透過青年黨的王嵐僧邀請雷震出席，但雷震因刊物載稿忙碌而婉拒。見雷震，1957 年 4 月 10 日日記，收入傅正編，《雷震全集》，冊 39，頁 65。

政府交涉建議案的代表。[60]

會後，青年黨主導之刊物《民主潮》以社論呼應，認為選舉應符合憲法第 129 條「普通、平等、直接及無記名投票」及 132 條「應嚴禁威脅利誘」，為維護選舉公正，希望政府對於此五項建議宜予適當的採納。[61] 王燈岸回憶，當時民青兩黨代表黨外人士與執政當局交涉，頗為努力。[62]

省選監會中少數的民青兩黨成員，為爭取達成黨的訴求努力奔走遊說，卻遭主委鄭品聰敷衍。[63] 蔣勻田亦曾嘗試向國民黨高層俞鴻鈞、黃少谷進行交涉，均沒有效果。[64]

選舉在即，國民黨沒有妥善回應在野人士對選舉監察之訴求，選務的公平性仍備受質疑。直至選前兩天，4 月 19 日省主席嚴家淦電知各縣市政府，應予禁止利用公家汽車以作競選宣傳及競選活動；[65] 民政廳長兼選舉監督連震東也終於有所回應，但僅表示「該五項建議均係政府早已公布的有關選舉法令中有所規定者」。[66] 然而問題在於既有規定和實際執行情況有落差，因此連震東所言並不具實質意義。[67]

連震東之回應，幾乎等於正式否定民青兩黨推薦投票所監察人之訴

60　〈在野黨無黨無派候選人 昨集會台中 李萬居主席 21 人參加 提 5 項建議 請政府採納〉，《聯合報》，1957 年 4 月 12 日，第 3 版；王燈岸，《磺溪壹老人：石錫勳與王燈岸的二十世紀》，頁 292。

61　社論，〈我們對在野黨及無黨派候選人五項建議的感想〉，《民主潮》，7：8（台北：1957 年 4 月 16 日），頁 2。

62　王燈岸，《磺溪壹老人：石錫勳與王燈岸的二十世紀》，頁 293。

63　蔣勻田，〈緊握收拾人心的機會〉，《自由中國》，16：10（台北：1957 年 5 月 16 日），頁 8。

64　雷震，1957 年 4 月 4 日日記，收入傅正編，《雷震全集》，冊 39，頁 60-61。

65　〈電各縣市政府為現任縣市長參加競選者，不得利用公家汽車以作競選宣傳及競選活動，希遵照〉（1957 年 4 月 19 日），《台灣省政府公報》，46：夏：18（台北：1957 年 4 月 20 日），頁 220。

66　〈在野黨無黨籍候選人 5 項建議 連震東昨逐一解說 認該建議選舉法令全已有規定〉，《聯合報》，1957 年 4 月 20 日，第 3 版。

67　民社黨相關刊物《民主中國》即指出：「建議並不是不知道已早有選舉法規之規定，其目的是在要求選務當局，要嚴格執行法規……問題是在依照法規，嚴格執行，一律公平待遇」，「連先生故作如此解說，那我們就不難揣測他的用意所在了」。見樊緝虎，〈對本屆選舉在野黨及無黨派候選人五項建議的分析〉，《民主中國》，11：4（台北：1957 年 5 月 15 日），頁 9-10。

求，民社黨遂公開發表退出競選之聲明：「是以本黨對於此次選舉雖仍至盼其公平合法，然既無互相監察之心理保證，因此不便以在野黨身分，向國人證明選舉結果之義務。」據蔣勻田所言，最初為求改進一人競選現象，他鼓勵多位朋友出來競選，但最後卻無法保障其競選之公平，感到相當歉疚。[68] 青年黨方面亦有為文譴責執政當局。[69]

（二）1957 年地方選舉後

雷震與《自由中國》相當關注 1957 年地方選舉傳出的各種爭議，選前已有大量相關評論，選後更持續進行抨擊。他們主要也是從這個時候開始，有機會和參與地方選舉的台籍政治菁英進一步接觸。[70]

1957 年 4 月選舉結束後，雷震與齊世英、夏濤聲、王師曾、王世憲等包括民青兩黨成員在內的外省籍人士聚會，共同慶祝青年黨籍本省人李萬居當選省議員，亦熱烈討論此次選舉中國民黨的舞弊傳聞。[71]

而依選前台中集會之決議，選後應由李萬居召開一次選舉檢討座談會。為此，李萬居奔走各地與無黨籍與民青兩黨人士聯絡。[72] 1957 年 5 月 18 日下午，「在野黨暨無黨無派第三屆競選人選舉檢討會」於台北市西門町新蓬萊餐廳舉行，發起人包括該屆選舉中當選或落選者共 26 名，[73]

68　蔣勻田，〈緊握收拾人心的機會〉，《自由中國》，16：10（台北：1957 年 5 月 16 日），頁 7。

69　如朱文伯，〈執政黨控制台灣地方選舉的心理分析〉，《自由中國》，18：1（台北：1958年 1 月 1 日），頁 21。

70　傅正，〈雷震「自由中國」中國民主黨──在「八十年代」參加「中國民主運動發展史」座談會發言〉，收入傅正，《傅正文選》，冊 3，頁 261。

71　雷震，1957 年 4 月 29 日日記，收入傅正編，《雷震全集》，冊 39，頁 82-83。

72　王燈岸，《磺溪壹老人：石錫勳與王燈岸的二十世紀》，頁 316-319；蘇瑞鏘，《戰後台灣組黨運動的濫觴—「中國民主黨」組黨運動》，頁 62。

73　26 人名單為：楊金虎、郭雨新、蔡奇泉、吳拜、余登發、李萬居、曹成金、何只經、林春土、林丕讓、李連麗卿、李茂松、楊基振、李順德、郭秋煌、諸寶恆、黃玉嬌、林清安、高玉樹、陳天來、郭國基、石錫勳、洪錐、王吟貴、李源棧、楊仲鯨。見〈在野黨及無黨無派第三屆縣市長暨省議員競選人共同聲明〉，《民主潮》，7：12（台北：1957 年 6 月 16 日），頁 19。

雷震、夏濤聲、劉行之、蔣勻田等外省籍人士亦受邀出席。[74] 當天由高雄市市長落選人楊金虎擔任主席，會中列出此次選舉有：公教及治安人員不當助選、選務機構違法舞弊、監票人員干涉投票、政府機關利用公款協助國民黨提名人競選等弊端，全體一致認同各投票所之監察員應由各候選人推派之代表共同組成；最後決定成立一研究會，以研究選舉法規應有之修正。[75] 5月1日《自由中國》刊出傅正〈對本屆地方選舉的檢討〉，該文批評「台灣省妨害選舉取締辦法」制度本身在競選階段的不合理箝制，又抨擊國民黨利用軍公教力量不當助選，還拒絕在野黨監票的要求，最後果然傳出不少監選人員選舉舞弊情事。面對競選技巧及手段越來越高明的國民黨，傅正呼籲在野黨及無黨無派人士團結，化除歧見、結成一個強大的反對黨。[76] 研究者指出，傅正這篇文章是《自由中國》第一次使其反對黨主張與地方選舉發生關聯，不過此一以地方選舉為核心組成反對黨的呼籲，在當時尚未受到重視。[77]

《自由中國》次期再以夏道平執筆社論[78]〈選票與人心〉，在掌握更多資料後對選舉提出批評，認為「政府拒絕民青兩黨參加投票所開票所的監察工作，已經啟了國人的疑竇」，直指此為國民黨「有計畫的大規模的違法舞弊情事」。[79]

7月間，《自由中國》更首次刊出台籍政治菁英的投稿，是來自該屆

74　雷震，1957年5月18日日記，收入傅正編，《雷震全集》，冊39，頁93-95。

75　〈在野黨及無黨無派第三屆縣市長暨省議員競選人共同聲明〉，《民主潮》，7：12（台北：1957年6月16日），頁19。

76　傅正，〈對本屆地方選舉的檢討〉，《自由中國》，16：9（台北：1957年5月1日），頁13-15。

77　薛化元，〈《自由中國》「反對黨」主張的歷史考察〉，《台灣風物》，頁22；雷震在1957年8月和王世憲、張佛泉談論到反對黨的構想時，還尚未將贏得選舉、奪取政權視為目標：「最好在國民黨以外，聯合在野人士（無黨派人士、民青兩黨人士）及國民黨一部分開明份子組成，目前絕對不能執政，只要有監督力量，批評政治，使其實行民主政治，實行法治。」見雷震，1957年8月2日日記，收入傅正編，《雷震全集》，冊39，頁140-142。

78　雷震，1957年5月4日日記，收入傅正編，《雷震全集》，冊39，頁86-87。

79　社論（夏道平），〈選票與人心〉，《自由中國》，16：10（台北：1957年5月16日），頁3-5。

高雄縣長落選人余登發的兩篇投書，[80] 之後又陸續刊登過幾篇楊金虎、楊基振等人之文章。

然而，雷震的一些朋友對此竟一時難以接納。例如蔣勻田，儘管他於1957 年選後 5 月間即曾為文對余登發遭遇的選舉爭議表達關切，[81] 但他後來卻告訴雷震《自由中國》「不該登台灣人文章」，雷震當時於口頭上回應蔣勻田，表示自己近期未與台灣人見面，且「台灣人目前無領袖人才，現在扶植台灣人是要失敗的」。[82] 可見，雖然 1957 年地方選舉前後，外省籍自由派政治菁英和以本省籍為主的地方政治菁英已有過接觸，共同集會並向政府提出建議，然囿於省籍地域問題，雙方並無決定展開更進一步的合作。對這些 1949 年跟隨戰敗的國民黨政權來到台灣，心繫大陸故鄉的外省籍政治菁英而言，本省人掌權後是否會提倡獨立，當時一直是心中隱憂。不過，與台灣人合作的想法逐漸在雷震心中醞釀。1957 年 9 月，雷震寫信勸胡適組黨時，便提到「新反對黨要以台灣為重心」。[83] 雷震判斷，組織新黨「不僅可改善政治，對台灣人之向心力亦有關係」。[84]

五、地方自治研究會受打壓

1957 年「在野黨暨無黨無派第三屆競選人選舉檢討會」決定組織「台灣自治法規研究委員會」，[85] 以便將來維持連繫、研商具體意見，也希望

---

80 余登發，〈高雄縣長選舉舞弊續訊〉，《自由中國》，17：1（台北：1957 年 7 月 1 日），頁29；余登發，〈高雄縣長選舉訴訟近訊〉，《自由中國》，17:2（台北：1957 年 7 月 16 日），頁 11。

81 蔣勻田，〈緊握收拾人心的機會〉，《自由中國》，16：10（台北：1957 年 5 月 16 日），頁7。

82 雷震，1958 年 4 月 20 日日記，收入傅正編，《雷震全集》，冊 39，頁 271-272。

83 雷震，1957 年 9 月 19 日日記，收入傅正編，《雷震全集》，冊 39，頁 164-165。

84 雷震，1957 年 9 月 27 日日記，收入傅正編，《雷震全集》，冊 39，頁 170-171。

85 雷震，1957 年 5 月 18 日日記，收入傅正編，《雷震全集》，冊 39，頁 93-95。此會後來陸續換過「中國地方自治研究會」、「民主自治研究會」、「中國民主自治研究會」等不同名稱；而本文以下簡稱「自治研究會」或「地方自治研究會」均係指此會。

擴大範圍，使外省籍與本省籍人士有共同參與的機會。[86]

研究者分析，當時地方政治舞台逐漸被與國民黨當局存在侍從關係的台籍菁英掌控，使得另一部分與國民黨對立、較具民主意識的台籍菁英空間越來越狹小，又因為選舉不公而進一步萎縮甚至消失，這些台籍菁英自然走向政治結社來團結在野民主勢力，在 1957 年選舉之後選擇籌設地方自治研究會，實有其迫切性與必要性。[87]

1958 年 7 月初旬，正式以「中國地方自治研究會」之名向台北市政府申請登記。[88] 而恰好不久前，胡適在《自由中國》雜誌社宴席上演講，[89] 內容後來由傅正訂定題目〈從爭取言論自由談到反對黨〉公開發表，[90] 輿論界多猜測地方自治研究會就是胡適所倡組的在野黨，亦遭當局疑忌。7月底，台北市政府退回地方自治研究會的登記申請，藉口其為全國性的人民團體，市政府無權受理，囑逕向台灣省政府申請。[91]

雖然郭雨新確實曾對雷震說：「自治研究會將來就是反對黨」，[92] 不過就如朱文伯所指出，該會當時在名義上或實質上仍只能算是一個政治性的學術研究團體，而非一種政黨，發起人之中有很多具有青年黨、民社

86　朱文伯，〈理論與事實—漫談人權保障問題〉，《自由中國》，19：11（台北：1958年12月），頁 18。

87　蘇瑞鏘，〈戰後台灣歷史發展「動因」與「脈絡」的再思考——以「中國民主黨」組黨運動為中心〉，收入蘇瑞鏘，《戰後台灣組黨運動的濫觴—「中國民主黨」組黨運動》，頁 296。

88　雷震，1958 年 8 月 2 日日記，收入傅正編，《雷震全集》，冊 39，頁 345-346；台灣省臨時省議會第三屆第四次定期大會，《台灣省臨時省議會公報》，13：13（台北：1958 年 12月 1 日），頁 270，「地方議會議事錄檢索系統資料庫」，典藏序號：002-03-04OA-13-6-8-00-00394。

89　雷震，1958 年 5 月 27 日日記，收入傅正編，《雷震全集》，冊 39，頁 296-297。

90　胡適演講中認為「反對黨」一詞太過刺激，他建議以知識份子為基礎組織新政黨，一個「沒有危險，不可怕的」「不希望取得政權的『在野黨』」。見胡適講，楊欣泉記，〈從爭取言論自由談到反對黨〉，《自由中國》，18：11（台北：1958 年 6 月 1 日），頁 10。

91　台灣省臨時省議會第三屆第四次定期大會，《台灣省臨時省議會公報》，13：13（台北：1958 年 12 月 1 日），頁 270，「地方議會議事錄檢索系統資料庫」，典藏序號：002-03-04OA-13-6-8-00-00394。

92　雷震，1958 年 8 月 16 日日記，收入傅正編，《雷震全集》，冊 39，頁 352-353。

黨，乃至國民黨黨籍者。[93]

　　8 月初旬，地方自治研究會再向台灣省政府社會處申請登記，省政府卻延不批復，至 12 月底又退回。[94] 發起人之一的省議員許世賢針對此事進行質詢，社會處長傅雲答稱：根據「非常時期人民團體組織法」第 8 條規定「人民團體在同一區域內，除法令另有規定外，其同性質同級者以一個為限」，而現已有「中國地方自治學會」，奉內政部的命令不准中國地方自治研究會成立。[95]《自由中國》則駁斥政府如此引用訓政時期法令是侵害人民權利，違反《憲法》第 14 條保障人民集會及結社之自由。[96]

　　根據《自由中國》掌握資料，國民黨台北縣第三十三區黨部第三次小組長聯席會議報告中即指稱：「民青兩黨議員，以中國地方自治研究會名義為號召，羅致失意政客，參加配合匪的政策，用合法掩護非法與香港『第三勢力』勾結，其目的在反黨、反政府」。[97]

　　國民黨執政當局，一方面延宕中國地方自治研究會申請登記的許可，一方面對參與人士進行打壓。如省議員許世賢、楊紅綢、黃占岸等人，因參與「中國地方自治研究會」的發起，遭國民黨開除黨籍；[98] 或如郭雨新遭到特務跟監；[99] 孫秋源更於 1958 年 10 月 27 日深夜突然被特務無端抓走，一個月後警總才發布消息，宣稱孫秋源是惡性重大的甲級流氓。[100]

93　朱文伯，〈理論與事實──漫談人權保障問題〉，《自由中國》，19：11（台北：1958 年 12 月 1 日），頁 18。

94　朱文伯，〈理論與事實──漫談人權保障問題〉，《自由中國》，19：11（台北：1958 年 12 月 1 日），頁 18。

95　台灣省臨時省議會第三屆第四次定期大會，《台灣省臨時省議會公報》，13：21（台北：1958 年 12 月 1 日），頁 809，「地方議會議事錄檢索系統資料庫」，典藏序號：002-03-04OA-13-6-2-00-00881。

96　李超群，〈何必「逼上梁山」啊！──國民黨為何開除省議員許世賢等黨籍〉，《自由中國》，20：3（台北：1959 年 2 月 1 日），頁 29。

97　短評，〈國民黨眼中的「共產黨同路人」〉，《自由中國》，19：12（台北：1958 年 12 月 16 日），頁 31。

98　李超群，〈何必「逼上梁山」啊！──國民黨為何開除省議員許世賢等黨籍〉，《自由中國》，20：3（台北：1959 年 2 月 1 日），頁 29。

99　「郭雨新謂他對面有一特務監視，每日換三班」，見雷震，1958 年 8 月 9 日日記，收入傅正編，《雷震全集》，冊 39，頁 350。

100　社論（雷震），〈從憲法保障人身自由說到取締流氓辦法〉，《自由中國》，19：12（台北：1958 年 12 月 16 日），頁 3-6。

1959年2月5日，雷震與夏濤聲約陳啟天、齊世英、朱文伯、成舍我、王世憲、胡鈍俞、鄧翔宇、王鳳韶、沈雲龍、萬仞千、白上之、端木愷、杜蘅之、夏濤聲、戴杜衡、李萬居、李公權、夏道平、胡秋原等，共 21 人一同晚餐。席間，李萬居報告中國地方自治研究會不受批准成立之事，眾人討論到最後認為「反對黨是幹的問題，不是政府批准的問題」。[101]

2月14日，李萬居及李秋遠召集討論中國地方自治研究會事宜，約20 人出席，討論後決議改名，另行呈請立案。當天亦有其他提議，如楊金虎認為「我們應該成立反對黨，因為反對黨不必呈請立案」，王地則說「中國地方自治研究會不是反對黨，將來可能發展為反對黨，我們應堅持原來名稱，派人與內政部長談一談」。[102] 他們後來曾將名稱改為「民主自治研究會」，重新報請備案，仍如石沉大海，沒有下文。[103] 不過，從 1957 年選前集會，到選後檢討會及申請成立地方自治研究會，這些行動及言論顯露出在野菁英面對選舉不公問題，已產生團結組黨抗衡的企圖心。[104]

101　雷震，1959 年 2 月 5 日日記，收入傅正編，《雷震全集》，冊 40，頁 21-22。

102　雷震，1959 年 2 月 24 日日記，收入傅正編，《雷震全集》，冊 40，頁 33-35。

103　朱文伯，〈從台灣地方選舉談到反對黨問題〉，《民主潮》，10：11（台北：1960 年 6 月 1 日），頁 4。

104　蘇瑞鏘，〈「中國民主黨」組黨運動的再思考——以台籍民選反對菁英為觀察視角〉，《台灣風物》，68：2（台北：2018 年 6 月 30 日），頁 35-36。

六、1960 年地方選舉前後之行動

（一）1960 年地方選舉前

　　1960 年此時，1949 年流亡來台的外省籍菁英已在台灣待了十年之久。隨著政治情勢的發展，他們至 1950 年代後期，心中或已隱約體認到短期內軍事反攻大陸的希望渺茫，卻眼見國民黨持續以反共、反攻為名義，不斷升高統治的壓制力道，目的恐怕只為鞏固自己在台灣的政權，[105] 尤其在 1960 年蔣中正「毀憲連任」之後，[106] 主張民主自由的知識菁英對國民黨的信任幾乎消磨殆盡。

　　1960 年 3 月，蔣介石透過臨時條款修正達成三連任的前夕，[107] 雷震問胡適：「今後怎麼辦？」胡適答：「只有民青兩黨和國民黨民主派和台灣人合組反對黨。」[108] 有研究者指胡適的這段話，或許與雷震日後積極參與新黨之籌組有關。[109]

　　而緊接在總統選舉之後，第二屆省議員選舉暨第四屆縣市長選舉於

105　《自由中國》社論 1959 年寫道：「就這樣『拖』下去。拖一天算一天。拖一年算一年。能『拖』，就表示是『存在』。可是因為要『存在』，於是不能不繼續一黨專政。」；1960 年又以南韓李承晚政權瓦解為例證：「反民主的『反共』過程，可能根本就消滅了反共的理由和目標的。這是民主自由人士所不能贊同的⋯⋯獨裁的反共者撿盡了一切便宜，同時因為藉口反共而打煞民主自由的發展，於是它自己變成了黑暗的統治⋯⋯人民還是有理由要求獨裁的反共者下台，而代之以真正的民主反共。」；及至雜誌最後一期批判：「國民黨的權勢核心在台灣藉『國家』和『政府』等等名義所行的玩弄、恐嚇、和榨取⋯⋯存在于人心甚至見之于選舉過程的種種表現⋯⋯」見社論（殷海光），〈自由中國之路─十年了！〉，《自由中國》，20：4（台北：1959 年 2 月 16 日），頁 3；社論，〈「反共」不是黑暗統治的護符！〉，《自由中國》，22：10（台北：1960 年 5 月 16 日），頁 4；社論，〈大江東流擋不住！〉，《自由中國》，23：5（台北：1960 年 9 月 1 日），頁 4。

106　左舜生、張君勱、張發奎、李璜等，〈我們對毀憲策動者的警告〉，《自由中國》，22：5（台北：1960 年 3 月 4 日），頁 6。

107　薛化元，《《自由中國》與民主憲政：1950 年代台灣思想史的一個考察》，頁 161-168。

108　雖然胡適贊成組黨，卻表明自己不參加。雷震，1960 年 3 月 16 日日記，收入傅正編，《雷震全集》，冊 40，頁 270-272。

109　薛化元，〈《自由中國》「反對黨」主張的歷史考察〉，《台灣風物》，頁 25。

1960 年 4 月 24 日舉行，《自由中國》與執政當局的對立焦點，也由三連任問題轉移到地方選舉的問題上。[110]

　　針對 1960 年的地方選舉，1959 年 11 月 6 日民社黨中常會決議向政府要求公平選舉及自由投票，否則該黨不提名黨員參加競選。[111] 民社黨開始與國民黨當局進行交涉，並於 11 月 13 日對外公開要求參與選舉的管理及監察工作。[112] 此次要求，又遭國民黨當局不斷推託，民社黨終於 1960 年 4 月 10 日選舉前夕對外發表聲明，宣布與國民黨在參與監察工作上的交涉全盤失敗，[113] 高玉樹亦因無監票員而決定退出台北市長競選。[114]

　　另外，以申請備案中之「中國民主自治研究會」發起人為主，選前 30 餘名關心地方選舉的在野黨及無黨無派人士，[115] 曾於 1960 年 2 月底在台北市舉行選舉問題座談會，會中認為「過去選舉之所以弊端百出，多認係執政黨當局之包辦操縱有以致之」，並針對歷年選舉弊端整理出 15 點要求，作成建議書，於 3 月 18 日分函國民黨中央黨部及該黨台灣省黨部、行政院、內政部及台灣省政府。[116]

　　該場集會的參與者，除了各地非國民黨籍候選人，還有雷震與青年黨

110　薛化元，《《自由中國》與民主憲政：1950 年代台灣思想史的一個考察》，頁 169。

111　社論，〈對民社黨和國民黨提名競選之爭的看法〉，《自由中國》，21：12（台北：1959 年 12 月 16 日），頁 5。

112　民社黨提出「我們惟一要求，是與政府黨共同辦理選舉，最起碼的條件，是派人充當投票與開票所的管理員與監察員。」而《自由中國》更主張「我們認為還須包括所有無黨無派候選人，也有權在競選區推派管理員和監察員。」見社論，〈對民社黨和國民黨提名競選之爭的看法〉，《自由中國》，21：12（台北：1959 年 12 月 16 日），頁 5。

113　〈中國民主社會黨對台灣省本屆地方選舉的聲明〉，《自由中國》，22：8（台北：1960 年 4 月 16 日），頁 30。

114　〈給讀者的報告〉，《自由中國》，22：8（台北：1960 年 4 月 16 日），頁 32；雷震，1960 年 4 月 12 日日記，收入傅正編，《雷震全集》，冊 40，頁 288-289。

115　參加者有李萬居、吳三連、雷震、蔣勻田、夏濤聲、朱文伯、謝漢儒、高玉樹、楊金虎、石錫勳、何只經、陸雲皆、郭雨新、林丕讓、李福春、郭發、王地、李秋遠、李源棧、葉炳煌、黃千里、許世賢、郭國基、李賜卿、王新順、余登發、宋霖康、林虛中、吳拜、楊玉城、李連麗卿、黃玉嬌等，見〈在野黨及無黨無派人士向國民黨及政府提出的十五點要求（來件）〉，《自由中國》，22：7（台北：1960 年 4 月 1 日），頁 30。

116　〈在野黨及無黨無派人士向國民黨及政府提出的十五點要求（來件）〉，《自由中國》，22：7（台北：1960 年 4 月 1 日），頁 30。

夏濤聲、民社黨蔣匀田等外省籍政治菁英出席。[117] 由於與會者仍以本省籍人士為主，雷震回想：「那一天說台灣話，我簡直聽不懂，事後亦不知，惟我知是討論選舉，我贊成選舉要公平，故我參加此事也。」就此看來，雷震於其中原偏向被動角色，但據聞國民黨內部認定該會所提「十五點是雷震所幹，故國民黨拒不接受」；民社黨內亦有人對雷震的行動存有疑心，例如王世憲懷疑雷震是要透過蔣匀田來支配民社黨，萬仞千則認為雷震遭到蔣匀田利用而前來勸告「對選舉不必太熱心，何必受人利用？」，各種謠言揣測使雷震頗為無奈。[118]

1960 年地方選舉之前，《自由中國》陸續刊登不少篇社論或專文討論，累積數量之多，甚至集結成冊出版單行本《台灣地方自治與選舉的檢討》，加強呼籲國民黨黨政當局進行反省和改革，循公平守法的途徑競選。該書的出版計畫是由傅正向雷震提出，期能「給非國民黨籍的候選人壯壯聲勢」，同時「給國民黨一次警戒，使他們不再敢違法舞弊。」[119] 該書的序更指出，在當時中央民意代表無法改選的情況下，我國「實質上不成其為民主」，然而唯一可以定期舉行的地方選舉，卻因國民黨透過各種非法手段進行操縱而遭受破壞。該文表現出雷震與《自由中國》社的立場，將 1960 年的地方選舉，視為檢驗國民黨有無革新誠意的機會。[120]

《自由中國》雜誌也因對地方選舉問題積極批判，招致國民黨打壓。如第 22 卷第 6 期刊載楊基振的〈爭取台灣地方選舉的重點〉、林觀道的〈從台中地方選舉實例談到公平合法〉兩篇文章，批評了國民黨在選舉中的爭議，國民黨台中縣地方黨部竟通令該縣持有《自由中國》的讀者交出刊

---

117 王燈岸回憶雷震等人的參與，使該會「一時顯得略具有政黨色彩的姿態出來」，見王燈岸，《磺溪壹老人：石錫勳與王燈岸的二十世紀》，頁 322。

118 雷震，1960 年 3 月 30 日日記，收入傅正編，《雷震全集》，冊 40，頁 279-280。

119 傅正，1960 年 3 月 15、19 日日記，收入潘光哲編，《傅正《自由中國》時期日記選編》（台北：中央研究院近代史研究所，2011），頁 264-265、268-269。

120 雷震（傅正），〈寫在「台灣地方自治與選舉的檢討」之前〉，收入「自由中國」編輯委員會編，《台灣地方自治與選舉的檢討》（台北：自由中國社，1960 年 4 月），頁 3；亦刊載於《自由中國》，22：7（台北：1960 年 4 月 1 日），頁 17。該序署名雷震，實由傅正代筆，見傅正，〈「我的母親續篇」（雷案回憶）補注說明〉，收入《傅正文選》，冊 3，頁 283。

物。雷震憤而為文控訴其「暴露出非法控制言論，以求造成清一色替國民黨候選人做競選宣傳的局面，來打擊無黨無派候選人」。[121]

　　3 月底，傅正接到台中縣長候選人王地寄來的限時專送信，請傅正在輿論上加以支持，傅正也認為這是應該做的。[122] 傅正為選前 4 月 16 日出刊的《自由中國》寫了兩篇社論、兩篇專論、兩篇報導，合計約有兩萬三千字之多。[123] 社論標題直接表明〈請投在野黨和無黨無派候選人一票！〉，描述國民黨是如何透過操控選舉，再進而以黨的提名權來控制地方政治，籲請民眾於本次選舉，運用神聖的選票打破「府會一家」的狀況。[124]

（二）1960 年地方選舉後

　　該屆地方選舉結束後，由於選舉投開票所管理員和監察員又幾乎都是由「忠實的」國民黨員擔任，選舉過程中仍發生諸多不公或舞弊情事，5 月 1 日《自由中國》旋即發表社論〈這樣的地方選舉能算「公平合法」嗎？〉加以批評，並進而主張組織強力的反對黨。[125]

　　此外，雷震在選前已著手撰寫的一篇文章，題為〈我們為什麼迫切需要一個強有力的反對黨〉，[126] 明確指出地方選舉問題叢生，根本原因在於「還是沒有一個強有力的反對黨存在，可以和執政黨一決雌雄，可以與國民

121　雷震（傅正），〈人心！人心！人心！〉，《自由中國》，22：8（台北：1960 年 4 月 16 日），頁 12-13。

122　傅正，1960 年 3 月 29 日日記，收入潘光哲編，《傅正《自由中國》時期日記選編》，頁 279。

123　傅正，1960 年 4 月 11 日日記，收入潘光哲編，《傅正《自由中國》時期日記選編》，頁 292-293。

124　雷震私下亦幫非國民黨籍台北縣省議員候選人李秋遠拉票：「我這幾天幫李秋遠拉票子，他並未托我，我希望國民黨以外的人多能當選幾個。」見雷震，1960 年 4 月 18 日日記，收入傅正編，《雷震全集》，冊 40，頁 292-293。

125　社論，〈這樣的地方選舉能算「公平合法」嗎？〉，《自由中國》，22：9（台北：1960 年 5 月 1 日），頁 7。

126　在 1960 年 4 月 24 日地方選舉之前，雷震 4 月 18 日已著手撰寫這篇文章。見雷震，1960 年 4 月 18 日日記，收入傅正編，《雷震全集》，冊 40，頁 292-293。

黨對壘抗爭」。雷震呼籲組織反對黨，並且主張新黨要以選舉的方式，以求獲取政權為目的。[127] 研究者指出，雷震在要求選舉公平的這一個方向上尋求到施力點，提出了與以往不同的反對黨主張，這個反對黨是為下屆地方選舉而產生，而且是以無黨無派之台籍菁英為核心，至於民青兩黨或國民黨籍人士只是「可能」包括在內。[128] 另一方面，雷震等部分外省籍菁英之所以積極與台灣人組黨，是由於意識到台灣社會中的省籍問題。1958 年雷震便曾向齊世英說過，反對黨「不可有地方主義。必須內地人和台灣人合起來搞，以免有偏差」。[129] 及至 1960 年 9 月籌備組黨時，青年黨的王師曾對與台灣人進行政治合作感到憂慮，雷震亦如此回答：「台灣人要起來，壓制不住，我們參加，最少不使走錯方向。」[130]

回到 1960 年地方選舉剛結束之時，夏濤聲約雷震與郭雨新同至李萬居家中談論選舉舞弊情形，並有意邀請無黨派的當選、落選者共同集會，進行選舉檢討，並進一步討論反對黨組織的可能性。[131] 5 月 4 日，吳三連約胡適吃晚飯，出席者有楊肇嘉、郭雨新、李萬居、蔣勻田、夏濤聲、王世憲、齊世英和雷震。郭雨新請胡適出面組織反對黨，胡適則勸他們自己來組：「因有台灣人的民眾也」。[132]

5 月 18 日，眾多競選人或關心選舉問題人士再度集結，舉行選舉檢討會，地點選在台北市和平東路的中國民主社會黨中央總部，來自各縣市共有 60 餘人參與，會中眾人一致抨擊國民黨選舉舞弊違法。[133] 當天先組織一個主席團，有雷震、吳三連、李萬居、楊金虎、許世賢、高玉樹、王地等 7 位。會中，雷震發言強調選舉公正的重要，並表示大家應團結力量來要求選舉公正：「我自己雖不是候選人，但我很關心這一件事，我願意追

---

127 雷震，〈我們為什麼迫切需要一個強有力的反對黨〉，《自由中國》，22：10（台北：1960 年 5 月 16 日），頁 7-10。

128 薛化元，〈《自由中國》「反對黨」主張的歷史考察〉，《台灣風物》，45：4（台北：1995 年 12 月 31 日），頁 26。

129 雷震，1958 年 5 月 30 日日記，收入傅正編，《雷震全集》，冊 39，頁 298-299。

130 雷震，1960 年 9 月 1 日日記，收入傅正編，《雷震全集》，冊 40，頁 393-394。

131 雷震，1960 年 4 月 29 日日記，收入傅正編，《雷震全集》，冊 40，頁 297-298。

132 雷震，1960 年 5 月 4 日日記，收入傅正編，《雷震全集》，冊 40，頁 301-302。

133 雷震，1960 年 5 月 18 日日記，收入傅正編，《雷震全集》，冊 40，頁 309-310。

隨各位之後，為選舉公正而奮鬥。」對於今後該如何團結，眾人紛紛提出許多意見，均意識到如今有組黨之必要。楊金虎首先表示對國民黨不抱希望，諸寶恒認為應以今日出席人員名義發表宣言成立新的政黨，蔡德彬、傅添榮亦同意組黨是當務之急，李連麗卿則希望民青兩黨能提供意見作為組黨參考。當天眾人對民青兩黨批評甚力，如許竹模、李銓源、陸雲皆、黃振三等均指責民青兩黨力量不足；李福春批評民青兩黨過去都沒有奪取政權的企圖心；郭國基、李順德更表示民青兩黨應該直接解散，大家再重新組織一個新政黨。夏濤聲則代表青年黨發言回應，對於在場人士的責備表示感謝，強調青年黨對於實現民主政治的熱忱和在座諸位相同。[134]

基於檢討會爭取公平選舉的初衷，[135] 決議請作為在野黨的民社黨和青年黨督促國民黨修改地方自治法規，使各黨及無黨候選人共同辦理投開票所的管理和監察工作，也請在野黨或無黨立場的報刊共同向政府及社會進行呼籲；即日起於全省各地組織地方選舉改進座談會分會，另外還決定要組織一個新的、強大的反對黨，此事將由座談會與民青兩黨協商進行。[136]

至此，無黨無派或在野黨的本省地方選舉候選人，與先前強力批評國民黨違法修憲三連任並感到失望的外省籍自由派人士，雙方因為地方選舉中國民黨違法不公的行為而結合起來。過去雷震等外省籍自由派人士一直蘊釀的反對黨，終於在此次地方選舉後開始進入籌備階段。[137]

134　〈在野黨及無黨無派人士舉行本屆地方選舉檢討會紀錄摘要〉，《自由中國》，22：11（台北：1960 年 6 月 7 日），頁 21-24。另外，青年黨對於新黨態度或還可參考《民主潮》刊登朱文伯文章稱「台籍無黨派候選人在會中強調反對黨的重要性，頗獲在座人士的廣泛同情」，見朱文伯，〈從台灣地方選舉談到反對黨問題〉，《民主潮》，10：11（台北：1960 年 6 月 1 日），頁 3。

135　據傅正說法「本來，在開會之初並沒有想到要組黨」，見傅正，〈雷震‧「自由中國」‧中國民主黨──在「八十年代」參加「中國民主運動發展史」座談會發言〉，收入傅正，《傅正文選》，冊 3，頁 263-264。

136　〈在野黨及無黨無派人士舉行本屆地方選舉檢討會紀錄摘要〉，《自由中國》，22：11（台北：1960 年 6 月 7 日），頁 24。

137　薛化元，《《自由中國》與民主憲政：1950 年代台灣思想史的一個考察》，頁 170-171。

七、籌備組織反對黨

《自由中國》與《民主潮》、《民主中國》於 1960 年 6 月 16 日同步發表〈選舉改進座談會的聲明〉，[138] 宣示改革地方自治與選舉，強調選舉必須「公平合法」，而為了「促成民主政治之實現，決定團結海內外民主反共人士，並與民青兩黨協商，立即籌組一個新的政黨」。[139] 這篇聲明幾乎被視同創黨宣言。[140]

6 月 19 日，選舉改進座談會主席團第三次會議於《自由中國》雜誌社舉行。名義上雖為選舉改進座談會，實即新黨籌備委員會。[141] 7 月眾人決定到各縣市舉辦選舉改進座談會，「往地方上做組織工作」。[142] 7、8 月間，雷震等人積極前往中南部各縣市，實際拜訪地方政治菁英，了解國民黨在地方上之作為，另一方面召開座談會，由雷震說明新黨組織和前途。[143] 過程中，雷震也發現到《自由中國》刊物之言論確實在地方上發揮影響力。[144]

然而，對於雷震等部分外省籍人士與本省籍菁英共組新黨之計畫，總統蔣介石抱有極深的疑慮，7 月間已決心「對於《自由中國》的反動刊物欲有所處置，否則台省基地與人民將為其煽動生亂矣」。[145] 執政當局對倡議組黨人士的監控更加嚴厲，雷震、黃玉嬌、李萬居、吳三連、高玉樹、李秋遠等人都受到各種不同形式的施壓。[146] 例如吳三連遭受國民黨省議會

---

138 雷震，1960 年 6 月 15 日日記，收入傅正編，《雷震全集》，冊 40，頁 329。

139 特載，〈選舉改進座談會的聲明〉，《自由中國》，22：12（台北：1960 年 6 月 16 日），頁 18。

140 雷震，1960 年 6 月 14 日日記，收入傅正編，《雷震全集》，冊 40，頁 328-329。

141 雷震，1960 年 6 月 19 日、6 月 25 日日記，收入傅正編，《雷震全集》，冊 40，頁 331-332、335-336。

142 雷震，1960 年 7 月 2 日、7 月 16 日日記，收入傅正編，《雷震全集》，冊 40，頁 340、350。

143 雷震，1960 年 7 月 19 日、7 月 23 日日記，收入傅正編，《雷震全集》，冊 40，頁 352-353、354-355；王燈岸，《磺溪壹老人：石錫勳與王燈岸的二十世紀》，頁 339-343。

144 雷震，1960 年 7 月 20 日、26 日日記，收入傅正編，《雷震全集》，冊 40，頁 353、356。

145 「蔣中正日記」，1960 年 7 月 11、18、20、23 日。轉引自呂芳上，《蔣中正先生年譜長編（第十一冊）》（台北：國史館，2015），頁 350-351。

146 蘇瑞鏘，《戰後台灣組黨運動的濫觴—「中國民主黨」組黨運動》，頁 139-142。

黨團幹事許金德威脅，如果吳三連參加組黨，其所主持的「三個廠今後莫望可借到銀行一錢」，導致吳三連於 8 月 12 日向雷震等人表示「參加座談會至此為止，以後新黨不參加」；[147] 高玉樹「近來每週法院有傳票來」，雷震則天天被特務跟蹤。[148]

組黨籌備會議也受到治安單位干擾。7 月 31 日雷震等人原定於高雄醫師公會召開座談會，結果當天醫師公會理事長接獲警總方面警告，不敢出借場地，只好改成晚間在第一大飯店聚餐時順便開會，後來警總特務人員亦至飯店進行監視。[149] 國民黨另發動媒體攻擊，為籌組中的新黨戴上「紅帽子」，指其為「共匪」在背後支援的「統戰」陰謀，「企圖在政治上造成台灣混亂」。[150]

《自由中國》雜誌社也承受著壓力，由於陸續刊登多篇反對黨相關文章，外人「都認為這是新黨機關刊物也」，雷震與夏道平討論後「決定今後咬牙往前走，而刊物態度要和平」，「因為今日和過去不同，過去未搞組織，國民黨比較寬容，嗣後則不同也。」[151]

新黨的黨名已於 6 月中旬暫擬為中國民主黨，[152] 8 月雷震邀集齊世英、蔣勻田、夏濤聲、殷海光、夏道平、成舍我、傅正、王世憲、謝漢儒等人在寓討論黨綱。[153] 8 月 28 日正式確定黨名，楊金虎並表示願捐房屋作新黨

147　雷震，1960 年 8 月 12 日日記，收入傅正編，《雷震全集》，冊 40，頁 369-370。

148　雷震，1960 年 8 月 19 日日記，收入傅正編，《雷震全集》，冊 40，頁 378-380。

149　雷震，1960 年 7 月 31 日日記，收入傅正編，《雷震全集》，冊 40，頁 359-361。當日在高雄市召開高屏地區第一次選舉改進座談會集會資訊及與會人員之發言，台灣警備總部有記錄摘要，參見台灣警備總司令部保安處編印，《要情專報》，61（台北：1960 年 7 月 31日），收入陳世宏、張世瑛、許瑞浩、薛月順編，《雷震案史料彙編：國防部檔案選輯》（台北：國史館，2002），頁 160-164。

150　〈匪圖利用「新黨」活動 進行顛覆陰謀 現正加緊進行「統戰」工作 企圖在政治上造成台灣混亂〉，《中央日報》，1960 年 7 月 31 日，第 2 版；蘇瑞鏘，《戰後台灣組黨運動的濫觴—「中國民主黨」組黨運動》，頁 142-144。

151　雷震，1960 年 8 月 13 日日記，收入傅正編，《雷震全集》，冊 40，頁 370-372。

152　雷震，1960 年 6 月 16 日日記，收入傅正編，《雷震全集》，冊 40，頁 329-330。

153　雷震，1960 年 8 月 5 日日記，收入傅正編，《雷震全集》，冊 40，頁 363。

辦公使用。[154] 當時計畫新黨一定要在 9 月成立，[155] 以便準備來年 1 月的縣市議員選舉。[156]

9 月 1 日《自由中國》刊登了〈選舉改進座談會緊急聲明〉，除了針對選舉辦法修正案提出法規上的批評外，並控訴國民黨暗中對新黨進行破壞工作，亦鄭重宣示新黨絕對反共、反對分化主義，絕不是「本省人的離心運動」。最後表示新黨的政綱、政策、黨名、黨章都已有初步定案，預計可在 9 月底以前宣告成立，[157] 向社會大眾宣示不畏打壓堅持組黨的決心。怎樣也沒想到，該期竟是《自由中國》的最後一期。

組黨核心人物雷震在 1960 年 9 月 4 日突遭逮捕，《自由中國》半月刊旋告停刊。雖然政府聲稱逮捕行動與新黨無關，[158] 但眾人均猜測是打壓組黨的作法。起初新黨的另兩位發言人李萬居與高玉樹，都公開聲明新黨籌組工作不受雷案影響，依原定計畫進行；各縣市有意加入新黨者更希望新黨趕快成立，以便部署縣市議員競選工作。[159] 到了 10 月，「中國民主黨」的人事安排似已大致決定，組黨人士也積極準備 1961 年 1 月的地方選舉，目標爭取全部名額的三分之一席次。[160]

12 月 11 日，新黨各地區籌備委員曾在台中縣豐原舉行一次座談會，雖然事先遭到治安當局警告，聚會仍然秘密進行，據聞參與者約有 50 人。座談會上，「中南部人士」認為新黨成立越早越好，甚至應該立即成立「以便向蔣總統陳情，呼籲赦免雷震的罪刑」；「北部人士」則多不樂觀，認為國民黨絕不准，因此主張新黨不必即行成立，以免引起不必要的紛擾。

154 雷震，1960 年 8 月 28 日日記，收入傅正編，《雷震全集》，冊 40，頁 389-390；〈選舉座談會 昨舉行會議 新黨名稱決定〉，《聯合報》，1960 年 8 月 29 日，第 1 版。

155 傅正，〈雷震「自由中國」中國民主黨──在「八十年代」參加「中國民主運動發展史」座談會發言〉，收入傅正，《傅正文選》，冊 3，頁 264。

156 〈新黨籌組不慌不忙〉，《時與潮》，49（台北：1960 年 11 月 28 日），頁 5。

157 雷震、李萬居、高玉樹，〈選舉改進座談會緊急聲明〉，《自由中國》，23：5（台北：1960 年 9 月 1 日），頁 16。

158 〈雷震依法拘辦 與反對黨無關 昨在劉宅搜獲涉嫌文件 「自由中國」並未查封〉，《聯合報》，1960 年 9 月 5 日，第 1 版。

159 〈新黨籌組不慌不忙〉，《時與潮》，49（台北：1960 年 11 月 28 日），頁 5。

160 蘇瑞鏘，《戰後台灣組黨運動的濫觴──「中國民主黨」組黨運動》，頁 215。

在組黨問題上雙方互不諒解，而對於來年初的縣市議員選舉，原則上決定對國民黨以外的議員候選人一律予以支持。[161] 但在 1 月初的選舉中，他們取得的席次數量並不如預期。於是這場地方選舉成為這波組黨運動的「最後一役」，從此日趨沉寂。[162]

八、結論

雷震及其他經常於《自由中國》雜誌發表文章的外省籍自由派菁英，在 1950 年代前期對地方選舉的關心偏重於法規層面，或是站在國民黨的立場檢討選舉成敗。事實上，雷震早於 1951 年 5 月間即陸續聽聞地方選舉風氣敗壞，但他只在日記中留下簡短的記錄，而未加以公開批判。《自由中國》面對地方選舉問題，1950 年代初期的反應是偏向對國民黨提出勸諫，或較被動的表示期待。這點到 1950 年代中後期有所轉變，此與雷震及《自由中國》雜誌和執政當局關係惡化、轉而親近民社黨及青年黨有關。

就《自由中國》內容而言，1956 年至 1957 年間的選舉相關文章是以民青兩黨外省籍菁英的訴求為大宗，他們較早注意到地方選舉問題，主要透過公開呼籲或私下溝通的方式要求國民黨高層改革制度，但未見成效。1957 年地方選舉後，台籍政治菁英的文章開始於《自由中國》發表，雙方亦有實際接觸，曾共同集會檢討選舉問題，決定共組地方自治研究會，實為反對黨之先聲，儘管難免有著省籍隔閡問題。及至 1960 年地方選舉，在野菁英之改革選舉制度訴求仍不被當局採納，選舉爭議頻傳，顯現出國民黨政府對人民政治參與的緊縮，亦是對民主政治的傷害，最直接的被害者是地方選舉主要參與者的台籍政治菁英。雷震與《自由中國》雜誌社部分作者雖未實際參與地方選舉，不是選舉舞弊的直接受害者，但他們已經關注選舉不公的問題多年，加上對總統蔣介石毀憲三連任不滿；秉持著民

161　〈新黨決再延緩成立〉，《時與潮》，52（台北：1960 年 12 月 19 日），頁 4-5。

162　蘇瑞鏘，《戰後台灣組黨運動的濫觴—「中國民主黨」組黨運動》，頁 213-217。

主反共的信念，也意識到破除省籍隔閡之必要，[163] 在民青兩黨無法團結與國民黨抗衡的現實情況下，決心與台籍菁英攜手組黨。雷震成為這波組黨運動的核心人物之一，亦是其自身民主自由理想、多年發展反對黨主張的實踐。

「中國民主黨」籌備組黨起因於選舉不公問題，但對雷震、傅正等人而言，組黨甚至是一場維護民主憲政、拯救自由中國的行動。然而在黨國威權體制下，訴求擴大政治參與所需付出的代價過於龐大，似乎不是每位組黨人士都有預期。而最後組黨的失敗，則是整個結構性問題不能解決的結果。為反對國民黨之一黨專政、破壞民主憲政，外省人起而與本省人聯手組織反對黨，卻又因黨國威權體制之鞏固而失敗。原以為能從體制內部追求一點點政治自由化的可能性消失了，接著要到1970年代實施「增額選舉」以後黨外人士的活動才再次活絡。[164] 而選舉不公的問題，進入 1960 年代以後依然嚴重，直到 1980 年《選舉罷免法》由中央立法以後，加以選民意識高漲，選舉情形才較為好轉。[165]

---

163 1960年籌備組黨時《自由中國》呼籲摒棄地域之見，可參見社論，〈台灣人與大陸人〉，《自由中國》，23：2（台北：1960年7月16日），頁3-4；殷海光，〈我對於在野黨的基本建議〉，《自由中國》，23：2，頁12-13。

164 若林正丈，《台灣：分裂國家與民主化》（台北：月旦，1997），頁 168、186-187。

165 參見 1960 年開始服務於國民黨區黨部的邱家洪，《打造亮麗人生：邱家洪回憶錄》（台北：前衛，2007），頁 158-182、405-409。

參考文獻

公報

1. 《監察院公報》（台北），1951。
2. 《台灣省政府公報》（台北），1953、1957。
3. 《台灣省臨時省議會公報》（台北），1958。

一般報刊

1. 《中央日報》（台北），1950、1960。
2. 《民主中國》（台北），1957。
3. 《民主潮》（台北），1957、1960。
4. 《自由中國》（台北），1949-1960。
5. 《時與潮》（台北），1960。
6. 《傳記文學》（台北），1984。
7. 《聯合報》（台北），1957、1960。

專書

1. 「自由中國」編輯委員會編，《台灣地方自治與選舉的檢討》，台北：自由中國社，1960。
2. 王燈岸，《磺溪壹老人：石錫勳與王燈岸的二十世紀》，台北：玉山社，2018。
3. 任育德，《向下紮根：中國國民黨與台灣地方政治的發展（1949-1960）》，台北：稻鄉，2008。
4. 呂芳上，《蔣中正先生年譜長編（第十一冊）》，台北：國史館，2015。
5. 邱家洪，《打造亮麗人生：邱家洪回憶錄》，台北：前衛，2007。
6. 若林正丈，《台湾海峡の政治—民主化と「国体」の相剋》，東京：田畑書店，1991。
7. 若林正丈，《台灣：分裂國家與民主化》，台北：月旦，1997。
8. 郎裕憲，《台灣地方選舉》，台北：政大公共行政及企業管理中心，1966。
9. 陳世宏、張世瑛、許瑞浩、薛月順編，《雷震案史料彙編：國防部檔案選輯》，台北：國史館，2002。
10. 傅正，《傅正文選》，冊3，台北：傅正，1989。

11. 傅正編，《雷震全集》，冊 33、35、38、39、40，台北：桂冠圖書，1990。
12. 台灣省地方自治誌要編輯委員會，《台灣省地方自治誌要》，台中：台灣省地方自治誌要編輯委員會，1965。
13. 潘光哲，《遙想—德先生：百年來知識份子的歷史格局》，台北：南方家園文化，2011。
14. 潘光哲編，《傅正《自由中國》時期日記選編》，台北：中央研究院近代史研究所，2011。
15. 薛化元，《《自由中國》與民主憲政：1950 年代台灣思想史的一個考察》，台北：稻鄉，1996。
16. 薛化元，《雷震與 1950 年代台灣政治發展—轉型正義的視角》，台北：中正紀念堂，2019。
17. 蘇瑞鏘，《戰後台灣組黨運動的濫觴—「中國民主黨」組黨運動》，台北：稻鄉，2005。

論文

1. 薛化元，〈《自由中國》「反對黨」主張的歷史考察〉，《台灣風物》，45：4（台北：1995 年 12 月 31 日），頁 9-45。
2. 薛化元，〈台灣地方自治體制的歷史考察——以動員戡亂時期為中心的探討〉，收入中央研究院台灣研究推動委員會編，《威權體制的變遷：解嚴後的台灣》（台北：中央研究院台灣史研究所籌備處，2001），頁 169-212。
3. 蘇瑞鏘，〈「中國民主黨」組黨運動的再思考——以台籍民選反對菁英為觀察視角〉，《台灣風物》，68：2（台北：2018 年 6 月 30 日），頁 21-60。
4. 蘇瑞鏘，〈1950、60 年代台灣在野菁英對地方選舉弊端的批評與因應〉，《文史台灣學報》，13（台北：2019 年 10 月），頁 89-117。

08

夏道平與《自由中國》半月刊的經濟論述

簡敬易 [1]

一、前言

　　對於台灣民主人權發展史中,《自由中國》雜誌社與雷震等諸位先生的重要性與成就,作為自由人權的先驅與象徵自然無待多言。但是關於《自由中國》半月刊論述如何演變、存續,如何達到最終爭取理念價值的結果之前的過程,仍然有相當多疑點值得探究。本文投稿 2020 年雷震公益信託獎學金,其寫作的最初動機乃是基於對奧地利經濟學家海耶克與《自由中國》雜誌關聯發生興趣,過去投稿也曾有幸入選 2018 年之貴獎學金。在當時的寫作過程中,遭遇的許多困難與疑惑就化作為本篇寫作的靈感與材料。簡言之,要研究海耶克,必須先研究《自由中國》經濟論述,而關於自由中國經濟論述的成立,就必須透過對其中隱而不見的靈魂人物、雷震的得力助手——夏道平——進行研究,才有可能達成。

1　國立政治大學台灣史研究所碩士生。

而若要說海耶克與《自由中國》兩者的共同點，或許可以說是對說真話、乃至於求真理的信仰與堅持：前者不畏懼凱因斯學派（Keynesian Economics）當道的政治正確與學術打壓，而不斷控訴管制經濟的危險；而後者更是在國民黨高壓統治的環境下，不畏懼真實的人身威脅而堅持說真話。言論自由的爭取與精神，即使在今日的民主時代也顯得相當重要。不，或許是更重要了！因為在現代傳播技術的助長下，萬口一言的狂潮恐怕並非是極權國家的異象吧。因而，在政論性質的大眾媒介盛行的台灣，作為戰後最具代表性政論性雜誌的《自由中國》半月刊，在今日的研究比起 1980 年代仍然有其價值，而且或許從今日的世界局勢來看、其歷史教訓甚至還更有參考意義。

　　然而，本文也自知碩士生的能力有限，尚無法充分發揮上述的所有學術價值，僅希望透過自身直接接觸《自由中國》的文字所得，或對過往研究有所提問、有所補充，或對往後的研究者有所啟發。有幸得到本次發表的機會，僅在此向「雷震公益信託獎學金」之主辦單位、各協辦單位及各位人士的協助致謝。

二、緒論

（一）問題意識

　　《自由中國》半月刊是在 1949 年到 1960 年之間，以台灣為基地發行的一份政論性刊物，對於台灣社會上的後續研究者，多半以 1960 年雷震組織反對黨將之視為民主化運動的先驅。以政論性刊物的形式批評時政，也被認為是引領了 1970 到 1980 年代蔚為流行的政論性雜誌、乃至於黨外運動之啟發者。而《自由中國》半月刊十年當中有一定篇幅是關於經濟方面的文章，過往研究者多半以「經濟思想」為焦點，將之放在學術脈絡或時代背景的大框架下對這類文章的發展進行探討，並未將這些經濟文章視

為論述，其本身就具有自身的脈絡。為此，本文對於經濟論述的執筆者之一夏道平，[2] 將其生平、對《自由中國》經濟論述的整體建構之影響以及其個人關懷演變進行統整，以期對《自由中國》經濟論述之研究有所助益。尤其，夏道平身為最初與雷震有密切關係之社內成員，在創社初期之論述建構與台灣社會解嚴後對於《自由中國》半月刊詮釋權之掌握，有相當大的影響力，一定程度需要掌握論述建構之細節，才能進而對經濟論述進行研究。

關於《自由中國》半月刊的經濟論述雖然未見其名，但這個概念應由吳惠林、夏道平以「《自由中國》的經濟思想」首先提出。[3] 本文同意其說法，認為既然這些經濟文章如果作為「思想」還不夠成熟，在「西洋經濟思想」之譯介以外，還有更具批判性的專文、社論或時事述評存在。但是，在這個基礎上，只以他們之「經濟思想」概念來含括似乎仍顯不足，層面上還有更值得拓展之處。[4] 為此，本文將這些文章每一篇都視為在某一個特定時空背景下的產物，因此以「論述」稱之，其目的是為了分析論述者的寫作策略與時空背景下的特定寫作模式之改變，以闡明整體發展過程當下的變化。本文以薛化元所編《自由中國全23卷總目錄暨索引》作為

---

2   在《自由中國》半月刊的編輯群當中，夏道平與戴杜衡、瞿荊洲同為經濟社論的主要撰寫者，三人執筆與經濟議題有關的社論。

3   吳惠林、夏道平，〈《自由中國》的經濟思想〉，收入澄社所編，《台灣民主自由的曲折歷程：紀念雷震案三十週年學術研討會論文集》（台北：自立晚報，1992）。此篇文章由吳惠林代表抱病的夏道平完成並發表，然而當中《自由中國》半月刊討論經濟議題的文章之表格，卻是由夏道平長年以來所整理出來的。

4   然而，本文使用《自由中國》半月刊的經濟論述而非「自由中國的經濟論述」，是因為使用「自由中國」一詞容易招致誤解，與國民黨政權在1950年代的自我宣稱混為一談。關於「自由中國」語彙本身之語意分歧，是本文關注的焦點之一。尤其在1950年代之初，不僅對國民黨而言，「自由中國」一詞為其國際宣傳上是相當重要的語彙，在內部經濟改革上，此概念也出現在多本經濟刊物當中，如中國經濟、自由中國之工業。在經濟領域上，自由中國與共產中國具有相當強烈對立所當然。然而，在《自由中國》半月刊停刊以後，於1960年代時，此詞彙幾乎只留存在美援機構之刊物《自由中國之工業》。而關於特指民間的「自由中國雜誌社」，本文注意到其指涉有好幾個分歧性。因而，在行文之間對於「自由中國半月刊」、「自由中國雜誌社」與「自由中國運動」三者進行一定程度之區別。

初步參考目錄，而依照過去研究者與本文當中所關心之重要議題，將相關的、特別是模稜兩可的經濟論述進行一定的增減。而由於過往研究者對此主題之研究多半仍流於片段，因此本文以政論性較高之經濟論述為代表，進行整體性之研究。

(二) 文獻回顧

最早對《自由中國》半月刊之整體論述進行研究者應屬魏誠《民國四十、五十年代台灣政論雜誌的發展：自由中國半月刊內容演變與政治主張》（1984），此篇政治大學新聞所碩士論文主要貢獻在於以內容分析法，將每期社論為各期之代表，對當中之主題內容進行統計。但此研究方式也使其自我設限，不但對其他論述者與各體例欄位加以討論之處仍嫌少，亦未能對《自由中國》半月刊做出分期，深陷於社論的框架中。固然，《自由中國》半月刊是一份編者取向的刊物，每期在編輯會議中的決定下會有主題式的呈現，但這不代表在同一主題下所有文章都可用社論主題加以約略，不同文體間也有不同功能，不可一概而論。況且，在此研究中並未先行對整體發展分期歸類，而純以量化處理主題以得出比例。問題是，社論縱使對各期具有一定代表性，其篇數不但不固定，在後期有愈趨膨脹的趨勢，同時由於篇數過少以及跨距過大，使得在數字中無法呈現之處眾多，這使本文認為，純粹之統計未能完全呈現出論述整體發展之情況。

而曾對《自由中國》半月刊經濟文章進行之先驅研究，則有吳惠林與夏道平合寫之〈《自由中國》的經濟思想〉，這篇研討會論文的問題意識為探討《自由中國》半月刊中是否含有堪稱經濟思想的文章，首先提出了《自由中國》的「經濟思想」之議題，基本上雖對其經濟思想成熟度有所質疑，但是，此文並不完全否定當中有自由經濟思想的雛形，對於將《自由中國》的經濟論述作為整體來研究，是重要先驅研究之一。而經夏道平整理、特別附在文中的表格也針對在《自由中國》之體例、論述者及代表性做進一步整理，將其分為社論、社內成員之專文與社外人士撰文，對於具有對論述者為取向之研究，奠定初步基礎。然而，殊覺可惜之處在於，

既然此文已經把表格建立完成，卻只是在經濟思想的成熟度著墨，卻未將所有經濟文章視為是當下時空之論述來處理，從中若可以見到論述者、主題、寫作策略與背後脈絡的展現，是否能有更進一步的研究。

另外，此篇文章也將《自由中國》大致分成三個時期，1949-1951、1952-1957、1958-1960 年，當中不言自明地以 1951 年「政府不可誘民入罪事件」為界，[5] 推定韓戰爆發與美援恢復為《自由中國》雜誌社與國民黨政權爆發衝突為其背景因素。問題是距離韓戰爆發到「政府不可誘民入罪事件」有將近一年時間，其間的衝突如何發生，線索如何在文章刊載中醞釀，與《自由中國》的論述如何建立，及如何從反共擁蔣上的立場逐漸轉型成政論性刊物，與社會上關注議題產生連結，這篇論文雖然為後續研究奠定基礎，卻也產生這些疑問需要解答。

尤其，《自由中國》的社論並不具名，可以視為由編輯會議共同決定、作者也時常共同寫作，除非有特別記錄，很難考證出每一篇社論的直接執筆者，儘管大致可以梳理出社內編輯委員會的立場發展，卻很難對社論中的寫作模式進行分析。換句話說，儘管此篇論文意識到夏道平對於《自由中國》論述建構的重要性，也對經濟論述進行分期與分類，卻無法釐清其論述之影響。其後，吳惠林〈悼民主政治、自由經濟的導師——夏道平先生〉雖然透過閱讀整理夏道平回憶錄，[6] 對其學術脈絡與生平作出梳理，並對《自由中國》時期的關懷做出整體的評價，但仍然忽略了夏道平在創社之初的影響力，文中也承認對「時事述評」與短評類的文體寫作仍有所忽略，而未能對後續論述發展之影響進行觀察。

以上先行研究皆關注到社論與整體立場的發展，並且深信由於《自由

5　本文所稱，「政府不可誘民入罪事件」是指 1951 年 6 月 1 日夏道平所撰寫〈社論：不可誘民入罪〉揭露軍事機構以土地銀行虛設帳戶，以不合理之高利引誘人民借款。再利用當時非常體制下的特別刑法有高利貸、地下錢莊等罪，將人入罪、其存款則加以沒收之事。後續引發一連串的政治風波，牽動到彭孟緝、胡適、陳誠等人的回應，在雷案回憶中，也被認為是未來發生雷震案的遠因之一。

6　〈悼民主政治、自由經濟的導師——夏道平先生〉，《經濟前瞻》，44（台北，1996 年 3 月）。

中國》的強烈編者取向，社論就具有足以代表整期全部文章主題的強大代表性。即便在經濟議題上過於專業，社論的管轄範圍時常必須讓步給專文來單獨探討，但仍然必須臣服於編輯會議所訂的主題之下，因而——社論具有絕對的優越性。夏道平的表格雖然區分了社論、社內作者與社外人士之撰文等三類具有不同代表性之論述者，但仍然停留在編者取向的選文標準，有意無意地忽略了時事述評與讀者投書在建構社論性當中的意義。上述研究可能忽略了，時事述評欄位儘管在設立之初原本並無意成為另一種社論，但隨著實際的發展，由於文字篇幅短小、文字風格活潑的特點，讓更多作者與主題可以有自由發揮的空間，竟然開始出現了更貼近社會的議題，政論性也在反共的主旋律中奏出了變奏，一定程度上成為了可以補充社論不足之處的媒介。另外，對於研究者而言之優點，相對於社論的被編輯會議的集體性、匿名性所覆蓋，時事述評與短評在每篇文章之末尾照慣例會附上作者姓名的一個字，使得找到作者的線索成為可能。

薛化元《自由中國與民主憲政》（1996）迄今為止仍然是對《自由中國》半月刊進行過最全面完整的研究，不論是對負責人雷震與蔣介石總統之間的關係，對於當時國際政治的局勢變動與台灣內部的政經情勢進行相當完整的爬梳。而在經濟論述當中，這本專書則以為何《自由中國》最後走向民主自由的追求作為問題意識，對於經濟論述的討論，此書主要在探討如何從前期在經濟自由與平等（管制）立場上的論爭，逐漸回歸到古典自由主義中的經濟自由立場，成為社內大致共識以後，進一步擴展到其上的政治自由及其他自由之追求，對於經濟論述只是將之視為整體自由人權訴求之一部分。在如此的研究取向之下，如果要研究經濟論述，則失之於擷取部分，一定程度上忽略了後期經濟立場上的轉向或分裂。具體而言，本文指出的問題是：既然社內的整體立場已經達到古典自由主義之共識，那麼在經濟立場上偏向政府管制，意識形態甚至帶有一定成分社會主義色彩的軍公教人員待遇（與物價）問題，又怎麼會從邊緣的讀者投書欄位，進入到社論與專文等主流的論述場域？

綜合以上之回顧，關於《自由中國》半月刊的經濟論述之研究取向具有整體立場與個別論述者之區別、學術思想脈絡與時空背景論述以及自由

與平等之不同研究取向。同時，上述及其他研究均指出《自由中國》半月刊可謂是一份政論性刊物，受到時事議題以及 1950 年代的台灣歷史發展脈絡之影響巨大。本文並不否定這些觀點，然而，問題在於何時、以及透過何種議題、用何種論述方式成為了政論性刊物。同時，在上述研究中對於夏道平所執筆之社論〈政府不可誘民入罪〉（4：11）所引發之事件，幾乎都作為標誌著《自由中國》與國民黨分裂的開始。然而，社論執筆者夏道平在事件的角色為何，透過上述先驅研究中，其實仍尚未能加以探討。

（三）章節安排

綜合以上的問題與回顧，本文發現，對於《自由中國》半月刊經濟論述的研究，夏道平在創辦之初在建構論述中具有一定角色，其執筆的社論〈政府不可誘民入罪〉更是引發與國民黨政權一部分的衝突，其餘波也改變了經濟論述的走向，促使較具政治批判性論述的消失，以及純粹經濟的論述之出現，並佔據了《自由中國》經濟文章的大部分版面。直到軍公教人員待遇問題受《自由中國》重視以後，才以對「軍事財政」的批判重回主流論述場域。在經濟論述整體之發展過程中可以看到夏道平的關鍵影響力，以及角色的改變。

因此，本文以夏道平為中心進行章節安排。首先，本文先介紹夏道平的背景及早期經歷；接著，以《自由中國》之論述建構與「政府不可誘民入罪事件」為焦點，梳理夏道平最初在《自由中國》草創時期的角色；最後，本文則介紹《自由中國》經濟論述的發展走向，尤其是事件後，與政治上出現明確分野的經濟政策與經濟學術史文章之出現，而在待遇問題的衝擊下，「今日的問題」成為經濟論述發展之集大成者。

三、夏道平的早期經歷和知識背景

（一）出身和知識背景

1. 早期經歷

夏道平 1907 年出生於湖北省大治縣保安鎮，為一個九代同堂大家族當中的一員，在人口不滿一千人的保安鎮中，家中因歷代經商而有餘裕，稱得上巨富與地主。一開始，與作為鎮上紳士而能為鄉民排解事端的祖父與伯父相同，最初接受私塾教育。其中兩位私塾教師杜星符與吳先生都長於詞章學與作文嚴謹的桐城義法。夏道平得益於此，為日後所寫作的文言文、白話文奠下基礎。此後的教育，首先赴武昌報考湖北軍老蕭耀南所創設的國學館，期間就讀一年半以後，轉而報考新制中學。後來回憶這一段時，他說：「我未讀過新制小學，但可以同等學力的名義報考。那時的新制小學，教算數、也教英文。中學的入學考試要考這兩門。但我連英文字母和阿拉伯數字都未見過，如何去報考中學呢？」然而，在因緣際會下，夏道平還是以同等學力考進新制中學了，並且在 1929 年考上武漢大學預科，並於 1931 年升上武漢大學經濟系。[7]

在武漢大學經濟系時，就夏道平所回憶，受到影響最深的師長是同住於武昌珞珈山山腰四十多坪大，名為「半山廬」的二樓小洋房當中的「石屋二老」。在他看來，他們兩位所代表的分別是西洋人文傳統與中國傳統知識份子有所為的精神。其一是經濟學系的任凱南教授，另一位則是史學系的李劍農教授。李劍農所教授的是政治史、世界史及中國經濟史三門課，而在這三門當中夏道平認為中國經濟史是李老師用力最多最勤的一門課。同時，這位李劍農老師還有政治上抱負，早年曾熱心於聯省自治，是

7　以上經歷請參見夏道平，〈我最難忘的一位恩師和一位益友〉，《夏道平文存【參】自由經濟學家的思與言》（台北：遠流，1995），頁 191-194。

湖南省憲的起草人之一，以《中國近百年政治史》為人所知。[8]

　　其中，日後擔任論文指導教授的任凱南，曾留學英國倫敦大學經濟學院，師從 Edwin Cannan（1891-1935），[9] 與劍橋學派代表人物馬夏爾（Alfred Marshall）同時代活動，且同樣可歸在英國新古典經濟學傳統之下。在武漢大學所教授之科目為西洋經濟史與西洋經濟思想史。對於當時的夏道平來說，當時武漢大學所時興的是德國俾斯麥的國家社會主義經濟學，以及美國制度學派，他曾一度受到這些學術之吸引。因而，在二年級時任凱南老師將他從「歧路」上導回「正軌」，逐漸回到 E. Cannan 植根於以個人尊嚴為中心的社會哲學基礎之「正統經濟學」。夏道平的畢業論文受之指導，進行貨幣數量的相關研究。[10] 而這位任凱南教授除在經濟學知識上的傳授，也鼓勵了夏道平的寫作：

> 你們在三十歲之前，應該大膽地就你們的知識發表一點東西。
> 不然的話，過了三十歲以後就難得有勇氣拿出自己的東西來了。[11]

　　從以上這些回憶錄內容來看，夏道平的早年經歷對他日後的寫作奠下了一定的基礎。在私塾所受的桐城義法，使其對寫作的基本布局與結構有

8　關於當時武漢大學經濟學系的師資，與本文較有相關者為楊瑞六與任凱南。楊瑞六早年留學日本，後來又赴倫敦政經學院攻讀貨幣銀行學，並在系上教授這門課；任凱南同樣在倫敦政經學院留學，受教於 Edwin Cannan 門下。兩人在當時的武漢經濟系中較屬於「自由經濟」（與文中所指 1950 年代、1980 年代的意義各不相同）陣營，不同立場的有社會主義的劉秉麟與美國制度學派的朱祖晦等人。

9　Edwin Cannan 師承馬夏爾，屬於經濟學劍橋傳統的正統傳承。1930 年代，其所在的倫敦經濟學院，在劍橋出身的凱因斯吸引了眾多追隨者以後而自立一派以後，接納了來自奧地利的海耶克，使得兩人發著名一連串關於政府是否應當介入經濟之論戰。因此，可以將其視之為劍橋傳統的典型代表人物之一。而在指導任凱南的年代，更早於經濟恐慌與凱因斯學派出現以前，可以認為，夏道平所受之傳承正是馬夏爾的經濟學劍橋傳統，其政策主張主要為政府應該盡量不干預市場，最好使市場達到自然的均衡為最好的政策。

10　夏道平的畢業論文修改後發表在《四川經濟月刊》，其題目為「費雪爾貨幣數量說之檢討」，見李曉波，〈夏道平經濟思路的演進及其原因〉，《湖北經濟學院學報》，15：5（武漢：2017 年 9 月）。

11　同上。另可參考〈儘早培養誠實寫作的習慣〉，收入《自由經濟學家的思與言》，頁 214-216。

所認識；然而，因為並非接受新制小學的教育，無形中英文與數算受到一定耽誤。而在武漢大學則受到「石屋二老」等幾位教授的英國人文傳統之薰陶，以及近代政治學、經濟學及歷史學的知識傳授，或許還有聯省自治以及湖南省憲的起草之熱情感染，則成為其寫作關懷的源頭，日後也能在「自由中國的政治經濟論述」以及日後「自由經濟」論述與譯作中找到這些線索。

2. 學術背景：馬夏爾劍橋傳統與奧地利學派

要進入到後續的探討之前，必須先就經濟學術史進行些許介紹，對於後續深入探究經濟論述的變遷，或許才能進行深一層初步的比較。對於本文研究對象，受奧地利學派（Austrian School）一部分影響的《自由中國》經濟論述以及夏道平所師承的馬夏爾之經濟學傳統，對於釐清本文當中具有的經濟學派背景或許較有一定幫助。經濟學奧地利學派 [12] 在《自由中國》的經濟思想或經濟論述中佔據許多篇幅，並可以透過《到奴役之路》之連載，可以作為《自由中國》初步達成「古典自由主義」共識的指標，這支學派的重要性不言自明。有別於其他學派，奧地利學派特別重視資本主義制度下，價值決定的邊際主觀分析。[13] 而在學術史上，奧地利學派後來可被歸進於馬夏爾所開創的新古典經濟學派中，且曾與另外兩支主張「總體經濟政策」之學派——德國歷史學派（German Historian School）與凱因斯學派進行論戰。

當初在經濟學傳播到德語地區時，因融合其傳統學術，逐漸分化出歷史學派與奧地利學派的兩支。政策上，歷史學派經濟學可以視為李斯

12　經濟學術史上，奧地利學派一般最後可被歸進夏道平所受之馬夏爾新古典經濟學派之劍橋傳統，往後又與主張「貨幣主義」傅利曼之芝加哥學派合流。但是，奧地利學派的「邊際主觀分析」與其他新古典經濟學派都較為不同之處是特別關注個人對物品的主觀價值認定有所不同，因而與馬夏爾以數學方法為基礎的均衡分析有別，與洛克（John Locke）、亞當斯密、約翰穆勒（John Stuart Mill）作為古典經濟學基礎之自由主義哲學更加接近。

13　見林鐘雄，《西洋經濟思想史》，頁 288。

特（Friedrich List）國民經濟總體發展思想之延續，他們支持保護主義政策，以中央政府之力發展資本主義；而由門格爾（Karl Menger）創始的奧地利學派，則因 1883 年與新歷史學派代表人物施穆勒（Gustav von Schmoller）發生論戰而舉世聞名，其代表作《德國歷史學派的謬誤》更顯示了兩派的水火不容。

奧地利學派的米賽斯（Lodwig von Mises）、海耶克（Friedrich von Hayek）分別屬於奧地利學派當中的第三代與第四代之代表人物，兩人學術上仍然延續著對德國歷史學派的反對。然而，身逢一次大戰後奧匈帝國解體下社會主義的崛起，更是兩人所面臨的學術挑戰。事實上，曾擔任奧國總理財政顧問之米賽斯最為人所知的便是其立場的強硬，與對共產主義乃至於社會主義的深惡痛絕。其著作《社會主義：經濟與社會學的分析》便是其反社會主義政策之一代表作；而海耶克因受米賽斯的影響，不但對共產主義計畫經濟有所批判，也反對自由經濟體內政府過度財政擴張與貨幣干預的種種政策，於 1930 年代與凱因斯的一系列論戰而為人所知。之後，由於對西方經濟發展史與自由經濟基礎的反省，於 1944 年發表其傳世名篇《通往奴役之路》，受到戰後各領域知識份子的重視。

夏道平所師承的任凱南，其師 Edwin Cannan 為知名經濟學家馬夏爾的同時代人於 1897-1926 年執教於倫敦大學經濟學院（London School of Economics，今政經學院），前者之學術源流有所謂「劍橋傳統」之稱。而後者的倫敦經濟學院則在劍橋出身的凱因斯與其追隨者成為主流以後，成為古典經濟學派傳統的接棒者，在 1930 年代接納了來自奧地利的海耶克，並且與凱因斯發生一系列論戰，抱持著政府不應干預市場之明確態度。雖然在求學生涯（1915-1921）當中，任凱南並沒有直接經歷到凱因斯與海耶克之大辯論。同樣，夏道平即便日後曾留校擔任助教，在求學期間，他也對此論戰一概不知。在最初《自由中國》的論述建構中，夏道平也並不是持「自由經濟」的立場，而與雷震當時的立場較接近。

（二）來台以前與戰後來台的初期經歷

　　關於夏道平戰後與來台初期之經歷，其實目前所能找到的資料，除了本人回憶錄以外，仍然圍繞著雷震與《自由中國》之周邊展開。夏道平在湖南大學畢業以後，持續留校擔任助教，而 1938 年湖南大學隨國民政府西遷至四川樂山，原本計畫考取公費至外國留學，也因中日戰爭爆發而無法成行。爾後，夏道平從軍離開學校，擔任軍事機關的文職人員，直到 1943 年轉調國民參政會之下轄經濟建設策進會研究室主任。國民參政會為中日戰爭時國民政府的中央民意機關，當中納有各界、各黨派的代表性人士，參政會中設有秘書處、視察室、研究室等單位。據夏道平自述，所謂研究室主任的工作，不過是審閱民間陳情申訴的文件，簽注擬辦的意見而已。當時經常主持參政會會務的是副秘書長雷震，雖然在制度上雷震是夏道平的上司，但因雷震是個不擺官架子的人，他們在私人關係上成為了朋友。[14]

　　而如果綜觀夏道平生涯來探討兩人的關係，《自由中國》時期仍然是兩人最重要的交會點。尤其從兩人相關的回憶錄可以看到，〈政府不可誘民入罪〉、「孫元錦之死」的相關調查報告以及「谷鳳翔奉命不上訴案」系列文章六篇中之四篇的這些文章，分別都收錄在夏道平《自由中國》時期之文選《我在自由中國》中，也同時出現在《雷案回憶》中記載，行文之中或多或少可以看到雷震回憶中這些論述之發表可算是引發雷震案的關鍵事件。同時結合雙方的回憶錄來看，當中透露出兩人對於這些政治敏感度最高、甚或可能因言獲罪的這些時論批判，具有密切的合作關係。而考量到在言論自由受到威脅的時代氣氛下，這種對人身安危有高度影響的言論之撰寫之合作無間，兩人之間的默契與信賴可見一斑。

　　同樣，從 1960 年 9 月以後雷震獄中所發出的信函或日記來看，雷震入獄以後一度致函其夫人宋英，當中提到《自由中國》半月刊的繼續刊行仍然可由夏道平負責。而在 1961 年元旦因雷案甫下獄四個月之際，因健

14　見〈後死者的悲歌──雷震先生逝世十周年紀念，從一封信（見附錄）談起〉，亦收入在
　　《自由經濟學家的思與言》，頁 154-159。

康顯著惡化、體重下降了十公斤至十一公斤的雷震，在獄中的一封信中，甚至託付夏道平協助將其一生所寫文章結集成冊，並協助他整理文稿、協助撰寫回憶錄事宜，頗有託孤之感。當中提及：「一生的事蹟，如果可以作一篇傳記的話，將來非兄莫辦。」[15] 這篇信函中不但透露出雷震對夏道平非同平常的信任，也顯示出兩人的交情長達二十年左右，因緣要遠比起《自由中國》當中的其他成員還要久遠。而至少在這二十年當中，對於雷震他一生的事蹟，夏道平也認為可說是「朋友中知己者最詳」。以上的記錄也透露出兩人之間關係信賴程度之高。

而實際上關於在二次大戰之後夏道平最後如何能來到台灣，目前從各種公開資料中似乎找不到記錄，目前僅知初期曾在王雲五的「華國出版社」任職，而直到華國出版社結束以前仍居住於此。然而，如果從雷震家族早在 1949 年初就已經在台灣的事實，不難想見當時有許多人士或者因戰後至台灣謀職，或者眼見國共內戰國民黨失利而來台。而當時夏道平如何成為《自由中國》編輯的過程也不很清楚，因初期《自由中國》籌辦困難，至少，夏道平早已於 1949 年 12 月 5 日的第 1 卷 2 期發表了〈說給英國人聽〉一文。而從《雷震日記》中來看，於 1950 年 2 月前夏道平已開始在《自由中國》雜誌社中進行工作，但最初其角色並不明顯，要直到第 2 卷 8 期開始負責時事述評欄位以後才逐漸明朗，雖然時事述評看似輕薄、不擔負特別任務，然而因其自由揮灑的特性，使得雷震等人的理念可以透過此專欄而滲透進《自由中國》，進而影響起整體論述之發展走向。

15　〈附錄：雷震寄出的一封信〉，《自由經濟學家的思與言》，頁 158-159。

四、《自由中國》半月刊經濟論述的早期發展

（一）1951 年 6 月之前的《自由中國》經濟論述

1. 《自由中國》的創辦與經濟論述的出現：政治運動到政論性刊物（1949.11-1950.5）

　　要討論《自由中國》半月刊的經濟論述發展，首先不得不討論其最初所處之歷史情境，以及經濟一類的論述為何被提出。而這必須從《自由中國》的創立說起，包括其主張與關懷，以及「自由中國」這個名詞在意義上具有分歧的語意。首先，《自由中國》最初並非一個自限於台灣島內的政論雜誌，也非僅止於國民黨或中華民國的宣傳刊物。一開始，是在領導中華民國政府的國民黨在 1948 年後內戰落居下風、蔣介石下野之局勢中，於體制內外的人士所發動的一場政治運動，目的是亟欲加深與西方自由世界之連結，以期在冷戰的國際局勢下，獲得以美國為首的西方民主國家之內戰介入。從《雷震日記》來看，不晚於 1949 年初，作為中華民國要員的雷震人等，對《自由中國》的刊行已經念茲在茲，雖然已用「自由中國社」名義出版書物。只是以半月刊形式定期出版，仍然是到台灣才開始，而且自創刊號開始，便以台灣為基地發行。

　　同時，《自由中國》半月刊最初成員多元紛雜，以下有三點必須要注意。首先，「自由中國」最初是政治運動，其目的不外乎是關切中國局勢之發展、反對中共武力奪權上台，期望下野的蔣介石出面領導政府反共。於是當中可包含來自不同學術、黨派背景的人士，只要在立場上反共，就可能被納入。這股政治運動的向量在刊物中，是最初階段不可不考慮的要素；再來，《自由中國》半月刊作為一個實際在台灣發行的刊物，固然中國內戰、國際冷戰的情勢為其重要關注，但其政論性刊物性質的成立，其過程也必須加以研究；然後，《自由中國》對國民黨改革之盼望與兩者關係之演變，也必須從歷史脈絡中加以了解。

而由於《自由中國》在反共運動中誕生，創刊初期所刊載多是這兩年中所累積，因而觀察最初《自由中國》當中之論述，說不上有真正「政論性」，在反共以外的主題也沒有一致性。因此，《自由中國》半月刊上的經濟文章，最初只是這股運動向量之延續，批判共產黨、讚揚其對立的「自由經濟」是這一個時期唯一可以看到的主題。而中共基於其馬克思之理論基礎，經濟立場上反對資本主義的態度相當明確，這一點就使得經濟論述在反共運動當中，自然而然成為重要的論述場域。然而，鑑於二戰後中國經濟的崩潰，被認為是國民黨失去民心而失敗的原因之一，檢討政策得失、甚至官僚機構貪腐的問題也成為最初階段另一討論話題。

　　因此，自創刊以來，經濟議題就成為《自由中國》半月刊當中不可忽視的一個部分。一開始，經常與政治糾纏不清，最初參與運作的各人理念也不盡相同。但正因如此，挺進經濟體制改革方向的發言也很踴躍。

　　自創刊號起，經濟議題就已經出現，如雷震〈獨裁、殘暴、反人性之中共〉（1：1）當中部分篇幅也指出「經濟自由競爭是所有自由之始」。蔣勻田〈剩餘價值與國民生產力〉（1：2）則以簡短篇幅比較經濟學中的「國民生產力」破解馬克思經濟學中的「剩餘價值」論述。第2卷1期資料室所譯的〈美國的收入是怎樣分配的〉、王聿修的〈一個自由經濟制度的成就〉等兩篇文章也以美國的資本主義之成功來反論共產主義之謬誤，認為只要如美國成功實行反壟斷，資本主義反而更能爭取國民福祉。資友仁〈由政治民主到經濟平等〉（2：4）與翻譯之密色斯〈社會主義與專制〉（2：1）兩篇文章的刊出，[16、17] 也昭示著最初經濟論述讚揚美式資本主義並受奧地利學派的啟發，整體上而言偏向自由經濟。然而，這是受限於整個反共

16　密色斯原著，〈社會主義與專制〉此篇署名為資友「人」譯與後者資友仁有一字之差，但本文與其他研究中皆且將之視為筆名。而既有其人，筆名之變化與是否為同一人，應對本文論述與結論無大影響。

17　密色斯（Ludwig von Mises, 1881-1973），除此處外後以夏道平之譯名統一作米賽斯表示，為經濟學上奧地利學派之第三代代表性人物，與前兩代學者純粹研究經濟學相反，其經濟學研究論述以反對社會主義而著稱。因其見證社會主義在一戰後奧地利的破產，而終生反對之、遑論共產主義，其見解也深刻影響到受其提攜的第四代代表人物海耶克。

大主題的框架與運動所限，並不能代表當時所有社員立場。同時，經濟論述並未脫離反共運動之主題，亦不能算是一個獨立的論述。因而，此時可以說，雖然《自由中國》對經濟議題有所關心，卻不能說《自由中國》半月刊的「經濟論述」已經出現。

以戴杜衡〈論經濟的國權主義〉（2：6）為起點，對「經濟自由」開始有長篇闡述，可以視為後續經濟論述的雛形。然而，與其說〈論經濟的國權主義〉是論述經濟放任，不如說此篇更著重於探討「經濟管制」的前提。當中指出一個現代政府固然有經濟管制之權，但其先決條件是必須先滿足具備有法治與效率等條件。同樣也以美國政府為典型，指出必須滿足類似條件，政府才可以在一定限度下可以管制經濟活動；而當論述到國營企業時，也提出政府的確有管理市場之權責，但若政府自己跳進市場當中進行競爭，那就另當別論了。這一篇文章可以說是《自由中國》半月刊自創刊到當時為止，論述篇幅最大，討論自由與管制也最深入的一篇文章，背後也具有一定理論基礎（依照夏道平、瞿荊洲之說法，背後的靈感啟發來自奧地利學派）。

關於《自由中國》的整體立場之形成，可以說出現在1950年3月1日蔣介石總統「復行視事」以後，「自由中國運動」初步達成了擁護蔣介石總統出面領導反共運動之目的。現狀改變，《自由中國》此後的定位也隨加以變化。從第2卷4期與第2卷7期當中的兩次座談會可以視為「自由中國運動」朝向《自由中國》半月刊轉化的一個標誌。經過這兩次會議當中意見領袖的交換與整合，以及目標確立以後刊物中任務的分配，《自由中國》半月刊當中的文章開始出現較此前更高的一致性；同時，由於「經濟平等」目標的設定，對於此後經濟論述當中更高的政論性有一定的推動效果。

關於這兩次會議之記錄分別刊載於第2卷4期的〈自由中國社第一次座談會紀錄〉與第2卷7期的〈在維護「人民自由」與「政治民主」之原則下，中國對經濟措施應採取何種辦法，以實現「經濟社會化」或「經濟

平等」〉。[18] 第一次座談會的主題與結論相對明確，便是將《自由中國》半月刊定出「民族自決」、政治民主」、「經濟平等」三個目標；而從第二次座談會則是進一步對於「經濟平等」與「經濟社會化」之意義加以討論。對於《自由中國》的意義而言，前一次座談會可以說是從鬆散的「自由中國運動」聯盟轉化為《自由中國》雜誌社的指標，此後論述開始有較高的整體論述主題；而後一次座談會則可以說是經濟立場的再確認。透過這兩場研討會，對於與身處之台灣社會的經濟事務開始連結，由此可以說是其後「政論性」的肇始。

在這一個階段中，我們可以看到《自由中國》半月刊中經濟論述的初步雛型與政論性的出現，在第 2 卷 7 期到第 2 卷 9 期前後開始有一個整體性的發展。而最初，《自由中國》半月刊上偏向「經濟自由」的立場，在關乎「自由中國運動」的座談會場域上，「經濟平等」卻被列入議程之一。經由兩次座談會的討論，從反共論述中經濟自由立場之表述開始轉向更有深度的經濟自由與平等之辯論，而逐漸確立了《自由中國》半月刊作為一份政論性雜誌的性質，而非附屬於國民黨之下的宣傳媒體。而政論性方向一旦出現，則在下一個階段中持續發展。

表 8-1　《自由中國》的經濟論述（1951 年 6 月以前）[19]

日期	譯作者	篇名	卷期
1949.12.16	蔣勻田	剩餘價值與國民生產力	1：2
1949.12.16	資料室譯	美國的收入是怎樣分配的	1：2
1950.1.1	王聿修	一個自由經濟制度的成就	2：1
1950.1.1	密色斯原著；資友人譯	社會主義與專制	2：1
1950.2.16	資友仁	由政治民主到經濟平等	2：4
1950.2.16	蕭仲泉、楊欣泉記錄	自由中國社第一次座談會記錄	2：4

18　蕭仲泉、楊欣泉記錄，〈自由中國社第一次座談會紀錄〉（2：4）、〈自由中國社第二次座談會紀錄：在維護「人民自由」與「政治民主」之原則下，中國對經濟措施應採取何種辦法，以實現「經濟社會化」或「經濟平等」〉（2：7）。

19　此表之整理與改寫自薛化元編，《自由中國全 23 卷總目錄暨索引》，頁 472-473。

1950.3.16	社論	存亡絕續在此一舉——蔣總統復職後我們的願望	2：6
1950.3.16	戴杜衡	論經濟的國權主義	2：6
1950.4.1	社論	民主制度與自由經濟——社會經濟化應該犧牲政治民主化麼？	2：7
1950.4.1	王師復	經濟社會化的政策性（上）	2：7
1950.4.1	蕭仲泉、楊欣泉記錄	在維護「人民自由」與「政治民主」之原則下，中國對經濟措施應採取何種辦法，以實現「經濟社會化」或「經濟平等」。	2：7
1950.4.16	王師復	經濟社會化的政策性（下）	2：8
1950.5.1	社論	把握、把握、把握住人心！	2：9
1950.5.1	時事述評	經財的破產，軍事的汙點——走私	2：9
1950.5.1	時事述評	「祕密」不能當作禮品	2：9
1950.5.1	張智楷	有人說：國民政府是被公營事業拖垮的！	2：9
1950.6.16	時事述評	節能補虧、約以養源	2：12
1950.6.16	羅敦偉	公營企業的民主化	2：12
1950.7.1	時事述評	消除奢靡、厲行節約	3：1
1950.7.1	王希穌	論計畫與自由	3：1
1950.12.16	羅敦偉	工業民主與金融改造	3：12
1951.1.1	乘崖（香港通訊）	陳明仁、周震麟合作鈔金	4：1
1951.2.1	何千里	改幣以來台灣的貨幣和金融	4：3
1951.3.1	王紀五	從物價管制看美國動員	4：5
1951.3.16	時事述評	公營事業董監事	4：6
1951.4.1	周鐵	我國租稅應走之路	4：7
1951.4.16	瞿荊洲	台灣的金融與美援	4：8
1951.5.16	易巽	落後地區的工業化問題	4：10
1951.6.1	戴杜衡	國民經濟論與戰爭上	4：11
1951.6.16	社論（夏道平）	政府不可誘民入罪	4：12
1951.6.16	戴杜衡	國民經濟論與戰爭（下）	4：12
1951.6.16	社論	再論經濟管制的措施	4：12

2. 《自由中國》半月刊政論性的建構：夏道平時事述評專欄寫作（1950.5-1951.6）

《自由中國》由政治運動到政論性刊物的過渡，本文認為除了社論作為整體立場的表述可以進行研究以外，於第 2 卷 8 期重新出現並持續到第 6 卷 3 期的「時事述評」專欄也負有一定的催化功能。而本文以夏道平於 1950 年 4 月 16 日負責「時事述評」的開始，直到 1951 年 5 月 16 日的社論〈政府不可誘民入罪〉整整一年一個月的時間裡，試著以這一段相對不受干預的空間下，以台灣整體社會的角度來看，如何從一介外省人集團的反共刊物，加深與台灣社會的連結，進而建構出「政論性刊物」的重要特色：知識份子與所處社會當中進行政治關係或傳遞政治理念之媒介。

時事述評之名最早可見於第 1 卷中，然而前者與夏道平所負責之「時事述評」專欄相比僅在名稱相同、篇幅不同、內容也不相近，而且前者也未連載，屬於草創初期不穩定的格式。而此專欄之名的重新恢復，與前文所述《自由中國》的自我再定位過程幾乎同時發生，其發展也可以視為同一股政治運動動量之持續推進。第一次座談會當中匯聚了當時反共各界具代表性人物，包含國民黨的張其昀等人，與會當中的「政治民主」與「經濟平等」兩大目標，在經濟上卻存在著內在矛盾。而第二次座談由於與會人士之經濟學背景較為濃厚，竟然傾向於「經濟自由」為目標，這使得與會人士不但立場分歧，最後甚至與座談會所提出之「經濟平等」、「經濟社會化」有所牴觸。這兩次座談會是否有達到凝聚共識，恐怕是失敗的，既未能達到結論、之後也未再舉辦。

與此相反，「時事述評」專欄整整一年的寫作當中，或許可以說，在座談會中未完成的「整體性」與「政論性」，經由這一段時間對台灣社會時事的表述，進而達到下一個階段的過程。一方面，時事述評專欄之性質類似社論，但在其文字表達上雷震設想一千字以內，文字風格要活潑，不但篇幅短小，且當中記述許多包含知識份子社會與個人生活的內容（如當中有雷震為響應當居呼籲而養雞自足的文章），在一期刊出的內容中比起社論更能容納多元的書寫主題，因而加深了與台灣社會生活的連結，從而

使《自由中國》不但是外省人團體所創辦之政治運動刊物，也出現了與台灣社會之間作用的媒介。

「時事述評」專欄之創立決定於 1950 年 4 月 3 日的第十一期社論委員會，「本期［按：2：8］加時評數則，文字不超過一千，而需雋永幽默，或負有刺激性之文字，決定此欄由夏道平負責」，[20] 其構想或許並非要在社論外另創一具有政論性之專欄。然而，在第 2 卷 9 期之時事述評馬上就有針對時弊，刊出〈經財的破產，軍事的汙點——走私〉、〈「祕密」不能當作禮品〉等多篇對貪腐的批判，並搭配社論〈把握、把握、把握住人心！〉及〈有人說：國民政府是被公營事業拖垮的！〉針對國營事業的貪汙弊案以及軍紀問題作文章，[21] 要求政府對貪腐嚴加查辦，顯示出「經濟平等」之傾向。自此期開始，「時事評論」及第 6 卷 3 期以後具同樣性質之專欄的「短評」，文末照慣例會有執筆者名字中之一字。此期當中，赫然可見署名「平」與「震」之兩人，雷震也在日記中記載到此期督促政府之事，惟並未提及具體人名或弊案。

而主以夏道平，時而輔以雷震搭配之時事評論寫作，雖然的確也囊括各類主題，包括國際、國內、反共、生活雜談等等。然而，在這些輕重不一的主題其中也的確可見有關經濟論述中懲治貪污、增進效能、節約財政、監督國營企業之要求——也就是「經濟平等」。如〈異哉，請求增發通貨！〉（2：11）、〈節能補虧、約以養廉〉（2：12）、〈消除奢靡、屬行節約〉（3：1）、〈評限外發行〉（3：2）、〈為鹽民請命〉（3：3）、〈公營企業董監事〉（4：3）、〈節約消耗和穩定財政〉（4：8）等篇章，這些主題與第 2 卷 9 期的批判——警告貪腐人士、督促政府與強化政府功能之改革議題具有連續性，最後，於第 4 卷 11 期中〈社論：政府不可誘民入罪〉的刊載，可以視為前一年時事述評寫作的建構之延續。

20　見《雷震全集 32 第一個 10 年 [2]》（台北：桂冠，1989），頁 76。
21　《雷集 32》，頁 92。

（二）「政府不可誘民入罪」事件與背景

　　在《自由中國》半月刊存續的十一年當中，1951 年 6 月 1 日刊出第 4 卷 11 期的社論〈政府不可誘民入罪〉是很少被忽略的名篇，一般來說，研究者會認為這篇文章的出現，標誌著《自由中國》與國民黨政權理念出現分歧的開始，也是雷震與國民黨關係漸行漸遠、終而招致入罪的遠因。然而，「政府不可誘民入罪事件」在《自由中國》半月刊的表現上其實相對單純，主要由第 4 卷 11 期的〈社論：政府不可誘民入罪〉、第 4 卷 12 期的〈社論：再論經濟管制的措施〉以及第 5 卷 5 期刊出的〈胡適致本社的一封信〉構成，最後竟然驚動了當時的行政院長陳誠婉辭答覆。

1. 事件背景

　　在發生「政府不可誘民入罪事件」的 1951 年前後，台灣所施行的是經濟體制延續二戰時在中國實施，逐漸擴張且在戰後移入的非常體制。[22] 主要是指，藉由《動員戡亂臨時條款》將《總動員法》等等訓政及戰爭時期之法律合理化，以延續中日戰爭、國共內戰中所施行的「戰時經濟」或「統制經濟」。在本文對「政府不可誘民入罪事件」中所牽扯的不合理的法源，主要是《總動員法》之下特別刑法的《妨害國家總動員懲罰暫行條例》。其不合理之處，一來此法立法已久；二來是儘管技術上中日戰爭雖仍未結束，但二次大戰早已停戰多年，所以 1942 年 3 月 29 日的立法目的——「國民政府於戰時，為集中運用全國之人力、物力，加強國防力量，貫澈抗戰目的，制定國家總動員法」——理當已不復存在。

　　而在內容上，《總動員法》幾乎無所不管、無所不包，從第 3 條的總動員物資開始，在總動員以外，竟然在貨幣流通（第 16 條）、金融資金

22　關於「非常體制」的研究，請參照《戰後台灣人權發展史（1945-2000）》（新北：財團法人自由思想學術基金會，2015），頁 19-90。

運用之限制（第 17 條）、進出口之獎勵與限制（第 19 條）的金融方面也能有所管制。除此之外，竟然在「新聞自由」（第 22 條）、表現自由（第 23 條）在限制出版與集會結社之自由上也有權力管制，而這套體制自 1942 年施行以來竟然在 2004 年才廢止，當中牽扯之廣，政府權力之大，幾乎違背了所有現代民主憲政的常識。而《妨害國家總動員懲罰暫行條例》對於妨礙非常體制運作者，當中卻有以下的規定：

第 4 條

關於管制動員物資及業務，其他法令已規定審判機關及程序者，仍依其規定，但情節重大有特殊必要者，得由國家總動員會議決定，改由有軍法審判權之機關審判。

第 7 條

犯前二條之罪有妨害軍事或治安或因而擾亂金融，其情節重大者，處死刑或無期徒刑，並得沒收其財產。[23]

以上規定立法目的與必要性令人質疑，立法內容又過於廣泛，相當可能致使政府侵害到人民的經濟權，牴觸了近代民主憲政國家中依法治國等原則。

2. 事件經過

〈政府不可誘民入罪〉起於 1951 年 6 月 1 日《自由中國》刊出夏道平所執筆之社論，點出一宗起訴於 1951 年 3 月的金融犯罪案，當中的種種疑點遭到外界輿論質疑，屬於一篇調查報導性質類的文章，胡適評論「這篇文字有事實，有膽氣，態度很嚴肅負責，用證據的方法也很細密，可以

23　以上法規摘自全國法規資料庫，司法院廢止法規《妨害國家總動員懲罰暫行條例》，
　　https://law.moj.gov.tw/LawClass/LawAll.aspx?pcode=C0000004，擷取時間：2020 年 11
　　月 24 日。

說是《自由中國》出版以來數一數二的好文字，够得上『自由中國』的招牌！」[24]

　　社論中為讀者整理出以下疑點：首先，在《總動員法》的金融管制下，尋常人要如何在土地銀行開戶並存有鉅款；同時，此帳戶的匯票所給出之利息，也明顯高於尋常存戶的利率，而且當時土地銀行並不缺錢，不需要開高利來吸引人存款。基於這些不合理跡象，於是推斷出「政府中有一部分軍事機構誘民入罪」的結論，並且指出「誘民入罪」案件之所以會發生，是因為法律中規定提供 30% 的高額獎金，提供下層軍事人員經濟誘因。

　　這篇社論刊出之後，隨即得到當時保安司令部副司令軍人副司令彭孟緝的注意，[25] 並引發與《自由中國》之間的衝突。但隨之在下一期，在各方壓力下，《自由中國》半月刊也在下期社論刊出〈再論經濟管制的措施〉（4：12）希望藉妥協立場的表示以平息事端。然而，事態之發展不僅限於台灣島內，同時也受到美國的胡適之關注。第 5 卷 5 期刊出〈胡適致本社的一封信〉，當中赫然提出「取消『發行人胡適』的一行字」的聲明，理由正是因為不滿〈政府不滿誘民入罪〉的後續發展。胡適本因〈政府不可誘民入罪〉文章的出現而感到激賞，對《自由中國》半月刊的評價轉趨積極。不意，在下一期〈再論經濟管制的措施〉中的過度妥協，使得胡適致信「自由中國雜誌社」抗議。致使事端更加擴大的是，《自由中國》半月刊直接將全信刊出，最後驚動時任行政院長之陳誠以《陳院長致胡適之先生函》（5：6）極度客氣的口吻加以澄清言論自由的相關指控，並強調金融管制之必要性，而私底下陳誠也透過管道向胡適解釋，才因此使事件平息。

　　據《雷案回憶》中所言，〈政府不可誘民入罪〉文中的批判，當中牽連到的主要利害關係者有土地銀行總經理陳勉修（行政院長陳誠之弟），

24　〈胡適致本社的一封信〉，《自由中國》，5：5。

25　《在總動員懲治管制條例》之下，非軍人身分者由保安司令部所管轄，參照《戰後台灣人權發展史（1945-2000）》，頁 19-90。彭孟緝時任保安司令部副司令，然因當時制度下總司令由文人吳國楨兼任，因而彭孟緝可視為此軍事機構之最高軍職領袖，對此機構有特殊的影響力。

以及執行金融管制的保安司令部副司令彭孟緝，後者因深獲蔣介石總統信任而有密切的關係。此四篇文章所引發的風波，由於其牽連到當時黨政最高層，而〈再論金融管制的措施〉之所以被刊載也是因為政治上有所顧忌。其政治脈絡牽扯相當複雜，因身在美國的胡適也有發言，對於國際觀感也有影響，使國民黨政權相對於赤色中國的「自由中國」之自我宣稱與國際上支持力量的動搖之可能。當中千絲萬縷，使事件本身相當受重視。

然而，在《自由中國》的發展過程中，這是前者首次與國民黨政權衝突，使得兩者之間關係產生變化。這樣的裂縫，無礙兩者實質上仍然處在反共的大脈絡下，並無擴大衝突之意願，終究未釀成直接的決裂。但事件所帶來的對論述走向最直接影響就是，政治批判性論述的建構起「不負自由中國」的招牌，雖然初步完成，但也隨之被束諸高閣。取而代之，且表現在經濟論述當中的就是以瞿荊洲領銜的經濟政策論述，在一段時間的沉寂之後，將半月刊重新帶回經濟領域的論述場域。

五、經濟論述的後續發展及轉向

（一）事件之後經濟論述的發展走向

在事件發生以後，《自由中國》半月刊約有整整半年中經濟論述赫然消失，整卷第 5 卷只刊出胡原道〈馬克思經濟學的批判〉（5：7、5：8）這兩篇政治上較不敏感，以及前後脈絡不明確的幾篇台灣農經的文章，此前曾一度踴躍地對國民黨政府經濟體制的改革方向之建言，一時之間不見蹤影。顯然，〈政府不可誘民入罪〉所引發的後續事件的確對《自由中國》的經濟論述造成衝擊。然而，這卻不是其終結，反而是另一個轉向的契機。自第 6 卷 1 期開始，曾任台灣銀行總經理（1948-1951）的瞿荊洲以〈從貨幣的兩個主義說到自由中國的貨幣〉一篇長文為經濟論述開啟了一個新方向，也就是說，將《自由中國》經濟論述的討論方向從原本對貪汙、金融犯

罪結構的關注—換句話說，經濟體制的改革—帶到對經濟發展的關心。

而瞿也在〈經濟政策之技術的觀點〉（6：12）一文中透露出受雷震所託而撰寫，具有明確任務性，顯然也有對「不可誘民入罪事件」回應的成分。此前，瞿荊洲已經於第 4 卷 8 期發表過〈台灣的金融與美援〉，前者的出現透露出雷震有意緩和因經濟議題上與國民黨政權的緊張，但也仍試圖在經濟論述上仍維持一定的發言能量，因此以〈兩個中國的貨幣〉這篇文章作為起點調整方向。而其後《自由中國》的經濟論述中，無論是社論、以本名發表的邀稿撰寫或讀者投書當中，開始出現一批較為專業的撰稿者，主題也轉而進行對經濟學說的介紹、經濟政策的討論及建言方向，而在這一個討論範疇中也比較不會觸及對非常體制與軍事機構的批判。相較於此前對體制上改革的踴躍討論，《自由中國》的經濟論述開始轉向兩個方向：一是朝技術上、實務上經濟議題的探討，另一個是對經濟學家及其背後的理論基礎進行介紹。

瞿荊洲〈從貨幣的兩個主義說到自由中國的貨幣〉發表以後，後續所加入這一類討論經濟技術上實務的撰稿者有陳式銳、劉國增、林希美等人，比較後期的有張九如、趙崗、白瑜與周德偉等人。[26] 這一個脈絡是針對經濟技術與政策觀點，主要的對話場域建立在與執掌經濟事務的當局之間，以實際上的經濟政策分析與學理介紹避開與軍事機構的衝突。這一脈絡的發展後來延續相當久，儘管當中或有對經濟管制的批評，[27] 但亦有銜接上美援相關議題之「落後地區發展工業化的論述」，[28] 提出台灣是海島經濟等現實問題層面，但大致上來說，都未觸碰到〈政府不可誘民入罪〉所直接牴觸的非常體制問題。

另外，在事件發生之後，經濟論述的另一種文本也獲得後續發展，那就是殷海光、戴杜衡關於經濟思想上的譯介，開始加強引用西方經濟學理論與思想論爭。早在創刊之初就已經出現在《自由中國》當中的奧地利

26　周德偉也是海耶克在倫敦時期的學生之一。

27　如陳氏銳，〈台灣棉布面面觀〉（7：1）、〈關於「為節省外匯而保護紡織業」〉（7：3）。

28　如瞿荊洲，〈經濟政策之技術的觀點〉（6：12）、〈續論經濟政策之技術的觀點〉（7：2）、〈工業化的實際問題〉（7：7）等論述。

學派思想，在這個階段開始得到較多的篇幅與闡述深度。最初，奧地利學派散見於經濟篇章的隻字片語，僅見其名，[29] 或者只是一篇文章的靈感來源。[30] 只是作為資友仁、戴杜衡與王希穌等人的自由與平等的論爭當中的論證依據，不論在篇幅或深度都比不上後來 1953、1954 年殷海光譯介海耶克《到奴役之路》，[31] 之後戴杜衡也從奧地利學派轉而關注其對立面之凱因斯經濟學說的介紹，[32] 瞿荊州有時也可以算在這個脈絡，如其關於貨幣學的論述也是對於經濟學的譯介有所助益。[33] 但並不如殷、戴兩人在經濟學背後還牽扯到學派的論爭，論述當中也看不到對管制與極權之間關聯的言外之意。而這個脈絡最後終於也算得上夏道平一筆，直到 1957 年左右夏道平受友人詹啟紹的告知，得以翻譯米賽斯新作〈反資本主義的心理〉（18：1-4）。

　　整體而言，這一個脈絡的發展雖然有將前述的經濟批判深化，並尋求大師光環與經濟學說的加持，但若作為經濟思想上的批判而言，似乎有些無以為繼。例如，殷海光翻譯《到奴役之路》後並未全部譯完，就接受哈佛燕京社的贊助赴美，返國後亦未將剩下篇章完結，令人頗有半途之嘆；戴杜衡雖有意研讀凱因斯之思想以理解後來凱因斯－海耶克論爭，作為日後批判的依據，但似乎最後並未完成這一項作業。瞿荊洲則身為駐日使館經濟參事，並未置身於事端當中。或許只有夏道平，因為〈反資本主義的

29　如資友仁，〈從政治民主到經濟平等〉。

30　如戴杜衡，〈論經濟的國權主義〉（2：6）、〈國民經濟論與戰爭（上）〉（4：11）、〈國民經濟論與戰爭（下）〉（4：12）、〈從經濟平等說起〉（7：8）即為此類文章。在這個階段戴杜衡就已經受到奧地利學派的影響，有意或無意間，逐漸將國民黨政權的經濟政策為德國歷史學派的「國民經濟學」政策，發揚其經濟學方法論爭之敵奧地利學派的學說。〈從經濟平等說起〉一篇文中更是直接點出奧地利學派第二代之龐巴衛，以經濟學理證明平等並不優先於自由。

31　如海耶克著作，殷海光翻譯，〈管制計畫與自由計畫〉（9：7）、〈管制計畫是無可避免的嗎？〉（9：9）、〈統制經濟的種種危害〉（10：3）。

32　如戴杜衡，〈凱恩斯的乘數原理（上）〉（9：10）、〈凱恩斯的乘數原理（下）〉（9：11）、〈凱恩斯的投資理論（上）〉（10：10）、〈凱恩斯的投資理論（下）〉（10：11）。

33　如〈從貨幣的兩個主義說到自由中國的貨幣〉（6：1）、〈貨幣供給理論概述（上）〉（15：6）、〈貨幣供給理論概述（下）〉（15：7）。

心理〉結集出版為《被汙衊了的資本主義》一書後遭刪改，而與行政院經濟安定委員會工業委員會發生衝突，產生日後對經濟官僚與其管制經濟的作風蠻橫有所理解、反省、思考，並深化其對自由經濟的研究與信仰。

（二）經濟平等之再起：從「待遇問題」到「軍事財政」？

表 8-2　1956 年 5 月後軍公教人員待遇問題之討論 [34]

1956.5.16	14：10	社論	公教人員的待遇問題
1957.1.1	16：1	社論（雷震）	軍公教人員待遇的調整還可再拖嗎？
1957.2.16	16：4	行政院主計處	行政院主計處來函　|　通貨膨脹與待遇調整
1957.7.16	17：2	社論	廉潔的公教人員活不下去
1957.12.1	17：11	社論	待遇調整案的檢討
1959.2.16	20：4	社論	軍公教人員的待遇為何不能合理改善
1959.6.1	20：11	社論	從兩個故事看公務員的待遇
1959.7.1	21：1	社論	再談軍公教人員待遇問題
1960.4.16	22：8	社論	物價，公教待遇與財政
1960.6.16	22：12	社論（夏道平）	為軍公教人員叫不平
1960.7.1	23：1	社論	從待遇調整案的發展與結束展望政局前途
1956.10.16	15：8	陶實之	適時調整文武人員待遇平議
1957.2.16	16：3	劉鳴	待遇還不調整嗎？
1957.2.16	16：4	行政院主計處	行政院主計處來函
1957.3.1	16：5	夏佐虞	為調整待遇關財源
1959.6.1	20：11	胡虛一	教師與「窮」——介紹中學教師的待遇及其生活
1959.12.16	21：12	王明生	對「教職員婚喪補助辦法」的意見
1960.5.1	22：9	彭觀清	談軍人待遇與生活實況——兼論其對於士氣和建軍的影響
1960.7.16	23：2	一群陸軍中下級軍官	我們對於待遇調整案的抗議

34　以上僅選取 1956 年後進入主流論述當中的軍公教待遇論述，而關於此前的這類議題並非不存在，而是被放在讀者投書等不重要欄位上，其數亦不少。只是目前不存於現有表格中，有待日後筆者再行整理。整理自《自由中國全 23 卷總目錄暨索引》，頁 472-479。

1. 「經濟平等」的再起：待遇問題浮上檯面

過往，研究者對《自由中國》經濟論述缺乏整體研究，主要是因受到《自由中國》政論性極高之影響，導致論述容易受時事左右，如未對 1950 年代之歷史相當了解，不易掌握其發展。而在被忽略的經濟論述中，軍公教人員之待遇問題尤其受到忽略，其實不只是研究者，恐怕《自由中國》之立場，也使得這類議題長期被放置於邊緣位置。簡言之，雖然《自由中國》於 1954 年《到奴役之路》之譯介已經出現達到「古典自由主義」共識之指標，卻仍未能在所有議題都放在古典自由主義的框架下處理，待遇問題的出現便是對此架構之挑戰。[35]

表 8-2 呈現，在第 14 卷 10 期刊出〈公教人員的待遇問題〉後，待遇問題才受到重視、登上社論之重要論述場域，進而開啟一系列的討論。其實早在林炳康〈公教人員待遇辦法的檢討與改善芻議〉（5：9）開始，就有一群稍具論述能力，多自稱是中學或小學教師的作者，被刊登在讀者投書欄位的投書。歸納其內容主要是「待遇過低」或「物價過高」。自 1951 到 1956 年大概五年兩個月，「待遇問題」論述一直處於邊緣地位。此前，在「不可誘民入罪事件」後，批判性較高之經濟論述雖一度陷入低谷，但藉著待遇問題此時又得到再起的契機。

長期被邊緣化且與《自由中國》的經濟立場存在著一定矛盾的待遇問題，為何於 1956 年時躍上版面，主因可能與國民黨政權財政困難而不足以支應下層人員薪資調整，跟不上物價之下長期累積的矛盾有關。第 16 卷 1 期雷震〈軍公教人員待遇的調整還可再拖嗎？〉指出台北市 1949-1956 年的物價上漲了 800% 以上，而軍公教人員相較之下，待遇只調整了 60%，巨大的落差顯然引起了越來越多關注。考慮到《自由中國》的讀者中有一群正是這群公教人員，或許也終於迫使不得不面對待遇問題。而政府方面

35　提出對過往研究中忽略待遇問題之質疑，首先可見於劉榮盼，〈自由經濟在台灣的起源？重探《自由中國》雜誌的經濟論述〉（新竹：國立清華大學社會所碩士論文，2015）。

的回應，有第 16 卷 4 期〈行政院主計處來函〉上與編輯群的「編者按」，兩者對數據引用及計算上產生激烈的交鋒。

待遇問題躍上主流版面反映了《自由中國》能迅速反應時論的政論性刊物性格，但某種程度也可以看出《自由中國》面臨理念與政論性兩邊取捨的矛盾，而一時之間的蹱躍提議，也使其經濟論述恢復了建構之初批判性的活力。此後，原本以反共為出發點的「自由經濟」論述，也終於回歸到其理論中找到源泉，作為代表者，便是「今日的問題」系列中對「軍事財政」的討論。

2. 「今日的問題」：對「軍事財政」之批判 [36]

「今日的問題」系列是指自 1957 年 7 月在社論上開始共 16 篇左右的文章，當中皆以「今日的問題」為總標題。而當中的前三分之一，也就是自〈今日的問題（二）反攻大陸問題〉（17：3）開始的一系列文章中，包括〈我們的軍事〉（17：4）、〈我們的財政〉（17：5）、〈我們的經濟〉（17：6）、〈美援運用問題〉（17：7）這幾篇連載是邏輯完整、內容環環相扣的系列，內容主要針對國民黨政權之「軍事財政」進行批判。當中指出針對當時軍事預算過度膨脹（幾乎連年佔總預算八成以上），或以軍事秘密迴避議會透明監督，損害到政府整體財政運用，最後阻礙了經濟發展。綜觀其文筆，顯然是非由一人之力完成，而是編輯群在有組織、有計畫的分工合作下接力寫成，在早期的夏道平以一己之力、協助雷震撰寫文章之景況已不復見。

儘管「今日的問題」系列文章表面上與「待遇問題」沒有關聯，但就實際內容觀之，卻可以看到與待遇問題同樣對軍人的關懷，尤其當中數篇文章都以許多篇幅論述當時的常備軍人遭到國民黨政權之一再（以反共大陸為名）精神動員，待遇與士氣都極為低落，當中對軍中人權之關懷。事

36　軍事財政國家，主要是指財政上獨厚維持統治暴力之軍隊的國家型態，國民黨政權至 1958 年為止連年軍事支出皆幾乎高達國家總預算八成以上，或許可說是軍事財政國家之典型。

實上，雷震於〈軍公教人員的待遇調整還可再拖嗎？〉（16：1）就首先將軍人待遇議題納入論述場域中，而不排除於作為《自由中國》主要讀者群之公教人員以外，將之共同討論。

　　將「今日的問題」系列與對「待遇問題」的社論放在一起比較，兩者基本上是理論框架之差異。待遇問題在社論中的兩項呼籲是「控制物價」與「調整待遇」，如果落實到經濟社會政策上可能會導致政府之手進一步干預自由市場價格，如此一來，就可以視為「經濟平等」的再起；但是，在「今日的問題」系列當中，其立場從平等退一步回到自由，其理論框架顯然更接近「古典自由主義」，除了對人權有所關懷，宏觀上更直指導致待遇低落之財政－經濟困境源頭，也就是以反攻大陸之名，實際上是作為要求美國繼續援助的籌碼之龐大常備軍員額。

　　因此，與前一節的待遇問題不但具有內在脈絡之延續，也同樣具有現實上較高批判性，而且更是經過理論的吸收以後對經濟問題的重新闡釋，觀察「今日的問題」系列對軍事財政問題的連載，也可以發現到經濟論述的整體性、組織性與論述策略都已相當成熟，立場上也相當一致，甚少自我矛盾。而「今日的問題」系列之出現，也標誌著《自由中國》經濟論述之集大成，若將之評價為是這股論述完整的發展型態，或許並不為過。

（三）夏道平的論述關懷與思想轉變

表 8-3 夏道平在《自由中國》時期發表之經濟論述 [37]

日期	期數	發表	篇名	摘要
1951.6.1	4：11	社論	政府不可誘民入罪	
1952.10.1	7：7	社論	談做保	「五家連保」的撤銷
1954.9.1	11：5	社論	從包啟黃案件論軍法	
1954.10.1	11：7	社論	又一個關係憲政的問題——俞院長說辭不掉兼職	論俞鴻鈞行政院長兼任中央銀行總裁
1954.11.1	11：9	社論	軍司法再進一步的革新	走私等罪不入軍法審判
1954.11.11	11：9	夏道平	國營事業轉投資問題的商榷——關於大法官會議的一件解釋案	轉投資企業也應當作國營公司管理
1955.4.16	12：10	社論	民營事業的使命——勉台紙公司及其他民營事業	
1955.8.16	13：04	社論	從疏散事件說到一個基本的問題	
1955.9.16	13：6	社論	從孫元錦之死想到的幾個問題 [38]	
1957.5.16	16：10	社論	選票與人心	經濟部長江杓為助選事發文致下屬
1957.8.16	17：4	社論	我們的軍事	軍費是浪費
1957.10.16	17：8	社論	小地盤、大機構	整併機構，減少管制
1957.11.16	17：10	社論	一個博得喝采的決議案	超收防衛捐決議
1958.1.1	18：1	社論	彈劾權與調查權	
1958.4.16	18：8	社論	立監兩院加緊自肅運動！	
1958.11.16	19：10	社論	如此司法——「奉命不上訴」	
1958.12.1	19：11	社論	從官方的報道再論「奉命不上訴」	
1958.12.16	19：12	社論	三論谷鳳翔對「奉命不上訴」案應負的法律責任——又一證據谷鳳翔難逃教唆罪嫌	
1959.1.16	20：2	社論	「奉命不上訴」案為何「不予起訴」？	
1959.10.1	21：7	社論	叫我們如何鼓勵「抬不起頭的」稅務人員？	

---

37 整理自《夏道平文集一‧我在自由中國》，此文集的主要缺點就是並未收錄夏道平的時事述評與短評。

38 並未發表在《自由中國》半月刊上，在發行前被臨時撤稿，但仍收錄於《我在自由中國》。

1959.12.1	21：11	社論	開倒車——走私案移送軍法審判	
1960.6.16	22：12	社論	從行政院改組說到陳院長觀念中的經濟發展	
1960.6.16	22：12	社論	為軍公教人員叫不平	
1957.1.1	16：1	夏道平	反資本主義的心理一	
1957.1.16	16：2	夏道平	反資本主義的心理二	
1957.2.1	16：3	夏道平	反資本主義的心理三	
1957.2.16	16：4	夏道平	反資本主義的心理四	
1958.3.1	18：5	夏道平	為《被汙衊了的資本主義》一書之被擅刪改，向行政院經濟安定委員會抗議	

　　最初透過時事述評專欄建構出經濟論述的夏道平，如果綜觀上表所整理的經濟論述，主要進行的是社論寫作，以本名所發表的經濟論述並不多。而且對於這些社論當中與經濟有關者多半是擦邊球，又隨著社論被社會的時事牽動，很難歸納出一個整體的發展走向。但基本上若以與雷震密切相關，且引發後續風波的〈政府不可誘民入罪〉、被撤稿的〈從孫元錦之死聯想到的幾個問題〉以及四篇有關谷鳳翔「奉命不上訴」的文章，以及其他篇有關司法案件乃至軍事管制文章來看，夏道平對經濟論述的關懷主要仍聚焦管制與干涉的現實議題。而從上表也可以看到，夏道平在「政府不可誘民入罪事件」發生以後到 1954 年之間，幾乎沒有發表經濟論述，往後雖也有發表如上述幾篇中政論性極高的文章，但似乎也只以雷震交辦的任務性調查報導為主，可見事件本身仍對他往後獨立進行經濟論述發表造成一定衝擊，政治性批判較高之經濟論述幾乎不再寫作。

　　此後，夏道平開始出現明確經濟立場的出現，要到 1957 年時。自當年元旦起《自由中國》連續四篇刊出翻譯奧地利學派第三代代表人物米賽斯〈反資本主義的心理〉（16：1-4），是過往夏道平並未採用過的寫作模式，加入此前以這個模式寫作之殷海光、戴杜衡行列。後來這些文章結集印有單行本，其中有一個版本收錄於行政院經濟安定委員會工業委員會之《經濟叢刊》，而夏道平也在 1960 年《自由中國》因雷案停刊後赴政大任

教。在「《自由中國》時期」進入尾聲之際，夏道平反而逐漸改變過往撰寫社論，而更專注往學術上尋根，此後，進行經濟學教學工作。

而 1958 年 3 月夏道平則在《自由中國》刊出一份篇幅甚短的聲明，正如文章名所言，是「為《被汙衊了的資本主義》遭到刪改向行政院經濟安定委員會抗議」的聲明。[39] 在往後轉身為自由經濟學家的過程中或許可以作為一個重要標誌，由於與「工業委員會」的這件摩擦，使得夏道平對於經濟官僚作風有所認識：不只可以規劃經濟發展，甚至還具有干預學術之權力。自 1960 年至 1980 年的二十年間，夏道平雖有關注海耶克的「朝聖山學社」與台灣的來往，但其詮釋權被抓在蕭錚、李國鼎為主的經濟當局手中。[40] 直到 1980 年代中華經濟研究院成立前後，夏道平才重新找到論述場域，重新在回憶錄中書寫且詮釋《自由中國》時期的論述，包含本文所關注的經濟論述。

六、小結

以往對《自由中國》半月刊中的經濟論述，或因先驅研究的取向不同，或因史料造成的研究困難，而忽略了經濟論述自身之脈絡。本文奠基於這些研究成果上，但也回歸到對《自由中國》的文本自身的研究，並對論述建構中的重要執筆者夏道平進行脈絡爬梳，進而對《自由中國》經濟論述的發展進行一個整體性的觀察。

本文的主要貢獻可能在於，將經濟論述分為三類文本，其出現之原因乃是夏道平所執筆的〈政府不可誘民入罪〉引發後續政治風波以後，《自由中國》在整體大環境的各種壓力下之自我設限。而本文也對分類上較具

39　見第 18 卷 5 期，夏道平〈為「被誣衊了的資本主義」一書被擅刪改，向行政院經濟安定委員會工業委員會抗議〉。而此時工業委員會有機關刊物《自由中國之工業》，可視為國民黨宣傳的一環，其時負責人便是李國鼎。

40　此前筆者曾於 2018 年雷震公益獎學金之論文發表會中提出。

批判性的這類文本之後續發展繼續爬梳，發現這類經濟論述雖然在 1951 年 7 月以後基本上沉寂，但在 1957 年前後，藉由當時蔚為喧騰之「待遇問題」重新回到論述場域之中，並吸收了「古典自由主義」的理論框架，最後發展成「今日的問題」系列中對「軍事財政」的批判，可說是這類文本的集大成者。

夏道平對於《自由中國》經濟論述之出現具有關鍵之影響力，固然在過去大多數研究中或多或少皆有意識到，但具體之影響為何，可以在本文中看到。在創刊之初，雷震的理念或藉由夏道平之手，或因本人當時的理念所致，將原本具有反共意義的「經濟自由」理念之文章發展走向，透過「時事述評」專欄，將「經濟平等」之理念帶入、主導或轉變了其發展走向。直到「政府不可誘民入罪事件」過後，自由與平等之論爭暫告一段落。取而代之，以瞿荊洲所引領的、更純粹的經濟論述在《自由中國》上登場；而原來具有「自由經濟」理念之戴杜衡等人對奧地利學派的論述與譯介，加上殷海光的加入，使得介紹經濟學術史的文章也蔚為一時。因此，夏道平對於《自由中國》經濟論述之形成，雖然其理念可能完全相反，卻有最初建構、催生的作用，促使經濟論述發展成更整體、也受注意的論述。

經濟論述登場以後，夏道平雖然一時處在邊緣位置，但並沒有完全離開，仍然對社會上所關注重大的經濟案件或議題，進行完整的調查與報導。在這個過程中，仍然延續〈政府不可誘民入罪〉之批判性精神，同時保有直面敏感社經議題的「政論性」功能。雖然在後續階段中，夏道平並不處在經濟論述的主流位置，但其文章仍然處在經濟論述之邊緣，沒有完全脫離，意識中仍然具有敦促政府進行經濟改革之關懷。可以說，具有將經濟與非經濟論述做出區隔的功能。

而以「今日的問題」為名的對「軍事財政」批判的一系列文章，則是《自由中國》前述分裂的幾種論述模式的重新匯流。在這系列的論述中，包含夏道平、瞿荊洲、殷海光等論述者皆見參與，其文章的環環相扣也展現出經濟論述的整體性。而接續「待遇問題」不但對現實具有批判性，同時更進一步將軍人問題納入「古典自由主義」的整體立場與理論框架中。此

時，夏道平個人立場上逐漸出現微妙的轉變，向「經濟自由」靠攏，寫作模式也開始朝向經濟思想譯介發展。在自由中國時期結束以後，教學之餘仍然持續譯介工作，終至成為 1980 年代的自由經濟學家。

而夏道平對《自由中國》經濟論述之影響力雖然隱微但極其關鍵，最初曾一度主導，後來退居邊緣，在《自由中國》停刊以後，其經濟名著譯介可視為《自由中國》經濟論述之延續，並在 1980 年代仍持續發揮作用。

本文自認仍待改進之處是對經濟學術史更為完整之介紹，以便開啟對另外兩類經濟論述之研究，這工作也有賴之後研究者繼續經營。而對 1950 年代國民黨政權之宣傳中「自由中國」概念，尤其是經濟方面的宣傳（如《自由中國之工業》），也是仍待研究之課題。本文僅就個人能力所及範圍進行研究，希望引起更多人的注意，而在這個領域持續進行探索。

參考文獻

1. 《自由中國》（台北），全 23 卷。
2. 薛化元編，《自由中國全 23 卷總目錄暨索引》，台北：遠流，2000。

專書

1. 夏道平，《夏道平文存 1 我在自由中國》，台北：遠流，1989。
2. 夏道平，《夏道平文存 3 自由經濟學家的思與言》，台北：遠流，1995。
3. 雷震，《雷震全集 32 雷震日記：第一個十年 2》，台北：桂冠，1989。
4. 薛化元，《自由中國與民主憲政》，台北：稻鄉，1996。

期刊論文

1. 李曉波，〈夏道平經濟思路的演進及其原因〉，《湖北經濟學院學報》，15：5（武漢，2017 年 9 月）。
2. 吳惠林，〈悼民主政治、自由經濟的導師──夏道平先生〉，《經濟前瞻》，44（台北，1996 年 3 月）。

09

從總裁批簽到蔣中正日記：
再談「雷震案」中的蔣總統

陳德銘[1]

一、前言

　　過去，有關《自由中國》雜誌和「雷震案」的研究隨著解嚴、蔣經國去世及李登輝執政後，成為史學界解禁課題，其中以薛化元、[2] 蘇瑞鏘、任育德、楊秀菁等教授學者成果最為豐碩，而政治大學台灣史研究所更可謂執「雷震研究」之牛耳。

　　在早期的研究中，由於缺乏官方解密檔案，故一般學人多取材於當事人或參與者的口述歷史和回憶錄[3] 作引述，但這容易墜入受害人主觀意識或孤證危機，因此在命題上多以雜誌內文或雷震個人民主憲政思想為研究大

1　國立中興大學歷史系博士班一年級。

2　薛化元教授將雷震及其主導的《自由中國》與政府的關係分為五期：交融期（民國 38 年 11 月 -40 年 5 月）、摩擦期（民國 40 年 6 月 -43 年 12 月）、緊張期（民國 44 年 1 月 -45 年 9 月）、破裂期（民國 45 年 10 月 -47 年 12 月）、對抗期（民國 48 年 1 月 -49 年 9 月）。

3　就連雷震在獄中四百餘萬字的回憶錄也據說被焚毀或「下落不明」，而出獄後所撰述的《我的母親》與《雷震回憶錄－我的母親續篇》均因記憶力衰退而產生影響。

宗，[4] 對 1960 年雷案本身，尤其是論述黨政幕後主導乃至蔣中正個人意志的操控判決等相關事證，要待 2003 年國防部檔案《雷震案史料彙編：黃杰警總日記選輯》出版，方彌補重要的空白。不過警總畢竟屬執行方，促成牢獄源頭決策者的動機思維部分仍諱莫如深，[5] 直至 2006 年，美國史丹佛大學胡佛研究所陸續公開的《蔣中正日記》，[6] 終清晰蔣總統在案中的思考過程及指揮角色，正如其在日記所言：「此案完全操在我」！[7] 可惜這彌足珍貴的史料至今還未正式出版，只依靠學人親赴抄錄謄整，本文的史料基礎之一便是以前國史館館長呂芳上教授所匯集該日記資料編輯而成的《蔣中正先生年譜長編》。

本文引用的另一重要史料便是近年因「政治問題」而被暫封存的國民黨檔案「總裁批簽」。[8] 1947 年雖然中華民國已頒布實施《中華民國憲法》，進入三民主義中「主權在民」的憲政階段，但因時局戰況不穩，旋即加入《動員戡亂時期臨時條款》，維持「黨國」及「黨政」的統治結構，「總裁批簽」便屬國民黨黨內公文供黨領袖處理或操縱國家事務的最直接證明，文件由機要秘書（如唐縱或張其昀）謄錄匯報重點再呈蔣批示下達命令或意見。

4　薛化元教授 2020 年 11 月出版之《民主的浪漫之路：雷震傳》，可說是目前雷震研究最全面最深入的學術著作。在之前較近期有關「自由中國」和「雷震主題」的研究著作分別是：2018 年政治大學台灣史研究所碩士論文《〈自由中國〉雜誌對司法制度主張之研究》，專書方面則是 2020 年玉山社出版的《戰後初期的台灣報人：吳濁流、李萬居、雷震、曾虛白》。

5　雖然雷案當事人之一馬之驌曾著《雷震與蔣介石》，但該書成於 1993 年，而書中所引用原文資料皆是當時新聞報導、《自由中國》、《雷震回憶錄—我的母親續篇》、《雷震全集》等，欠缺官方正式資料。

6　維基百科對該日記的介紹，https://zh.wikipedia.org/zh-tw，擷取日期：2020 年 10 月。

7　「蔣中正日記」，民國 49 年 10 月 28 日：自記上星期反省錄。收錄於呂芳上主編，《蔣中正先生年譜長編》（台北：國史館，2015），第十一冊，頁 392。

8　謝孟穎，〈點收國民黨「總裁批簽」檔案，促轉會：將揭示蔣中正如何「以黨領政」鞏固地位〉（台北：風傳媒，2020 年 4 月 24 日）述：關於「總裁批簽」檔案意義，促轉會指出，這是蔣中正於 1950 年至 1975 年擔任國民黨總裁期間所批示的黨內公文，雖為政黨內部公文，但內容與國防、外交、內政及司法等國家公權力之行使、政府政策密切相關，理解戒嚴體制及動員戡亂體制生成、運作之重要基礎，待這批政治檔案公開後，各界將更能清楚了解蔣中正在威權統治時期身兼政府和國民黨的最高領導人，透過這些政治事務運作，鞏固個人地位，實行「以黨領政」之歷史真相。

雖然 2020 年薛化元教授撰述的《民主的浪漫之路：雷震傳》中已幾乎把雷案的歷史事實與細節作完整釐清，但由於「總裁批簽」仍被扣存未知再世時日，因此才有此論文的寫作空間。

二、蔣中正與雷震之間

蔣中正和雷震曾是肝膽相照的黨內同志，也可能因此在雷案前後，蔣的態度轉變是極端的。在統治大陸的歲月，蔣雷間曾有「蜜月期」，雷既是黨政要員，更是蔣信任之人，所以在雷「異心」前夕，蔣多次警告忍讓，但最終的案件從起訴到定罪，卻由蔣「全權處理」，緊控法律及審判過程，尤其對雷個人，十年牢獄一天也沒少。蔣所展現的「決心」，究竟是針對《自由中國》言論還是雷個人？中國青年黨主席李璜透露了端倪：

> 當年雷先生被案所累時，我正在香港，我為此事特聯合左舜生、張君勱二位致電張岳軍先坐，轉呈總統蔣介石先生，期能長遠著眼，審慎處理，不料蔣先生卻說：「他三位是老朋友，若造反另當別論，但雷做我的官，就是我的部下，怎可造反？」這是蔣介石的軍人性格使然，要談真民主就難了！[9]

這段記述，透露蔣的人性特質和統治思維，彷彿仍沿用舊式幫派概念來管理現代式政黨，私人成分濃厚。日本學者松田康博言，台灣一黨獨裁體制實係折衷主義式、外來式、極端依靠「最高領袖」蔣介石的個人權威的政治體制。[10] 而「黨國」便是強人權威政治的思想架構，「黨」是私人組合卻凌駕國家之上，把國家，包括國法賦予之「自由」視為一種資源，由國民黨掌握分配權力，攤派順從被統治者，將公予私。這種經營模式，

9　李璜，〈雷儆寰先生逝世十週年紀念感言〉，《雷震與我》，頁 114。

10　松田康博，《台灣一黨獨裁體制的建立》（台北：政大出版社，2019 年 11 月），頁 8。

忠誠便是交換條件，否則便將公有資源沒入私營化的公有，即回歸黨國家產，以杜絕反抗和自由意志，這等於把民生主義中「民有」和「民享」破壞得蕩然無存，所以《自由中國》的言論自由對蔣氏言只是被分配的資源，[11] 最重要的是君臣階級，正所謂「君臣同道則亂，異道則治戶」，[12]「以下反上」屬大不諱。蔣中正一開始基於美國國際民主陣營政策形象，是有想放過雷震的，雷案發生在 1960 年，而蔣早於 1952 年國民黨七全大會中，已接獲雷與「民主人士」私密往來：

> 情報：蔣勻田等最近活動
>
> ……二、蔣勻田近與雷震過從甚密，雷曾將七全大會中未公開發表之議案及落選中委名單抄給。
>
> 批示：（二）項應再調查具報 [13]

為何蔣對雷一開始「沒當機行事」，其矛盾也許在於雷過往的政治立場：堅決反共、忠於國家、敢於犧牲，這些都正是蔣念茲在茲的革命理想

11　李子堅，〈我所認識的雷儆寰先生－前《自由中國》編輯黃中訪談記〉，《雷震與我》，頁 114：「初創階段的《自由中國》，經費由當時任教育部長的杭立武，由教育宣傳費項下，每月撥付約合美金五百元的台幣。並由台灣省府撥給丙種公務員住宅一幢，供雜誌社使用。」當然在 1959 年蔣雷關係改變後，中央便停止補助。但青年黨和民社黨仍繼續受國民黨資助。

12　孟戈，〈略知雷震（儆寰）先生〉，《雷震與我》，頁 143。

13　〈台（41）改秘室字 0444 號張其昀、唐縱呈〉（民國 41 年 10 月 31 日），「蔣中正總裁批簽」，國民黨黨史館藏，檔號：41/0355。

人格原形，[14] 並曾推心置腹，委托雷周旋於至關重要的國共和談間、[15] 整合各黨派政治力量及其親赴前線 [16] 保家衛國。因此雷震日後的「叛變」加深蔣愛之深恨之切。

更進一步，蔣再以間接方式打擊雷震以作警告，在 1958 年 5 月雷與齊世英當選中國大陸災胞救濟總會第八屆監事時就被刻意除名，1958 年 5 月 21 日「總裁批簽」記：

> 二、又關於雷震，齊世英當選中國大陸災胞救濟總會第八屆監事……在立法院之言論，失之過於偏激一節，遵由副總裁及職面告谷委員正綱同志，應予以糾正，當經谷委員負責表示：因此兩事，上勞 鈞座之憂慮，實深負咎與惶愧，並囑先為轉陳：（一）雷震與齊世英當選中國大陸災胞救濟總會監事，實因選舉之前，運用未盡妥善，由谷委員負責予以除名。……

> 批示：**此案應即限期為擬執行不可延誤 中正** [17]

及至雷案正式爆發前的「陳懷琪事件」，應為最後警告。對於「陳懷琪事件」普遍猜測是政府幕後作為，因為一名中校絕對沒能力耗巨資連續

14　司馬文武，〈雷震－「反攻無望論」者的一生〉：「殷海光曾這樣形容他說：『我看來看去，無論在基本的思想形態、行為模式和待人接物的習慣上，他和老牌國民黨人並沒有根本的差別。』他在政治思想方面是一位十足的頑固而堅持的憲政主義者，我在他身上很難找得出一點浪漫和太多的理想傾向」，《雷震與我》，頁 27。

15　司馬文武，〈雷震－「反攻無望論」者的一生〉：「那時他以國民黨死硬派的角色，受到國民黨當局的信任不在話下少，他跟共產黨的周恩來，以及民、青兩黨的負責人也頗有來往，周旋在各黨各派之間，應付自如」，《雷震與我》，頁 28。

16　司馬文武，〈雷震－「反攻無望論」者的一生〉：「在大上海保衛戰中，他和谷正綱及方治三人，聯袂飛往上海輔佐揚恩伯將軍，時人譽為『三劍客』。他和湯恩伯是日本時代的生死之交，憑著他以前從事上海黨務工作的經驗和關係，他出過不少力量，湯恩伯撤守廈門，他也從台灣飛去幫忙。後來陳誠曾在國民黨的某項重要會議上，公開要求大家向雷震同志看齊，因為他在國家危難之際，總是挺身而出」，《雷震與我》，頁 28

17　〈台（47）央秘字第 146 張屬生呈〉，民國 47 年 5 月 21 日。「蔣中正總裁批簽」，國民黨黨史館藏，檔號：47/0079。

兩日在各大報刊以廣告形式登「更正」啟示，在《雷震案史料彙編：黃杰警總日記選輯》中仍未見明確下達陳懷琪指令的公文資料，因此不能武斷肯定皆政府操作，但 1959 年 10 月 2 日的「總裁批簽」中卻記述國民黨對該事件的謀算和蔣的態度：

乙　本案處理之兩個途徑

　　本案陳陸二人除告訴雷震偽造文書妨害名譽外，既皆以雷震有觸犯懲治叛亂條例第十六條之罪嫌向台北地方法院檢查處檢舉，並經偵查其處理辦法，自不出二途：

　　一為認雷震已涉及叛亂罪嫌，依懲治叛亂條例第十條後段移送軍事機構處理。

　　一為認本案應僅就其偽造文書，妨害陳陸二名義之部分處斷而將其叛亂罪嫌，暫行撇開，茲就此二種處理方式析述於下：

　　一、認雷震雖觸犯刑法上偽造為書及妨害名譽等罪，但期叛亂條例第六條罪嫌，於此場合雷震係以一行為而同時犯偽造文書妨害名譽，及散佈謠言，足以妨害治安或搖動人心等罪名，亦即刑法第五十五條所謂「一行為而觸法數罪名」，其中既有一部犯罪事實（即散佈謠言足以妨害治安或搖動人心部分）應由軍事機關審判，則依軍事審判法第四十八條之規定，全案應一併由軍事機關偵查審判。

　　二、認雷震雖觸犯刑法上偽造為書即妨害名譽等罪，但期叛亂罪嫌部分，尚須待更進一步之罪證再行審理，依此方式則本案應全由司法機關處理其關於叛亂罪嫌部分，檢查官僅可再起訴書身說明「該刊所載此類散佈」謠言動搖人心打擊士氣之文字，雖不一

定足，但就本案而論，則觸犯懲治叛亂條例第六條之罪證，尚嫌不足」將其一筆帶過，一俟另有其他足供軍法審判之資料，再交軍法機關審理。

丙　結論

上列兩個途徑，究以何者為宜，司法與軍法機關負責同志，未敢自行決定，自應請求指示。茲僅將職所見者條列於下，藉備參

一、再目前本案已由法院審判較為妥當，如即移交軍法機構審理，其對於一般新聞界刺激太大，徒予反動派以譁眾起鬨之機會。

二、法院如依刑法上偽造文書及妨害名譽判罪，可得五年以下或一年以下之徒刑，似可折衷處以二年或一年半之徒刑，而宣告五年以內緩刑，如此既可減輕本案之罪行為，則隨時可予執行，如其稍知收斂，亦可免於刑罰。

三、法院如此判決之後，於當時期仍可援引罪證 依懲治叛亂條例 由軍法機關審理。

批示：**此案應暫後處理為宜 中正**[18]

當時蔣中正可以選擇採取司法或軍法來處理，但最後仍以「此案應暫後處理為宜」作結。蔣一生遭遇眾多持反對意見人士，例如大陸時間的魯

18　〈台（48）央秘字第 257 號陶希聖呈〉，民國 48 年 10 月 24 日，「蔣中正總裁批簽」，國民黨黨史館藏，檔號：48/0186。

迅，只要是言論和理念上的分歧均可盡量克制讓步，尤其 1949 年後的戰敗陰影，聲稱自由中國的台灣需要更多自由給美國作合作象徵，爭取美援，故直至雷震要具體成立反對黨，正面挑戰執政權，蔣才決心消除異己。

那雷震又在盤算什麼呢？除卻「他明知道與他身家性命有關，仍以殉道的精神，全力以赴」[19] 外，在當時「開明」的中華民國與封閉的中華人民共和國對比，有知識份子會認為政治應該有灰色的自由空間，參考昔日經驗，「過去軍閥時代，報被封，人被抓，雖是家常便飯，但若判刑坐牢甚至槍斃，則大半是辦報者和他們有私人仇恨，又若拿了某軍閥的錢，報紙不捧他，或拿了某軍閥敵對者的錢而反對他。如果證明不屬於上述各情形，只是報紙通常對執政軍閥表示不滿，即使被抓被封，他們仍要假裝門面不願負摧殘言論的惡名，稍加疏解，即可釋放復刊。」[20] 連雷震都曾自言：「我們批評時政的言論，因為他們（國民黨的領導層）知道我們沒有組織，尚可以忍耐。經常性的座談會，他們會誤解為組織，便更難講話了。」[21] 誰料到最後竟真如《自由報》主持人雷嘯岑先生所言：「一個統治者在亂離艱危的階段中，如果受到內外環境逼迫過甚，無可如何時，很可能使出嚴厲的手段以對付異己者。這類例子歷史上很多。現時政府當局覺得國事尚有可為，所以容忍《自由中國》經常唱反調。假使你們煎逼太甚，一旦它要收拾你，卻不費吹灰之力。你縱然做了『民主烈士』，於是又有何濟呢？」[22]

雷震的組黨行動已超越言論自由、民主理想的範疇，中國民主黨將成為國民黨第一線政治鬥爭對象。

19 李子堅，〈我所認識的雷儆寰先生－前《自由中國》編輯黃中訪談記〉，《雷震與我》，頁 99。

20 成舍我，〈執政黨今日是否會痛惜　三十年前未准許雷震組反對黨？－惟有祈盼雷氏在天之靈默佑執政黨進步而不腐化〉，《雷震與我》，頁 89。

21 徐復觀，〈「死而後已」的民主鬥士－敬悼雷儆寰（震）先生〉，《雷震與我》，頁 205。

22 司馬文武，〈雷震－「反攻無望論」者的一生〉，《雷震與我》，頁 46-47。

三、雷震案的白色恐怖

　　根據《黃杰警總日記選輯》中，在 1958 年 9 月間，警總已於部內成立專案小組，從《自由中國》第 17 卷 1 期（民國 46 年 7 月 1 日出刊）開始，逐期審查內容。[23] 即表示蔣中正一方面容忍、姑息、警告雷震，另一方面則部署準備「翻臉」的那一天。

　　容忍了兩年，1960 年起蔣在日記中《自由中國》和「雷震」一詞便成為「常客」，平均三天內必有一記，更曾在視察金門期間提前返台處理雷震案，[24] 可見該案對蔣的重要性已等同逼切的國家大事，而且達到蔣克制的極限。6 月 26 日，當雷宣布與李萬居、高玉樹等三人為組織新黨發言人，反對黨已具體化，蔣決意一網打盡，評估逮捕雷及威嚇其黨羽之作用：

　　　　7 月 26 日 研究逮捕雷震後對李萬居及高玉樹等之警告

　　　　25 日，研究對《自由中國》半月刊之處置辦法。本日，又思考如逮捕其社長雷震後，對一同參與籌組新黨的李萬居、高玉樹等應給予如下警告：「甲、民主自由之基礎在守法與愛國。乙、不得煽動民心，擾亂社會秩序。丙、不得違紀亂法、造謠惑眾、動搖反共基地。丁、不得抄襲匪共散技，破壞政府復國反共措施法令，不挑撥全體同胞團結精神情感，效尤共匪假借民主，實行顛覆政府之故技，而為匪共侵台鋪路，其他皆可民主精神尊重其一切自由權利。」[25]

23　台灣警備總司令部：「『田雨』專案初步偵訊報告表」（民國 49 年 9 月 5 日），〈雷震案〉，《外交部檔案》，國史館藏，檔號：172-3/1083；「台灣警備總司令部『七二〇三』七月份工作報告」，《國防部檔案選輯》，頁 147。引自《雷震案史料彙編：黃杰警總日記選輯》，頁 48。

24　「蔣中正日記」，民國 49 年 11 月 6 日：自記上星期反省錄。《蔣中正先生年譜長編》，第十一冊，頁 396。

25　「蔣中正日記」，民國 49 年 7 月 25、26 日。《蔣中正先生年譜長編》，第十一冊，頁 352。

以蔣「不是敵人便是同志」的敵我思維，已將自由民主等同於中共攻擊政府的武器，是邪惡的象徵，如日記云：「該半月刊雷某（震）所言行，完全如在大陸卅六、七年時期得民主同盟口號、行動如初一轍」、[26]「《自由中國》刊中歷來文字，皆為其今日巧辯，而預為本人羅織其叛逆大罪，而成為其為共匪作有力宣傳，是乃共匪黨徒以文字辯證，為其政治與思想戰，作其侵略世界，控制人類，麻醉仁心之重要武器耳。」[27]

雷震是於 9 月 4 日早上 9 點被逮捕，而蔣經國是國府遷台後負責管理特務系統的，但在整案件中，竟看不到蔣經國的身影記錄，而雷震被捕對副總統陳誠言也是尷尬的，一是由於過去陳曾公開表揚雷震為黨國楷模、學習對象，二是檯面下與蔣經國的權力暗鬥，因此陳對外的態度表示不知情，除意圖卸責外或可能讓兩蔣背負政治責任，如傅正所言：

> 警備總部政治部直屬國防部總政治部，而國防部總政治部主任當時雖然已經不是蔣經國先生，但仍在他一手控制之下。逮捕我們的所謂雷案引起國內外抨擊後，據說身為所謂國家最高行政首長的行政院長陳誠先生私下訴苦說：事前毫不知情。意思是完全為蔣經國先生一手編導。陳誠這種說辭，固然顯得無奈又可憐，多半是實情。[28]

但根據蔣的日記，逮捕雷震，身為副總統的陳誠當然早已知悉並共謀處理：

> 9 月 2 日　與張群等研商雷震案之處理，允照陳誠意見由行政院負責承辦。

26　「蔣中正日記」，民國 49 年 8 月 27 日。《蔣中正先生年譜長編》，第十一冊，頁 363。

27　「蔣中正日記」，民國 49 年 10 月 31 日、11 月 1 日。《蔣中正先生年譜長編》，第十一冊，頁 393。

28　傅正，〈從蔣經國到雷震之路！─教我如何不想他〉，《雷震與我》，頁 358。

約見總統府秘書長張群、警備總司令黃杰、中國國民黨秘書長唐縱研討對雷震案之手續。叮囑唐縱和黃杰先向兼行政院長陳誠報告，並徵詢其意見。記曰：「聞辭修（陳誠）必欲其行政院負責承辦，余乃允之。」[29]

而根據警總資料，最早在 1960 年 6 月，陳誠已申請參與《自由中國》。[30]

由於以引用《動員戡亂時期臨時條款》制裁雷震，蔣除必須「抹紅」案件外，更要消弭國府外省精英聯合本省人的團結反抗，於是扯上二二八省籍仇恨的帽子：

> ……五、挑撥政府與人民之隔閡，造成省區同胞之惡感。六、以流血叛亂之鼓動民眾，再造「二二八事變」為目的的陰謀，如再不處治，將為匪共製造其和平解放台灣之良機。[31]

一本宣揚民主的雜誌、和一群嚮往自由的志士被抨擊得體無完膚的萬惡地步，其實蔣中正費煞思量最擔心的是產生「三個中國」局面：

> 共匪最近亟圖利用海外此項分歧活動，及台北「自由中國」之言論，各方進行分化挑撥，指「友聯」所倡「海外中華」為搞「三個中國」運動，受美方指使陰謀「反蔣反台」，因而不斷發動新的「和談」宣傳攻勢，提出兩點荒謬主張，呼籲「國共雙方共同聲明反對兩個中國政策」，同時「國民黨聲明不反攻大陸，共產黨聲明

29　「蔣中正日記」，民國 49 年 9 月 2 日。《陳誠先生日記》，第 2 冊，頁 1258。《蔣中正先生年譜長編》，第十一冊，頁 365。

30　民國 49 年 6 月 12 日，《雷震案史料彙編：黃杰警總日記選輯》，頁 54。

31　「蔣中正日記」，民國 49 年 8 月 29 日。《蔣中正先生年譜長編》，第十一冊，頁 363。

對台灣放棄用武」，日來匪方在港之文匯報、晶報、新晚報等，均不斷有此類造謠文字、殊堪特別注意。[32]

既然決定要辦雷震，那應該以司法、還是軍法來作審判法源？當時大多知識份子建議以司法審判為宜，否則台灣會被冠上「警察國家」惡名，國師胡適最積極表態支持司法，但蔣內心已有答案：

9 月 8 日 對胡適認為雷震案應交司法機關審判主張之批評。

記曰：「此種真正的『胡說』本不足道，但有此『胡說』，對政府民主體制亦有其補益，否則不能表明政治為民主矣。故仍予以容忍，但此人徒有個人而無國家，徒恃對察人擇交，更不知其將如何審慎矣。」[33]

蔣決定以懲治叛亂條例處理，即軍法，並召見雷案小組，商討起訴書要旨。[34] 貴為總統，重要決策由他裁決，但執行細節理總應由軍方部會或警總承辦，然對於雷，蔣卻「無役不與」地從起訴書到判決書修改，全程參與：

9 月 22 日 詳閱雷震案起訴書稿，並予指正。

21 日，閱警備總司令黃杰對雷震案之起訴書稿，記曰：「平庸無力極矣。」本日，詳閱並予指正，記曰：「對此案以雷逆（震）等逮捕者為限，不擴大範圍，並能在黑里雪夫（赫魯雪夫）為離紐

32 〈台（49）央秘字第 041 號唐縱、陶希聖、陳建中呈〉，民國 49 年 2 月 17 日，「蔣中正總裁批簽」，國民黨黨史館藏，檔號：49/0033。

33 「蔣中正日記」，民國 49 年 9 月 8 日。《蔣中正先生年譜長編》，第十一冊，頁 368。

34 「蔣中正日記」，民國 49 年 9 月 16 日。《蔣中正先生年譜長編》，第十一冊，頁 371-372。

約以前判決為要旨。辭修（陳誠）仍持其擴大統戰範圍也。」晚，復約國民黨政策會秘書長谷鳳翔來談，對此稿繼續加以指正。23、24 日，在總統府與秘書長張群、谷鳳翔等檢討雷震案之起訴書與起訴時間。25 日，重審雷震罪證稿中結束一段，曰：「重加修正，較前有力」。[35]

9 月 26 日 雷震案起訴書定稿，並指示起訴後的宣傳要領。

上午，重新核訂雷震案起訴書之最後定稿。10 時半，在總統府與秘書長張群、國民黨政策會秘書長谷鳳翔談定稿查對訖。11 時，召集行政院長陳誠、司法院長謝冠生、外交部長沈昌煥等檢討雷震案，以做最後決定。另約國民大會秘書長谷正綱來談。下午，召集宣傳會談，指示起訴後的宣傳計畫與要領，並徵詢意見後散會。6 時由警備總部宣布雷震案被起訴，將由軍法審判，雷震案又進入一個階段。[36]

蔣直接指揮國家法治系統，完全根據個人「黨國」意志裁決案件乃至結果，在中華民國歷史中，除張學良外，應只有雷震有此「厚愛待遇」，蔣自認為「雷（震）案依法懲治之正確，加強自信」[37] 及「完妥無缺」！[38]

雷案能辦成功，有賴於一位關鍵人物，所謂匪諜：劉子英。目前發現

35 「蔣中正日記」，民國 49 年 9 月 21-24 日。《蔣中正先生年譜長編》，第十一冊，頁375。

36 「蔣中正日記」，民國 49 年 9 月 26、27 日。《蔣中正先生年譜長編》，第十一冊，頁376。

37 「蔣中正日記」，民國 49 年 9 月 24 日。《蔣中正先生年譜長編》，第十一冊，頁 375。

38 「蔣中正日記」，民國 49 年 9 月 26、27 日。《蔣中正先生年譜長編》，第十一冊，頁376。

資料當中，並沒有劉子英與國民黨合作陷害雷震的文字證據，連雷震生前也想知道究竟：「劉子英已經出獄，為什麼不來見我？」[39]

劉子英其人在蔣日記中首現於 1960 年 9 月 10 日：「雷（震）案中劉子英已自認其為匪諜，此一發現甚為重要」，[40] 其後的劉子英自認匪諜成為雷案成立的致命關鍵。有傳言劉子英跟國民黨合作以換得在獄中優越待遇和政府負責照顧仍在大陸家人。1960 年 12 月 20 日蔣的日記中透露出可疑訊息：

> 12 月 20 日 指示黃杰重申共諜自首寬免令及對雷震案之應付與輿論疏導

16 日，以《自由中國》雷震一案中，劉子英涉及共諜案，思考重申「匪諜自首寬免令」，並決定對劉子英進一步查對研究。[41] 18 日，考慮劉子英口供是否准由監察委員調問及重申匪諜登記令。本日，接見警備總司令黃杰，指示：一、派國民黨籍立法委員二人，赴陸軍監獄訪問劉子英，與其作長談，加以試探，以觀其反應如何？以作應付監察委員訪問之參考；二、警備總部可重申前令，過去凡曾附匪分子准予自首，補辦登記。[42]

共黨間諜是導致國民黨政權在大陸失敗的重要因素，蔣絕對非常痛恨，但雷震 9 月因「劉匪諜」知情不報而被捕，劉卻旋於 12 月被部門研究

39　謝聰敏，〈劉子英在安坑看守所－寫在雷震先生逝世十周年年前〉，《雷震與我》，頁 306。

40　「蔣中正日記」，民國 49 年 9 月 10 日：自記上星期反省錄。《蔣中正先生年譜長編》，第十一冊，頁 369。

41　「蔣中正日記」，民國 49 年 12 月 16、18 日。《蔣中正先生年譜長編》，第十一冊，頁 410-411。

42　〈監察委員陶百川等對雷震案提出調查要求：一、調卷。二、與審判人員談話。三、見雷震、劉子英等〉。《陳誠先生日記》，第 2 冊，頁 1299。《雷震案史料彙編－黃杰警總日記選輯》，頁 261-262。轉引《蔣中正先生年譜長編》，頁 410-411。

「自首寬免令」，蔣也太寬大了，且劉在獄中待遇也真比其他犯人優越：

> 他單獨住在第一房。通常，一間五公尺寬、十公尺長的囚房有十個至二十個囚犯，睡在地板上。但是他卻獨佔一房，設有單人床、書桌和椅子，地板的後端有一片洗澡的水泥地。他在水泥地上裝置一個汽油爐。這就是他的小廚房……劉子英在看守所是由警總保安處寄放的。每個月，他從保安處領到當時的新台幣六百元——相當於一個小學教員的薪水，由保安處官員直接送給他。每當中秋與春節，保安處官員接他出去渡假一星期。據他自己說，他到過西門町電影街，也到過新北投。[43]

再從《黃杰警總日記選輯》中，民國 49 年 12 月本，警總摘錄其重要談話內容去對應，儘管有官方裝飾之詞，但也透露點滴劉的內心世界：

> 問：雷震對你不錯嗎？答：他對我不錯，但是假如不是他這樣鬧，治安機關不會發現。所以我到保安處後，我全是自白的，沒有用一點刑。2. 問：覆判判決書你收到了沒有？有何感想？答：覆判書收到了，我感覺很好，還有給我一個悔過的機會。既然犯了法，就要遵照法律制裁。判決書並沒有什麼，我認為是公正的。3. 你入監後生活情形怎樣？有何感想？答：起初不習慣，心理上不安定，生活物質方面，我是窮人出身，我很知足，現在不如我的人很多。4. 問：你如果有機會見到雷震對他怎樣？答：最好我一生不要見他面，因為那一方面也要吃虧，他家裡有人看他，也有人在外面奔走，我什麼也沒有。見面時他可能要罵我，同時他體力比我好，他一定要毀我。5. 問：你在這裡（軍監）生活覺得好嗎？答：我生活得很好，此地受刑人給我很多溫暖。況且我在此地沒有什麼人，一點牽掛也沒有。[44]

43　謝聰敏，〈劉子英在安坑看守所－寫在雷震先生逝世十周年前〉，《雷震與我》，頁 301、303。

44　該書註 275，《雷震案史料彙編：黃杰警總日記選輯》，頁 118-119。

果然雷案發生後，劉子英再沒有見過雷震，1988 年蔣經國死後雷震獲得翻案平反機會，當年的調查資料隨時有可能被公開，劉即突然離台，臨行前，他給雷夫人宋英留下了〈辯誣〉一文和懺悔信一封，此時離雷震去世已近十年。[45] 劉最後死在重慶。

　　既然起訴書，匪諜人證都俱備，再來的便是判決書草擬和「裁示」判決結果：

　　　　10 月 8 日審閱雷震案判決書，主張處以十年徒刑。

　　　　審閱雷震案之判決書，共分甲、乙、丙三案，於上午 11 時召集副總統陳誠、總統府秘書長張群、最高法院檢察署檢察長趙琛及國民黨政策會秘書長谷鳳翔等一起會商，先生指示：一、題目（判決主文）要平淡，須注意一般人之心理；二、刑期不得少於十年；三、《自由中國》半月刊須撤銷登記；四、覆判不能變更初審判決。為較不致刺激一般人之心理，商決採用乙案。[46] 記曰：「避免引用意圖顛覆罪之法條，而仍處以十年徒刑。」[47] 下午 5 時，警備總部軍法處軍事法庭宣判，雷震處刑十年，劉子英處刑十二年，馬之驌處刑五年。[48] 10 日，記曰：「上午聽報一小時餘，對於昨日雷案判決結果，美政府以此為內政問題，答記者說無所評論，其他影響不大。自覺毋枉毋縱，心安理得，禮拜如常。」[49]

　　這部分的內容是恐怖的。法律上人人平等嗎？國民黨告訴你，我就是

45　傅國湧，〈懺悔與諒解〉，大紀元網站，https://www.epochtimes.com/b5/8/4/21/n2089313.htm，2008-04-21，擷取日期：2020 年 10 月。

46　《雷震案史料彙編—國防部檔案選輯》，頁 331-332。《蔣中正先生年譜長編》，第十一冊，頁 381。

47　「蔣中正日記」，民國 49 年 10 月 8 日。《蔣中正先生年譜長編》，第十一冊，頁 381。

48　《中央日報》，民國 49 年 10 月 9 日，版 1。《蔣中正先生年譜長編》，第十一冊，頁 381。

49　「蔣中正日記」，民國 49 年 10 月 9 日。《蔣中正先生年譜長編》，第十一冊，頁 381。

法！國家對人民的法律行為，從開始到結束只掌握一人手上，判決用詞、答辯攻防、甚至刑期，都由獨裁者決定，這「我天下」的專橫，執政者竟覺得沾沾自喜：

「對雷（震）案審判與指導以及判決理由書，皆予悉心注意指正，或比起起訴書為妥也」、[50]「對於為匪作有利之宣傳，並可與匪言和合作之語意，特加予修改，乃加強其犯意一節，甚為有力」、[51]「召見張群與覆判局長汪道淵，指示對雷震案速判」、[52]「雷（震）案覆判書已核定，決不能減刑」。[53]

甚至蔣政權賴以生存的美國大哥要求對雷減刑，蔣總統鐵心回絕：

如原判因受其參議員傅爾自來特（傅爾布萊特）之壓迫與警告，乃要求我對雷自動減刑（作此間接之干涉），否則該國務院將提出正式聲明，余乃立即拒絕，令葉據理糾正，此為雷案結束後之又一風波也，美國之愚拙極矣。[54]

可見雷震案本身從開始到結束都在蔣的威權領導下，量法入罪，越過國家律法的公平審判，形似蔣中正對雷震挑戰「皇權」的私人制裁。

50　「蔣中正日記」，民國 49 年 10 月 8 日。《蔣中正先生年譜長編》，第十一冊，頁 382。
51　「蔣中正日記」，民國 49 年 10 月 12 日。《蔣中正先生年譜長編》，第十一冊，頁 383。
52　「蔣中正日記」，民國 49 年 10 月 29 日。《蔣中正先生年譜長編》，第十一冊，頁 391。
53　「蔣中正日記」，民國 49 年 11 月 19 日。《蔣中正先生年譜長編》，第十一冊，頁 401。
54　「蔣中正日記」，民國 49 年 12 月 2 日。《蔣中正先生年譜長編》，第十一冊，頁 409。

四、蔣中正與知識份子

雷震案就像知識份子對決封建獨裁者，胡適便曾言：「現在可否讓教育界、青年、知識份子出來組織一個不希望取得政權的在野黨。一般手無寸鐵的書生或者書獃子出來組黨，大家總可相信不曾有什麼危險。」[55] 胡適是理想主義者，但卻鼓動了行動者雷震挑戰了蔣政權，最終落得牢獄之災及壓縮了言論自由。

知識份子就是古代的士大夫，士為學問淵博的智者尊稱，亦為執政者德政代表，廣集名士而能得天下，「禮賢下士」更為仁君象徵。孔子儒家文化極重視「士」的品格與形象，「士志於道」為學人生命方向和終極理想。「行己有恥，使於四方，不辱君命」，士必將其心志全貫注於仁道理想之實踐上。西方更重視知識份子獨立自主的優良傳統，因此對風搖欲墜的蔣氏戰敗政權言，無論目的是粉飾民主形象也好，或抑壓島內異見也好，都需尋求知識份子支持，而國師胡適便是最好的西方自由代表去制衡專制的中共政權。

根據過往蔣對知識份子的態度，有尊重也有禮遇，最有名的例子便是魯迅。曾擔任中共「中國左翼作家聯盟」領導的魯迅經常批評和反對蔣的南京國民政府，但國府大學院（教育部）仍聘其為特約撰述員，不用上班便月領高薪 300 塊大洋達四年之久，1935 年，魯迅病重，蔣還指示國民黨中央黨部宣傳部長葉楚傖設法撥出一筆錢，以幫助魯迅去日本治病，但最終未能成行。1936 年，魯迅病故後，蔣敬贈挽聯，上書：魯迅先生千古。魯迅逝世不久，家中經濟陷入困頓，據子周海嬰在回憶錄《魯迅與我七十年》中記載，最差的時候，長達七個多月時間《魯迅全集》只賣出三套。其後，魯迅妻許廣平便收到蔣中正創辦任兼社長的勵志社寄來捐款和信件，指定將全款的一半撥助先生（魯迅）家屬，以充生活費用。

所以蔣雖是軍人，但還懂得禮賢下士，給予局部反對聲音自由空間，

55　文德，〈雷震・胡適・中國民主黨－記近代民主運動的一段歷史並悼念雷震先生〉，《雷震與我》，頁 11。

只是他的容忍底線是絕不可對統治權產生實際的威脅，尤其是領蔣俸祿的「御用學者」。對於代表中華民國在美國爭取支援、及希望蔣政權民主改革的自由主義者胡適，蔣便表現出表裡不一的極端態度，在雷案發生期間，蔣在日記中表露無遺：

> 9 月 20 日 責胡適挾外力以凌政府，強調民族主義之重要。

> 近日，在美國的胡適屢次發表對《自由中國》雷震案之意見。本日，先生記曰：「胡適挾外力以凌政府為榮，其與匪共挾俄寇以顛覆國家的心，並無二致。故其形勢雖有不同，而重外輕內、忘本逐末，徒使民族遭受如此空前浩劫與無窮恥辱，其結果皆由民族精神與固有倫理式微所適成，故今日應特強調民族主義自重自愛、自立自強之重要耳。」[56]

1949 年國府遷台，知識份子願赴國難者寥若晨星，陳寅恪逃到嶺南也不續台灣之途，當年跟隨中央研究院抵台的，門可羅雀，胡適可謂最力挺蔣及其政權的大學者，在大陸國民黨的最後歲月，胡曾哭求司徒雷登力請美國支持蔣作戰，於國對蔣都可謂肝膽相照，但雷案後，在國外爭取援助，堅決反共的胡適卻被蔣日記中痛罵「挾外力以凌政府」、「與匪共挾俄寇以顛覆國家的心」，剎那間國師彷似漢奸與共匪同路人，情何以堪，只因雷震的挑戰政權被認為是胡適在背後支持和計畫。

而蔣處理雷案之違反法律、人權、自由的誘捕設案手法引起美國不滿，蔣竟把責任全歸咎於胡適，胡適從中華民國支持西方自由主義愛國人士，為政府爭取援助的代表瞬間變成台美關係惡化罪魁禍首的「洋奴」：

> 日記上星期反省錄。

56　「蔣中正日記」，民國 49 年 9 月 20 日。《蔣中正先生年譜長編》，第十一冊，頁 373。

一、雷（震）案已由美國務院對我大使提出警告，以示恫嚇。而且美《時代雜誌》對我素表同情者，此次亦特作不義之社論，此為胡適之關係，其他如《紐約時報》與《華府郵報》之惡評更無論矣。……而本國所謂自由份子如胡適者，實昧良知洋奴而已。[57]

對於曾為親密戰友革命同志的胡適，準備從美國返台，好朋友、偉大領袖蔣總統的感想卻是：

　　10 月 13 日　聞胡適將返台，推斷其目的在未覆判以前要求雷震減刑獲釋。

　　聞胡適定於 16 日由美國返台，記曰：「是其想在雷（震）案未覆判以前，要求減刑獲釋放之用意甚明。此人實為最無品格之文化買辦，無以名之，只可名之曰『狐仙』其乃危害國家、為害民族文化之蠹賊，彼尚不知其已為他人所鄙棄，而仍以民主自由來號召反對革命，破壞反共基地也。」[58]

這次罵的名詞種類多了，有「文化買辦」、「狐仙」、「蠹賊」。為什麼蔣會對胡適這麼嚴厲？因為蔣把胡當政敵對手了：

　　胡適在民國四十七年五月廿七日《自由中國》社餐會上，他公開的主張由知識份子來組織一個在野黨。他說：「今天大家覺得一黨當政的時間太久了，沒有一個制裁的力量，流弊很多，應該有一個別的黨派出來」，「我在多年前曾公開說希望國民黨學習土耳其

57　「蔣中正日記」，民國 49 年 9 月 17 日。《蔣中正先生年譜長編》，第十一冊，頁 372。
58　「蔣中正日記」，民國 49 年 10 月 13 日。《蔣中正先生年譜長編》，第十一冊，頁 384。

凱末爾的榜樣，黨內分化為兩個黨。但直到今天都還沒有出來。[59]

　　關於組織新黨，胡適之先生為了推動民主自由的政黨政治，曾經建議先總統 蔣公兩種方式、一種是仿照土耳其領袖凱末爾的辦法，將執政黨分為兩個黨，一個在朝執政，一個在野監督；另一種是促成青年、民社兩黨和無黨無派的政治人物合併組織一個在野政黨。據傳 蔣公約答復是：「前者不能考慮，後者樂觀厥成」。[60]

胡適與雷震的結合就好像一個理論家遇到了實踐信徒組成反革命團體，胡還要為雷反蔣立場和言論造銅像，在中華民國境內，能立銅像者，只有國民黨親蔣領導人物，如孫中山、蔣中正、林森等。「胡氏鼓吹了一輩子民主，處處碰壁；道不行，乘桴浮於海。誰知在垂暮之年，卻遇到這樣了不起的『傳人』雷震。雷震所搞的簡直就是百分之百的『胡適民主』。」[61] 但對獨裁政權言，民主便是挑戰，胡雷完全是戰鬥革命組合，他們的對手從遙遠的共產黨轉進咫尺的國民黨，蔣中正更是前線競爭對象。兩者「壓力愈大，反抗力愈大」，官方壓迫，民間鼓勵，胡適始則發表「寧鳴而死，不默而生」的打氣文章，繼則希望言論界同仁為雷震鑄銅像，雷震在這上下兩股力量的刺激之下，態度漸趨激越。[62] 最後堅定蔣欲除之而後快的決心，中共瞬間變為次要敵人。再加上美國陳多次希望扶植親美的軍政人員取代蔣的陰影，因此蔣早已加緊嚴防監視昔日國師了：「聞胡適已於昨由美起飛回國，其存心搗亂可知，而且若輩所謂自由主義之文化買辦們從中縱容無疑，應加防範，但以忍耐為主」：[63]

59　文德，〈雷震・胡適・中國民主黨－記近代民主運動的一段歷史並悼念雷震先生〉，《雷震與我》，頁11。

60　司馬文武，〈雷震－「反攻無望論」者的一生〉，《雷震與我》，頁45。

61　唐德剛，〈「銅像」遲早會出現的－紀念雷震先生逝世十週年〉，《雷震與我》，頁240。

62　司馬文武，〈雷震－「反攻無望論」者的一生〉，《雷震與我》，頁30。

63　「蔣中正日記」，民國49年10月18日。《蔣中正先生年譜長編》，第十一冊，頁386。

據中央直屬第一知識青年黨部（台灣大學）工作同志報稱 胡適 於本（十一）月十八日晉謁

鈞座後 對本黨同志表示如下

（一）胡適云我承總統如此重視，今後應為國家之大團結而努力。

（二）胡適對訪問雷震事，有故意拖延之事，並謂「我看不看雷震有我的自由」。

（三）胡適認為反對黨應聽其成立，否則高玉樹、李萬居等仍可能對國家另有不利之活動。

（四）胡適認為自由中國雜誌如復刊，應在台灣發行，如在香港發行則失其台灣言論自由之意義。[64]

除國防部警總外，負責監視胡適的還有職業學生，社會和校園都在蔣陰影下，連胡適從美國返台計畫為雷震說情，卻觸怒蔣中正，使結果適得其反：

「為胡適誣賴卑鄙之言行考慮，痛苦不置！其實對此等小宵，不值較量，更不宜痛苦，惟有我行我是，置之一笑，則彼自無奈我何。」本日，召見張群與覆判局長汪道淵，指示對雷震案速判。[65]

或許這就是為何雷案發生後，胡適被批評沒有積極營救雷震，甚至連

64　〈台（49）央秘字第263號唐縱、陳建中呈〉（民國49年11月26日），「蔣中正總裁批簽」，國民黨黨史館藏，檔號：49/0201。

65　「蔣中正日記」，民國49年10月29日。《蔣中正先生年譜長編》，第十一冊，頁391。

探監也沒去的原因，我想胡適已評估他的行動必然帶來反後果。而蔣不單對胡適的批評嚴厲，只要涉及雷震，對其他知識份子責罵也不遑多讓：

> 9月21日 以國民黨大老幹部對處置雷震案立意見與態度，倍感憂悶。

> 本日，於主持國民黨中常會時，「見辭修（陳誠）之積極為慰，但其主觀與偏激又使人憂悶。且常會中之老大幹部，不是衰頹，就是糊塗。尤是羅家倫（國史館館長）思想以自由文化人自居，其實卑鄙自私而已；此次劉子英匪諜之隱匿，為其人事處長不力，偷安養奸而已。」下午，接見立法院長張道藩，記曰：「彼於前日在中山堂茶會時，已覺其神經病復發為慮，但其語言上有條理，其間亦有補益為慰。不料其本日所言對雷案處治方法之意見乙意見『昏庸老朽、卑怯腐劣』八字實不足竟其意矣，不勝為本黨前途悲切，痛苦萬分，此乃其所謂CC派之代表人物也。」又曰：「今日為近來精神最不樂之一日，所見所聞，一般老大幹部若非澈底淘汰，則無法革命也。」[66]

所以蔣內心，知識份子是可用、可尊、可棄、可殺，也許只有陳布雷的沉默、服從、忠烈方符合蔣「當代完人」的標準。剛強軍人性格的蔣相對知識份子的懦弱妥協，更不會有任何談判讓步空間，那怕「老朋友」胡適。胡在拯救雷震過程中最常說與蔣見面的一段：

> 總統忽然講一件舊事。他說，去年□□回來，我對他談起：「胡先生同我向來是感情很好的，但是這一兩年來，胡先生好想只

66　「蔣中正日記」，民國49年9月21日。《蔣中正先生年譜長編》，第十一冊，頁374-375。

相信雷儆寰，不相信我們政府。」□□對你說過沒有？[67] 我說，
□□從來沒有對我說過這句話。現在總統說了，這話太重了，我當
不起。我是常常勸去雷儆寰的。

這是胡適經常提起替雷震爭取、說情的一幕，蔣淡淡的一句私人情誼
話，胡便被震嚇了，隨後回答「我是常常勸去雷儆寰的」，這一句既可明
哲又能保身。在雷案中連美方反應都不顧的蔣中正會為胡適「開恩」嗎？
連最後雷震上訴失敗，胡也只能三聲嘆息，蔣更得意地形容道：

> 昨覆判決對雷震等案，判決書發表以後，今日雷、劉二犯皆
> 遷入監獄執行徒刑，此為台灣基地反動分子之變亂與安定之唯一關
> 鍵。胡適投機政客，賣空與脅制政府，未能達其目的，只可以很失
> 望三字了之。[68]

胡適的柔性爭取，其好友唐德剛曾形容：

> 適之先生是一位「白面書生」，李宗仁批評他「愛惜羽毛」。
> 書生連「羽毛」都愛惜，況「頭顱」乎？你怎能希望胡適之做寧誅
> 十族的方孝孺呢？而儆寰先生卻相反，他是個方孝孺型的人物，是
> 「茅坑裡面的」，又臭又硬。[69]

但除性格使然外，或許還有更實際原因令蔣根本不屑顧慮胡適或國內
知識份子的反對，執意孤行，那便是萬惡的「金錢」：

67　《胡適日記》手稿本，第十八冊（台北：遠流出版社，1990）。
68　「蔣中正日記」，民國49年11月24日。收入呂芳上主編，《蔣中正先生年譜長編》，第
　　十一冊，頁403。
69　唐德剛，〈「銅像」遲早會出現的－紀念雷震先生逝世十週年〉，《雷震與我》，頁242。

誰知「胡適」畢竟只是一塊掛在十字路口的招牌。「招牌」除替街上行人指指方向之外，究竟有什麼實際力量呢？加以老胡適的個性既不是雷儆寰、更不是方孝孺。慢說他一己的生老病死，衣食住行，都仰人鼻息。他對推動民主，和民主政治運作的基本條件也模糊不清——胡先生對「民主政治」和「中產階級」的關係始終未弄清楚。他老人家只是為民主而民主，在把「國民黨一分為二」等空想之外，抓不到政治行為的要領。所以蔣老總統只要皺皺眉頭，我可憐的老師也就老態龍鍾的靠邊站了。[70]

一句「一己的生老病死，衣食住行，都仰人鼻息」便道盡胡適的致命傷，其實無論左舜生的中國青年黨或張君勱的中國民主社會黨，其資金來源均仰賴國民黨支持，亦即蔣銀彈政策下既得益者，這種被獨裁政權圈養的民主能具實質反抗力量乎？

五、結語

雷震案的開場與收場可謂蔣中正排除異己操縱國家法律的自編自導的大戲，從時間、故事、人物、結局都在蔣總統手中，他要，「你關一天都不能少」，黨、國、家三為一體，凌駕憲法之神聖、存在和精神，倒退或停留封建皇權，「朕就是法」，讓雷震從革命同志變成政治敵人，讓白色恐怖成為治國手段，捨蔣其誰？

而蔣隨著時局，階段性用人的調整，更為現實：來台初期國民黨，自稱「自由中國」，外又有中共「現實中國」的威脅，而香港及美國的第三勢力「民主中國」文人知識份子力量也不容輕覷，面對這「三個中國」的形勢，像吳國楨、孫立人、王世杰、雷震等自由主義者或具西方背景的軍

70　唐德剛，〈「銅像」遲早會出現的－紀念雷震先生逝世十週年〉，《雷震與我》，頁240-241。

人，適合作一時「棋子」使用，作為台灣自由開明的「樣板」，爭取一些美國的好感，分化並瓦解「第三勢力」。《自由中國》半月刊的存在，雷震的兩度赴港，均滿足了國民黨當時的階段性目標，但其後韓戰、美國再度援華、「第三勢力」瓦解等對蔣有利形勢出現後，讓國民黨能重新集權之時，這些「策略性階段工具人」必成為獨裁障礙物，理想主義中的「自由民主」也只是吹噓的招牌而已。

另外，雷震案「國民黨的成功處理」加速了黨國獨裁，讓「被失敗主義籠罩的國民黨，開始加速度的法西斯化」。[71] 蔣建立的自由中國根本不自由：「在標榜所謂『自由中國』的台灣出現，而偏偏就是這個『自由中國』，容不下《自由中國》這本雜誌，真是『自由、自由，多少罪惡假汝之名而行』！」[72] 而雷案引起蔣莫大危機感——與台灣人聯合的反對勢力，以前防外人共產黨，現在還要防革命同志，知識份子就是有太多說話的空間，促使《出版法》遂加速頒行：

> ……研商《出版法》之執行；二、對於一切報紙、雜誌、電台所發表之新聞評論皆需加以注意，如有逾越法律範圍，應立即指出。[73]

雷震的悲劇，令胡適的立場遭受誹議，雷至死依舊追隨胡適，但雷家人及很多學者都批評胡在案中無作為，甚至是逃避，唐德剛更感嘆：

> 可是我們那位不怕「誅十族」的硬漢雷震，卻不管這一套。他要挺到底，而他卻沒有一個民主政治的「倚靠階級」的「中產階級」來撐腰；他的後勁全靠一張銀樣蠟塗面的紙招牌胡適。胡適腦袋比

71　南方朔，〈為有源頭活水來！－雷震先生逝世十週年祭〉，《雷震與我》，頁 185。

72　岑逸飛，〈敬悼雷震〉，《雷震與我》，頁 93。

73　《雷震案史料彙編：黃杰警總日記選輯》，頁 216-217。《蔣中正先生年譜長編》，第十一冊，頁 386。

他大，肩膀比他軟，這一不相稱的搭檔，就註定了雷做寰做民主烈士，可敬可悲的下場了。[74]

其實，耙梳蔣對胡的評價，便發覺兩者關係就彷似台灣與美國的若即若離，蔣需要胡適這自由燈塔作號召，爭取美援，但蔣獨裁又否定民主政治，蔣當然知道美國有計畫甚至發動政變去推翻其政權，但為了保護和反攻，表面上又不得不合作，內心卻痛恨之，這與對胡適的態度和情緒幾乎一致，所以在知道胡適逝世的反應，蔣在日記中以「聞胡適心臟病暴卒」來記錄，深惡之。試問在蔣心底這樣子的胡適，對要聯會本省人顛覆蔣政權的雷震，胡又能為雷做些什麼？蔣極痛恨內部的叛變，更何況是聯美聯本省合作的造反？如果不是為了美援，胡還有利用價值麼？因此最後的發展，胡除了無奈還只是無奈。

雷案的浪漫民主革命，啟蒙的是胡適，但出賣雷震的，判斷是被視為子弟的劉子英。關鍵人物劉子英極可能與國民黨合作（交換條件）陷害雷震。蔣中正日記中對任何討厭和反對的人士，甚至革命同志，均批評、責罵，而若為共諜當然亦會留下負面文字，但在整事件中，劉子英其人在日記內不但未有任何批評，而且最可疑的，蔣竟默許警總對劉補辦匪諜自首登記，依蔣敵我二分思維是很難想像的。而且對比馬之驌審判過程和遭遇，劉子英無論在審理及坐牢期間均有非一般優待，在獄中還有「陳英」的化名，能在圖書館看書，更能外出看戲遊玩，雖然劉的牢期比馬更長，但從警總與劉的談話記錄裡，劉在台沒家人，他關心的也是最可能交換條件的是仍在大陸的親友，假設他的合作能換得牢裡「自由而又被照顧」的生活，並不用面對社會上雷親朋好友和革命同志的對質責難，寧在牢裡過生活躲風頭是可以想像的。若果假設是誤會了劉，那出獄後怎絕跡與雷震往來，這也間接印證他那段在警總談話的真確性。而且九〇年代末，當雷案有待平反時，劉卻遠走大陸，雖留下懺悔書，但或許只掩飾之詞罷了。

74　唐德剛，〈「銅像」遲早會出現的─紀念雷震先生逝世十週年〉，《雷震與我》，頁241。

最後一點，就是蔣經國的角色被刻意隱藏。在蔣日記中，整個雷震案基本上都沒有「蔣經國」的記錄，推測這是刻意的，因為蔣經國掌管特務系統，[75] 還屬執行方，但蔣介石日記中卻隻字不提，相信是擔心日記以後會被公開影響蔣經國繼位仕途。江南便直言：「國民黨一面發動自己控制的輿論工具進行反擊，一面製造謠言，硬說中共駐港的工作人員暗中支持台灣的新黨活動等等。同時透過美國駐華大使莊萊德，向國務院緩頰，俾一旦採取行動時，減少美國官方的壓力和衝擊，奉命執行此項任務的，即經國指揮下的情治系統──台灣警備總司令部。大前提上，父子倆為維護自己的權力統治，利害相同，觀點一致。縱使，蔣先生不下命令，經國亦必去之為快」。[76]

75　根據《雷震案史料彙編：黃杰警總日記選輯》，頁16註32述：前調查局副局長高明輝曾提到，蔣經國出面成立一個「革命（或政治）行動委員會」，對外化名「總統府機要室資料組」，統合國內情治單位，實施一條鞭的領導，它的長條戳章，威力比總統府官印還要厲害；「民國44年4月1日，總統府資料組的名稱撤銷，成立國防會議，這也就是現在的國家安全會議的前身。」《情治檔案──一個老調查員的自述》（台北：商周文化，1995年3月5日，初版二刷，頁133-136）。不過依據《台灣歷史年表－終戰篇1（一九四五～一九六五）》頁212-216：蔣介石總統在沒有法律依據下，1954年7月1日發布命令，任命周至柔為「國防會議」秘書長，9月5日，任命蔣經國為國防會議副秘書長。1967年2月1日，蔣介石總統明令公布設置動員戡亂時期國家安全會議（撤銷原國防會議），下設國家安全局等單位。不管是國防會議或國家安全會議，實際負責人均為蔣經國，參與的層級和決策的權力均大於行政院，而有「太上行政院」之稱，故一般研究者將此總統府的黑機關視為蔣介石擴權和培養接班人的重要機制。

76　江南，《蔣經國傳》，頁383。

參考文獻

檔案

1. 《蔣中正總裁批簽》，國民黨黨史館藏。

專書

1. 陳世宏等編，《雷震案史料彙編：黃杰警總日記選輯》，台北：國史館，2003。
2. 呂芳上主編，《蔣中正先生年譜長編》，台北：國史館，2015。
3. 雷震，《雷震回憶錄－我的母親續篇》，香港：七十年代雜誌社，1978。
4. 雷震，《雷震家書》，台北：遠流，2003。
5. 傅正主編，《雷震與我》，台北：桂冠，1989。
6. 馬之驌，《雷震與蔣介石》，台北：自立晚報，1993。
7. 《胡適日記》手稿本，第十八冊，台北：遠流，1990。
8. 薛化元，《民主的浪漫之路：雷震傳》，台北：遠流，2020。
9. 《雷震與1950年代台灣政治發展：轉型正義的視角》，台北：國立中正紀念堂管理處，2019。
10. 薛化元，《自由中國選集》，台北：稻鄉，2003。
11. 江南，《蔣經國傳》，台北：李敖出版社，1995。
12. 松田康博，《台灣一黨獨裁體制的建立》，台北：政大出版社，2019年11月。

10

台大哲學系事件政治力介入之分析

游欣璇[1]

一、前言

　　台大哲學系事件，是指發生於 1972 年 12 月到 1975 年 6 月之間，國民黨政工系統藉故整肅台大哲學系的一連串行動。[2] 台大哲學系在校外勢力介入、與校內人士的有心操作之下，最後導致多位教師失去教職，被迫離開。由於整起事件，政治力介入跡象明顯，除了嚴重損害部分教師的權益之外，台大的自由學風，也因恐怖的政治氛圍轉趨保守，對當時整個學術、社會環境造成了極大的影響。也因此台大哲學系事件被視為思想、學術自由遭到政治力迫害的重要抽樣。[3]

1　國立政治大學台灣史研究所碩士。

2　薛化元、陳翠蓮、吳鯤魯、李福鐘、楊秀菁，《戰後台灣人權史》（台北：國家人權紀念館籌備處，2003），頁 157。

3　趙天儀，〈台大哲學系事件〉，收入趙天儀編著，《台大哲學系事件真相－從陳鼓應與「職業學生」事件談起》（台北：花孩兒出版社，1979 年 8 月），頁 15。薛化元、陳翠蓮、吳鯤魯、李福鐘、楊秀菁，《戰後台灣人權史》，頁 156-160。

事件發生二十年之後，隨著大環境的改變，在受害教師及社會的期盼之下，台大校方及監察院先後對台大哲學系事件展開調查，並各自完成調查報告。但各界最關心的真相問題，尤其是政治力介入的層級與操作手法，卻因能調閱的官方檔案很少，部分關係人也不願多做說明，在沒有直接證據的情況之下，一直無法釐清。2011 年筆者以台大哲學系事件作為研究主題，利用之後開放的司法部行政調查局、及教育部等檔案，完成碩士論文。但仍因缺乏關鍵資料佐證，針對外力介入的部分，僅能概括推論。台大哲學系事件的研究工作，似乎只能靜待檔案的解密、開放。所幸這個窘境，在 2018 年促進轉型正義委員會（之後簡稱「促轉會」）成立後，有了轉機。促轉會於推動開放政治檔案工作時，發現調查局與國安局有關台大哲學系事件的卷宗。促轉會對此批檔案進行解析，並訪談當事人，於 2020 年 7 月完成了〈威權體制與失控的執行者：從情治檔案重探台大哲學系事件〉調查報告，[4] 對於先前研究未能解決的問題，有了更深一層的了解與說明。

　　為修正先前研究的不足，本文擬運用促轉會的調查報告，[5] 修正先前研究的不足，對事件的疑點與爭議做更進一步的討論，並針對孫智燊的操作手法與政治力介入的問題進行探討，以期更完整揭露台大哲學系事件的真實樣貌。

4　林易澄，〈威權體制與失控的執行者：從情治檔案重探台大哲學系事件〉（台北：促進轉型正義委員會），https://tjc.gov.tw/research/11。

5　截至本文完成時，國家檔案局尚未完成由促轉會協調解密的此批檔案。待相關編目完成並開放檔案後，對於台大哲學系事件的研究，定能更進一步做出修正。

二、研究回顧與檔案再發現

有關台大哲學系事件的研究，目前比較完整的學術研究資料，為台大《台大哲學系事件調查報告》、[6] 監察院的調查報告，[7] 以及筆者碩士論文〈台大哲學系事件之研究〉。[8]

台大《台大哲學系事件調查報告》及監察院的調查報告，分別由「台大哲學系事件調查小組」，及監察院專案小組調查完成。[9]《台大哲學系事件調查報告》以校方的立場，探討台大在行政程序、學術倫理等方面的責任。但由於閻振興、孫智燊、王昇等重要當事人皆不願接受訪談，國防部、海岸防衛司令部等擁有前警備總司令部資料的部門，又以「於法不合」拒絕提供相關資料，因此台大的調查報告，就政治力是否介入校園的問題，未能進行處理。

繼台大校方之後展開調查的監察院，雖然取得了警備總部的部分檔案，並訪談當初不願接受台大調查的關係人，在一定程度上彌補了台大調查報告的不足。但監察院的調查報告，也未能釐清政治力介入的問題。此報告甚至引起部分當事人的不滿。陳鼓應、王曉波、李日章、趙天儀等，均指責調查內容謬誤百出，人名與相關資料都不正確，而且只陳述正反兩方的說法，根本談不上調查。[10]

---

6 台大哲學系事件調查小組，《台大哲學系事件調查報告》（台北：國立台灣大學，1995）。台大哲學系事件調查小組，《台大哲學系事件調查報告附冊》（台北：國立台灣大學，1995）。

7 監察院，〈由台大教授所組織調查小組所公布之台灣大學哲學事件調查報告，仍有若干疑點存在，有進一步調查之必要乙案〉，收入監察院編，《八十五年調查報告彙編》（台北：監察院，1997）。

8 游欣璇，〈台大哲學系事件之研究〉（台北：國立政治大學台灣史研究所碩士論文，2011年6月）。

9 台大校方於 1993 年 10 月成立調查小組，1995 年 5 月完成調查報告。1993 年 10 月23 日，82 學年度第 1 次校務會議紀錄，《國立台灣大學校務會議紀錄》。《中國時報》，1995 年 5 月 28 日。監察院於 1995 年 5 月 31 日開始進行調查，調查報告收錄至次年的監察院調查報告彙編裡。1995 年 5 月 31 日，監察院函，檔案管理局藏，檔號0085/032400/00286/1/007/0006。

10 《中國時報》，1997 年 10 月 18 日。《民生報》，1997 年 10 月 18 日。

2011 年筆者以台大哲學系事件作為碩士論文題目，對事件做全面的學術研究。試圖藉由後來解密的官方檔案進行分析，[11] 探討政治力介入的單位與層級。但因當時解密檔案有限，缺乏關鍵的官方運作證據，仍然難就外力干預的部分給予定論。

促轉會成立後，於推動開放政治檔案工作時，發現調查局與國安局的「台大哲學系事件」檔案卷宗。促轉會解讀並完成〈威權體制與失控的執行者：從情治檔案重探台大哲學系事件〉[12] 調查研究報告。根據研究報告，調查局檔案卷宗為 1973 年 8 月到 1987 年 9 月，調查局對台大哲學系與相關人等的監控情資，與往來公文。其中最重要的部分是揭露了孫智燊與調查局接觸的情形，相當程度釐清了情治單位與校內人士聯繫的疑點。而國安局檔案主要為教育部人事室與調查局往來的函件，時間自 1973 年 7 月到 1974 年 9 月。研究報告指出，因教育部有關台大哲學系事件的檔案已經銷毀，因此國安局這份檔案卷宗對於呈現教育部的立場很有幫助。國安局檔案卷宗另有監控陳鼓應、王曉波的檔案資料。哲學系事件發生期間，王曉波正好在系上，因此王曉波的監控檔案，有助於了解當時哲學系內部的情況。[13]

綜以下擬應用新發現的檔案研究成果，就台大哲學系事件發生的時空背景與事件經過，進行修正與再論述，以期更接近並還原事件真相。

11　除先前出版的調查報告、文本、台大校方檔案之外，主要應用檔案為：司法部行政部調查局，〈台灣大學文學院哲學系重要動態研析專報〉（1974 年 1 月 14 日），檔案管理局藏，檔號 0063/C280212/0001/01/007。教育部編，〈台灣大學哲學系近況概述〉（1974.9），檔案管理局藏，檔號 0063/C280212/0001/01/005。

12　林易澄，〈威權體制與失控的執行者：從情治檔案重探台大哲學系事件〉（台北：促進轉型正義委員會），https://tjc.gov.tw/research/11。

13　林易澄，〈威權體制與失控的執行者：從情治檔案重探台大哲學系事件〉，頁 7-8。

三、台大哲學系事件的時空背景與環境

（一）保釣運動與學生運動的浪潮

台大哲學事件的導火線為哲學系副教授陳鼓應，與哲學研究所學生馮滬祥，在第一次「民族主義座談會」中的爭執。之所以會召開「民族主義座談會」，肇因於 1970 年代初期的保釣運動，所引發的開放改革浪潮。

釣魚台本來僅是漁民捕魚的漁場，不適宜居住。二戰結束後，也未有國家對釣魚台列嶼宣示主權。後來因發現周邊海域極可能蘊藏豐富的石油資源，[14] 於是引發周邊國家的注意，台灣（中華民國）、日本、中共（中華人民共和國）開始展開各種爭奪釣魚台主權的行動。但當時國民黨政權正面臨國際局勢改變，所帶來的嚴苛考驗，[15] 在處理釣魚台問題時較為消極。相較於政府的態度，學生們對於保釣議題相當熱忱。首先是海外留學生忍不住發難，在其僑居地發起遊行抗議，隨後本島學生也突破了當時對於集會遊行的禁忌，集結向日本大使館、美國大使館示威抗議，並成立保釣會、遞交簽名抗議書。

學生們的激情表現，其實來自於台灣社會長久以來對於國家議題的壓抑。台灣在國民黨政權的威權統治之下，人民參與政治的空間向來被刻意

14　呂建良，〈日本的東海政策〉（台北：國立政治大學中山人文社會科學研究所博士論文，2008），頁 233-234。

15　國民黨政權自撤退到台灣後，因台灣關鍵的地理位置緣故，成為了美國圍堵政策的一環。不但納入美國的保護傘，還受到美方軍事、經濟援助，國際地位也因此提升。蔣中正總統也藉此建立了「以黨領政」、「以黨領軍」的黨國體制。但 1960 年代之後，中國共產黨與蘇聯關係交惡，美國為了對抗蘇聯，開始積極拉攏中共。此舉嚴重危及中華民國的國際地位，不但邦交國流失，連在聯合國的席次都不保。在釣魚台的問題上，美國立場也偏向日方，認為日本具有潛在主權。薛化元，〈強人威權體制與台灣民主發展〉，「台灣民主的興起與變遷」學術研討會論文（台中：台灣省諮議會主辦，2006 年 10 月 18 日），頁 3-8。薛化元、陳翠蓮、吳鯤魯、李福鐘、楊秀菁，《戰後台灣人權史》，頁 186。1971 年 4 月 9 日，美國國務院宣稱將於 1972 年將包括釣魚台在內的西南群島行政權交還日本。香港《星島日報》，1970 年 9 月。

壓縮，不能、也不允許出現不同的聲音。但自美國對台政策改變後，國際局勢愈發艱難，外交屢屢挫敗，台灣的困境使得知識份子開始深思國家未來前途問題，關心國是。加上此時蔣中正總統年事已高，準備接班的蔣經國為了抗衡舊勢力，順勢營造改革開放氣氛，鼓勵年輕人發聲。[16] 熱情得到鼓舞的學生們，將由保釣運動所激發出的民族使命感，逐漸轉化為對政治參與的渴望，並注意到未曾碰觸過的國家政策問題，也更勇於抒發自己的意見，甚至挑戰權威。

學生們的愛國情操與民族意識，演變成一股不能收拾的洪流。哲學系講師陳鼓應、哲學系助教王曉波出席多場學生座談會，在座談會中公開討論政治議題，訴求言論自由、開放學生運動。如此公然挑戰當時威權體制的禁忌，使得學校行政及安全單位非常緊張，而且隨著蔣經國權力逐漸鞏固，廣開言路的政策開始被修正，改採緊縮言論的措施，以壓制自保釣引起的改革力量。官方反制的力量在 1972 年 4 月 4 日到 9 日出現，國民黨黨報《中央日報》副刊連載六天由筆名「孤影」撰文的〈一個小市民的心聲〉，極力抨擊陳鼓應、王曉波開放學生運動的主張，並暗諷陳鼓應、殷海光被毛澤東思想入侵了。[17] 與國民黨政戰體系「心廬」關係密切的史紫忱、侯立朝，也分別發表支持〈一個小市民的心聲〉的文章。[18]

面對〈一個小市民的心聲〉的批評與攻擊，陳鼓應並未就此噤聲，哲研所學生馮滬祥也公然發言指責批評陳鼓應、王曉波。[19] 這些動作，似乎是在預告台大哲學系事件的即將開始。

16　《大學雜誌》風格轉為著重政治議題，也正是受到政府廣開言路的鼓舞。薛化元、陳翠蓮、吳鯤魯、李福鐘、楊秀菁，《戰後台灣人權史》，頁 225-226。

17　孤影，《一個小市民的心聲》，頁 64-71。

18　《台灣新生報》，1972 年 5 月 15 日到 5 月 21 日。史紫忱，〈這筆時代債—「一個小市民的心聲」註疏〉，《雜文》（台北：台灣學生書局，1976），頁 137。侯立朝，《一個知識份子的真言》（台中：中國月刊，1972）。洪三雄，《烽火杜鵑城：七〇年代台大學生運動》，頁 307。

19　洪三雄，《烽火杜鵑城：七〇年代台大學生運動》，頁 335-336。

（二）哲學系教授殷海光

　　其實早在台大哲學系事件發生之前，台大就是有關當局注意的對象。[20]哲學系更因自由主義學者殷海光教授，成為整頓目標。殷海光也是哲學系第一個被以不當手法強迫離開的教授。[21]

　　殷海光為堅決反共的自由主義學者，國民黨政權尚未穩固前，為爭取國際支持，刻意型塑中華民國「反共」、「自由中國」的形象，[22]殷海光等自由派學者因而被國民黨政權大力推崇。但當強人威權體制建立之後，自由民主的主張反而成為了威脅。身為《自由中國》雜誌編輯委員的殷海光，因在《自由中國》發表眾多反政府、反傳統、反三民主義之文章，與國民黨政權產生很大的衝突，受到了嚴密的注意。[23]

　　1966年學期末時（54學年度下學期），殷海光因為不願意簽署批評費正清在美國國會的證言，[24]令有關當局相當不滿，於是決意要殷海光離開台大。最後在殷海光聘約仍未到期的情況下，議定課照開，但不讓學生選課。[25]刻意架空殷海光，待聘約到期，自然斷絕與台大的關連。

　　而陳鼓應、王曉波此番積極鼓吹學生運動的行為，使得哲學系再度成為整頓的焦點。「台大哲學系事件調查小組」因而指出：「台大哲學系事

20　與「心廬」關係密切的《新知識》雜誌，即指出：「台大有問題，不自今日始，由傅斯年任台大校長時，就種下了毒根」。社論，〈清理台大思想的途徑－向歷史負責，向有關當局盡忠言〉，《新知識》，84（1974年8月），頁2。

21　殷海光1949年8月進入台大文學院擔任講師，1952月8月開始在哲學系任教。1967年被迫離開。1974年1月14日，司法行政部調查局，〈台灣大學文學院哲學系重要動態研析專報〉，檔案管理局藏，檔號0063/C280212/0001/01/007。

22　薛化元，〈強人威權體制與台灣民主發展〉，「台灣民主的興起與變遷」學術研討會論文，頁2。

23　1974年1月14日，司法行政部調查局，〈台灣大學文學院哲學系重要動態研析專報〉，檔案管理局藏，檔號0063/C280212/0001/01/007。

24　根據殷海光所述，當時各校被要求簽名「批駁費正清等在美國國會證詞」。殷海光表示，如不簽名將被疑為不忠於某黨政權。殷海光，〈我被迫離開台灣大學的經過〉，收入殷海光著，《雜憶與隨筆》（台北：桂冠圖書，1990），頁161。

25　殷海光，〈我被迫離開台灣大學的經過〉，《雜憶與隨筆》（台北：桂冠圖書，1990），頁164。

件也可以說是迫害殷海光的延伸」。[26] 當哲學系出現足以介入的缺口時，伺機等待的有關單位便趁隙而入了。

（三）台大哲學系事件時期的聘任制度

台大哲學系事件最主要是以「不續聘」作為手段，強迫被害教師離開。之所以可以用這樣的手法操作，乃是因為當時的聘任制度不健全所導致。為此擬針對當年台大的聘任制度進行討論。

台大哲學系事件中，被迫離開哲學系的教師，包括陳鼓應、王曉波、梁振生、趙天儀、楊斐華、游祥洲、李日章、胡基峻、陳明玉、黃天成、郭實渝、鐘友聯、黃慶明共 13 人。基本上都是以「不續聘」的方式迫使他們離開。為什麼不是「解聘」教師呢？

綜觀台大哲學系事件發生的 1970 年代初期，對於教師工作權的保障，僅有〈大學及獨立學院教師聘任待遇暫行規程〉第 6 條：「在教師聘約期間，除違反聘約之規定之外，非有重大事故，經呈准教育部者，學校不得解除教師之聘約。」[27] 對於「不續聘」部分，則未有任何規定。[28] 因此如果以「解聘」方式處理，教師可以依未「違反聘約之規定」提出對應行動。為了避免麻煩，以「不續聘」方式處理，顯然方便許多。只要聘約到期後，不另發新聘書，該名教師的任教權便會自然喪失，未觸犯任何條文，加上當時也沒有設置任何審議、申訴的管道，遭遇到「不續聘」處置教師只能被迫離開。閻振興校長在處理孫智燊的人事簽呈時，就曾表示：「解

26　台大哲學系事件調查小組，《台大哲學系事件調查報告》，頁 8。

27　〈大學及獨立學院教員資格審查規程〉，1959 年 3 月 19 日，教育部公布。教育部，〈大學及獨立學院教員資格審查規程〉，《教育法令》（台北：正中書局，1971），頁 293。

28　相較於現今《教師法》規定，教師聘任後，除有法條條列出的 11 款情形，否則不得解聘、停聘或不續聘。《教師法》第 14 條第 1 項。全國法規資料庫，《教師法》，http://law.moj.gov.tw/LawClass/LawContent.aspx?PCode=H0020040，擷取日期：2021 年 2 月 24 日。

聘茲事體大，所以儘管有很多的理由，還是到他聘期滿時再予考慮」。[29]

　　有關台大聘任制度的弊病，還有另一個問題：當年辦理教師續聘、升等相關事宜的基本程序，是由系主任在前一學年限期內提出擬續聘教師名單、擬不續聘名單、以及擬升等教師名單，送交該學院加註意見，再呈人事室提交行政會議討論，最後經由「聘任資格審查委員會」負責審查並做成決議。[30] 但審查體系並不嚴謹，僅流於形式，[31] 一般情況下校方會照單全收。其實，名單的產生更是有問題，基本上各名單僅由系主任獨力完成，不要求系內召開聘任會議討論，也就是系主任擁有實際的人事主導權，得以依其主觀意識，任意支配教師的升遷與去留。因此當年台大聘任制度的不完善，不但無法保障教師權益，反而成為有心人士的操控工具，導致多位教師被迫去職。

四、台大哲學系事件經過概說

　　台大哲學事件的導火線為哲學系副教授陳鼓應，與哲學研究所學生馮滬祥，在1972年12月4日由「大學論壇社」舉辦的第一次「民族主義座談會」中發生的爭執。座談會中陳鼓應為阻止馮滬祥的干擾，指責馮滬祥為「職業學生」，哲學系學生錢永祥當場附和陳鼓應。座談會後，馮滬祥向校長閻振興具文提告，指陳鼓應、錢永祥公然誹謗。隨後訓導室發文要求系主任趙天儀解除陳鼓應的導師職務，並記錢永祥大過乙次。但趙天儀

29　閻振興，〈對所謂「台大哲學系事件」之澄清〉，《國是評論》，12（1993年6月15日），
　　頁72。

30　國立台灣大學編印，《五十九學年度台大概況》（台北：國立台灣大學，1971年4月），
　　頁12。

31　以1974年12月17日召開的第1134次行政會議為例，會議舉行時間接近學期結束，但會
　　議中所討論之聘任案，仍有通過聘期為1974年8月至1975年7月底止的聘任案，顯現校
　　方對於聘任提出的時間，並未有嚴格的限制。1974年12月17日，第1134次行政會議紀錄，
　　《國立台灣大學行政會議紀錄》。

認為解除導師不是系主任的職權，故「礙難同意」訓導處的要求。[32] 趙天儀同時對錢永祥的大過提出抗議，但錢永祥最後仍被記大過。趙天儀不配合的態度，導致他日後被撤換系主任職務，最後甚至失去了教職。

1973 年 2 月錢永祥與考古系學生黃道琳，因持有中共書籍與刊物，並提供他人閱讀，被警備總部約談。陳鼓應、王曉波在第二天，也因涉嫌為匪宣傳被警備總部約談。陳、王最後由閻振興保釋出來，在閻振興與警備總部的「諒解」之下，陳鼓應於當學年結束時離開了哲學系，王曉波則於次一學年度離開。[33]

1973 年 4 月，教育部以「師資不足」為由，要求哲學研究所暫停招生。[34] 哲學系極力爭取恢復招生未果。1973 年 6 月，馮滬祥在期末考前向系上提出「理則學」免修申請，並四處具狀陳訴爭取。被校方駁回後，馮滬祥只能參加理則學期末考，經任課教師楊樹同評定為零分。馮滬祥於是展開另一波抗議迫害的行動，並透露哲學系「整飭在即」的訊息。[35]

1973 年 6 月，台大校方決定撤換趙天儀，由客座副教授孫智燊接任。孫智燊就任之後，先是不願依趙天儀的規劃，改聘兼任教師胡基峻、楊惠男、李日章、梁振生為專任，改提聘於國民黨黨部有兼職的楊政河、及甫自哲研所畢業的游祥洲為專任講師（兼行政助理）。之後更指控梁振生為小偷，迫使梁離開哲學系。另外，也不願續聘兼任講師陳明玉，改聘請其同學張永儁。除此之外，孫智燊任意變更哲學系的課程安排，使得部分教師心生怨懟，與之發生爭執。又指由前系主任成中英所發起的「中國哲學討論會」為非法組織，要求解散。孫智燊的舉措引起諸多不滿，最後有九

32　趙天儀，〈台大哲學系事件〉，收入趙天儀編著，《台大哲學系事件真相－從陳鼓應與「職業學生」事件談起》，頁 23。

33　台大哲學系事件調查小組，〈哲學系教師異動－58 至 68 學年度〉，《台大哲學系事件調查報告》，頁 vi-vii。

34　1973 年 4 月 17 日，教育部覆函台灣大學，（62）高 9386 號，檔案管理局藏，檔號 0085/032400/00286/1/040。

35　1973 年 7 月 2 日，馮滬祥致楊樹同信件，台大哲學系事件調查小組，《台大哲學系事件調查報告附冊》（台北：國立台灣大學，1995），頁 89-93。

位教師共同聯名向閻振興提出抗議，要求召開系務會議，公開人事與課程問題，並廢止行政助理。[36] 閻振興為平息紛爭，指示哲學系人事凍結，哲學系得到短暫的平靜。

1974 年 3 月 28 日，孫智燊忽然召開哲學系緊急座談會，孫智燊在會中「揭發」哲學系已被「赤化」的消息，並抨擊多位哲學系及文學院的教師。[37] 座談會後，一份以孫智燊發言為主的座談會紀錄，被散發到各媒體，引發了社會輿論對台大校方的指責。[38]

62 學年結束時，孫智燊對趙天儀、張瑞良、林正弘、楊斐華、游祥洲提出了不續聘建議，並以專案處理方式，建議不續聘王曉波、解聘黃天成。[39] 最後並推薦黃振華繼任為系主任，然後離開了哲學系。閻振興批准了大部分的不續聘名單，僅留任張瑞良、林正弘。黃振華接任為系主任後，在次一學年度不續聘專任講師黃天成與郭實渝，被外界認為是完成了孫智燊的不續聘工作。[40]

整起事件除了教師權益受損、並影響哲學系的學術發展之外，因為政治干預色彩濃厚，使得校園壟罩著一種恐怖的氛圍，台大的自由學風也因而轉趨保守，進而壓抑了整個學術界的發展動力。[41]

36　1973 年 9 月 7 日，九人聯名意見書，台大哲學系事件調查小組，《台大哲學系事件調查報告附冊》，頁 119。

37　孫智燊，〈我在台大被赤色份子圍攻！台大哲學系「緊急座談會」紀錄〉，《新知識》，83（1974 年 7 月 1 日），頁 3-8。

38　孫智燊，〈台大哲學系「緊急座談會紀錄」〉，問學出版社選輯，《揭穿陳鼓應－台大哲學系春秋》，頁 113-140。孫智燊，〈我在台大被赤色份子圍攻！台大哲學系「緊急座談會」紀錄〉，《新知識》，83（1974 年 7 月 1 日），頁 3-8。紀要，〈請聽孫智燊博士正義的吼聲〉，《政治評論》，32：6（1974 年 7 月 10 日），頁 227-230。

39　1974 年 6 月 12 日，孫智燊呈閻振興之不續聘說明，台大哲學系事件調查小組，《台大哲學系事件調查報告附冊》，頁 182-183。

40　1975 年 5 月 15 日，黃振華不擬續聘說明，台大哲學系事件調查小組，《台大哲學系事件調查報告附冊》，頁 237-238。

41　台大哲學系事件調查小組，《台大哲學系事件調查報告》，頁 132。

五、從檔案分析台大哲學系事件的政治力介入

由於台大哲學系事件發生的過程中，外力介入跡象明顯，台大校方，以及孫智燊、馮滬祥等當事人，也不斷釋放出這樣的訊息，被迫離開哲學系的教師們，又「長期在公教職位上遭受各種困擾」。[42] 因而引發政治力藉故整肅台大哲學系的質疑。但由於欠缺直接證據佐證，加上被質疑的情治單位與當事人皆極力否認，使得政治力介入的問題，一直無法釐清。幸而在促轉會的努力之下，解讀調查局與國安局有關台大哲學系事件的檔案卷宗，對於長久以來懸而不決的相關疑點，終於有了突破。本節擬運用促轉會發表之調查研究報告，再度檢視目前已開放的檔案，與相關當事人的發言及訪談，分析政治力介入的單位與層級，以期勾勒出台大哲學系事件幕後的真實樣態。

（一）警備總部

在台大哲學系事件中，有留下明確證據及實際文字資料，足以證實確實介入的單位，首先是警備總部。其實早在台大哲學系事件發生之前，自殷海光在哲學系任教時，警備總部即一直嚴密注意台大哲學系。[43] 為了阻斷殷海光與台大的關係，還出動警備總部約談他，不斷逼迫殷海光，最後使得殷海光於 54 學年末時（1966 年）被迫離開哲學系。[44]

警備總部對台大哲學系事件第二次檯面上出手，於陳鼓應、王曉波積極鼓吹學生運動後，警備總部以涉嫌為匪宣傳約談陳、王兩人，最後由閻振興出面保釋。根據閻振興所述，他前往警備總部保釋陳鼓應、王曉波

42　台大哲學系事件調查小組，《台大哲學系事件調查報告》，頁 2。

43　1974 年 1 月 14 日，司法行政部調查局，〈台灣大學文學院哲學系重要動態研析專報〉，檔案管理局藏，檔號 0063/C280212/0001/01/007。

44　殷海光自 1952 月 8 月到哲學系任教。殷海光，〈我被迫離開台灣大學的經過〉，《雜憶與隨筆》（台北：桂冠圖書，1990），頁 161。

時，曾看見龐大的相關資料。閻振興是這樣描述的：「他們幾個人的資料整個擺了一個大房子——比我們學校的第一會議室還要大」。[45] 陳鼓應、王曉波保釋後，在閻振興與警備總部的「諒解」之下，不能再聘。陳鼓應於當學年結束時離開了哲學系，被安排到政治大學國關中心擔任研究員。王曉波則於次一學年度離開，之後被安排到「中國大陸問題研究中心」擔任研究員。[46]

　　陳鼓應、王曉波是事件受害教師中，少數有後續安排的。先前有關台大哲學系事件的研究，對於這個疑問一直未能做較明確的說明。由促轉會新解讀的國安局檔案王曉波卷宗，發現這樣的安排，是為確保他們不能再「做亂」，也就是為了減低他們的影響力，[47] 以免他們再去鼓動青年學子。跟當初逼走殷海光的道理相同。王曉波後來也透露，在擔任研究員十年內沒有寫過任何一篇報告，而且國民黨新聞黨部還通令所有媒體，不得刊載王曉波和陳鼓應的文章。[48]

　　另一個要解決的問題是：陳鼓應當年就離開哲學系，為什麼王曉波還能多留任一年？根據閻振興的說法，乃是因為一時之間無法幫王找到事情，所以只能留聘。[49] 國安局台大哲學系事件檔案卷宗裡也出現：「台大續聘王曉波乙案，乃純為解決其生活困難。」[50] 檔案同時顯示，警總在王

45　閻振興，〈對所謂「台大哲學系事件」之澄清〉，《國是評論》，12（1993 年 6 月 15 日），頁 71。

46　台大哲學系事件調查小組，〈哲學系教師異動－58 至 68 學年度〉，《台大哲學系事件調查報告》，頁 vi-vii。

47　林易澄，〈威權體制與失控的執行者：從情治檔案重探台大哲學系事件〉，頁 13。

48　劉新等整理，〈為台灣社會所有受迫害的人討公道〉，《海峽評論》，30（1993 年 6 月），頁 96-97。

49　閻振興，〈對所謂「台大哲學系事件」之澄清〉，《國是評論》，12（1993 年 6 月 15 日），頁 72-73。

50　國安局，致調查局函（1973 年 9 月 10 日），國安局檔案「王曉波」卷宗，原始公文號：(62) 康寧 3748。林易澄，〈威權體制與失控的執行者：從情治檔案重探台大哲學系事件〉，頁 14。

曉波續聘前，告誡王曉波要安分守紀，不要參與學生運動。[51] 顯然是認為沒有好的安排之前，先將王曉波留在台大就近看管才是上策。

根據檔案顯示，可以發現一個有趣的事情，王曉波申請復職時，孫智燊、教育部人事處第二辦公室（人二室）都提出疑慮，[52] 但閻振興批示續聘王曉波，警備總部也同意。這使得台大校方、調查局、國安局都很錯愕，希望警總澄清。之後調查局發現警總曾請陳、王吃飯，又致贈王曉波稿費，是以認為王曉波為警總的「運用關係」，[53] 王曉波也未否認，校方因此對王曉波顧忌甚多。不論王曉波是否真的是警備總部的「人馬」，各界已對王曉波有所忌憚。根據促轉會林易澄的研究，他認為警總與王曉波互相利用，警總希望王就此安分，王則藉此自保，顯示他已得到諒解。[54]

綜觀此階段各方的運作，可以發現台大哲學系事件之初，警備總部的介入，主是希望處理陳鼓應、王曉波的問題，以免學生再受到煽動。

（二）司法行政部調查局

除警備總部之外，司法行政部調查局也確實介入台大哲學系事件。其實當時調查局監控對象為整個台大校園，當然也包括哲學系。調查局介入的證明，除了先前已公布的〈台灣大學文學院哲學系重要動態研析專報〉[55]

51　國安局三處四科，簽呈（1973 年 9 月 7 日），國安局檔案「王曉波」卷宗，原始公文號：第三處（62）2893。林易澄，〈威權體制與失控的執行者：從情治檔案重探台大哲學系事件〉，頁 15。

52　國安局三處四科，簽呈（1973 年 9 月 7 日），國安局檔案「王曉波」卷宗，原始公文號：第三處（62）2728。林易澄，〈威權體制與失控的執行者：從情治檔案重探台大哲學系事件〉，頁 14。

53　根據林易澄的研究，「運用關係」除了可能是成為線民以外，也有人是為了打開活動空間，而假意配合。所以無法單以這四個字判定個別人物的作為。林易澄，〈威權體制與失控的執行者：從情治檔案重探台大哲學系事件〉，頁 15。

54　林易澄，〈威權體制與失控的執行者：從情治檔案重探台大哲學系事件〉，頁 14-15。

55　1974 年 1 月 14 日，司法行政部調查局，〈台灣大學文學院哲學系重要動態研析專報〉，檔案管理局藏，檔號 0063/C280212/0001/01/007。

之外，還有新出土的調查局「台大哲學系事件」卷宗，主要記錄調查局對哲學系與相關人等的監控情資。[56]

調查局的主要目的是，監視台大師生是否被中共吸收運用。曾經擔任調查局副局長的高明輝即指出：「在 1970 年代初期，包括國家安全局、警總保安處、調查局，都曾秘密派員到校園內蒐集情報或偵查可疑的教員、學生。而台大哲學系事件的幾名受害教授，正是當時最被嚴密監控的目標。……當時的教授，如王曉波、王津平、陳鼓應、胡佛等人，都是情治單位列偵的對象。情治單位監控他們，主要是要調查他們是否為共黨運用。」[57]

調查局佈建細胞於台大哲學系的時間相當早，由調查局檔案顯示，化名為吳正大的哲學系二年級學生即為調查局線民，在民族主義座談會時就有線報。孫智燊上任之後，調查局也持續利用線民，監控孫智燊。[58] 特別的是孫智燊後來與調查局關係變得相當密切，調查局〈台灣大學文學院哲學系重要動態研析專報〉即疑似出自孫智燊之手，不但內容與孫智燊不續聘說明多有雷同、遣辭用句猶如同一人所做；甚至記載孫智燊與文學院代院長李邁先的談話內容，若非與孫智燊本人，如何得知私人對話內容？孫智燊在不續聘游祥洲的說明中，也直截了當承認他與調查局有聯繫。[59] 根據檔案，調查局後來也將孫智燊納為線民，在公文上多稱呼孫智燊為「運用關係孫智燊」。不過，值得注意的是：根據檔案，並非調查局吸收孫智燊，而是孫智燊主動請見。[60]

56　林易澄，〈威權體制與失控的執行者：從情治檔案重探台大哲學系事件〉，頁 7。

57　哲學系事件發生時，高明輝任職於調查局政治偵防組，擔任副處長。負責大學校園內教員、學生附匪調查業務。《聯合晚報》，1995 年 6 月 25 日。

58　林易澄，〈威權體制與失控的執行者：從情治檔案重探台大哲學系事件〉，頁 11。

59　孫智燊表示游祥洲三番二次推薦的張曼濤教授，是被有關當局嚴密注意的人物。並說資料是調查人員提供的。孫智燊呈校長，有關游祥洲的不續聘理由。1974 年 6 月 12 日，孫智燊呈閻振興之不續聘說明，台大哲學系事件調查小組，《台大哲學系事件調查報告附冊》，頁 182-183。

60　調查局，〈運用關係孫智燊提供台大哲學系內部詳情案〉（1973 年 9 月 19 日），調查局檔案「台大哲學系事件」卷宗，0294-0303。林易澄，〈威權體制與失控的執行者：從情治檔案重探台大哲學系事件〉，頁 11。

（三）教育部

孫智燊曾表示，他是奉教育部長之命來整頓哲學系的。[61] 根據促轉會的調查研究，安排孫智燊進入哲學系，進行整頓任務的，的確是教育部。教育部與孫智燊聯繫的人，為秘書孔服農。[62] 孔服農屬於教育部人二室，為人事查核業務負責人，他同時隸屬國民黨中央黨部，負責台灣大學內的黨務工作。[63] 除孔服農之外，教育部長蔣彥士秘書步天鵬、甚至蔣彥士本人都曾約見過孫智燊。[64]

教育部介入的意圖是希望漸進改組哲學系系務人事，降低哲學系的自由學風。不過，孫智燊的想法不是如此。孫智燊就任哲學系主任不到一個月就越過教育部，求見調查局長，舉報哲學系已被赤化，除意圖將事情提升為政治層面，同時尋求調查局局長沈之岳，在閻振興、教育部長蔣彥士面前支持他。調查局因為難以判斷孫智燊的意圖，反應非常微妙，採兩面手法，「支持又監控」。一方面表示「全力支持孫君整頓台大哲學系之措施」；另一方面又認為哲學系內部人事糾紛已久，孫智燊的指控可能與此有關，故進一步派員監控孫的言論。[65] 由此可以發現教育部與調查局等單位之間的聯繫似乎不太積極。

孫智燊大動作編織哲學系被赤化的動作，並未引起有關當局的注意。於是孫智燊揚言辭職，蔣彥士、孔服農因此分別約見慰留孫智燊。不過從檔案中可以觀察到，教育部雖然慰留孫智燊，但對台大哲學系的態度並沒

61　1974 年 4 月 20 日，趙天儀，〈有關「台大哲學系緊急座談會記要」的聲明〉，台大哲學系事件調查小組，《台大哲學系事件調查報告附冊》，頁 155。

62　林易澄，〈威權體制與失控的執行者：從情治檔案重探台大哲學系事件〉，頁 9。

63　張德溥，〈折戟沉沙（上）〉，《傳記文學》，79：6（2001 年 12 月），頁 110。

64　孫智燊在備忘錄指蔣彥士於 1973 年 9 月 7 日約見他，勉勵他努力工作。台大哲學系事件調查小組，《台大哲學系事件調查報告》，頁 124。

65　林易澄，〈威權體制與失控的執行者：從情治檔案重探台大哲學系事件〉，頁 10-12。

有變動，仍以「穩妥」整頓不當思想為主。最後，孫智燊接受孔服農的意見，「以靜制動，無為而治，使主流增長，逆流衰退，不再大事改革。」[66]

（四）國防部心戰工作組──心廬

對於台大哲學系事件中政治力介入的研究，向來沒有停止對國防部心戰工作組「心廬」的懷疑。「心廬」成立於 1969 年，是為因應兩岸情勢演變，執行對中共的心戰工作，而設置的國軍心戰幹部研究班。[67] 被質疑介入哲學系事件的原因是負責人王昇，以及多位成員，皆直接或間接涉入事件之中。

「心廬」負責人王昇在台大軍訓總教官張德溥上任時，就曾指示張德溥：「這個台灣的思想啊，已經混亂了，台大哲學系啊，要負一點責任……我是替蔣經國來收復台灣大學失土！」[68] 此外，緊急座談會紀錄被發表後，撰文支持孫智燊的史紫忱、侯立朝，甚至是刊登攻擊哲學系報導的《新知識》雜誌編輯群等皆為「心廬」成員。鬧得滿城風雨的馮滬祥也是「心廬」成員。雖然馮滬祥自稱是在「理則學」零分事件之後，才進入「心廬」。但馮滬祥在爭取免修「理則學」學分之時，即曾透露「系務整飭在即」的訊息。[69] 比照次一學期哲學系的風波，完全符合馮滬祥之言，由此可見馮滬祥的不單純。「台大哲學系事件調查小組」也指出，若非王昇支

66　調查局，〈致國案局函（轉教育部人事處函）〉（1973 年 10 月 9 日），國安局檔案「台大哲學系事件」卷宗，原始公文號：(62) 敬（春）240317。林易澄，〈威權體制與失控的執行者：從情治檔案重探台大哲學系事件〉，頁 9-12。

67　1975 年 5 月 3 日，國防部有關「心廬」工作概況說明資料，檔案管理局藏，檔號 0085/032400/00286/1/039。

68　張德溥，〈折戟沉沙（上）〉，《傳記文學》，79：6（2001 年 12 月），頁 104。張德溥，〈折戟沉沙（下）〉，《傳記文學》，80：1（2002 年 1 月），頁 114。

69　1973 年 7 月 2 日，馮滬祥致楊樹同信件，台大哲學系事件調查小組，《台大哲學系事件調查報告附冊》，頁 89-93。

持，《新知識》雜誌所發動文字攻勢，絕不敢火力如此強大，甚至抨擊閻振興、蔣彥士等人。[70] 調查局副局長高明輝也認為「心廬」確有介入校園工作。[71]

新出土的國安局檔案也發現，〈台大哲學系緊急座談會記要〉就是由馮滬祥整理，並在「心廬」（文化大廈）打字油印，顯現「心廬」確實介入此事件。[72] 值得一提的是，因《新知識》雜誌對蔣彥士等人的強力攻擊，使得孫智燊不得不去函《新知識》雜誌更正，撇清公布〈台大哲學系緊急座談會記要〉與他無關。[73] 由此可以發現孫智燊與「心廬」之間的想法是有落差的，促轉會的研究報告也指出，很可能是馮滬祥建議並採取行動讓事態公開，希望藉著把事情鬧大，進一步打擊教育部與黨部，讓政戰體系主導教育領域的思想控制。[74]

（五）蔣經國、王唯農

除了警備總部、調查局、教育部、「心廬」等在檔案中發現明確證據的單位之外，另一個被高度懷疑的對象，為當時的行政院長蔣經國。

身為權威體制最高決策者，蔣經國向來關心台大。不但刻意安插張德溥擔任台大軍訓總教官，並持續召見張德溥，詢問台大校內的情形，也直接指示張德溥整頓台大的自由學風。[75]

孫智燊也曾透露，他接任哲學系主任時，司法行政部長王任遠向他表示：「對台大哲學系事件，中央的政策是整頓與改善，如果你做好了，蔣經國院長會召見你」。教育部長蔣彥士的秘書步天鵬也告訴孫：「中央為了處理台灣大學哲學系發生之諸多事情，已經成立了五人小組，成員為教

70　台大哲學系事件調查小組，《台大哲學系事件調查報告》，頁 85。

71　《聯合晚報》，1995 年 6 月 25 日。

72　林易澄，〈威權體制與失控的執行者：從情治檔案重探台大哲學系事件〉，頁 17。

73　孫智燊，〈更正啟事〉，《新知識》，84（1974 年 8 月 1 日），頁 25。

74　林易澄，〈威權體制與失控的執行者：從情治檔案重探台大哲學系事件〉，頁 20。

75　張德溥，〈折戟沉沙（上）〉，《傳記文學》，79：6（2001 年 12 月），頁 102-109。

育部長蔣彥士、司法行政部長王任遠、外交部長沈昌煥、中央黨部副秘書長秦孝儀，調查局長沈之岳」。由「五人小組」成員來分析，能夠同時指揮教育部長、司法行政部長、外交部長、中央黨部副秘書長、調查局長，在 1970 年代，也只有蔣經國能辦到。但孫智燊的說法，並未得到相關當事人的證實。[76]

根據促轉會的調查研究報告，國安局長也曾宣達蔣經國對哲學系的關心，蔣經國甚至希望慰留孫智燊。[77] 但因欠缺更詳細的檔案資料，無法確切分析蔣經國的立場為何，以及介入的層次。

此外，國民黨黨部青工會負責人王唯農，也在懷疑名單之列。王唯農與孫智燊的密切關係，孫智燊與司法行政部長王任遠見面，即由王唯農引見。[78] 孫上任後，又堅持改聘王唯農的幹事楊政河為專任講師。[79] 根據香港《七十年代》雜誌，王唯農在 1974 年 4 月 19 日，曾邀請顏元叔、楊國樞、逯耀東、胡佛、文崇一、李亦園等教授吃飯，向他們解釋孫智燊的作法。青工會副主任張豫生，並當場要求大家支持孫智燊。[80] 趙天儀在接受訪談時也提及此事，認為王唯農在哲學系事件裡，發揮了相當大的作用，國民黨藉機鎮壓台大哲學系，要使台灣學術界噤若寒蟬。[81] 除了趙天儀之外，林正弘也認為，馮滬祥在「理則學」零分案發生之後，仍不斷翻案，也是因為有王唯農的支持。[82] 但王唯農是否涉入台大哲學系事件的問題，也因為缺乏檔案的支持，而無法下定論。

76　監察院，〈由台大教授所組織調查小組所公布之台灣大學哲學事件調查報告，仍有若干疑點存在，有進一步調查之必要乙案〉，《八十五年調查報告彙編》，頁 76-4。

77　林易澄，〈威權體制與失控的執行者：從情治檔案重探台大哲學系事件〉，頁 23。

78　但王任遠否認有此事。監察院，〈由台大教授所組織調查小組所公布之台灣大學哲學事件調查報告，仍有若干疑點存在，有進一步調查之必要乙案〉，《八十五年調查報告彙編》，頁 76-4、76-5。

79　趙天儀認為楊政河教學反應不佳，因而不擬改聘。1999 年 11 月 20 日，薛化元等訪談趙天儀未刊稿。趙天儀，〈哲學系動盪期間紀事〉，《台大哲學系事件真相－從陳鼓應與「職業學生」事件談起》，頁 77-78。

80　勞力，〈台大哲學系的風波〉，《七十年代》，57（1974 年 10 月），頁 78-79。

81　1999 年 11 月 20 日，薛化元等訪談趙天儀未刊稿。

82　2007 年 12 月 5 日，筆者訪談林正弘未刊稿。

由以上的分析可以得知，台大哲學系事件確有政治力的介入，涉入的層級與單位繁雜。整起事件的發生，乃是有關當局為了壓抑校園內不斷上揚的民主改革熱潮，以向來熱衷於學生運動的陳鼓應、王曉波為首要目標，而展開的整頓工作。警備總部、調查局、教育部、「心廬」各懷心思，各方勢力互相交錯、勾結拉扯，又因關鍵執行人系主任孫智燊不受控制，導致事情易發混亂。

六、孫智燊所投入的變數

　　由上一節的分析可知，為壓抑由陳鼓應、王曉波鼓吹學生運動，再度激起的自由主義學風，有關當局因而對台大哲學系展開整頓工作。事件最後以 13 位教師被迫去職為終點。但根據目前已開放的檔案，並未發現有任何單位指示整肅名單上的教師。那麼，不續聘建議名單源自於何處？為什麼壓抑自由學風需要那麼多位教師離開呢？為探討教師們被迫離開的原因，本節擬分析孫智燊的不續聘名單，試圖還原孫智燊的動機，以及孫智燊行事風格對事件造成的影響。

（一）孫智燊的不續聘名單

　　在台大哲學系事件中，被迫離開哲學系的教師，為陳鼓應、王曉波、梁振生、趙天儀、楊斐華、游祥洲、李日章、胡基峻、陳明玉、黃天成、郭實渝、鐘友聯、黃慶明等 13 人，另有楊惠男聘任權益受到影響。除以上教師之外，張瑞良、林正弘二位也被孫智燊列入不續聘名單中，但因校長閻振興未核准，所以得以繼續留任。

　　孫智燊處理的第一波人事案，為其剛就任系主任時。他指控兼任講師胡基峻、李日章、梁振生、楊惠男四人有安全問題，不願改為專任。孫智燊改聘被趙天儀認為教學反應不佳的楊政河，及甫自哲研所畢業的游祥洲

為專任講師。[83] 孫智燊同時又以「所學與專長不符」、「非本系開課所需」、「歷史系不願續聘」為由不續聘兼任講師陳明玉。[84] 之後聘請其輔仁大學同學張永儁為兼任講師。因孫智燊上任後，大刀闊斧對哲學系人事、課程進行諸多調整，引起許多爭議，閻振興因此指示哲學系人事凍結。[85]

孫智燊第二波的不續聘案，在 62 學年度結束，孫智燊下系主任前。在此次不續聘案建議中，孫智燊以行政、教學能力及安全問題為由，建議不續聘趙天儀、張瑞良、林正弘、楊斐華、及游祥洲；並以專案處理方式，建議不續聘王曉波、及解聘黃天成。[86] 孫智燊的不擬續聘說明，對趙天儀著墨最多。除以學術、行政理由建議不續聘趙天儀之外，並以政治性因素指控趙，指趙天儀掩護「中國哲學討論會」、與左傾教授馬丁過從甚密，[87] 還公然召集系會，為陳鼓應、王曉波辯護，斥責政府「迫害學術」等。[88] 不續聘副教授張瑞良的理由，為張學識平庸、教學能力差。孫智燊另外指出：「張氏去年得趙天儀及院中奧援，於任講師四年即升副教授，其升等著作內容膚淺貧乏，為識者所不取」，並表示「本系人事上之反淘汰，其例也」。至於講師林正弘，孫智燊指其完全未受過正式哲學教育，還不假曠職，政治立場也很有問題，不僅主編言論左傾的《太平洋》雜誌，並在《大學雜誌》發表釋放政治犯的文章，又與馬丁教授過從甚密。助教楊斐華

83　台大哲學系事件調查小組，〈哲學系教師異動－58 至 68 學年度〉，《台大哲學系事件調查報告》，頁 vi-vii。

84　孫智燊呈校長，有關趙天儀的不續聘理由第 12 條；1974 年 6 月 12 日，孫智燊呈閻振興之不續聘說明，台大哲學系事件調查小組，《台大哲學系事件調查報告附冊》，頁 178。

85　趙天儀，〈哲學系動盪期間紀事〉，《台大哲學系事件真相－從陳鼓應與「職業學生」事件談起》，頁 84。

86　不續聘名單包括孫智燊本人。1974 年 6 月 12 日，孫智燊呈人事室之不續聘簽呈，檔案管理局藏，檔號 0085/032400/00286/1/040。

87　哲學系客座教授 Robert Martin，被指為左傾，欲入境台灣時，遭到拒絕。孫智燊將此視為「台大反共措施一大勝利」。陳征遠，〈我訪問了台大哲學系主任孫智燊博士〉，《新知識》，84（1974 年 8 月），頁 10。

88　1974 年 6 月 12 日，孫智燊呈閻振興之不續聘說明，台大哲學系事件調查小組，《台大哲學系事件調查報告附冊》，頁 178。

則是教學、行政能力不足，因而列入不續聘名單之中，孫智燊同時指控楊斐華政治背景有問題，與共黨活動有關連。[89]

講師游祥洲的不續聘案是比較特別的。因為孫智燊與游祥洲關係本來十分良好，孫接任為哲學系主任之時，不但破格聘請剛從研究所畢業的游祥洲擔任「行政助理」，後又直接聘為專任講師，對游祥洲「倚若股肱，信任有加」。但在不續聘建議中，孫智燊表示自己用人失察，並對游祥洲的人品及政治立場提出質疑。[90]

孫智燊另專案呈報建議不續聘王曉波、解聘黃天成。孫智燊提醒閻振興，王曉波被警總約談之後，本就不應再聘。而且王曉波曾保證不再鬧事，但他不但參與提告孫智燊，還聯合其他師生挑釁孫，因此建議不續聘。[91] 講師黃天成則是被指控學識能力不足，又涉入馬丁教授案，但因黃天成聘期未到，故以專案方式提出解聘建議。[92]

除了以上名單，不續聘兼任講師李日章與胡基峻的方法顯得較為粗暴。孫智燊雖未將二人列入不續聘名單中，但也沒有列入兼任或專任教師名單中，在無聘書的情況之下，李日章、胡基峻只能離開哲學系。由於孫智燊未對李日章、胡基峻的不續聘提出任何說明，因而無法確認孫智燊的想法為何。[93] 最後一批不續聘名單，為專任講師黃天成、與郭實渝，由續

89　1974 年 6 月 12 日，孫智燊呈閻振興之不續聘說明，台大哲學系事件調查小組，《台大哲學系事件調查報告附冊》，頁 164-180。

90　1974 年 6 月 12 日，孫智燊呈人事室之不續聘說明，台大哲學系事件調查小組，《台大哲學系事件調查報告附冊》，頁 166。

91　1974 年 6 月 12 日，孫智燊之專案簽呈（不續聘王曉波），台大哲學系事件調查小組，《台大哲學系事件調查報告附冊》，頁 186。

92　1974 年 6 月 12 日，孫智燊之專案簽呈（解聘黃天成），台大哲學系事件調查小組，《台大哲學系事件調查報告附冊》，頁 188。

93　事件發生多年之後，孫智燊表示：「李日章、胡基峻二位兼任講師，我記得當時是聘書照發，但未改專任。結果二君拒不應聘，這能怪誰」。孫智燊，〈台大人精神：不說謊〉，《國是評論》，16（1993 年 10 月），頁 68-69。

任的系主任黃振華提出。[94] 黃天成、郭實渝原本就是孫智燊預定不續聘的人選，因聘約仍未到期，因此延至聘約到期。[95] 黃振華在不續聘說明中，直接表明建議依孫智燊先前的規劃，辦理不續聘。郭實渝的部分，黃振華則表示他教學能力不足，又佔用了郭博文的缺，也建議不續聘。[96]

（二）因孫智燊導致的結果

孫智燊所提不續聘原因，主要為學識或行政能力不足、以及政治安全因素等。但被列入不續聘名單的教師，是否真的是因所述理由，而招致不予續聘；抑或有其他不被搬上檯面的原因？以下擬藉由檔案與孫智燊事後的發言，分析孫智燊提出不續聘名單的真正動機，以釐清何以這些教師會被迫去職。

觀察孫智燊的不續聘說明，確實反應出孫智燊在提出名單時，基本上完全取決於孫智燊的個人觀點。以游祥洲不續聘案來看，孫智燊從倚若股肱、破格提聘，到懷疑游的人格有問題，甚至最後以政治因素攻擊游祥洲，[97] 前後態度有天壤之別。顯現孫智燊主觀意識強烈，對敵我界線劃分相當敏感，而且處事作風相當極端。由其他不續聘案，也可以觀察到相同的狀況。

孫智燊雖然為不續聘名單中的教師，分別冠上學術、行政、政治等合

94　1975 年 5 月 15 日，黃振華不擬續聘說明，台大哲學系事件調查小組，《台大哲學系事件調查報告附冊》，頁 237-238。

95　孫智燊曾表示：「還有兩位講師（姑隱其名）因聘書是聘至（六十四）年，故目前仍留在台大哲學系」，被「姑隱其名」就是黃天成與郭實渝兩位講師。陳征遠，〈我訪問了台大哲學系主任孫智燊博士〉，《新知識》，84（1974 年 8 月），頁 10。

96　台大哲學系事件調查小組，《台大哲學系事件調查報告》，頁 119。

97　孫智燊指游祥洲為人跋扈專橫，諂上凌下，廣招眾怨，難與系中同仁合作。越職擅權、排擠同事。播弄是非，巧工心計，離間同仁。罔顧學術審議公正，干預他人升等。慫恿主管，刊佈印行全部「備忘錄」，公諸社會，罔顧公務機密與校譽。所有不堪的形容都用上了，文字敘述所佔篇幅甚至比趙天儀還多。1974 年 6 月 12 日，孫智燊呈閻振興之不續聘說明，台大哲學系事件調查小組，《台大哲學系事件調查報告附冊》，頁 181-183。

理的不續聘理由，但在不續聘說明中，也能察覺到孫不經意透露的真實心聲。例如：直指張瑞良是因為趙天儀的關係，所以才能升為副教授。抱怨講師林正弘僅聽命於前系主任成中英，「無視於現任系主任」。控訴助教楊斐華為成中英、趙天儀的人馬等。[98] 除了不續聘說明，事後孫智燊在不同場合，也明白表露自己當初的意圖。諸如：孫在卸任返回美國之前，向李日章等人承認，因為游祥洲向他建議，兼任講師胡基峻、李日章、梁振生、楊惠男都是趙天儀的人，要通通打掉，所以他才不願改聘。[99] 事件發生多年後，孫智燊在《國是評論》雜誌上自陳，因陳明玉為哲學系前主任洪耀勳之媳，所以他不願陳明玉繼續留在系上。[100]

促轉會的調查研究報告曾指出：「孫氏有相當程度的心理偏執」。[101] 由孫智燊的不續聘建議，與孫智燊同教育部、調查局、心廬交手的情況觀察，的確如此。不僅因覺得教育部未全力支持，就編織哲學系已被赤化的說法，轉求調查局協助；或者被煽動公開座談會紀錄後，又反悔去文澄清，都可反應出孫智燊的人格特質。孫智燊的不續聘作為，剛好因當年台大聘任制度不完善，無法發揮審議的功能，因而給予主事人（孫智燊）操弄的機會。

七、結論

因促轉會解讀、發掘檔案有成，使得調查局、國安局的台大哲學系檔案卷宗得以重見天日，使得台大哲學系事件的研究可以再進一步。因此本

---

98 孫智燊指馬丁教授來台，乃是經成中英引薦，朱立民核准。1974 年 6 月 12 日，孫智燊呈閭振興之不續聘說明，台大哲學系事件調查小組，《台大哲學系事件調查報告附冊》，頁 179-180。

99 李日章，〈不要以「政治誣陷」迫害學人〉，收入趙天儀編著，《台大哲學系事件真相－從陳鼓應與「職業學生」事件談起》，頁 111。

100 孫智燊，〈台大人精神：不說謊〉，《國是評論》，16（1993 年 10 月 15 日），頁 69。

101 林易澄，〈威權體制與失控的執行者：從情治檔案重探台大哲學系事件〉，頁 25。

論文藉由新資料的發現，再次對台大哲學系事件，尤其是政治力介入的部分進行研究及分析，試圖對先前研究無法解決的諸多疑點，做更精確的調整。在期待此批檔案早日編目完成公諸於世的同時，也盼望其他尚未解密的檔案史料，也能完成徵集，還原台大哲學系事件完整的全貌。

經由本文的研究，被媒體形容為「台灣校園史上，最嚴重的一次『政治干預學術事件』」的台大哲學系事件，[102] 其實是台大長期因其自由學風受到有關當局注意的情況之下，因陳鼓應、王曉波積極鼓吹學生運動的行為，使得哲學系繼殷海光之後，再度成為整頓的焦點。哲學系內部的人事紛爭，則成為有關單位介入的缺口，最後在孫智燊等人的推波助瀾之下，終於造成台大哲學系事件的發生，並迫使多位教師離開哲學系。

在政治力介入的部分，則確認台大哲學系事件，確有政治力介入的情形，涉入單位包括警備總部、調查局、教育部、「心廬」。但是整起事件的發生，並非由某一單位進行主導，各單位之間各懷心思，各方勢力互相交錯、勾結拉扯。教育部以孫智燊為切口，希望能漸進改組哲學系系務人事，降低哲學系的自由學風。但因孫智燊不受控制，不僅給予「心廬」藉機攻擊教育部長的機會；也因為孫智燊主觀意識強烈，以其職權之便，任意對哲學系教師提出不續聘建議；在台大聘任制度不健全，閻振興校長也放任又未加阻擋，甚至多所配合的情況下，終於導致多位教師被迫離開的結果。

雖然當年政治力不當介入校園的現象、以及當年許多不完善的制度已經不復存在，但是有關學術自由與教師權益的維護，仍是必須被徹底落實的議題。期盼各界能以台大哲學系事件為殷鑑，使思想自由、學術自由能得到絕對的保障。

---

102 《中國時報》，1993 年 2 月 15 日。

參考文獻

史料與檔案

1. 國立台灣大學行政會議紀錄。
2. 國立台灣大學校務會議紀錄。
3. 監察院,《八十五年調查報告彙編》,台北:監察院,1997。
4. 台大哲學系事件調查小組,《台大哲學系事件調查報告》,台北:國立台灣大學,1995。
5. 台大哲學系事件調查小組,《台大哲學系事件調查報告附冊》,台北:國立台灣大學,1995。
6. 檔案局典藏,國立台灣大學哲學系案、哲學系事件相關檔案。

報紙

1. 《中央日報》(台北),2003。
2. 《中國時報》(台北),1993、1995、1997。
3. 《民生報》(台北),1997。
4. 《台灣新生報》(台北),1972。
5. 《聯合晚報》(台北),1995。
6. 《星島日報》(香港)。

專書與論文

1. 史紫忱,《雜文》,台北:台灣學生書局,1976。
2. 孤影,《一個小市民的心聲》,台北:中央日報社,1972。
3. 洪三雄,《烽火杜鵑城－七〇年代台大學生運動》,台北:自立晚報社文化出版部,1993。
4. 殷海光,《雜憶與隨筆》,台北:桂冠,1990。
5. 問學出版社選輯,《揭穿陳鼓應－台大哲學系春秋》,台北:問學出版社,1979。
6. 趙天儀編著,《台大哲學系事件真相－從陳鼓應與「職業學生」事件談起》,台北:花孩兒出版社,1979。
7. 鄭鴻生,《青春之歌－追憶 1970 年代台灣左翼青年的一段如火年華》,台北:聯經,2001。

8. 薛化元、陳翠蓮、吳鯤魯、李福鐘、楊秀菁，《戰後台灣人權史》，台北：國家人權紀念館籌備處，2003。

9. 林易澄，〈威權體制與失控的執行者：從情治檔案重探台大哲學系事件〉，台北：促進轉型委員會。http://tjc.gov.tw/research/11

10. 社論，〈清理台大思想的途徑－向歷史負責，向有關當局盡忠言〉，《新知識》，84（台中，1974年8月）。

11. 孫智燊，〈我在台大被赤色份子圍攻〉，《新知識》，83（台中，1974年7月）。

12. 孫智燊，〈更正啟事〉，《新知識》，84（台中，1974年8月）。

13. 孫智燊，〈台大人精神：不說謊〉，《國是評論》，16（台北，1993年10月15日）。

14. 張德溥，〈折戟沉沙（上）〉，《傳記文學》，79：5（台北，2001年12月）。

15. 張德溥，〈折戟沉沙（下）〉，《傳記文學》，80：1（台北，2002年1月）。

16. 陳征遠，〈我訪問了台大哲學系主任孫智燊博士〉，《新知識》，84（台中，1974年8月）。

17. 陳鼓應，〈我對韓國學潮處理方式的看法〉，《大學雜誌》，47（台北，1971年11月）。

18. 陳鼓應，〈不平乃不滿之因〉，《大學雜誌》，48（台北，1971年11月）。

19. 陳鼓應，〈開放學生運動〉，《大學雜誌》，49（台北，1972年1月）。

20. 勞力，〈台大哲學系的風波〉，《七十年代》，57（香港，1974年10月）。

21. 台大，〈「言論自由在台大」座談會記錄（上）〉，《大學雜誌》，47（台北，1971年11月）

22. 台大法言，〈言論自由在台大〉，《大學雜誌》，48（台北，1971年11月）。

23. 閻振興，〈對所謂「台大哲學系事件」之澄清〉，《國是評論》，12（台北，1993年6月15日）。

24. 薛化元，〈強人威權體制與台灣民主發展〉，「台灣民主的興起與變遷」學術研討會論文，台中：台灣省諮議會主辦，2006年10月18日。

學位論文

1. 游欣璇，〈台大哲學系事件之研究〉，台北：國立政治大學台灣史研究所碩士論文，2011年6月。

2. 呂建良，〈日本的東海政策〉，台北：國立政治大學中山人文社會科學研究所博士論文，2008。

國家圖書館出版品預行編目 (CIP) 資料

跨域青年學者台灣與東亞近代史研究論集．第五輯 / 李為
楨, 李衣雲, 林果顯, 若林正丈, 川島真, 洪郁如主編．--
初版．-- 臺北市：國立政治大學台灣史研究所；高雄市：巨
流圖書股份有限公司, 2021.07
　面；　公分
ISBN 978-986-06608-1-4(平裝)
1. 臺灣史 2. 近代史 3. 文集
733.2107　　　　　　　　　　　　　　110009738

跨域青年學者台灣與東亞近代史研究論集（第五輯）

主　　　編	李為楨、李衣雲、林果顯、若林正丈、川島真、洪郁如
責任編輯	張如芷
封面 / 排版	Lucas

出 版 者　國立政治大學台灣史研究所
　　　　　116302 臺北市文山區指南路二段 64 號
　　　　　政治大學季陶樓後棟 521 室
　　　　　電話：02-29387575
　　　　　傳真：02-29387573

合作出版者　巨流圖書股份有限公司
　　　　　802019 高雄市苓雅區五福一路 57 號 2 樓之 2
　　　　　電話：07-2265267
　　　　　傳真：07-2264697

法 律 顧 問　林廷隆律師
　　　　　電話：02-29658212

出版登記證　局版台業字第 1045 號

I　S　B　N　978-986-06608-1-4（平裝）
初 版 一 刷　2021 年 7 月

定價：380 元